1. Wählen Sie einen Club im Guide for Free Golf aus. Die Reihenfolge der Clubs wurde nach ihrer geografischen Lage innerhalb der teilnehmenden Länder vorgenommen. Einen schnellen Überblick verschaffen Ihnen die Übersichtskarten der jeweiligen Länder.

2. Um in den Genuss eines kostenfreien Green Fees „2for1" oder „4for2" zu kommen, müssen Sie im Regelfall mindestens zu zweit spielen. Das heißt: Zwei Personen können für ein, vier Personen für zwei Green Fees spielen. Oder ein Einzelspieler mit 30% Nachlass, wenn das Logo 30/1 im Eintrag vorhanden ist. Pro Voucher können immer zwei Personen oder ggf. ein Einzelspieler spielen. Die Voucher sind nur für 18-Loch-Runden gültig.

3. Beachten Sie die angegebenen Teilnahmebedingungen des jeweiligen Clubs (Spielzeiten werktags, an Sonn- und Feiertagen, Handicap-Vorgabe etc.)

4. Nehmen Sie Kontakt mit dem Club auf und weisen Sie bei Ihrer Anmeldung darauf hin, dass Sie mit dem „Guide for Free Golf" von LeisureBREAKS spielen möchten. **Bitte beachten Sie, dass Sie in jedem Fall vorab Ihre Startzeit buchen müssen.**

5. Bringen Sie den LeisureBREAKS Guide for Free Golf zu Ihrem Besuch am Golfplatz mit. Nur dann kann Ihnen das jeweils kostenfreie Green Fee oder der 30% Nachlass für Einzelspieler gewährt werden.

6. Erst beim Bezahlen Ihres Green Fees trennen Sie den Voucher im Anhang des Guides heraus, tragen Ihre persönlichen Angaben sorgfältig ein und geben ihn unterschrieben an der Rezeption ab.
   Tipp: Tragen Sie Ihre Daten doch schon vorab ein, das spart Zeit.

7. Bereits herausgetrennte bzw. lose Voucher sind nicht veräußerbar bzw. übertragbar; sie berechtigen insbesondere nicht zum Erlass des zweiten Green Fees. Zuwiderhandlungen werden zivilrechtlich verfolgt.

8. Bitte beachten Sie die LeisureBREAKS Teilnahmebedingungen auf den Rückseiten der Free-Golf-Voucher.

9. Es gelten jeweils die vor Ort ausliegenden aktuellen Green Fee-Preise. Die Green Fee-Preise gelten für Spieler mit der Ausweiskennzeichnung R. Abweichende Green Fees sind bei den Golfclubs zu erfragen.

Sven Strüver

Guide-Line

W0465900

Impressum

Eine Produktion der LeisureBREAKS GmbH
www.leisurebreaks.org

Redaktion, Satz und Layout:
LeisureBREAKS GmbH

Alle Angaben dieses Werkes wurden sorgfältig recherchiert. Für die Richtigkeit der Angaben kann jedoch keine Haftung übernommen werden. Für Hinweise und Anregungen sind wir jederzeit dankbar.
Bitte richten Sie diese an
LeisureBREAKS GmbH, Redaktion,
Postfach 1208, 84043 Mainburg.

LeisureBREAKS GmbH (Hrsg.)
Guide for Free Golf, LeisureBREAKS 2022

ISBN 978-3-9824928-0-3

Gesamtherstellung:
LeisureBREAKS GmbH

Druck:
Pinsker Druck und Medien GmbH, Mainburg
Printed in Germany

20. Edition – LeisureBREAKS

Folgender alte Spruch scheint sich leider bei vielen Unternehmen zu bewahrheiten: „Das Einzige, was stört ist der Kunde!"

Bekannte Internetfirmen oder Versender mit den drei Buchstaben, usw. können Sie teilweise gar nicht mehr telefonisch erreichen, Rationalisierung par excellence. Was aber, wenn Sie ein kleines Problem zur Klärung haben? Dann werden Sie aufgerieben in minutenlangen Warteschleifen und ahnungslosen Call-Centern, ohne dass Sie eine Lösung erzielen. Ernüchternd meiner Meinung nach.

Bei LeisureBREAKS versuchen wir unseren Kunden immer sofort persönlich zu helfen, und das bereits seit mittlerweile 20 Jahren. Vielen Dank, dass wir Sie als zufriedene Kunden in dieser Zeit gewonnen haben, denn ohne Sie könnten wir gar nicht existieren. Deswegen haben Sie als Kunde einen besonderen Service verdient.

In diesem Sinne wünschen wir Ihnen noch viele schöne Golfrunden,

Ihr Peter Rudolph

Mein Registrierungscode:

☐ ☐ ☐ ☐ ☐ ☐

oder ○ Registrierung bereits erfolgt

Mit diesem Code und Ihrer fünfstelligen Seriennummer auf der Titelseite können Sie Ihren Guide unter www.leisurebreaks.org selbst registrieren.

Peter Rudolph

Vorwort

Hamburg/ Schleswig-Holstein

1 Golf Club Hof Berg

2 Golfclub Büsum Dithmarschen

3 Golfanlage Hohwacht

4 Golf am Donner Kleve

5 Golfplatz Gut Bissenmoor

6 Gut Waldhof

7 Golf Gut Glinde

8 Golf & Country Club Brunstorf

Niedersachsen/Bremen

9 Hamburger Land- und Golf-Club Hittfeld

10 Golf & Country Club Am Hockenberg

11 Golfclub Bad Bevensen

12 Golfpark Soltau

13 Golf Club Tietlingen

14 Golfclub Gut Hainmühlen

15 Golf Club Bremer Schweiz

16 Golfclub Bremerhaven Geestemünde

17 Golf in Hude

18 Golfclub Oldenburger Land

19 Achimer Golfclub

20 Golf Club Verden

21 Golfclub Thülsfelder Talsperre

22 Golfclub Vechta-Welpe

23 Golfclub Varus

24 Golfclub Rehburg-Loccum

25 Golf-Club Harz

26 Golfclub Rittergut Rothenberger Haus

Mecklenburg-Vorpommern

27 Golfpark Strelasund

28 Golfclub Schloss Teschow

29 Golf Fleesensee

Berlin/Brandenburg

30 Golfpark Berlin Prenden

31 Golf in Wall

32 Golfpark Schloss Wilkendorf

33 Potsdamer Golf-Club

Sachsen-Anhalt

34 Golfclub Halle

Sachsen

35 Golf & Country Club Leipzig

Thüringen

36 Golfclub Eisenach im Wartburgkreis

37 Golfclub Gera

38 Thüringer Golfclub „Drei Gleichen“ Mühlberg

Nordrhein-Westfalen

39 Golfclub Osnabrück Dütetal

40 Golfclub Schultenhof Peckeloh

41 Golfclub Schloss Vornholz

42 Golf- und Landclub Nordkirchen

43 Golfclub Borghees

44 Golf International Moyland

45 Mühlenhof Golf & Country Club

46 Golfclub Schloss Haag

47 Golfclub am Kloster Kamp

48 Golf Club Niep

49 Golfanlage Haus Bey

50 Golfclub Mülheim a. d. Ruhr Raffelberg

51 Golf Club Elfrather Mühle

52 Golfanlage Duvenhof

53 Europäischer Golfclub Elmpter Wald

54 Golf- und Landclub Schmitzhof

55 Golfclub Wildenrath

56 Golf Club Grevenmühle

57 Kosaido International Golf Club Düsseldorf

58 Golfclub Velbert-Gut Kuhlendahl

59 Golfclub Gut Berge

60 Golfanlage Wasserschloss Westerwinkel

61 Golfclub Lippstadt

62 British Army Golfclub Sennelager

63 Golf Club Paderborner Land

64 Universitäts-Golfclub Paderborn im Haxterpark

65 Golf Gut Köbbinghof

66 Golf Club Dreibäumen

67 Golf-Club Varmert

68 Golfclub Repetal-Südsauerland

69 Golf Club Oberberg

70 Golfclub Siegerland

71 Golfclub Siegen-Olpe

72 Golfclub DER LÜDERICH

73 Golfclub Schloss Auel

74 Golfclub Burg Overbach

75 Golf BurgKonradsheim

76 Golfanlage Clostermanns Hof

77 Golf-Club Schloss Miel

78 Golfclub Bad Münstereifel

Rheinland-Pfalz/Hessen

79 Golf Course Siebengebirge

80 Golf-Club Eifel

81 Mittelrheinischer Golfclub Bad Ems

82 Jakobsberg Hotel- & Golfresort

83 Golf Club Cochem/Mosel

84 Golf-Club Schloss Braunfels

85 Royal Homburger Golf Club 1899

86 Golf-Park Winnerod

87 Attighof Golf- und Country Club

88 Golfclub Schotten

89 Golf-Club Spessart

90 Golf-Club Bad Orb Jossgrund

91 Zimmerner Golfclub

92 Golf-Club Darmstadt Traisa

93 Golfclub Odenwald

94 Golf-Club Bensheim

95 Golfclub Rheinhessen

96 Golfclub Nahetal

97 Golfclub am Donnersberg

98 Golfclub Barbarossa

99 Golfplatz Pfälzerwald

100 Erster Golfclub Westpfalz Schwarzbachtal

Baden-Württemberg

101 Golfclub Mudau

102 Golf Club Bad Mergentheim

103 Golfclub Bad Rappenau

104 Golf Club Glashofen-Neusaß

105 Golfanlage Sinsheim

106 Golfclub Johannesthal

107 Golfclub Schwäbisch Hall

108 Golf Club Hetzenhof

109 Golf-Club Hohenstaufen

110 Golf-Club Hochstatt Härtsfeld-Ries

111 Baden Hills Golf und Curling Club

112 Golf International Soufflenheim Baden-Baden

113 Golfclub Urloffen

114 Golfclub Ortenau

115 Golfclub Gröbernhof

116 Golf-Club Freudenstadt

117 Golfclub Schloss Weitenburg

118 Golfclub Hechingen-Hohenzollern

119 Golf-Club Sigmaringen Zollern-Alb

120 Green-Golf Bad Saulgau

121 Golfanlage Schopfheim

Bayern

122 Aschaffenburger Golfclub

123 Golfclub Gut Sansenhof

124 Golfclub Miltenberg-Erftal

125 Golfclub Main-Spessart, Marktheidenfeld-Eichenfürst

126 Golfclub Bad Kissingen

127 Golf-Club Maria Bildhausen

128 Golfclub Kitzingen

129 Golfclub Steigerwald in Geiselwind

130 Golfclub Schloss Reichmannsdorf

131 Golfclub Coburg Schloss Tambach

132 Golfanlage Gut Leimershof

133 Golfclub Oberfranken

134 Golf-Club Bayreuth

135 Golfclub Hof

136 Golfclub Stiftland

137 Golf Club Erlangen

138 Golfclub Reichsstadt Bad Windsheim

139 Golf-Club Herzogenaurach

140 Golfclub Ansbach

141 Golfclub Lichtenau-Weickershof

142 Golfclub Abenberg

143 Golfanlage Zollmühle

144 Golf-Club Neumarkt

145 Jura Golf Park – Hilzhofen

146 Jura Golf Park – Am Habsberg

147 Golf- und Landclub Schmidmühlen

148 Golf- und Landclub Oberpfälzer Wald

149 Golf-Club Furth im Wald

150 Golf und Yachtclub
Gut Minoritenhof – Regensburg

151 Golf-Club Straubing Stadt & Land

152 Golfclub Gäuboden

153 Golfpark Donauwörth

154 Golf-Club Ingolstadt

155 Wittelsbacher Golfclub

156 Golfclub Landshut

157 Golfanlage Holledau

158 Golfpark Gerolsbach

159 Golfclub Schloss
Reichertshausen

160 Golfclub Schloßberg

161 Golfclub am Nationalpark
Bayerischer Wald

162 Golf- und Landclub Bayerwald

163 Donau Golf Club
Passau-Raßbach

164 Panorama Golf Passau

165 Bella Vista Golfpark

166 ThermenGolfClub
Bad Füssing-Kirchham

167 Golfclub Altötting-Burghausen

168 Golfclub Schloss Klingenburg

169 Golfclub Memmingen
Gut Westerhart

170 Golfclub zu Gut Ludwigsberg

171 Allgäuer Golf- und Landclub

172 Golfclub Bad Wörishofen

173 Golfclub Oberstaufen-Steibis

174 Auf der Gsteig

175 Golfclub München-West
Odelzhausen

176 Golfanlage Rottbach

177 Golf Club Hohenpähl

178 Golfplatz Tutzing

179 Golfclub Garmisch-Partenkirchen

180 Golfplatz Thailing

181 Golf Club Ebersberg

182 Golfclub Mangfalltal

183 Der Margarethenhof
Golf & Hotel am Tegernsee

184 Golf Club Höslwang
im Chiemgau

185 Golfanlage Berchtesgadener
Land

186 Golfclub Reit im Winkl-Kössen

Hamburg, Schleswig-Holstein, Bremen, Niedersachsen

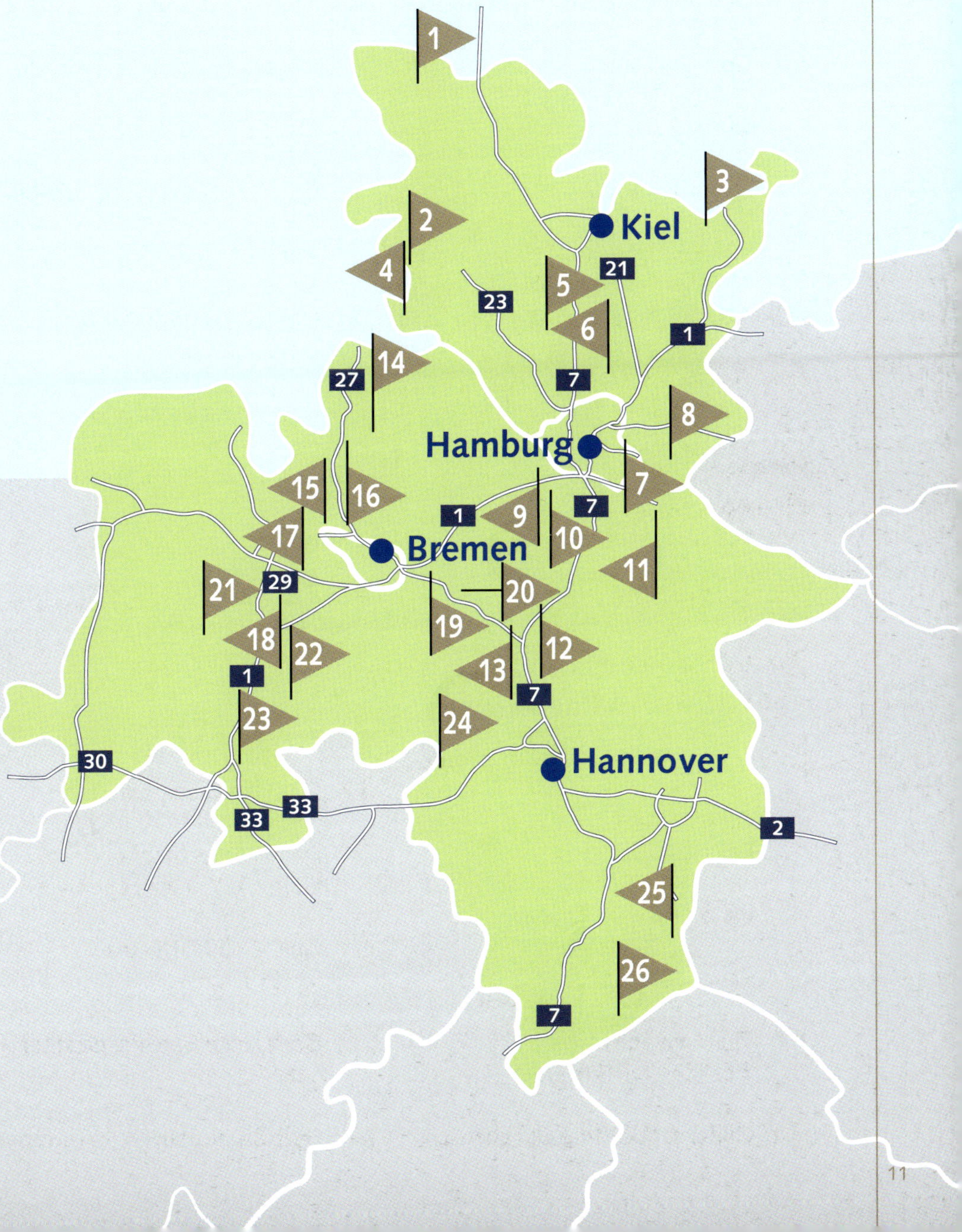

Mecklenburg-Vorpommern, Berlin-Brandenburg, Sachsen, Sachsen-Anhalt, Thüringen

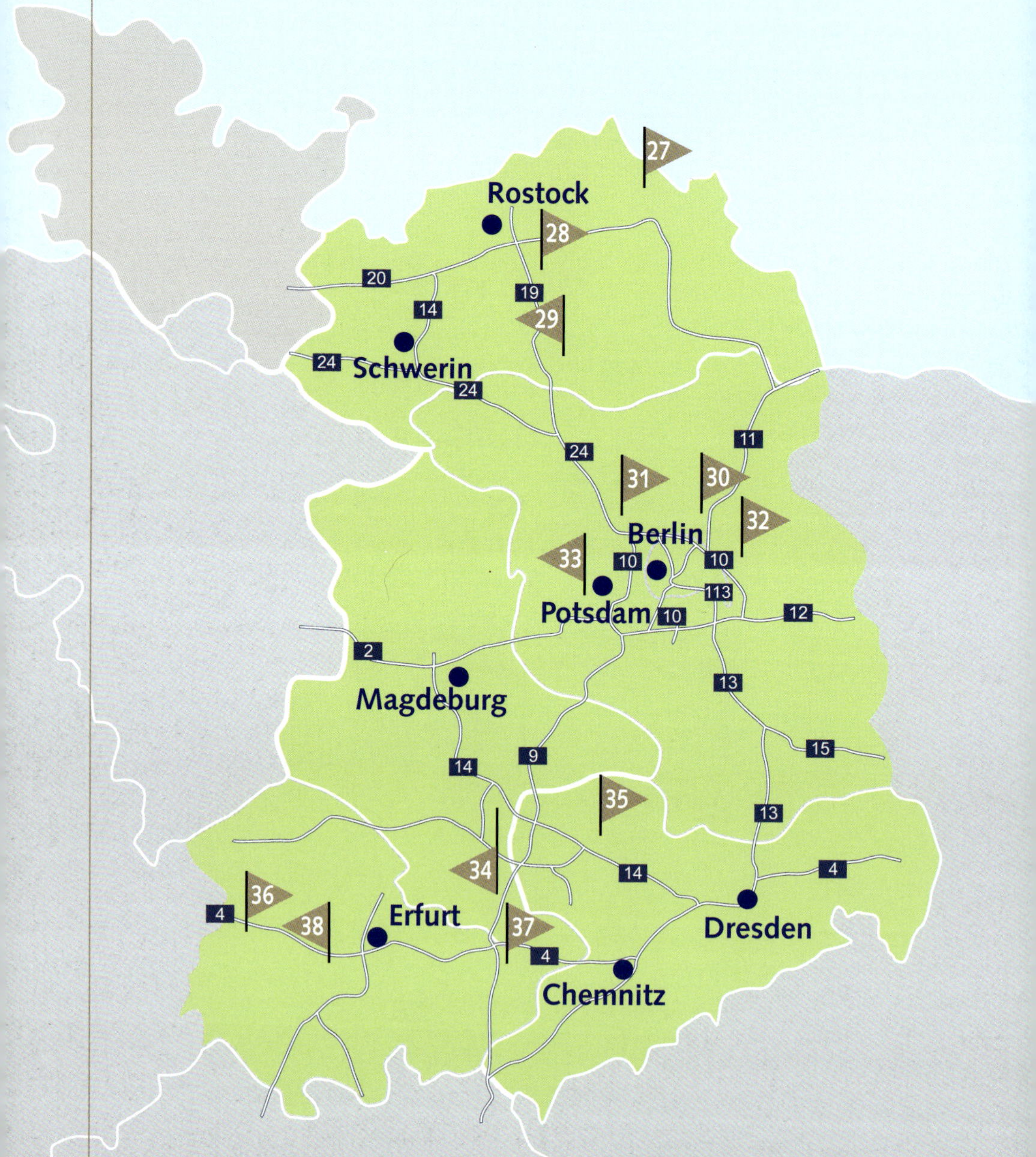

Nordrhein-Westfalen

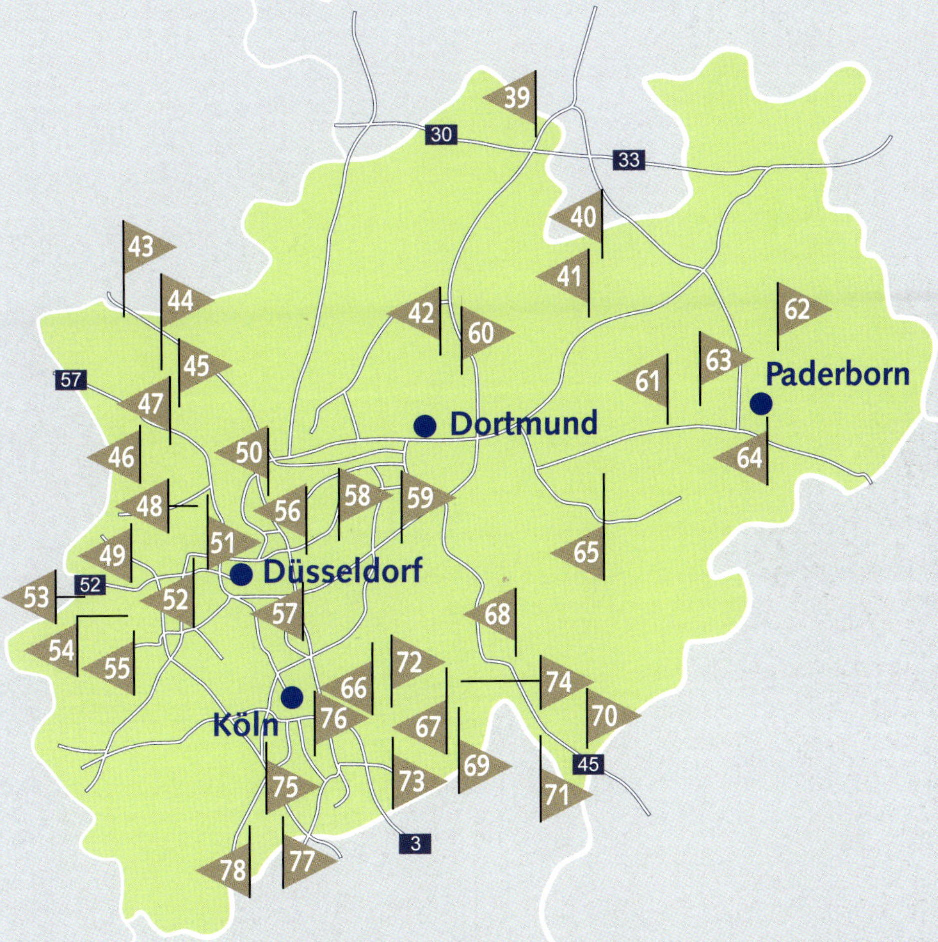

Rheinland-Pfalz, Hessen

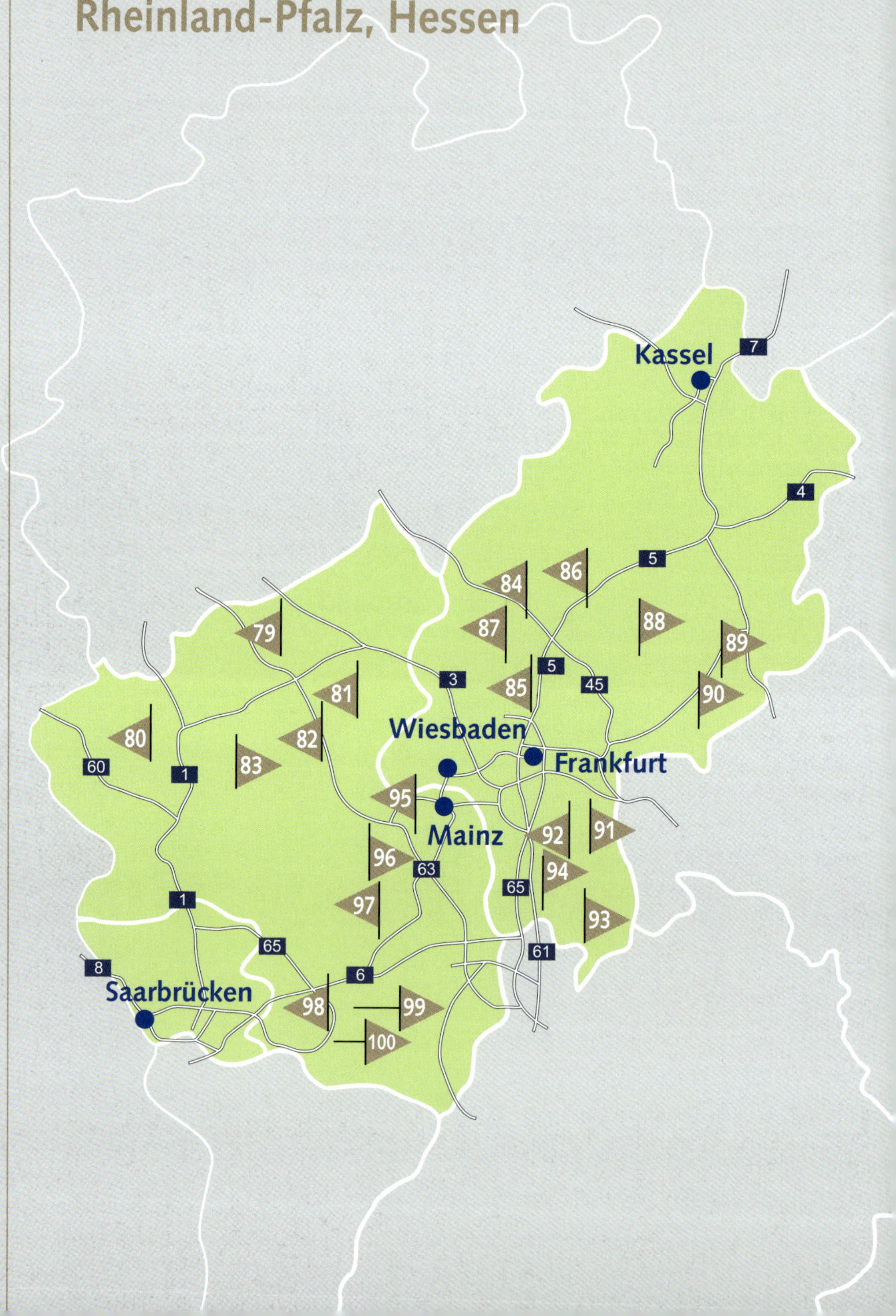

Baden-Württemberg

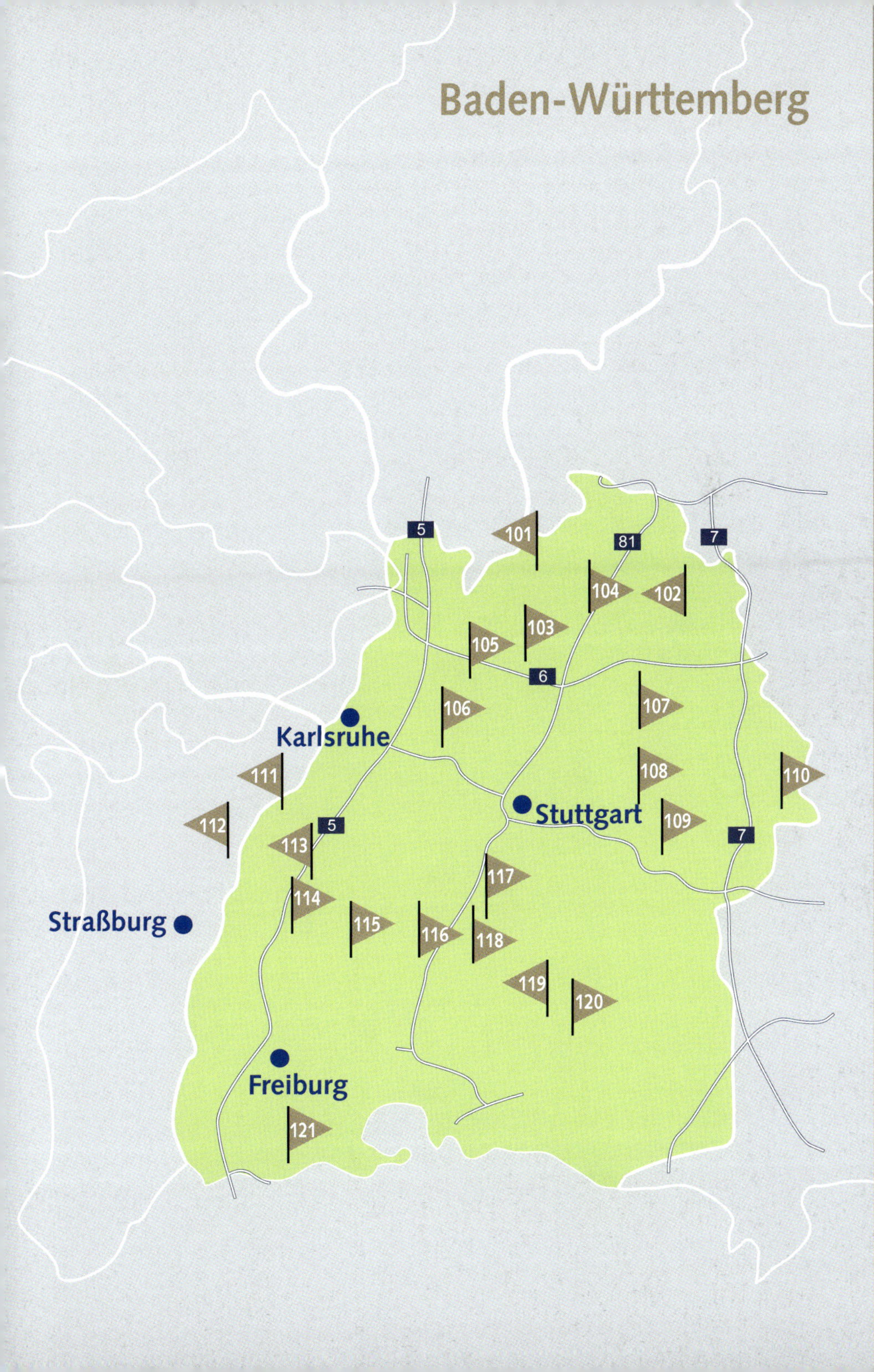

Bayern

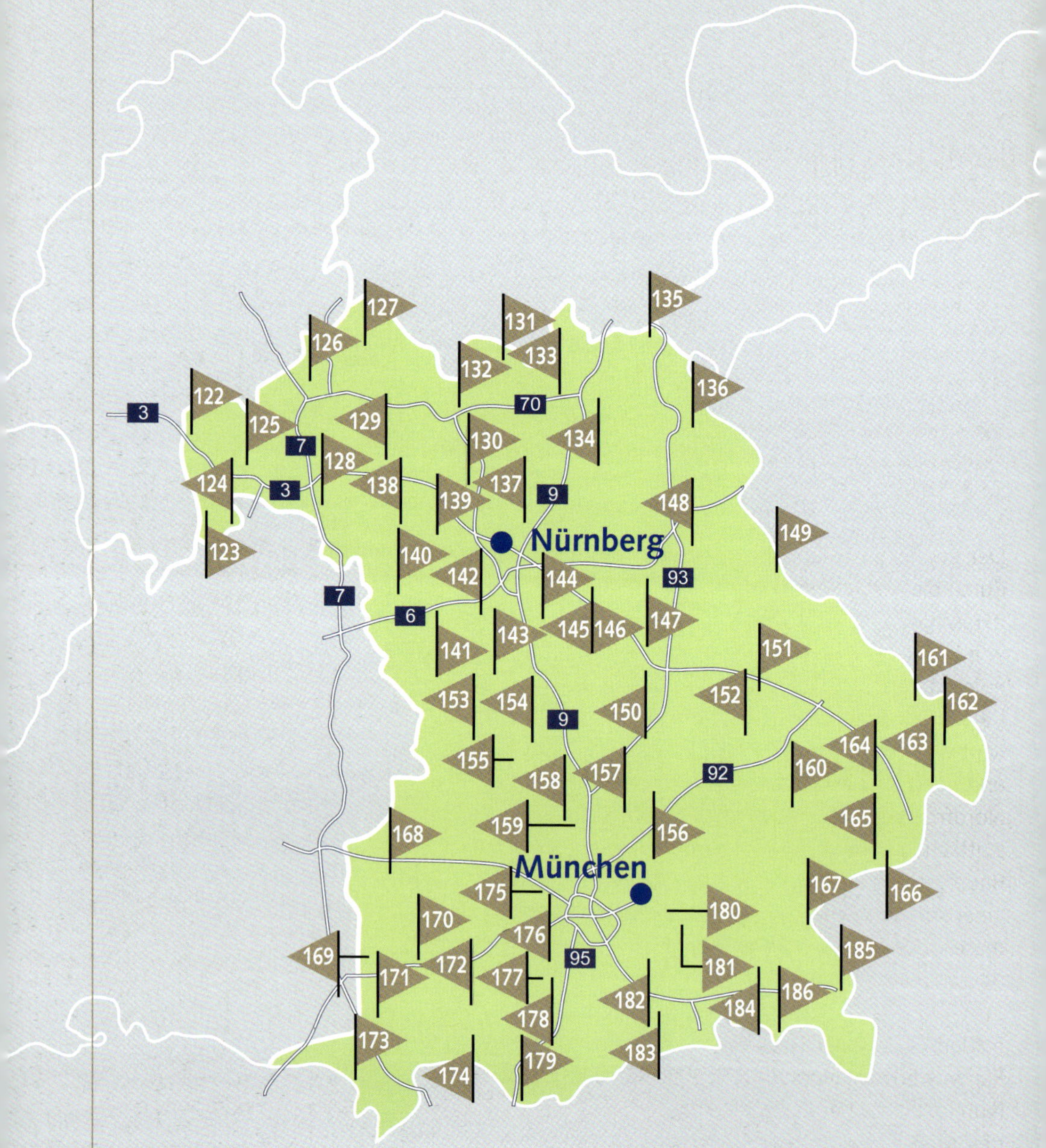
Nürnberg
München
3
7
70
9
6
93
92
95
122
123
124
125
126
127
128
129
130
131
132
133
134
135
136
137
138
139
140
141
142
143
144
145
146
147
148
149
150
151
152
153
154
155
156
157
158
159
160
161
162
163
164
165
166
167
168
169
170
171
172
173
174
175
176
177
178
179
180
181
182
183
184
185
186

Name: Golf Club Hof Berg e. V.
Adresse: Hof Berg 3
25917 Stadum
Telefon: +49-(0)46 62-7 05 77
E-Mail: info@gc-hofberg.de
Internet: www.gc-hofberg.de
Ansprechpartner: Jonas Janke
Öffnungszeiten: In der Saison: Mo, Fr, Sa & So + Feiertage
9.00 – 14.00 Uhr;
Di, Mi & Do 9.00 – 12.00 Uhr
& 14.00 – 18.00 Uhr
Spielbahnen: 18
Green Fee: 60,00 € (werktags)
65,00 € (Wochenende und Feiertage)
Handicap: 54
Teilnahmebed.: Voucher gelten täglich, außer bei Turnieren

Schleswig-Holstein

Golf Club Hof Berg

Die herrliche Anlage des Golf Club Hof Berg befindet sich zwischen Nord- und Ostsee, direkt an der dänischen Grenze.

1

30
1

Der gepflegte 18-Loch-Platz ist gekennzeichnet durch die für Schleswig-Holstein typische Knicklandschaft. Das Gelände ist eben, durchzogen von Wassergräben und fordert Golfer aller Spielstärken. Der Golfspieler muss sich zwischen defensiver oder offensiver Spielweise entscheiden. Mut wird oft belohnt. Fernab vom Straßenlärm erkunden Sie beim Golfspiel die unendliche Weite Nordfrieslands. Der Baumbestand mit alten stattlichen Bäumen sowie kleine waldartige Baumgruppen flankieren die Spielbahnen. Mit einer Anzahl kleiner Teiche erlebt man die für diese Gegend typische Vegetation.

Strüver-Fazit: Dieser Par-72-Meisterschaftsplatz fordert Golfer aller Spielstärken. Das sattgrüne Fairway erlaubt einen sauberen Schlag zur Fahne. Nun ist der Golfer auf stark ondulierten Grüns gefordert.

Anfahrt: Der Golfplatz ist über die B199 auf dem Weg zu den Inseln und Halligen zwischen Flensburg und Leck bequem zu erreichen.

Schleswig-Holstein

Name:	Golfclub Büsum Dithmarschen e. V.
Adresse:	Zwischen den Deichen, 25761 Warwerort (ins Navigationsgerät bitte Dorfstr. 11 eingeben)
Telefon, Fax:	+49-(0)48 34-96 04 60, +49-(0)48 34-96 04 63
E-Mail:	info@gc-buesum.de
Internet:	www.gc-buesum.de
Ansprechpartner:	Simone Nicosia Bock
Öffnungszeiten:	In der Saison: Mo – Fr 9.00 – 17.00 Uhr, Sa, So und Feiertage 9.00 – 15.00 Uhr
Spielbahnen:	18
Green Fee:	65,00 € (werktags) 75,00 € (Wochenende und Feiertage)
Handicap:	Platzreife
Teilnahmebed.:	Voucher gelten von Mo – So nach vorheriger Anmeldung
Sonstiges:	Vollwertige Stellplätze für Wohnmobile vorhanden. Hunde erlaubt (bitte informieren Sie sich auf unserer Homepage)

GOLFCLUB BÜSUM DITHMARSCHEN Natur. Ruhe. Weite

Golfclub Büsum Dithmarschen

30
1

2

Anfahrt: Von Süden kommend über die A23 bis Ausfahrt Heide-West/Büsum. Von Norden kommend über die B5 Ausfahrt Heide-West/Büsum. Über die B203 Richtung Büsum. Nach ca. 15 km links Richtung Warwerort, Strand und Golfplatz.

In der ehemaligen, dem Meer abgerungenen, Wattenmeerlandschaft liegt der Platz teilweise unter dem Meeresspiegel.

Dort, wo noch 1978 die Nordsee tobte, charakterisieren Priele und andere natürliche Wasserhindernisse diesen Golfplatz, der zwar eben, aber in seiner Art nicht leicht bespielbar ist. Küstengräser und die häufig wehende Nordseebrise sind markante Merkmale des „Links Courses". Die nach dem Clubslogan „zwischen den Deichen" liegenden Spielbahnen sind sowohl für Freizeit- als auch für Turniergolfer eine faire Herausforderung. An den Abschlägen aufgestellte Strandkörbe schaffen eine besondere Atmosphäre und bieten Schutz vor Sonne und Wind. Nach der Runde können Sie sich auf der Sonnenterrasse erholen und mit diversen Spezialitäten aus der Region verwöhnen lassen.

Strüver-Fazit: Durch den herrschenden Nordwestwind und die vielen natürlichen Wasserhindernisse eine sportliche Aufgabe.

Name: Golfanlage Hohwacht GmbH & Co. KG
Adresse: Eichenallee 1, 24321 Hohwacht
Telefon, Fax: +49-(0)43 81-96 90, +49-(0)43 81-60 98
E-Mail: info@golfclub-hohwacht.de
Internet: www.golfclub-hohwacht.de
Ansprechpartner: Siw Woermann, Stephanie Speth
Öffnungszeiten: April – September 8.00 – 18.00 Uhr
März und Oktober 8.00 – 16.30 Uhr
Spielbahnen: 27
Green Fee: 15.4. – 3.10.: 65,00 € (Mo – Do), 79,00 € (Fr – So, Feiertage);1. – 14.4.: 55,00 € (Mo – Do); 4. – 31.10.: 69,00 € (Fr – So, Feiertage); 1.11. – 31.3.: 29,00 € (Mo – Do), 45,00 € (Fr – So, Feiertage). Änderungen vorbehalten! Verbindliche Preise auf der Homepage.
Teilnahmebed.: Voucher gelten täglich nur mit Startzeitreservierung
Sonstiges: Twilight-Tarif ab 15.00 Uhr, Hunde auf dem Neudorf Platz erlaubt

Schleswig-Holstein

Golfanlage Hohwacht

GOLFANLAGE HOHWACHT

Die Golfanlage Hohwacht erstreckt sich über insgesamt 120 Hektar und besticht durch ihre Lage am großen Binnensee und die Nähe zur Hohwachter Bucht (Ostsee).

Die Anlage verfügt über einen 18-Loch- und 9-Loch-Platz sowie umfangreiche Übungseinrichtungen im „Golfodrom". Neben einem malerischen Blick über die anliegenden Rapsfelder bietet der Hohwachter Platz mit seinen 18 Löchern gleichermaßen golferische Herausforderung und Spielspaß. Auf über 6.000 Metern Länge erwarten Sie über 40 Bunker, knifflige Wasserhindernisse und als Signature Hole ein Inselgrün.
Der Neudorfer Platz (9 Loch) kann mit seinen Par 32 vorgabenwirksam im Turnier gespielt werden und steht auch für Golfspieler ohne Mitgliedschaft im Deutschen Golf Verband zur Verfügung.

Strüver-Fazit: Ganz nah an der Ostsee gelegen, garantiert dieser Platz eine abwechslungsreiche Golfrunde und verbindet ganz praktisch Golf- und Badefreuden.

3

Anfahrt: Von Kiel in Richtung Oldenburg, kurz nach Lütjenburg links ab. Von A1 Abfahrt Oldenburg in Richtung Kiel, kurz vor Lütjenburg rechts Richtung Hohwacht.

Schleswig-Holstein

Name:	Golf am Donner Kleve
Adresse:	Alte Landstraße 1 25693 St. Michaelisdonn
Telefon:	+49 (0) 48 53-88 09 09
Fax:	+49 (0) 48 53-88 01 87
E-Mail:	info@donnerkleve.de
Internet:	www.golf-am-donner-kleve.de
Ansprechpartner:	Herr E. Ringert
Öffnungszeiten:	Von Sonnenaufgang bis Sonnenuntergang
Spielbahnen:	18 + 9
Green Fee:	18 Loch: 70,00 €, 45,00 € (ab 16.00 Uhr) (werktags) 80,00 € (Wochenende und Feiertage)
Handicap:	54
Teilnahmebed.:	Voucher gelten Mo – So (jederzeit)

Golf am Donner Kleve

30
1

4

Anfahrt: Verlassen Sie die A23 an der Anschlussstelle Schafstedt. Fahren Sie über Süderhastedt Frestedt nach St. Michaelisdonn. Dort folgen Sie bitte der Ausschilderung „Golfplatz".

Golfen, wo Dithmarschen am schönsten ist!

Mit viel Liebe zum Detail ausgestattete Spielbahnen führen durch eine reizvolle, leicht hügelige Landschaft. Der hohe Anspruch an Pflege und Qualität macht den Golfplatz am Donner Kleve zu einem der schönsten und beliebtesten im Umkreis.
Der Platz hat 18 unverwechselbare Löcher auf sandigem, von Natur aus gewelltem Dünenboden und ist ganzjährig bespielbar.
Genießen Sie in den Räumen oder auf der Terrasse unseres Restaurant/Café „Hopen End" selbstgebackene Kuchen, kleine Speisen und Getränke zu moderaten Preisen.

Strüver-Fazit: Jede Bahn hat seinen Namen, wie z. B. Bahn 2 „Donnhenge". Hier stehen große Felsen auf der rechten Seite. Auch die Par-3-Bahnen sind sehr interessant.

Name:	Golfplatz Gut Bissenmoor GmbH
Adresse:	Golfparkallee 11 24576 Bad Bramstedt
Telefon:	+49-(0)41 92-8 19 56- 0
Fax:	+49-(0)41 92-8 19 56-19
E-Mail:	info@golfbissenmoor.de
Internet:	www.golfbissenmoor.de
Ansprechpartner:	Regina Borchert
Öffnungszeiten:	9.00 – 17.00 Uhr
Spielbahnen:	18 + 9 Loch-Kurzplatz
Green Fee:	60,00 € (werktags) 70,00 € (Wochenende und Feiertage) Änderung der Green Fee-Preise vorbehalten
Handicap:	PE
Teilnahmebed.:	–
Sonstiges:	Golf BioDynamics 3D-Analyse

Schleswig-Holstein

Golfplatz Gut Bissenmoor

GOLFPLATZ GUT · BISSENMOOR

Abschlag im Norden.

5

Kurz hinter Hamburg, zwischen Bad Segeberg und Itzehoe liegt der herausfordernde 18-Loch-Meisterschaftsplatz (gegründet 2000). Die Bahnen bieten mit jeweils fünf Abschlägen für Golfer aller Handicap-Klassen adäquate Schwierigkeitsgrade. Fast 3,5 ha Wasserfläche mit zahlreichen Neuanpflanzungen – 800 Bäume und 30.000 Sträucher – geben dem Platz seinen unverwechselbaren Charakter. Häufig verteidigen Bunker die Grüns und machen den Platz immer wieder aufs Neue interessant. Die Driving Range hat 120 Übungsmöglichkeiten, 20 davon überdacht, beheizt und mit Flutlicht ausgestattet.

Strüver-Fazit: Bunker und Gräben machen die Anlage immer wieder abwechslungsreich für Anfänger und Golfer mit niedrigem Handicap – erstklassige, spurtreue Grüns.

Anfahrt: A7 (Hamburg – Flensburg), Ausfahrt Kaltenkirchen, dann Richtung Lentföhrden, hier rechts nach Bad Bramstedt abbiegen. Nach ca. 10 km Kreisverkehr links Richtung Bissenmoor. Der Beschilderung folgen.

Schleswig-Holstein

Name:	Golfclub Hamburg Gut Waldhof
Adresse:	Am Waldhof 3 24629 Kisdorf
Telefon, Fax:	+49-(0)41 94-99 74 0, +49-(0)41 94-99 74 25
E-Mail:	info@gut-waldhof.de
Internet:	www.gut-waldhof.de
Öffnungszeiten:	9.00 – 18.00 Uhr
Spielbahnen:	27
Green Fee:	69,00 € (Mo – Fr) 79,00 € (Wochenende und Feiertage)
Handicap:	54
Teilnahmebed.:	Voucher gelten nur Mo – Sa (kein Feiertag) Bitte informieren Sie sich über die Platzbelegung per Telefon oder Internet

Golfclub Hamburg Gut Waldhof

30
1

6

Anfahrt: Hamburg-West: A7, Abfahrt Henstedt-Ulzburg/Kaltenkirchen Süd, nach Henstedt-Ulzburg, am Ortseingang links, Richtung Bad Segeberg nach Kisdorferwohld. Über Segeberger Chaussee B432, Tangstedt, Wakendorf II, rechts ca. 800 m Richtung Nahe, links nach Kisdorferwohld.

Zehn Minuten nördlich der Stadtgrenze Hamburgs verführt Gut Waldhof mit einem atemberaubenden Golfplatz in 50-jähriger Tradition.

Der Golfclub Hamburg Gut Waldhof wurde 1969 gegründet und bietet eine 18-Loch-Golfanlage auf einem abwechslungsreichen Gelände – leicht hügelig, mit großem, altem Baumbestand, anspruchsvollen Wasserhindernissen und aufregend schönen Golfbahnen. Der Platz wurde förmlich in die Landschaft hinein komponiert und die Bahnen sind teilweise völlig von Wald umgeben. Die großen Bäume auf den Fairways verlangen von Golfern viel Taktik. Das Clubhaus, ein altes Gutshaus, wurde erst komplett renoviert. Hier können Sie auf der Sonnenterrasse in dem öffentlichen Restaurant entspannen.

Strüver-Fazit: Golfen auf diesem historischen Gelände ist etwas Besonderes und der 18-Loch-Meisterschaftsplatz gehört zu den sportlich anspruchvollsten im Norden.

Name: Golf Gut Glinde
Adresse: In der Trift 4
21509 Glinde
Telefon, Fax: +49-(0)40-71 00 50 6, +49-(0)40-71 00 50 79
E-Mail: info@golf-gut-glinde.de
Internet: www.golf-gut-glinde.de
Ansprechpartner: Carolin Lessau
Öffnungszeiten: 9.00 – 19.00 Uhr (April – September)
Spielbahnen: 18 + 9 + 6 Loch-Kurzplatz
Green Fee: 70,00 € (werktags),
80,00 € (Wochenende und Feiertage),
aktuelle Preise siehe Homepage
Handicap: 54 (werktags); 45 (Wochenende und Feiertage)
Teilnahmebed.: Voucher gelten Mo – Fr (nicht an Feiertagen), keine Kombination von Ermäßigungen
Sonstiges: Startzeitenbuchung zwingend erforderlich, ganzjährig Sommergrüns, keine Winter-Green Fees

Schleswig-Holstein

Golf Gut Glinde

GOLF GUT GLINDE

Nur 20 Autominuten von Hamburgs Innenstadt entfernt liegt die Golfanlage Gut Glinde – so nah, dass von Bahn 2 der Hamburger Fernsehturm zu sehen ist!

Straßen- oder Fluglärm sind dennoch Fremdwörter auf der Anlage, die durch abwechslungsreiche Bahnen und hervorragenden Pflegezustand überzeugt. Perfekt in die schöne Landschaft eingebunden, glänzt der 18-Loch-Platz mit 7 großen Wasserhindernissen und 69 Bunkern. Großen Wert hat der renommierte Golfplatz-Architekt Holger Rengstorf darauf gelegt, einen für alle Spielstärken fairen Platz zu bauen: sportliche Herausforderung für den Mannschaftsspieler mit Single-Handicap ebenso wie Spaß und Erfolgserlebnis für Golfer mit höherer Vorgabe. Rezeption, Pro Shop und Restaurant der modernen Anlage sind an sieben Tagen in der Woche geöffnet.

Strüver-Fazit: Das ambitionierte Golfprojekt vor den Toren Hamburgs glänzt durch Topqualität und ein schlüssiges Konzept – ab 2022 ergänzt durch das Vabali Hotel mit Wellnessanlage.

7

Anfahrt: Von Hamburg und Westen: A24, Ausfahrt Reinbek/Glinde.
Von Norden: A1, Ausfahrt Barsbüttel, K80 nach Glinde. Von Süden: A1, Ausfahrt Öjendorf, Glinde.

Schleswig-Holstein

Name:	Golf & Country Club Brunstorf
Adresse:	Bundesstraße 55 (Post: Am Golfplatz 1) 21524 Brunstorf
Telefon, Fax:	+49-(0)41 51-86 78 78, +49-(0)41 51-86 78 77
E-Mail:	info@golfclub-brunstorf.de
Internet:	www.golfclub-brunstorf.de
Ansprechpartner:	Birgit Vietz, Thomas Marxsen, Nicole Schadwell, Elisabeth Meyer (Sekretariat)
Öffnungszeiten:	Mo – So 9.00 – 17.00 Uhr
Spielbahnen:	18 + 9
Green Fee:	70,00 € (werktags) 80,00 € (Wochenende und Feiertage)
Handicap:	54 (werktags), 45 (Wochenende)
Teilnahmebed.:	–
Sonstiges:	Hunde angeleint willkommen! Wohnmobilstellplätze vorhanden

Golf & Country Club Brunstorf

30
1

8

Anfahrt: A24 (Hamburg – Berlin), Abfahrt Reinbek, Richtung Reinbek über Aumühle nach Dassendorf. In Dassendorf B207 Richtung Schwarzenbek. Oder A25 Richtung Geesthacht. Abfahrt Geesthacht, B404 nach Hohenhorn/Dassendorf, dann die B207 Richtung Schwarzenbek.

Die Golfanlage Brunstorf liegt 30 Minuten östlich von Hamburg und ist umgeben von Wiesen, Feldern und den Ausläufern des 7.000 ha großen Sachsenwaldes.

Neben einem anspruchsvollen 18-Loch-Championship-Course bietet die Anlage einen öffentlichen 9-Loch-Golfplatz, der auch ohne DGV-Ausweis bespielbar ist. Die Driving Range verfügt über 80 Abschlagplätze, Pitching-, Chipping-Area und zwei Putting-Greens. Abwechslungsreiche Fairways, Wasserhindernisse und geschickt platzierte Bunker sowie die ondulierten und gut verteidigten Grüns sind eine echte Herausforderung und purer Golfgenuss zugleich. 2016 – 2018 wurde der Platz nach einem Entwurf von David Krause umgebaut. Der Umbau steigert das Spielerlebnis und erhöht die Freude am Golfsport für unsere Gäste und Mitglieder.

Strüver-Fazit: Platz mit Meisterschaftsniveau, war Austragungsort eines Challenge Tour Turniers, sehr schönes Clubhaus.

Name: Hamburger Land- und Golf-Club Hittfeld e. V.
Adresse: Am Golfplatz 24
21218 Seevetal
Telefon, Fax: +49-(0)41 05-23 31, +49-(0)41 05-52 57 1
E-Mail: sekretariat@hlgc-hittfeld.de
Internet: www.hlgc-hittfeld.de
Ansprechpartner: Sekretariatsteam
Öffnungszeiten: 9.00 – 17.00 Uhr (Sekretariat)
Spielbahnen: 18
Green Fee: 90,00 € (alle Tage)
Handicap: Mitglieder anerkannter Golfclubs sind nach Voranmeldung gegen Vorlage des Mitgliedsausweises willkommen.
HCP an Wochenenden/Feiertagen bis 36,0
Teilnahmebed.: Die Voucher gelten von Mo – Fr.
An Wochenenden nur vor 9.00 und nach 16.00 Uhr sowie nach Rücksprache

Niedersachsen

Hamburger Land- und Golf-Club Hittfeld

Der Land- und Golf-Club Hittfeld trägt das Wort „Land" nicht umsonst im Titel: Eingebettet in einer sanften, teils bewaldeten Endmoränen-Landschaft bietet der Club beispiellose Ruhe.

9

30
1

Er gehört nicht nur zu den schönsten in Deutschland, er ist – auch dank des Redesigns 2004/05 – einer der qualitativ besten und anspruchsvollsten des Landes. Neben dem einzigartigen Parkland Course mit seinem alten Baumbestand gibt es aber noch viel mehr sportliche Möglichkeiten, die vom Schwimmbad, Tennisplatz, Eisstockschießplatz bis hin zu großartigen Übungsanlagen reichen. Pitching-, Chipping- und Putting-Grüns werden ergänzt um durch große, beleuchtete und beheizbare Abschlagshütten, eine Indoor-Anlage zum Putten als auch seit neuestem eine TrackMan Halle. Nach einer entspannten Golfrunde erwartet den Golfer auf einer sonnigen Südterrasse mit Weitblick eine köstliche Stärkung mit erfrischenden Getränken der clubeigenen Gastronomie.

Strüver-Fazit: Einer der schönsten Parkland-Plätze Deutschlands, der alle Golfschläger im Bag erfordert. Definitiv eine Reise wert!

Anfahrt: BAB A1 Hamburg – Bremen Ausfahrt Hittfeld – links Richtung Harburg – nach 2 km links Natenbergweg – 1 km links Am Golfplatz; Anfahrt BAB A7 Flensburg – Hannover, Ausfahrt Fleestedt – rechts Richtung Hittfeld – nach etwa 2 km rechts Natenbergweg usw.

Niedersachsen

Name:	Golf & Country Club Am Hockenberg
Adresse:	Am Hockenberg 100 21218 Seevetal
Telefon, Fax:	+49-(0)41 05-5 22 45, +49-(0)41 05-5 20 80
E-Mail:	info@amhockenberg.de
Internet:	www.amhockenberg.de
Öffnungszeiten:	9.00 – 17.00 Uhr innerhalb der Saison
Spielbahnen:	18
Green Fee:	Mit R-Kennzeichnung: 70,00 € (werktags), 80,00 € (Wochenende und Feiertage) Ohne R-Kennzeichnung: 85,00 € (werktags), 95,00 € (Wochenende und Feiertage)
Handicap:	54 (werktags), 36 (Wochenende und Feiertage)
Teilnahmebed.:	Voucher gelten Mo – Fr (werktags)

Golfclub Am Hockenberg

10

18 abwechslungsreiche Spielbahnen in einem zum Teil stark hügeligen Gelände.

Bereits der erste Abschlag lässt die naturbelassene Schönheit dieser anspruchsvollen Golfanlage erahnen. Landschaft so weit das Auge reicht. Sanfte Hügel und lange Täler, Schilf- und Seerosenteiche, alter Baumbestand und schützende Knicks begleiten das Spiel auf dem rund 6.100 m langen Course. Das Clubhaus – mit Gastronomie, ProShop und sanitären Einrichtungen – steht auf dem höchsten Punkt der Golfanlage und gibt den Blick frei auf die herrliche Landschaft des Seevetals sowie auf die am Horizont auftauchende Skyline Hamburgs.

Strüver-Fazit: Ein abwechslungsreicher und, für Norddeutschland eher unvermutet, hügeliger Platz. Präzises und strategisches Spiel sind unerlässlich für einen guten Score.

Anfahrt: A1 (Hamburg – Bremen), Ausfahrt Hittfeld, Richtung Jesteburg. A7 (Hamburg – Hannover), Ausfahrt Ramelsloh, Richtung Jesteburg, Straße folgen bis Harmstorf, an der T-Kreuzung rechts Richtung Hittfeld – in Helmstorf der Beschilderung folgen.

Name:	Golfanlage Bad Bevensen
Adresse:	Dorfstraße 22 29575 Altenmedingen OT Secklendorf
Telefon:	+49-(0)58 21-98 250
E-Mail:	info@gc-badbevensen.de
Internet:	www.gc-badbevensen.de
Ansprechpartner:	Sarah Held
Öffnungszeiten:	März – Okt.: Mo – So 9.00 – 18.00 Uhr Nov. – Febr.: Mi – So 10.00 – 16.00 Uhr
Spielbahnen:	18
Green Fee:	70,00 € (werktags) 80,00 € (Wochenende und Feiertage)
Handicap:	54
Teilnahmebed.:	Voucher gelten Mo – Fr (außer Feiertage) nach tel. Anmeldung
Sonstiges:	Hunde an der Leine willkommen

Niedersachsen

Golfanlage Bad Bevensen

EST. 1991 GOLFANLAGE BAD BEVENSEN

Abwechslungsreiches Spiel in faszinierender Landschaft.

11

30
1

Präzises Spiel erfordert dieser natürlich gestaltete Parkland Course, dessen gepflegte Fairways sich durch den Hochwald und über die hügelige Heidelandschaft ziehen. Zahlreiche Hindernisse und schmale Fairways erschweren den Weg zum Loch. Trotzdem bleibt der Platz immer fair. Die Bahnen sind meist kurz gehalten, so dass es mehr auf genaues Spiel denn auf Länge ankommt. Das gemütliche Clubhaus im Fachwerkstil bietet mit seiner Terrasse herrliche Ausblicke über die Anlage. Hier kann man nach dem Spiel bei einem Glas Wein den Sonnenuntergang genießen.

Strüver-Fazit: Schöner Platz – 9 Loch offen, 9 Loch im Wald. Gerade auf den Waldlöchern sollte man präzise spielen.

Anfahrt: Von Norden: A250 bis Lüneburg, B4 Richtung Uelzen, Abfahrt Bad Bevensen, in Bad Bevensen 2. Ampel links.
Von Süden: B4 in Richtung Lüneburg, Abfahrt Bad Bevensen.

Niedersachsen

Name:	Golfpark Soltau
Adresse:	Hof Loh 29614 Soltau
Telefon:	+49-(0)51 91-96 76 33 3
E-Mail:	info@golf-soltau.de
Internet:	www.golf-soltau.de
Ansprechpartner:	Marta Lusawa
Öffnungszeiten:	9.00 – 16.00 Uhr
Spielbahnen:	27
Green Fee:	55,00 € (werktags) 65,00 € (Wochenende und Feiertage)
Handicap:	54
Teilnahmebed.:	Voucher gelten jeden Tag

Golfpark Soltau

30
1

12

Anfahrt: A7, Ausfahrt Soltau-Süd, Richtung Soltau, nach 2 km links nach Tetendorf in die Alte Zollstraße und nach 800 m links zum Golfplatz abbiegen.

Inmitten der Lüneburger Heide fügt sich der 27-Loch-Golfpark Soltau traumhaft in die Landschaft ein.

Zahlreiche Wasserhindernisse und Bachläufe sowie die vielfältige Flora und Fauna vervollständigen das Naturerlebnis.

Der Golfpark Soltau ist von den Metropolen Hamburg, Hannover und Bremen aus bequem in 30 – 40 Minuten zu erreichen.

Strüver-Fazit: Es erwarten Sie großzügige Fairways, teilweise umgeben von Wald und Bäumen, nachdem Sie gleich das herausfordernste Loch zum Auftakt gemeistert haben.

Niedersachsen

Name:	Golf Club Tietlingen e. V.
Adresse:	Tietlingen 6c 29664 Walsrode
Telefon:	+49-(0)51 62-38 89
E-Mail:	info@tietlingen.de
Internet:	www.tietlingen.de
Ansprechpartner:	Mona Ezzeddine
Öffnungszeiten:	Di – Sa 9.00 – 17.00 Uhr; So 9.00 – 15.00 Uhr
Spielbahnen:	18
Green Fee:	50,00 € (werktags) 60,00 € (Wochenende und Feiertage)
Handicap:	54
Teilnahmebed.:	Voucher gelten täglich
Sonstiges:	Wohnmobile sind willkommen

Golf Club Tietlingen

13

30
1

Golfspielen bis die Heide wackelt!

Inmitten wunderschöner Heidelandschaft, die sich auch zum Teil direkt an den Spielbahnen befindet, liegt der 18-Loch-Platz des Golfclubs Tietlingen. Der 1979 gegründete Golfplatz schließt sich an den Tietlinger Wachholderhain, der wegen seiner traumhaften Natur zur letzten Ruhestätte von Hermann Löns auserkoren wurde, an. Die Anlage ist sportlich fair, aber herausfordernd und zeichnet sich besonders durch ihre ruhige, idyllische Lage aus. Der Platz ist zum Teil leicht hügelig und mit einigen Wasserhindernissen versehen. Neben der gutbürgerlichen Gastronomie im Clubhaus mit seiner idyllischen Terrasse stehen für Sie natürlich Dusch- und Umkleideräume bereit. Wegen seiner idealen verkehrstechnischen Anbindung bietet sich dieser Platz besonders für durchreisende Greenfee-Spieler an.

Strüver-Fazit: Schön eingewachsene Heidelandschaft mit Spielbahnen, an die man sich leicht erinnern kann.

Anfahrt: A7, Abf. Bad Fallingbostel, Richt. Bad Fallingbostel-Mitte, der Beschilderung „Lönsgrab", „Sanssouci" und „Golfplatz" folgen. A27, Abf. Walsrode Süd, Richt. Bad Fallingbostel, ca. 150 m nach Honerdingen links in Richt. „Industriepark Walsrode", nach ca. 300m rechts in Tietlinger Weg abbiegen und dem landwirtschaftlichen Weg folgen. Navi: Tietlingen 6c, 29664 Walsrode

Niedersachsen

Name:	Golfclub Gut Hainmühlen e. V.
Adresse:	Am Golfplatz 1, Ringstedt 27624 Geestland
Telefon, Fax:	+49-(0)47 08-92 00 36, +49-(0)47 08-92 00 38
E-Mail:	info@golfhm.de
Internet:	www.golf-hainmuehlen.de
Ansprechpartner:	Christine Perera, Sandra Lampe
Öffnungszeiten:	ganzjährig
Spielbahnen:	18
Green Fee:	18 Loch: 50,00 € (Mo – Fr) 18 Loch: 60,00 € (Wochenende und Feiertage) 9 Loch: 30,00 € (Mo – Fr) 9 Loch: 35,00 € (Wochenende und Feiertage)
Handicap:	54
Teilnahmebed.:	Voucher gelten Mo – So nach telefonischer Anmeldung

Golfclub Gut Hainmühlen

30
1

14

Anfahrt: A27 (Bremen – Cuxhaven), Ausfahrt Debstedt Richtung Bad Bederkesa. Vor Bad Bederkesa im Kreisverkehr Richtung Beverstedt. Im 3. Kreisverkehr rechts abfahren Richtung Beverstedt. Kurz hinter dem Ortsausgang Hainmühlen liegt der Golfplatz auf der rechten Seite.

Der Golfplatz bildet die vielseitige Landschaft auf ca. 71 ha ab.

Eingerahmt von Naturforst liegen die ersten elf Bahnen in einem Wiesengrund, durchzogen von Wasserläufen. Wirkungsvoll platzierte Busch- und Baumgruppen bieten immer neue Perspektiven. Der zweite Spielabschnitt wird von einem Geestrücken bestimmt. Die langgezogenen Wellenberge der nahen Nordsee wurden auf Bahn 14 (Par 5) wirkungsvoll nachmodelliert. Da sind lange Drives hilfreich, aber auch Präzision ist gefragt. Z. B. auf dem Dogleg der 13, wo zu mutig angesetzte Schläge leicht im dichten Rough oder in der mit Buschwerk bewachsenen Natursandkuhle kurz vor dem Grün enden. Auch das kurze Spiel erfordert Präzision, weil die besonders schnellen Grüns häufig mit einem Gefälle oder in Stufen angelegt sind.

Strüver-Fazit: Liebhaber von Wallhecken, bunten Sträuchern, Wald und viel Wasser werden sich hier sehr wohlfühlen.

Bremen

Name:	Golf-Club Bremer Schweiz e. V.
Adresse:	Wölpscher Straße 4 28779 Bremen
Telefon:	+49-(0)4 21-60 95 331
Fax:	+49-(0)4 21-60 95 333
E-Mail:	info@golfclub-bremerschweiz.de
Internet:	www.golfclub-bremerschweiz.de
Ansprechpartner:	Tanja Bullwinkel
Öffnungszeiten:	9.00 – 18.00 Uhr
Spielbahnen:	18
Green Fee:	50,00 € (werktags) 60,00 € (Wochenende und Feiertage)
Handicap:	54
Teilnahmebed.:	Voucher gelten Mo – So

Golf-Club Bremer Schweiz

Hier lädt die Natur zum Golfen ein.

15

Mitten auf der Landesgrenze zwischen der Wesermetropole Bremen und Niedersachsen erstreckt sich unser sportlich höchst anspruchsvoller Golfplatz zwischen Marsch und Geest. Die 2003 komplettierte Golfanlage hat etwas ganz Besonderes, was man wirklich selten findet: Zwei 18. Grüns in zwei verschiedenen Bundesländern. Die Runde kann als PAR 71 in Bremen, und damit vor der Clubhausterrasse, oder als PAR 72 in Niedersachsen abgeschlossen werden. Nach der Runde folgt die Entspannung in unserer großzügigen Gastronomie mit kulinarischen Genüssen für jedermann.

Strüver-Fazit: Niveauvoller Platz mit abwechslungsreichen Fairways und unterschiedlichsten Hindernissen. Gerade die finalen Bahnen 13 – 18 verlangen volle Konzentration.

Anfahrt: A27, Ausfahrt Schwanewede, Richtung Leuchtenburg, nach 2 km der Golfplatzbeschilderung folgen.

Bremen

Name:	Golfclub Bremerhaven Geestemünde GmbH & Co KG
Adresse:	Georg-Büchner-Straße 19 27574 Bremerhaven
Telefon:	+49-(0)4 71-92 68 97 91 3
Fax:	+49-(0)4 71-92 68 97 91 2
E-Mail:	info@golfclub-bremerhaven.de
Internet:	www.golfclub-bremerhaven.de
Ansprechpartner:	Thomas Koch
Öffnungszeiten:	Mo – Fr 9.00 – 17.00 Uhr Sa/So 9.00 – 15.00 Uhr
Spielbahnen:	18
Green Fee:	45,00 € (werktags) 55,00 € (Wochenende und Feiertage)
Handicap:	54
Teilnahmebed.:	Voucher gelten Mo – So

Golfclub Bremerhaven Geestemünde

30
1

16

Anfahrt: Navi-Adresse: Golfclub Bremerhaven Geestemünde, Georg-Büchner-Straße 19, 27574 Bremerhaven.

Hier lädt die Natur zum Golfen ein.

Nur wenige Minuten von der Stadtmitte entfernt laden 18 anspruchsvolle Spielbahnen Golfer aller Spielklassen ganzjährig zu einer sportlichen Golfrunde auf den kompakten Stadtplatz ein. Die Markfleth zieht sich als spielbestimmendes Element mit seinen Seitenarmen und Ausbuchtungen durch das gesamte Gelände. Dadurch kommt auf fast allen Bahnen Wasser ins Spiel.
Das Design unserer Fairways spiegelt unsere Philosophie wider: Alle Löcher folgen dem Prinzip des strategischen Golfdesigns. Das bedeutet, dass es auf jeder Bahn sowohl aggressive als auch defensive Spielmöglichkeiten gibt.
Nicht nur die strategische Gestaltung macht die Fairways so interessant, sondern auch die hohe Qualität der Grünanlagen. Die Grüns sind in Form und Ondulation sehr abwechslungsreich und im Vergleich zum Gelände leicht erhöht.

Strüver-Fazit: Der kompakte Stadtplatz, wird durch die Markfleth geprägt. Dadurch kommt natürlich auch Wasser ins Spiel.

Name: Golf in Hude
Adresse: Lehmweg 1
27798 Hude
Telefon: +49-(0)44 08-92 90 90
Fax: +49-(0)44 08-92 90 92 0
E-Mail: info@golfinhude.de
Internet: www.golfinhude.de
Ansprechpartner: Oliver Bätz
Öffnungszeiten: Saison: Mo – So 9.00 – 18.00 Uhr
Spielbahnen: 18 + 9
Green Fee: Nordseeplatz Tages-Green Fee:
60,00 € (Mo – Fr)
70,00 € (Sa, So und Feiertage)
Handicap: 54
Teilnahmebed.: Voucher gelten Mo – Fr (nicht an Feiertagen).
Änderungen der Green Fee-Preise vorbehalten

Niedersachsen

Golf in Hude

Golf in Hude hat sich zum Ziel gesetzt, vielen Menschen den Zugang zum Golfsport zu fairen und vernünftigen Bedingungen auf einer attraktiven Anlage zu ermöglichen.

Mit einer Mitgliedschaft im Verein können Sie die wunderschöne, vom bekannten Golfplatzarchitekten Christoph Städler entworfene, wellige 18-Loch-Meisterschaftsanlage mit vielen Wasserhindernissen bespielen.
Auf dem öffentlichen 9-Loch-Platz können Sie darüber hinaus Ihre ersten Erfahrungen sammeln. Zudem verfügt die Anlage über eine mit Rasenabschlägen ausgestattete Driving Range.
Der gut sortierte Golf-Shop stattet Sie mit allem aus, was zum Golfsport gehört. Für eine behagliche Atmosphäre sorgt das öffentliche Clubrestaurant, von dessen großzügiger Sonnenterrasse Sie die wasserumsäumten Schlussgrüns 9 und 18 beobachten können.

Strüver-Fazit: Von fast jedem Abschlag blickt man auf eine traumhafte Waldkulisse.

17

30
1

Anfahrt: A28 Richtung Oldenburg, Ausfahrt Hude, links, rechts auf B75 Richtung Oldenburg. Nach 5 km rechts Richtung Hude. Links über Lehmweg zum Golfplatz. A28 Richtung Delmenhorst, Ausfahrt Hatten, links Richtung Altmoorhausen, nach 3 km rechts auf B75 Richtung Delmenhorst, links Richtung Hude, dann wie oben.

Niedersachsen

Name:	Golfclub Oldenburger Land e. V.
Adresse:	Hatter Straße 14 26209 Hatten-Dingstede
Telefon:	+49-(0)44 82-82 80
E-Mail:	info@gcol.de
Internet:	www.gcol.de
Ansprechpartner:	Sonja von Scharrel
Öffnungszeiten:	Mo – Fr 9.00 – 17.00 Uhr, Sa + So 9.00 – 15.00 Uhr
Spielbahnen:	18
Green Fee:	65,00 € (werktags) 75,00 € (Wochenende und Feiertage)
Handicap:	54
Teilnahmebed.:	Voucher gelten Mo – So, nicht mit anderen Ermäßigungen kombinierbar
Sonstiges:	Wohnmobilstellplätze mit Elektroanschluss Start nur mit festen Startzeiten möglich

Golfclub Oldenburger Land

30
1

18

Umsäumt von Waldrändern, durchzogen von Wallhecken, Feldgehölzen und einem Bachlauf.

In der typischen Landschaft der Wildeshauser Geest befindet sich in einem idyllischen Feld und Waldgebiet die sportlich attraktive 18-Loch-Golfanlage mit einer Größe von 70 ha. Durch die drei großen Teiche, die auch zur Bewässerung dienen, ist die Kombination aus geplanten und gewachsenen Hindernissen sehr gut gelungen. Ein modernisiertes ehemaliges Heuerhaus ist in Abstimmung mit dem Amt für Denkmalpflege zum gemütlichen Clubhaus umgebaut worden. Dieses Clubhaus mit ausgezeichneter Gastronomie komplettiert die Anlage.

Strüver-Fazit: Das elegant und leicht geschwungene Gelände führt zu verschiedenen Standpositionen. Mehrstufengrüns erfordern präzises Putten.

Anfahrt: A28, Abfahrt Hatten. Durch Kirchhatten, Richtung Dingstede. Nach ca. 3,5 km liegt links der Golfplatz. A1, Ausfahrt Wildeshausen Nord, Richtung Wildeshausen, rechts über Neerstedt nach Kirchhatten.
In Kirchhatten rechts Richtung Steinkimmen-Dingstede. Golfplatz nach ca. 3,5 km.

Name:	Achimer Golfclub e. V.
Adresse:	Roedenbeckstraße 55 28832 Achim
Telefon, Fax:	+49-(0)42 02-97 40 0, +49-(0)42 02-97 40 10
E-Mail:	info@achimergolfclub.de
Internet:	www.achimergolfclub.de
Ansprechpartner:	M. Kahrels, R. Horneburg
Öffnungszeiten:	Saison: 8.00 – 18.00 (Fr – Sa 8.00 – 16.00) Uhr Nebensaison: Di – So 9.00 – 15.00 Uhr
Spielbahnen:	18 + 9
Green Fee:	Mit R-Kennzeichnung: 50,00 € (werktags), 65,00 € (Wochenende/Feiertage) Ohne R-Kennzeichnung: 65,00 € (werktags), 80,00 € (Wochenende/Feiertage)
Handicap:	54
Teilnahmebed.:	Voucher gelten Mo – Fr (nicht an Feiertagen)
Sonstiges:	Driving Range: 9 überdachte Abschlagplätze, mit TrackMan Range Technologie

Niedersachsen

Achimer Golfclub

ACHIMER GOLFCLUB

Der Platz lässt keine Hektik aufkommen: Natur sportlich genießen!

19

Zeit sollte der Golfer für eine Runde im Achimer Golfclub mitbringen. Denn die großzügig verteilten Spielbahnen ergeben zum Teil längere Wege vom Grün zum nächsten Abschlag. Doch mit diesem Image „der langen Wege" kann der Club längst leben. Der Vorteil ist, dass sich die Golfer nicht auf den Füßen stehen und in Ruhe ihr Spiel spielen können. Querschläger auf fremde Spielbahnen sind unmöglich. Wer es ein bisschen schneller mag: Für eine kurze Golfrunde steht der 9-Loch-Platz zur Verfügung.

Strüver-Fazit: Die Anlage schmiegt sich harmonisch in die Landschaft und bietet Golf in entspannter Atmosphäre. Besonders schön: Zwischen den einzelnen Bahnen ist viel Raum, Abschläge und Greens wurden bewusst voneinander getrennt.

Anfahrt: A1 (Hamburg – Bremen), Ausfahrt Posthausen, in Posthausen K6 Richtung Achim/ Badenermoor – A27 (Bremen – Hannover), Ausfahrt Achim-Ost, Richtung Bassen, K23 Richtung Badenermoor/Posthausen – der Beschilderung folgen.

Niedersachsen

Name:	Golf Club Verden e. V.
Adresse:	Holtumer Straße 24 27283 Verden
Telefon:	+49-(0)42 30-14 70
E-Mail:	golf@gc-verden.de
Internet:	www.gc-verden.de
Ansprechpartner:	Katja Ingenhoven
Öffnungszeiten:	Mo – Fr: 9.00 – 17.00 Uhr (Saison) Sa/So: 9.00 – 15.00 Uhr (Saison)
Spielbahnen:	27 + 5 Kurzplatz
Green Fee:	55,00 € (Mo – Fr) 65,00 € (Wochenende und Feiertage)
Handicap:	54
Teilnahmebed.:	Voucher gelten Mo – Fr (nicht an Feiertagen)

Golf Club Verden

30
1

20

Anfahrt: A27, Abfahrt Verden Nord nehmen und weiter auf B215 in Fahrtrichtung Rotenburg. Nach ca. 2,5 km am Ortsausgang Walle rechts abbiegen in Richtung Kirchwalsede/Holtum Geest. Nach ca. 600 m rechts auf das Golf Club Gelände abbiegen.

Abwechslungsreiches Golfspiel auf 27 Bahnen.

Durch unsere drei verschiedenen attraktiven 9-Loch-Courses erwartet Sie bei uns ein abwechslungsreiches Spielvergnügen – sportlich fair und dennoch anspruchsvoll. Mit Ihrem Tages-Green-Fee können Sie so viele Runden genießen, wie Sie möchten. Selbst während des Turnierbetriebs bleibt dabei immer genügend Raum für Ihre ganz persönliche Golfrunde.
Auf unserer Anlage genießen Sie ohne Startzeiten absolute Spielruhe und Flexibilität.
Ihr Cart können Sie über die PC Caddie App direkt selbst buchen. Es stehen 8 Carts, 4 Ladeplätze für Elektrofahrzeuge und 3 Wohnmobilstellplätze zur Verfügung.

Strüver-Fazit: Wald und Wasser finden Sie an nahezu allen Spielbahnen in überwiegend flachem Gelände.

Niedersachsen

Name:	Golfclub Thülsfelder Talsperre e. V.
Adresse:	Mühlenweg 9 49696 Resthausen
Telefon, Fax:	+49-(0)44 74-79 95, +49-(0)44 74-79 97
E-Mail:	info@gc-thuelsfelde.de
Internet:	www.gc-thuelsfelde.de
Ansprechpartner:	Kerstin Koopmann
Öffnungszeiten:	9.00 – 17.00 Uhr
Spielbahnen:	18 + 9 Kurzplatz
Green Fee:	55,00 € (werktags) 65,00 € (Wochenende und Feiertage) Änderungen vorbehalten
Handicap:	54
Teilnahmebed.:	Voucher gelten täglich

Golfclub Thülsfelder Talsperre

GOLFCLUB
Thülsfelder Talsperre e.V.

Ob jung oder alt – der Golfpark Thülsfelder Talsperre hat für jeden etwas zu bieten.

21

30
1

Der 18-Loch-Meisterschaftsplatz mit dem 9-Loch-Öffentlichkeitsplatz erstrecken sich über eine Fläche von ca. 86 ha. Auf dieser Anlage kann das ganze Jahr hindurch Golf gespielt werden. Eine landschaftliche Besonderheit, die kein Zufall ist: Der Club liegt auf sandigem Boden. Das ist mit ein Grund, dass die Anlage auch im Winter von zahlreichen Green Fee-Spielern gerne besucht wird, wenn deren Heimatclubs aufgrund der Wetterlage ihren Platz längst gesperrt haben. Alle Bahnen sind einzigartig, keine gleicht der anderen: Hügel, Bäume und Wasser stellen Golfern eine sportliche und reizvolle Herausforderung.

Strüver-Fazit: Die neun Teiche sind nicht nur dekorativ, sondern müssen an 12 Bahnen strategisch mit ins Spiel eingebaut werden. Die Grüns sind trick- bzw. breakreich und erfordern golferische Höchstleistung.

Anfahrt: A1 (Osnabrück – Bremen), Ausfahrt Cloppenburg, B72 Richtung Cloppenburg, Ausfahrt Cloppenburg-Nord, Richtung Friesoythe, nach 6,5 km links zum Golfplatz.

Niedersachsen

Name:	Golfclub Vechta-Welpe e. V.
Adresse:	Welpe 2 49377 Vechta
Telefon, Fax:	+49-(0)44 41-55 39, +49-(0)44 41-85 24 80
E-Mail:	info@golfclub-vechta.de
Internet:	www.golfclub-vechta.de
Ansprechpartner:	Maria Kortenbusch
Öffnungszeiten:	ganzjährig
Spielbahnen:	18
Green Fee:	60,00 € (werktags) 70,00 € (Wochenende und Feiertage)
Handicap:	54
Teilnahmebed.:	Voucher gelten Mo – Fr nach Anmeldung, nicht an Feiertagen. Startzeitenreservierung erforderlich

Golfclub Vechta-Welpe

22

Eingebettet in ein 100 Hektar großes Waldgebiet und weniger als eine Autostunde von Bremen, Oldenburg und Osnabrück entfernt liegt einer der schönsten Plätze Norddeutschlands: der Golfclub Vechta-Welpe e. V.

Anfahrt: A1, Abfahrt Vechta (Nr. 64), Richtung Vechta ca. 5 km, dort auf die Umgehungsstraße Richtung Diepholz auffahren, bis zum Ende der Autoschnellstraße, links abbiegen Richtung Vechta, nach 1,2 km rechts ab in die Dorgelohstraße (Hinweisschild Golfplatz) geradeaus weiter bis zum Clubhaus.

Die 18 Bahnen fordern mit ihrem sportlich-fairen Layout ein präzises Spiel. Mit CR- und Slope-Werten von 72,9/137 für Herren und 75,1/132 für Damen ist dieser Platz auch unter sportlichen Aspekten eine abwechslungsreiche Herausforderung. Die Waldränder entlang der Bahnen sowie die zwölf Teiche sind ein wahres Eldorado für Flora und Fauna. Bestes Beispiel, wie Golfsport und Natur bei uns harmonieren, sind die auf Bahn 17 beheimateten Störche. Einen unvergesslichen Tag können Sie in dem über 400 Jahre alten, denkmalgeschützten Clubhaus oder dem gemütlichen Bauerngarten ausklingen lassen.

Strüver-Fazit: Einer der anspruchvollsten Plätze Deutschlands mit ausgezeichneter 4 Sterne Bewertung für Platzausstattung, Pro Shop und Restaurant durch den Bundesverband Golfanlagen.

Name:	Golfclub Varus e. V.
Adresse:	Im Schlingerort 5 49179 Ostercappeln-Venne
Telefon, Fax:	+49-(0)54 76-20 0, +49-(0)54 76-91 14 00
E-Mail:	info@golfclub-varus.de
Internet:	www.golfclub-varus.de
Ansprechpartner:	Sekretariat
Öffnungszeiten	ganzjährig
Spielbahnen:	18 + 3
Green Fee:	50,00 € (Mo – Fr) 60,00 € (Sa, So und Feiertage)
Handicap:	54
Teilnahmebed.:	Voucher gelten nur mit ordentlicher DGV-Mitgliedschaft. Änderungen der Green Fee-Preise vorbehalten
Sonstiges:	Elektroanschluss für Wohnmobile/-wagen 5,00 €

Niedersachsen

Golfclub Varus

Schönes Spiel auf historischem Boden.

23

Mitten im Naturpark Nördlicher Teutoburger Wald/Wiehengebirge und auf historischem Boden (Varusschlacht) liegt, nur „ein paar Golfschläge" von Osnabrück entfernt, die ganzjährig bespielbare 18-Löcher-Meisterschaftsanlage des Golfclub Varus e. V. in Ostercappeln/Venne. Eingebettet in eine sattgrüne Parklandschaft mit herrlichem Blick auf das schöne Wiehengebirge. In den zurückliegenden 25 Jahren hat sich die Anlage optimal zu einem Top Platz entwickelt. Interessante, eindrucksvolle und abwechslungsreiche Grüns (Bahn 12 als Inselgrün) verteidigt durch 57 Bunker und Wasserhindernisse machen diesen sehr seniorenfreundlichen Platz zu einem besonderen Erlebnis.

Strüver-Fazit: Breite, herausfordernde Fairways erlauben ein interessantes Spiel in allen Handicap-Klassen. Gerades Spiel wird hier zur Pflicht.
Das 12. Loch als Inselgrün ist besonders reizvoll.

Anfahrt: A1 (Dortmund – Bremen), Ausfahrt Bramsche, auf der B218 Richtung Bad Essen. Bei km 11,3 (hinter Varus-Info-Zentrum) links. Hinter der Mittellandkanalbrücke rechts zum Parkplatz Clubhaus. Von Bad Essen B218 bei km 9 rechts. 600 m hinter der Mittellandkanalbrücke liegt links der Parkplatz.

Name:	Golfclub Rehburg-Loccum
Adresse:	Hormannshausen 2a 31547 Rehburg-Loccum
Telefon, Fax:	+49-(0)57 66-93 01 7, +49-(0)57 66-93 01 9
E-Mail:	info@gcrl.de
Internet:	www.gcrl.de
Ansprechpartner:	Christiane Nolte
Öffnungszeiten:	Sommer: 9.00 – 17.00 Uhr Winter: 10.00 – 15.00 Uhr Montags geschlossen
Spielbahnen:	18
Green Fee:	55,00 € (werktags) 65,00 € (Wochenende und Feiertage)
Handicap:	54
Teilnahmebed.:	Voucher gelten Mo – Fr (nicht an Feiertagen)
Sonstiges:	Softspikes erwünscht

Golfclub Rehburg-Loccum

24

Anfahrt: A2: Ausfahrt Wunstorf-Luthe, B441 über Wunstorf nach Loccum, an der Ampel rechts in Rehburger Str., nach ca. 2 km rechts nach Hormannshausen/Golfplatz.
B6: In Husum auf L370 über Rehburg weiter nach Loccum, 600 m nach Rehburg links nach Hormannshausen/Golfplatz

Golfen vor den Toren der niedersächsischen Landeshauptstadt.

Die der Endmoränenlandschaft hervorragend angepasste Golfanlage Rehburg-Loccum liegt in den Rehburger Bergen. Westlich des Steinhuder Meeres, zwischen Rehburg und Loccum, erstreckt sich der auf insgesamt 69 ha angelegte Golfplatz. Der 18-Loch-Platz zeichnet sich durch eine hügelige Landschaft aus. Alter Baumbestand im östlichen, Gehölze im mittleren Bereich und Biotope sorgen für Abwechslung auf dieser sportlich anspruchsvollen Anlage. Der weite Ausblick in die niedersächsische Landschaft macht den Platz auch für entspannte Golfrunden zu einem Erlebnis.

Strüver-Fazit: Die Wasserhindernisse, teils seitlich abfallende Fairways und Greens verlangen von jedem Spieler Konzentration und Disziplin. Schönes Restaurant mit Sonnenterrasse!

Niedersachsen

Name:	Golf-Club Harz e. V.
Adresse:	Am Breitenberg 107 38667 Bad Harzburg
Telefon, Fax:	+49-(0)53 22-67 37, +49-(0)53 22-24 98
E-Mail:	info@golfclubharz.de
Internet:	www.gcharz.de
Ansprechpartner:	Astrid Rogowski (Clubsekretariat)
Öffnungszeiten:	Golfshop täglich 9.00 – 17.00 Uhr
Spielbahnen:	18
Green Fee:	60,00 € / VCG 70,00 € (Mo – Fr) 70,00 € / VCG 80,00 € (Sa, So und Feiertage)
Handicap:	54
Teilnahmebed.:	Voucher gelten Mo – So (auch an Feiertagen)

Golf-Club Harz

Stadtnahes Golfen auf höchstem Niveau, das erwartet den Golfer auf der 18 Löcher-Anlage des Golf-Club Harz.

25

Die Bahnen sind harmonisch in die parkähnliche Landschaft und in die ehemaligen Gestütswiesen integriert. Die Bahnen 7, 8 und 10 queren die Galopprennbahn. Das gesamte Gelände wird geprägt durch alten Baumbestand. Knorrige Eichen säumen markant einige Spielbahnen. Die 18 Bahnen sind sehr gelungen angelegt und werden so auch allen Spielstärken gerecht. Schräglagen gehören mit zu den Herausforderungen. Ungetrübte Ausblicke ins Harzvorland sind Balsam für die Seele. Idyllische Teiche an den Löchern 4, 6, 8 und 17 fordern die Aufmerksamkeit des Spielers und verlangen ein taktisches Spiel.

Strüver-Fazit: Der Platz liegt sozusagen als zweiter Kurpark bei Bad Harzburg. Leicht schräge Grüns und Wasserläufe gilt es zu bewältigen.

Anfahrt: Verlassen Sie die A395/B4 an den Ausfahrten mit dem Pictogramm „Golf" und folgen Sie dann der innerstädtischen Ausschilderung „Golfplatz". Nähere Beschreibung siehe Webseite. Wenn Sie ein Navigationsgerät haben, stellen Sie es bitte auf „Am Breitenberg 107, 38667 Bad Harzburg" ein.

Niedersachsen

Name: Golfclub Rittergut Rothenberger Haus e. V.
Adresse: Rothenberger Haus
37115 Duderstadt
Telefon, Fax: +49-(0)55 29-89 92, +49-(0)55 29-99 97 07
E-Mail: manager@golf-duderstadt.de
club@golf-duderstadt.de
Internet: www.golf-duderstadt.de
Ansprechpartner: Johanna Elsner v. der Malsburg, Siegfried Esseln, Eva-Maria Schulze-Niehoff (Pro-Shop)
Öffnungszeiten: Di – So 10.00 – 19.00 Uhr
Spielbahnen: 18 + 4
Green Fee: 60,00 € (werktags)
70,00 € (Wochenende und Feiertage)
Handicap: 54
Teilnahmebed.: Voucher gelten Mo – Fr, am Wochenende und an Feiertagen

Golfclub Rittergut Rothenberger Haus

30
1

26

Anfahrt: A7 (Hannover – Göttingen), Ausfahrt Seesen, Richtung Herzberg (B243), über Pöhl und Hilkerode nach Zwinge – A7 (Kassel – Göttingen), Ausfahrt Göttingen-Nord, Richtung Braunlage (B27) bis Gieboldehausen, Rhumspringe-Hilkerode nach Zwinge – der Beschilderung folgen. Navigationsadresse: Rothenberger Haus, 37412 Herzberg am Harz.

Unweit der historischen Stadt Duderstadt und ca. 35 Autominuten von Göttingen, Bad Lauterberg und Heiligenstadt entfernt, entstand auf dem Rittergut Rothenberger Haus, eingebettet in die wunderschöne Natur des Südharzes, eine unverwechselbare Golfanlage.

Umgeben von herrlichem Wald verbindet sich hier die landschaftliche Schönheit der 18 perfekt gepflegten Bahnen mit den Vorzügen einer hochsympathischen Anlage. Für den Anfänger sowie den ambitionierten Handicap-Spieler bietet dieser 80 ha große, naturnah gestaltete Platz ein unvergleichliches Ambiente. Zum spielerischen Vergnügen tragen vor allem die landschaftlichen Reize bei: herrlicher Panoramablick zum Ohmgebirge sowie schützenswerte Biotope und Gewässer. Ein Platz zum Wohlfühlen, den Sie nach dem Spiel von der Terrasse des Clubhauses genießen können.

Strüver-Fazit: Schöner Platz, für Anfänger und ambitionierte Golfer geeignet. Besondere Herausforderung: das Loch 16.

Mecklenburg-Vorpommern

Name:	Golfpark Strelasund GmbH & Co. KG
Adresse:	Zur Alten Hofstelle 1– 4 18516 Süderholz/OT Kaschow
Telefon:	+49- (0)3 83 26- 45 830
E-Mail:	info@golfpark-strelasund.de
Internet:	www.golfpark-strelasund.de
Ansprechpartner:	Jörg Remer
Öffnungszeiten:	8.00–18.00 Uhr
Spielbahnen:	36 A, B, C, D
Tages-Green Fee:	99,00 €
Handicap:	54
Teilnahmebed.:	Voucher gelten Mo – Do auf Tages-Green Fee
Sonstiges:	Hunde sind an der Leine erlaubt. Wohnmobilstellplätze mit Elektroanschluss vorhanden

Golfpark Strelasund

27

Bei einer Reise nach Mecklenburg-Vorpommern führt schon seit geraumer Zeit kein Weg mehr am Golfpark Strelasund vorbei.

Verantwortlich dafür ist zum einen die fantastische Lage, direkt im Küstenvorland, in unmittelbarer Umgebung der Hansestädte Greifswald und Stralsund. Zum anderen bieten die top gepflegten 18-Loch-Golfanlagen Golfvergnügen mit höchstem sportlichem Anspruch. Darüber hinaus stehen den Gästen 47 komfortable und moderne Zimmer im Wellnesshotel zur Verfügung. Dieses verfügt über einen großzügigen SPA-Bereich mit verschiedenen Saunen, einem Schwimmbad sowie Massage- und Kosmetikanwendungen. Das Clubhaus mit angeschlossenem Landgasthof und einer Eventhalle bietet regionale Küche auf höchstem Niveau.

Strüver-Fazit: Junger, offener Platz mit ansprechenden Wasserhindernissen, so sind das 9. und 18. Loch von Wasser umgeben und gut von der Terrasse des Clubhauses einzusehen.

Anfahrt: A20, Abfahrt Grimmen Ost, Richtung Grimmen, 2. Ampel rechts Richtung Reinberg, nach 3 km rechts Richtung Neuendorf/ Griebenow nach Kaschow.

Mecklenburg-Vorpommern

Name:	Golfclub Schloss Teschow e. V.
Adresse:	Alte Dorfstraße 13 17166 Teschow
Betreiber:	arcona Hotelbetriebs GmbH, Betriebsstätte Teschow August-Bebel-Str. 55, 18055 Rostock
Telefon:	+49-(0)39 96-14 0-4 54
E-Mail:	golf@schloss-teschow.de
Internet:	www.gc-schloss-teschow.de
Instagram:	#golfclubschlossteschow
Ansprechpartner:	Lars Jahn
Öffnungszeiten:	Mo – Fr 9.00 – 17.00 Uhr Sa, So und Feiertage 9.00 – 17.30 Uhr
Spielbahnen:	27
Green Fee:	55,00 € (werktags), 65,00 € (Sa, So, Feiertage)
Handicap:	54
Teilnahmebed.:	Voucher gelten Montag bis Sonntag

Golfclub
SCHLOSS TESCHOW

Golfclub Schloss Teschow

30
1

28

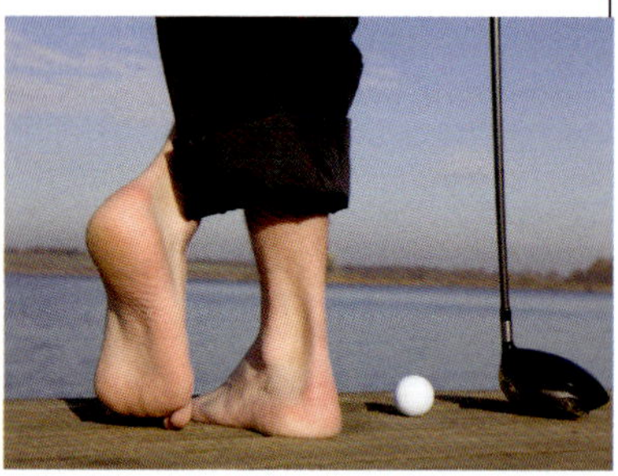

Anfahrt: A19, Abfahrt Güstrow/Teterow, weiter auf B104 bis Teterow, 6. Ampel links Richtung Demmin, nach ca. 4 km 2. Einfahrt auf der linken Seite.

Jeweils rund 200 km von den Metropolen Berlin und Hamburg sowie 60 km südlich von Rostock liegt der Golfclub Schloss Teschow. Er ist eingebettet in die sanfte Hügellandschaft des Naturparks Mecklenburgische Schweiz und Kummerower See. Der Golfpark umfasst eine Fläche von 110 Hektar und grenzt an den Teterower See.

Beide Plätze sind in top-gepflegtem Zustand, werden kontinuierlich optimiert und bieten großen Spielspaß. Während der öffentliche 9-Loch-Platz „Am Silberberg“ ideal für Anfänger ist, bietet der 18-Loch-Platz „Am See“ auch für erfahrene Spieler Herausforderungen: Einige Löcher warten mit Blindabschlag oder gleich drei Wasserhindernissen auf. Der Pro Shop befindet sich in einer umgebauten Scheune, die einen rustikal-gemütlichen Golfer-Kiosk beherbergt.

Strüver-Fazit: Ein erstklassiges Übungsgelände, wunderschön gelegen. Auch hervorragend geeignet für Golf im Winter.

Mecklenburg-Vorpommern

Name: Golf Fleesensee
Adresse: Tannenweg 1
17213 Göhren-Lebbin
Telefon: +49-(0)39 932-80 40 0
Fax: +49-(0)39 932-80 40 20
E-Mail: info.golf@fleesensee.de
Internet: www.fleesensee-golfclub.de
Öffnungszeiten: täglich 8.00–18.00 Uhr
Spielbahnen: 3 x 18, 2 x 9
Green Fee: Schloss-Platz 100,00 €
Engel & Völkers Course 80,00 €
Handicap: –
Teilnahmebed.: –

Golf Fleesensee

Herzlich willkommen am Fleesensee, auf einer der größten Golfanlagen Europas. Ganz egal, wie Sie sich Ihren Traum-Golfurlaub oder Traum-Golftag vorstellen – bei uns wird er wahr.

Unsere abwechslungsreichen Plätze für jede Spielstärke, das großzügige Trainingsareal, unsere GolfArena, die besten Golftrainer (Fleesensee Golfakademie by Sven Strüver) und unser serviceorientiertes Golf-Team im Shop und im Office warten bereits auf Sie. Golfanfänger, Familien und Kinder können auf unseren beiden 9-Löcher-Übungsplätzen ganz unkompliziert ausprobieren, wie sich eine echte Golfrunde anfühlt. Gemeinsam trifft man sich anschließend in unserer Genusswerkstatt oder auf der Sonnenterrasse: Hier wird bei dem ein oder anderen Drink über unser aller Lieblingssport – Golf – philosophiert.

Strüver-Fazit: Abwechslungsreich und für jede Spielstärke. Eine riesige Driving Range, die sehr zu empfehlen ist. Optimale Hotelinfrastruktur. Den Schloss-Platz sollte man gespielt haben!

29

30
1

Anfahrt: A24 (Berlin – Hamburg), Wechsel auf A19 Richtung Rostock, Ausfahrt Waren, Beschilderung Land Fleesensee/an der Einfahrt dem Schild „Golf & Country Club Fleesensee“ folgen.

Name:	Golfclub Berlin Prenden
Adresse:	Waldweg 3 16348 Prenden
Telefon:	+49-(0)33 39 6-77 90
E-Mail:	info@golfplatz-prenden.de
Internet:	www.golfplatz-prenden.de
Öffnungszeiten:	9.00 – 17.00 Uhr
Spielbahnen:	27
Green Fee:	65,00 € (werktags) 75,00 € (Wochenende und Feiertage)
Handicap:	54
Teilnahmebed.:	Voucher gelten nur Mo – Sa (kein Feiertag)

Golfclub Berlin Prenden

30
1

30

Anfahrt: Nördlicher Berliner Ring, Dreieck Schwanebeck auf die A11 Richtung Prenzlau. Abfahrt Lanke/Prenden nach Prenden, in der scharfen Linkskurve Abzweig nach rechts zum Golfplatz nehmen. Golfclub ist bei normalen Verkehrsverhältnissen in 30 Min. vom Alexanderplatz zu erreichen.

Das Golferlebnis auf 27 Spielbahnen im Norden von Berlin!

In der traumhaften Landschaft des Naturparks Barnim gelegen bietet der 27-Loch-Meisterschaftsplatz Golfern aller Stärken sportliche Herausforderungen und erholsame Ruhe. Die Golfanlage wurde harmonisch in die Landschaft eingefügt. Die leicht hügeligen Fairways und die weiten, dünenartigen Bunker erinnern an einen schottischen Links-Course. Zahlreiche interessante Teiche und Seen erhöhen dabei die Spielfreude. Der in der Region vorhandene Sandboden garantiert eine ganzjährige Bespielbarkeit. Mit mehr als 6 km Länge und einem Slope Wert von 133 wurde der 18-Loch-Platz vom Golf Journal zum fünft anspruchsvollsten Platz Deutschlands gewählt.

Strüver-Fazit: Abwechslungsreicher Golfplatz. Löcher mit Namen wie „Evergreen" oder „Fisherman's Friend" – bei letzterem ist besondere Präzision gefragt!

Brandenburg

Name:	Golf in Wall
Adresse:	Am Königsgraben 1 16818 Wall
Telefon:	+49-(0)33 925-7 11 35
E-Mail:	info@golfinwall.de
Internet:	www.golfinwall.de
Ansprechpartner:	Flemming Maas
Öffnungszeiten:	Mo – So 8.00 – 19.00 Uhr
Spielbahnen:	27
Green Fee:	45,00 € (werktags) 59,00 € (Wochenende und Feiertage)
Handicap:	54
Teilnahmebed.:	Voucher gelten Mo – Fr (ausgenommen Feiertage)

Golf in Wall

Natur erleben – Golf genießen.

31

30
1

Unweit von Berlin, schnell über die A24 zu erreichen, befindet sich die weitläufige Golfanlage mit einem 18-Loch- und einem 9-Loch-Golfplatz. Die Golfanlage gilt nach Ansicht vieler Spieler als eine der schönsten im Umkreis von Berlin. Ruhe und Natur, gepflegte Abschläge, Fairways, große und treue Grüns erfreuen Auge und Seele. Ein großzügiges Übungsgelände mit Putting- und Pitchinggreens komplettieren Ihr Golfvergnügen. Und was gibt es Schöneres, als sich auf die Clubhausterrasse zu setzen und dem Treiben auf dem Golfplatz zuzusehen.
Dies ist ein beliebter Treffpunkt, um den einmaligen Blick auf die Golflandschaft mit einem Stück selbstgebackenem Kuchen im clubeigenen Restaurant zu genießen.

Strüver-Fazit: Wasserhindernisse, gut platzierte Roughflächen und große Grüns mit vielen unterschiedlichen Fahnenpositionen sind hier auf dem Weg zu einem guten Score zu überwinden.

Anfahrt: Von Berlin: A24 Richtung Hamburg, Abfahrt Kremmen, links Richtung Kremmen, in Kremmen den Schildern Richtung Sommerfeld folgen. An der Kreuzung in Sommerfeld links Richtung Beetz, in Beetz links Richtung Wall. Ca. 500 m nach dem Ortseingang liegt der Golfplatz rechts.

Brandenburg

Name:	Golfpark Schloss Wilkendorf
Adresse:	Am Weiher 1 15345 Altlandsberg/Wilkendorf
Telefon, Fax:	+49-(0)33 41-33 09 60, +49-(0)33 41-33 09 61
E-Mail:	info@golfpark-schloss-wilkendorf.com
Internet:	www.golfpark-schloss-wilkendorf.com
Ansprechpartner:	Thomas Schumann
Öffnungszeiten:	Saison: Mo – So 9.00 – 19.00 Uhr
Spielbahnen:	36
Green Fee:	Sandy Lyle Platz: 70,00 € (werktags, Hcp. 54 erforderlich); 80,00 € (Wochenende und Feiertage, Hcp. 54 erforderlich) Westside Platz: 70,00 € (werktags, offen auch ohne Platzreife möglich); 80,00 € (Wochenende und Feiertage, Platzreife erforderlich)
Handicap:	s. o.
Teilnahmebed.:	Voucher gültig von Mo – So auf dem Westside Platz

Golfpark Schloss Wilkendorf

30
1

32

Anfahrt: A10 Richtung Hamburg, Ausfahrt Berlin-Hellersdorf. Weiter auf B1/5 Richtung Müncheberg nach 2,4 km vor Rüdersdorf links abbiegen. Nach 300 m im Kreisel Richtung Strausberg. Kreisel am Straussee Richtung Schild Golfplatz folgen.

Schloss Wilkendorf – ein Name, der für Golfen in beeindruckender Landschaft und volle sportliche Herausforderungen steht.

Die Golfanlage vor den Toren Berlins schmiegt sich auf 220 ha in die Hügel der Märkischen Schweiz und macht auf den ersten Blick klar, warum sie zu den 100 schönsten Europas gehört und zum 6. schönsten Platz Deutschlands gewählt wurde. Für diese Auszeichnungen wird dort täglich hochmotiviert gearbeitet, damit das Golfspiel hier zu einem besonderen Erlebnis wird. Reine Natur, unbeschreibliche Platzattraktivität und familiäre Atmosphäre bilden das erfolgreiche Ergebnis des boomenden Golfsports. Auf dem 18-Loch-Sandy-Lyle-Platz oder dem 18-Loch-Westside-Platz fühlen sich die Gäste wohl, bei Privatrunden, Schnupperkursen sowie Turnieren genießen sie es, ein Teil der Golfanlage zu sein.

Strüver-Fazit: Zwei abwechslungsreiche Golfplätze in atemberaubender Natur. Der Sandy Lyle Platz stellt einen wahren Meisterschaftsplatz dar.

Name:	Potsdamer Golf-Club e. V.
Adresse:	Zachower Straße 14669 Ketzin OT Tremmen
Telefon, Fax:	+49-(0)33 23 3-70 50, +49-(0)33 23 3-70 519
E-Mail:	clubsekretariat@potsdamer-golfclub.de
Internet:	www.pgc.de
Ansprechpartner:	Thomas Kolb
Öffnungszeiten:	9.00 – 17.30 Uhr
Spielbahnen:	18
Green Fee:	45,00 € (Montag) 55,00 € (Dienstag – Freitag) 70,00 € (Wochenende und Feiertage)
Handicap:	54
Teilnahmebed.:	Voucher gelten täglich, außer bei Wettspielen

Potsdamer Golf-Club

Der Potsdamer Golf-Club e. V. besteht seit 1990 und wurde als erster Golfclub in Brandenburg, gleich nach der Wende gegründet.

Die clubeigene 18-Loch-Anlage ist ein für alle Spielstärken anspruchsvoller Platz mit umfangreichem, altem Baumbestand, vielen kleinen Wasserläufen und einem urigen Clubhaus mit wunderschöner Terrasse zu den Bahnen 9 und 18 hin. Die Bahnen verlaufen auf einer ehemaligen Obstplantage und sind von einem kilometerlangen Kanalsystem durchzogen, welches, als Wasserhindernisse auf 13 von 18 Bahnen, allen Spielern Mut und Präzision abverlangt. Die günstige Verkehrsanbindung ermöglicht es – egal, ob aus Berlin, Potsdam oder Brandenburg kommend – die Anlage in angenehmen 35 Minuten Fahrtzeit zu erreichen. Einer abendlichen, entspannten Golfrunde steht also nichts im Wege.

Strüver-Fazit: Schöner Golfplatz mit altem Baumbestand und Wasser. Für alle Vorgabenklassen geeignet.

33

30
1

Anfahrt: Von Berlin: B5 Richtung Nauen, Abfahrt Ketzin, durch Wernitz, Richtung Ketzin. Nach Autozentrallager „Mosolf" rechts Richtung Tremmen. Beschilderung folgen. Von Potsdam: B2 Richtung Spandau, links auf L92 Richtung A10, dann Richtung Ketzin, 1. Kreuzung Richtung Brandenburg, in Zachow Richtung Tremmen.

Sachsen-Anhalt

Name:	Golfclub Halle e. V.
Adresse:	Krienitzweg 16 06112 Halle (Saale)
Telefon:	+49-(0)3 45-580 61 16
Fax:	+49-(0)3 45-580 61 10
E-Mail:	info@golfclub-halle.de
Internet:	https://halle.golf
Ansprechpartner:	Stephanie Kemper, Klaus Heß
Öffnungszeiten:	Mai – September 9.00 – 20.00 Uhr
Spielbahnen:	18 + 6 Loch-Kurzplatz
Green Fee:	56,00 € (18 Loch, Mo – Do) 72,00 € (18 Loch, Fr – So und Feiertage)
Handicap:	54 + gültiger DGV-Ausweis
Teilnahmebed.:	Voucher gelten Mo – So außer zu Turnieren. Nicht kombinierbar mit anderen Nachlässen / Gutscheinen. Startzeitenbuchung erforderlich.

Golfclub Halle

30
1

34

Anfahrt: siehe Homepage

Die junge Par-71-Anlage malerisch gelegen am Hufeisensee in der Händelstadt Halle besticht durch ihren außergewöhnlichen Linkscharakter.

Spieltechnisch anspruchsvoll mit erstklassigen Grüns, ist die neue Anlage trotzdem ein überaus fairer Platz, der Golfern aller Spielstärken eine genussvolle Runde bietet. Die charakteristisch interessantesten Löcher der 18 Bahnen sind Loch 16 und 17, welche sich an die südwestliche Spitze des Hufeisensees schmiegen. Mit ihrer ausgeprägten Vegetation bietet der Platz ein traumhaft schönes Naturerlebnis.
Der zugehörige öffentliche Kurzplatz bietet 6 abwechslungsreiche Spielbahnen nicht nur für Golf-Einsteiger, sondern auch erprobte Spieler finden hier beste Übungsbedingungen. Der Kurzplatz ist eine kleine Herausforderung, aber immer fair für jeden Spieler und mit schnellen Erfolgserlebnissen für alle Anfänger.

Strüver-Fazit: Gepflegter junger Platz, mit famosen Schlusslöchern um den Hufeisensee.

Name:	Golf & Country Club Leipzig
Adresse:	Pehritzscher Weg 41 04827 Machern
Telefon:	+49-(0)34 292-63 22 41
E-Mail:	info@gcc-leipzig.de
Internet:	www.gccleipzig.de
Ansprechpartner:	Gitte Zander, Kai Amstätter
Öffnungszeiten:	9.00 – 18.00 Uhr
Spielbahnen:	18 + 6-Loch-Kurzplatz
Green Fee:	9 Loch: 35,00 € (werktags) 50,00 € (Wochenende und Feiertage) 18 Loch: 60,00 € (werktags) 80,00 € (Wochenende und Feiertage)
Handicap:	–
Teilnahmebed.:	Voucher gelten Mo – Do (nicht an Feiertagen)

Sachsen

Golf & Country Club Leipzig

Inmitten der idyllischen Landschaft des Muldentals bietet der Golf & Country Club Leipzig eine Golfanlage, die durch ihre ausgewogene Symbiose zwischen Golf und Natur einen besonders hohen Freizeit- und Erholungswert bereithält.

35

Auf dem 80 Hektar großen Areal erstrecken sich zwischen dichten Waldgebieten die anspruchsvolle 18-Loch-Anlage und der 6-Loch-Übungsplatz. Die Spielbahnen fügen sich harmonisch in das leicht hügelige Gelände ein und sind für Golfer jeder Spielstärke eine Herausforderung. Das anspruchsvolle Platzdesign hält abwechslungsreiche Spielbahnen mit taktisch gut platzierten Bunkern, Wasserhindernissen und Feuchtbiotopen sowie gut verteidigten, ondulierten Grüns bereit. Zahlreiche, gut konzipierte Übungseinrichtungen ermöglichen ein umfangreiches Training sowohl für Einsteiger als auch für den Single-Handicap-Spieler.

Strüver-Fazit: Anspruchsvolle Bahnen mit Wasser, Bunkern und Hindernissen. Tolles Finale an Bahn 18 mit dem Inselgrün.

Anfahrt: A14, Ausfahrt Leipzig-Ost, B6 Richtung Wurzen bis Machern. In Machern nördlich Richtung Dorfstraße, Bergstraße, links abbiegen auf Plagwitzer Weg Richtung Pehritzscher Weg.

Name:	Golfclub Eisenach im Wartburgkreis e. V.
Adresse:	Am Röderweg 3 99820 Hörselberg-Hainich OT Wenigenlupnitz
Telefon:	+49-(0)36 92 0-71 87 1
E-Mail:	info@golf-eisenach.de
Internet:	www.golf-eisenach.de
Ansprechpartner:	Andreas Neumann
Öffnungszeiten:	Mo – So 9.00 – 18.00 Uhr
Spielbahnen:	18
Green Fee:	65,00 € (Mo – Fr) 75,00 € (Sa, So und Feiertage)
Handicap:	54
Teilnahmebed.:	Voucher gelten Mo – So Einlösungen an Turniertagen nicht möglich

Golfclub Eisenach im Wartburgkreis

30

1

36

Anfahrt: A4, Abfahrt Eisenach, weiter Richtung Großenlupnitz, in Großenlupnitz in Richtung Wenigenlupnitz. Am Ortseingang liegt der Golfplatz auf der linken Seite.

Der Wartburg Golfpark ist eine abwechslungsreiche und spielerisch interessante 18-Loch-Golfanlage.

Die Anlage liegt in leicht welligem Gelände, die 18 Spielbahnen sind übersichtlich angeordnet und sehr anspruchsvoll. Zahlreiche Bunker, große Wasserflächen, Bäume und Sträucher werden Ihrem Spiel den erforderlichen Anspruch verleihen. Der Name der Golfanlage wird uns zu jeder Zeit Anspruch und Verpflichtung sein, so dass Mitglieder, Gäste und Freunde stets eine erholsame und zufriedene Zeit erleben werden. Eine Golfrunde im Wartburg Golfpark wird immer einzigartig sein. Wir laden Sie herzlich ein!

Strüver-Fazit: Der 1995 gegründete Club liegt unterhalb der Wartburg. Es gibt vielfältige Übungsmöglichkeiten und Genuss für alle Handicapklassen.

Name:	Golfclub Gera e. V.
Adresse:	Am Schafteich 3 07570 Harth-Pöllnitz/OT Burkersdorf
Telefon:	+49-(0)36 60 3-61 61 0
Fax:	+49-(0)36 60 3- 61 61 16
E-Mail:	info@golfclub-gera.de
Internet:	www.golfclub-gera.de
Ansprechpartner:	Petra Dienel
Öffnungszeiten:	Mo – So 9.00 – 17.00 Uhr
Spielbahnen:	18
Green Fee:	65,00 € (Di – Fr) 75,00 € (Wochenende und Feiertage) Änderungen vorbehalten!
Handicap:	54
Teilnahmebed.:	Voucher gelten Di – So
Sonstiges:	Wohnmobilstellplätze vorhanden

Thüringen

Golfclub Gera

GOLFCLUB GERA

Eine interessante 18-Loch-Meisterschaftsanlage in einer landschaftlich sehr ruhigen und schönen Lage an den Burkersdorfer Teichen erwartet Sie.

Das abwechslungsreiche Gelände mit schönen, fairen Golfbahnen sind ideale Bedingungen für eine erholsame und anspruchsvolle Golfrunde. Gerne verwöhnt Sie unser Team des Restaurants vor, nach und zwischen dem Spiel mit leckeren Speisen und Getränken.
Genießen Sie von unserer großzügigen Sonnenterrasse einen tollen Blick über die Anlage und das 9. und 18. Grün!
Unsere zentrale Lage mit guten Autobahnverbindungen über die A9 Abfahrt Lederhose/Weida und A4 Abfahrt Gera sorgen für eine bequeme und schnelle Anfahrt.

Strüver-Fazit: Das großzügige und neu gebaute Clubhaus ist der Mittelpunkt der landschaftlich reizvollen 18-Loch-Anlage.

37

30
1

Anfahrt: A4: Abfahrt Gera, Richtung Weida. A9: Abfahrt Lederhose/Weida, Richtung Weida

Name:	Thüringer Golfclub „Drei Gleichen" Mühlberg e. V.
Adresse:	Gut Ringhofen 99869 Drei Gleichen
Telefon:	+49-(0)3 62 56-2 17 40
E-Mail:	info@thueringer-golfclub.de
Internet:	www.thueringer-golfclub.de
Ansprechpartner:	Katrin Schwarz
Öffnungszeiten	Mo – So 9.00 – 18.00 Uhr, Nebensaison eingeschränkte Öffnungszeiten
Spielbahnen:	18 + 5 öffentliche Kurzbahnen
Tages-Green Fee:	65,00 € (werktags) 75,00 € (Wochenende und Feiertage)
Handicap:	54
Teilnahmebed.:	Voucher gelten Mo – So, keine Gruppenreservierung möglich

Thüringer Golfclub „Drei Gleichen" Mühlberg

30
1

38

Anfahrt: A4 (Frankfurt/M. – Erfurt), Ausfahrt Wandersleben/Mühlberg, bis Ortsmitte Mühlberg, Richtung Wechmar, hinter Ortsausgang Mühlberg liegt der Golfclub.

An einem der schönsten Flecken Thüringens, mitten im malerischen Burgenland „Drei Gleichen" eingebettet, liegt die älteste Gemeinde des Landes, Mühlberg, mit ihrer 18-Loch-Anlage.

Am Rande der Gemeinde hat sich seit 1998 ein Kleinod entwickelt, das inzwischen deutschlandweit von sich reden macht: das Golfresort „Gut Ringhofen" mit seinem Thüringer Golfclub „Drei Gleichen" Mühlberg. An den 70 ha umfassenden Golfplatz ist eine Übungsanlage über 5 Kurzbahnen angeschlossen, die auch ohne Platzreife bespielt werden darf.

Strüver-Fazit: Sehr schön gelegen, mit herrlichem Blick über die Burgenlandschaft reizt der Platz durch strategisch zu spielende Bahnen in leicht hügeliger Landschaft.

Name:	Golfclub Osnabrück Dütetal
Adresse:	Wersener Straße 17 49504 Lotte-Wersen
Telefon:	+49-(0)54 04-99 861-0
Fax:	+49-(0)54 04-99 861-22
E-Mail:	info@golf-duetetal.de
Internet:	www.golf-duetetal.de
Ansprechpartner:	Gary Hutchinson
Öffnungszeiten:	Mo – Fr 9.00 – 18.00 Uhr, Sa + So 9.00 – 16.00 Uhr (Hauptsaison)
Spielbahnen:	18 + 4
Green Fee:	60,00 € (werktags) 70,00 € (Wochenende und Feiertage)
Handicap:	54
Teilnahmebed.:	Voucher gelten Mo – Fr (nicht an Feiertagen) nur nach Voranmeldung

Nordrhein-Westfalen

Golfclub Osnabrück Dütetal

Geprägt vom naturbelassenen Flusslauf der Düte und einem über die Jahrzehnte gewachsenen Baumbestand ist im Golfclub Osnabrück Dütetal über die Jahre ein gepflegter Parkland Course englischen Stils behutsam gewachsen und gestaltet worden.

Im Laufe seines Bestehens wurde der Platz immer wieder modernisiert und ausgebaut, um den gewachsenen Ansprüchen der Golfer gerecht zu werden. Im Jahr 2000 wurde der Platz von 9 Loch auf 18 Loch erweitert. Zur Optimierung der Trainingsmöglichkeiten eröffnete der Club 2005 die Kurzplatzanlage mit vier Par-3-Bahnen, einer großzügigen Pitch- und Chip-Area und einem 18-Loch-Puttinggrün. Die gelungene Umsetzung einer sportlich wie ökologisch durchdachten Planung begeistert nicht nur unsere Mitglieder, sondern alle, die hier Golf spielen. Ein Urlaubsparadies vor der eigenen Haustür!

Strüver-Fazit: Die ersten 9 Bahnen liegen malerisch eingebettet von altem Baumbestand. Lange Par 3 und Wasserhindernisse müssen bezwungen werden.

39

Anfahrt: A1, Abfahrt „Osnabrück-Hafen" (71), Richtung Westerkappeln; nach ca. 1 km Ampelkreuzung, hier links Richtung Lotte/Velpe (= Wersener Straße); nach 500 m vor der Holzbrücke links abbiegen.

Nordrhein-Westfalen

Name:	Golfclub Schultenhof Peckeloh e. V.
Adresse:	Schultenallee 1 33775 Versmold
Telefon, Fax	+49-(0)54 23-4 28 72, +49-(0)54 23-4 29 62
E-Mail:	info@golfclub-peckeloh.de
Internet:	www.golfclub-peckeloh.de
Ansprechpartner:	Thorsten Hartmann, Karin Husemann
Öffnungszeiten:	ganzjährig
Spielbahnen:	18
Green Fee:	60,00 € (Mo – Fr) 70,00 € (Sa, So und Feiertage)
Handicap:	54
Teilnahmebed.:	Voucher gelten Mo – So, Anmeldung erforderlich

Golfclub Schultenhof Peckeloh

40

Anfahrt: Von Bielefeld: B68 Richtung Osnabrück, Ausfahrt B476 Borgholzhausen-Versmold Richtung Peckeloh.
Oder: B51 Münster-Telgte bis Glandorf, rechts auf die B475 bis Sassenberg, dann links auf die B476 bis Peckeloh und zum Golfplatz

Golfspieler aus der gesamten Region wissen zu schätzen, dass der Platz „regensicher" ist und auch nach anhaltenden Niederschlägen bespielbar bleibt – dem Sandboden sei Dank.

Die Golfanlage Schultenhof Peckeloh liegt in einer typisch westfälischen Parklandschaft auf sanft hügeligem Gelände. Großzügig angelegte Fairways und viele Wasserhindernisse erfordern auf den ersten neun Löchern taktisches Spiel, auf den zweiten neun kommen eher Longhitter auf ihre Kosten.

Strüver-Fazit: Ein abwechslungsreicher Platz, der auf den ersten neun Bahnen viel Wasser und Spannung bietet. Die zweite Hälfte ist deutlich „trockener", hier können Längenvorteile ausgespielt werden.

Nordrhein-Westfalen

Name: Golfclub Schloss Vornholz e. V.
Adresse: Steinpatt 13
59320 Ennigerloh-Ostenfelde
Telefon: +49-(0)25 24-57 99
E-Mail: info@gcsv.de
Internet: www.gcsv.de
Ansprechpartner: Sekretariat bzw. Wilhelm Linnenbank (Präsident)
Öffnungszeiten: Di – So 9.00 – 17.00 Uhr, Mo geschlossen
Spielbahnen: 18
Green Fee: 60,00 € (werktags)
80,00 € (Wochenende und Feiertage)
Handicap: 54
Teilnahmebed.: Voucher gelten Mo – So,
VcG-Spieler und Clubausweise ohne „R"-Kennzeichen Mo – Fr zzgl.10,00 €; Sa/So zzgl. 20,00 €

Golfclub Schloss Vornholz

41

Eingebettet in die münsterländische Parklandschaft, inmitten ausgedehnter Wiesen und Waldungen, befindet sich die 18-Loch-Golfanlage des Golfclub Schloss Vornholz e. V., die als eine der interessantesten und schönsten des Münsterlandes gilt.

Der erste Abschlag direkt am Wassergraben des Schlosses erschließt diesen Platz, der alles, was die Münsterländer Landschaft so attraktiv macht, bietet und das Herz höherschlagen lässt: alter Baumbestand, Wallhecken, Bäche und Teiche sowie herrliche Ausblicke bis zu den Höhenzügen des Teutoburger Waldes. Genießen sollte man auch den einmaligen Blick auf den Golfplatz und das Wasserschloss Vornholz von der Terrasse des Clubhauses bei leckerem Essen und einem passenden Getränk.

Strüver-Fazit: Gleich fünf Par-5-Bahnen erwarten Sie beim Spiel in Nachbarschaft zum schönen Schloss.

Anfahrt: Eingabe Navigation:
N51°52'11.06", E08°05'10.77"
oder Dorfstraße 39 und der Beschilderung folgen

Nordrhein-Westfalen

Name:	Golf- und Landclub Nordkirchen e. V.
Adresse:	Am Golfplatz 6 59394 Nordkirchen
Telefon, Fax:	+49-(0)25 96-91 91, +49-(0)25 96-91 95
E-Mail:	info@golfclub-nordkirchen.de
Internet:	www.glc-nordkirchen.de
Ansprechpartner:	Alexandra Rollert, Kathrin Dielmann-Stolz
Öffnungszeiten:	Mo 10.00 – 15.00 Uhr, Di – Fr 10.00 – 18.00 Uhr, Sa/So 10.00 – 15.00 Uhr
Spielbahnen:	18
Green Fee:	50,00 € (werktags) 70,00 € (Wochenende und Feiertage)
Handicap:	54
Teilnahmebed.:	Voucher gelten Mo – So

Golf- und Landclub Nordkirchen

30
1

42

Unser 1974 gegründeter Golf- und Landclub Nordkirchen liegt im Herzen des Münsterlandes zwischen Dortmund und Münster.

Auf einer kleinen Anhöhe unweit der Gemeinde Nordkirchen mit ihrem berühmten Wasserschloss – auch als „Westfälisches Versailles“ bezeichnet – liegt im Piekenbrock die gepflegte 18-Loch-Golfanlage.
Als drittältester Club des Münsterlandes bieten wir in reizvoller Parklandschaft neben der sportlichen Aktivität Entspannung vom Alltag und „Urlaub zuhause“ in herzlich-freundschaftlicher Atmosphäre. Jeder kommt in dem seit über 40 Jahren mit Leben erfüllten Golfclub auf seine Kosten.
Sind Sie sportbegeistert oder Naturliebhaber, jung oder alt, alleine oder mit Familie? Bei uns können Sie diesem wunderbaren Sport in Ihrem ganz persönlichen Stil nachgehen.

Strüver-Fazit: Schöner Parkland Course, der zu den besten Plätzen im Münsterland zählt. Sehr schönes Clubhaus im Landhausstil mit gepflegter Terrasse.

Anfahrt: Von der A1 kommend nehmen Sie die Ausfahrt „Ascheberg“ und fahren Richtung Lüdinghausen. Nach ca. 8 km biegen Sie links auf die Münsterstraße Richtung Nordkirchen ab. Von dieser müssen Sie nach ca. 4 km beim Hinweisschild Golfplatz rechts abbiegen, um zu uns zu gelangen.
Navi: Am Golfplatz 6, 59394 Nordkirchen

Name:	Golfclub Borghees e. V.
Adresse:	Abergsweg 34 46446 Emmerich am Rhein
Telefon:	+49-(0)28 22-9 27 10
E-Mail:	shop@golfplatzborghees.com
Internet:	www.golfplatzborghees.com
Ansprechpartner:	Mark Freriks
Öffnungszeiten:	9.00 – 17.30 Uhr (täglich)
Spielbahnen:	18 + 5
Green Fee:	siehe Homepage
Handicap:	54
Teilnahmebed.:	Voucher gelten Mo – So, Änderungen vorbehalten.

Golfclub Borghees

Borghees GOLFPLATZ

43

Unmittelbar vor der Grenze zu den Niederlanden gelegen, schmücken typische niederrheinische Baumarten die naturbelassene Anlage am Fuße des Eltener Berges.

Der Golfplatz Borghees ist ein wunderschöner Golfplatz und stellt sowohl für den beginnenden Golfer als auch für den anspruchsvollen Golfer eine echte Herausforderung dar. Der Golfplatz bietet nicht nur einen wunderschönen Ausblick und die Herausforderung der 18 Loch, sondern auch erweiterte Übungsanlagen und eine ausgezeichnete Gastronomie.

Strüver-Fazit: Naturbelassene, schöne Anlage mit vielen Bächen, die für Freizeitgolfer und Könner besondere Herausforderungen bietet.

Anfahrt: A3 (Oberhausen – Arnheim) Richtung Arnheim, Ausfahrt Emmerich, Richtung Emmerich. Nach ca. 100 m rechts auf die Hüthumer Straße, dann in den Abergsweg.

Nordrhein-Westfalen

Name:	Golf International Moyland GmbH & Co.KG
Adresse:	Moyländer Allee 10 47551 Bedburg-Hau
Telefon:	+49-(0)28 24-97 66 80
E-Mail:	info@golfinternationalmoyland.de
Internet:	www.moy.land
Ansprechpartner:	Rezeption
Öffnungszeiten:	April – Oktober 8.00 – 18.00 Uhr November – März 9.00 – 17.00 Uhr
Spielbahnen:	18 + 9 (= 27 – 3 neue auf dem Kurzplatz)
Green Fee:	siehe Homepage
Handicap:	54
Teilnahmebed.:	Wir bitten um Startzeitenreservierung.
Sonstiges:	Wir haben Wohnmobil-Packages

Golf International Moyland

30
1

44

Anfahrt: A3 (Oberhausen – Arnheim), Ausfahrt Rees, B67 über Rees nach Kalkar-Appeldorn, dort B57 über Kalkar Richtung Kleve, Beschilderung „Museum Schloss Moyland" zum Golfplatz folgen. A57 Krefeld, Ausfahrt Goch, B67 Richtung Kalkar, B57 Richtung Kleve, Beschilderung folgen.

Wo Golfsport zum Erlebnis wird: Golf International Moyland.

Die 27-Loch-Anlage „Golf International Moyland" bietet alles, was das Golferherz begehrt: einen abwechslungsreichen und wundervoll zu spielenden 18-Loch-Steengracht-Course, der von Kopfweiden, verschiedenen Gewässern und sanften Hügeln geprägt ist. Ein Natur- und Sporterlebnis pur! Gesäumt wird der Steengracht-Course vom 9-Loch-Schlossplatz, ebenfalls sanft in die niederrheinische Parklandschaft eingebettet. Die 27-Loch-Anlage ist geprägt von einem spektakulären alten Baumbestand und bietet immer wieder Einblick in ein arten- und tierreiches Habitat. Bevor der Golfer sich auf die Anlage begibt, bietet ihm das Umfeld des sportlich-traditionell und sehr geschmackvoll geführten Clubhauses Trainingsmöglichkeiten jeglicher Art. Die Grüns der 27-Loch-Anlage sind ganzjährig bespielbar. Eine großzügige Flotte E-Carts steht allen Golfern zur Verfügung.

Strüver-Fazit: Schönes Ausflugsziel durch die Park- und Museumslandschaft am Niederrhein.

Name:	Mühlenhof Golf & Country Club e. V.
Adresse:	Greilack 29 47546 Kalkar
Telefon, Fax:	+49-(0)28 24-92 40 92, +49-(0)28 24-92 40 93
E-Mail:	awilmsen@muehlenhof.net
Internet:	www.muehlenhof.net
Ansprechpartner:	Annette Wilmsen
Öffnungszeiten:	1.3. – 31.10.: 9.00 Uhr – 17.00 Uhr 1.11. – 28.2.: 10.00 Uhr – 15.00 Uhr
Spielbahnen:	18 + 6
Green Fee:	50,00 € (werktags) 60,00 € (Wochenende und Feiertage)
Handicap:	PE
Teilnahmebed.:	Voucher gelten Mo – So, nur bei Vorlage eines DGV- oder NGF-Ausweises. Nicht kombinierbar mit anderen Rabatten
Sonstiges:	Ferienhäuser am Green zu verkaufen/zu vermieten PGA-Golfschule mit Scope System

Nordrhein-Westfalen

Mühlenhof Golf & Country Club

MÜHLENHOF
GOLF & COUNTRY CLUB

Ferienhäuser direkt am Green – lassen Sie sich verwöhnen und buchen ein Arrangement.

Die abwechslungsreichen, überwiegend langen Bahnen sind umgeben von Kopfweiden, Sträuchern, Pflanzen, Wiesen und zahlreichen Biotopen. Der konservative Golfer hat ebenso seinen Spaß an dem flachen Gelände wie der risikofreudige Zocker. 30.000 qm neu gestaltete Wasserflächen mit geschickt platzierten Wasserverläufen sorgen für Überraschungen und Spielfreude. Die Anlage ist ganzjährig geöffnet, es gibt keinen Ruhetag. Der romantische Jugendstilgarten im Schatten der Mühle lädt den Golfer nach der Runde zum Verweilen ein.

Strüver-Fazit: Schöne Anlage mit sattgrünen Fairways, zahlreichen Wasserhindernissen und gepflegten Stufengreens.

45

Anfahrt: A3 (Oberhausen – Arnheim), Ausfahrt Rees, B67 Richtung Rees, hinter der Rheinbrücke erste Abfahrt rechts – A57 (Duisburg – Goch), Ausfahrt Sonsbeck, B57 Richtung Kalkar, B67 Richtung Rees, vor der Rheinbrücke links – Richtung Kalkar, dritte Straße links zum Golfplatz.

Nordrhein-Westfalen

Name:	Golfclub Schloss Haag e. V.
Adresse:	Schloss Haag 8 47608 Geldern
Telefon, Fax:	+49-(0)28 31-92 44 20, +49-(0)28 31-92 44 22
E-Mail:	golf-geldern@t-online.de
Internet:	www.gc-schloss-haag.de
Ansprechpartner:	Thomas Wirth
Öffnungszeiten:	9.00 – 17.00 Uhr
Spielbahnen:	18 + 6 Loch Kurzplatz
Green Fee:	50,00 € (werktags) 60,00 € (Wochenende und Feiertage)
Handicap:	54
Teilnahmebed.:	Voucher gelten Mo – Fr (nicht an Feiertagen), vorherige Anmeldung unbedingt erforderlich

Golfclub Schloss Haag

30
1

46

Anfahrt: Von Süden: A40, Abfahrt Kerken. B9 sowie Kreuzung B9/B58 Richtung Geldern. Nach 2 Ampelkreuzungen ist rechts der Golfplatz. Von Norden: A57, Abfahrt Alpen/Geldern. B58 Richtung Geldern. 1. Kreuzung in Geldern rechts dem Schild Krankenhaus folgen. Anfahrt über Kapellener Straße.

In der idyllischen niederrheinischen Auenlandschaft, eingebettet zwischen Flüssen und Wäldern liegt die Golfanlage Schloss Haag.

Rund um das mittelalterliche Schloss erstreckt sich der Golfplatz mit 18 Bahnen auf ca. 100 ha Fläche sowie ein Kurzplatz mit 6 Löchern. Zwei erfahrene Professionals stehen den Mitgliedern und Golfgästen zur Verfügung. Einzigartig ist unsere Indoorhalle für hervorragende Trainingsmöglichkeiten mit 140 m² Putting- & Chippingareal, Schlägercheck sowie Sam Puttlab für Schwunganalyse. Das Schloss bietet jeglichen Service und Komfort: ein öffentliches Restaurant/Clubhaus mit Sonnenterrasse, ein anspruchsvoller Pro-Shop, eine überdachte Driving Range.

Strüver-Fazit: Abwechslungsreicher Platz in flachem Gelände. Vor allem die ondulierten Grüns, die durch Wasserhindernisse und Bunker gut gesichert sind, stellen jeden Spieler vor Herausforderungen.

Name:	Golfclub am Kloster Kamp e. V.
Adresse:	Kirchstraße 164 47475 Kamp-Lintfort
Telefon, Fax:	+49-(0)28 42-48 33, +49-(0)28 42-48 35
E-Mail:	golfclub@amklosterkamp.de
Internet:	www.golfclub-am-kloster-kamp.de
Ansprechpartner:	Erik Okhuizen
Öffnungszeiten:	Di – So 9.00 – 17.00 Uhr, in der Saison auch montags geöffnet
Spielbahnen:	18
Green Fee:	50,00 € (werktags) 60,00 € (Wochenende und Feiertage)
Handicap:	54
Teilnahmebed.:	Voucher gelten Mo – Fr (nicht an Feiertagen) Bitte beachten: Ohne Vorlage des LeisureBREAKS Buches ist ein ermäßigtes Spiel (2 Gutscheine pro Buch) nicht möglich.

Golfclub am Kloster Kamp

47

Stadtnah und naturverbunden bietet der Club sowohl Hobbygolfern als auch ambitionierten Spielern ein Zuhause.

Idyllisch gelegen zwischen Kamper Berg und Niersenberg, liegt zu Füßen des Klosters Kamp die 18-Loch-Anlage mit Par 72 und einer Länge von 6.064 m. Bewaldete Hügel mit altem Baumbestand säumen die Längsseiten der Anlage. Der abwechslungsreiche niederrheinische Platz mit typischer Bepflanzung ist spieltechnisch für Einsteiger als auch für geübte Golfer eine Herausforderung. Durch seine außergewöhnliche Lage gehört er zu den wenigen Plätzen, die in einem Stadtgebiet liegen. Mittendrin und doch abseits der Hektik wird Ihnen hier die Möglichkeit geboten, in einer weitgehend privaten Clubatmosphäre Ihrem Sport nachzugehen. Nach der Runde erwartet Sie die Clubgastronomie mit einer abwechslungsreichen, frischen Küche.

Strüver-Fazit: Sehr ebener Platz mit vielen Wasserhindernissen und gutem Waldbestand.

Anfahrt: A57 Krefeld Richtung Nimwegen. Ausfahrt 7 Rheinberg, auf der B510 Richtung Kerken, nach 1 km an der Ampel rechts auf die Saalhoffer Straße, 3. Abfahrt links = Kirchstraße, Golfclub nach ca. 600 m.

Nordrhein-Westfalen

Name:	Golf Club Niep
Adresse:	Bergschenweg 71 47506 Neukirchen-Vluyn
Telefon:	+49-(0)28 45-79 46 61,
Fax:	+49-(0)28 45-79 46 62
E-Mail:	info@gp-nieperkuhlen.de
Internet:	www.golfclubniep.de
Ansprechpartner:	Alexandra Budak
Öffnungszeiten:	9.00 – 18.00 Uhr
Spielbahnen:	27
Green Fee:	70,00 € (werktags) 90,00 € (Wochenende und Feiertage)
Handicap:	9 Loch: 54, 18 Loch: 45
Teilnahmebed.:	Voucher gelten täglich, aber nur auf der 18-Loch-Anlage für 18 Loch

Golf Club Niep

48

Auf dem 120 Hektar großen Gelände befindet sich ein 18-Loch- und ein 9-Loch-Golfplatz.

Lange und flache Bahnen mit einigen Wasserhindernissen, Bunkern und altem Baumbestand säumen den mit Par 75 und Par 66 ausgewiesenen 18- und 9-Loch-Golfplatz. Nicht nur sportlich und landschaftlich bietet die Anlage etwas Besonderes, sondern auch das Clubhaus mit herrlichem Terrassenblick und seiner Gastronomie lässt den Golftag zum Erlebnis werden.

Strüver-Fazit: Sportlich, kommunikativer Golfclub am Niederrhein. Gute Übungseinrichtungen, ebenes Golfgelände und ein Clubhaus mit guter Küche und nettem Pro-Shop.

Anfahrt: A40/A57, über die Ausfahrt Moers am Moerser Kreuz, fahren Sie nach der Ausfahrt an der Ampel links in Richtung Krefeld/Kapellen auf die Krefelder Straße. Folgen Sie dieser für ca. 4 km und biegen vor dem Linksbogen rechts in den Bergschenweg. Folgen Sie nun der Golfplatzbeschilderung.

Nordrhein-Westfalen

Name:	Golfanlage Haus Bey e.V.
Adresse:	An Haus Bey 16 41334 Nettetal
Telefon, Fax:	+49- (0)21 53-91 97 0, +49- (0)21 53-91 97 50
E-Mail:	golf@hausbey.de
Internet:	www.hausbey.de
Ansprechpartner:	Annette Janßen
Öffnungszeiten:	8.00 – 17.00 Uhr (Mo – Fr)
Spielbahnen:	18 + 6 Loch Par 3
Green Fee:	60,00 € (werktags) 70,00 € (Wochenende und Feiertage)
Handicap:	45
Teilnahmebed.:	Voucher gelten Mo – Fr (nicht an Feiertagen)
Sonstiges:	Die Anlage wurde mit 5 Sternen ausgezeichnet.

Golfanlage Haus Bey

Die Golfanlage Haus Bey fügt sich harmonisch in die flache Landschaft des linken Niederrheins ein.

49

30
1

Sie liegt im Landschaftsschutzgebiet zwischen den Hinsbecker Höhen und den Krickenbecker Seen und erstreckt sich um das denkmalgeschützte Haus Bey.
Mit dem 18-Loch-Platz und dem öffentlichen Pay & Play Platz bietet die Golfanlage Anfängern, Fortgeschrittenen und Profis ausgezeichnete Voraussetzungen, um „Urlaub vom Alltag" zu machen. Die Terrasse und das Bistro des Restaurant Haus Bey laden zum Verweilen und Erholen ein.

Strüver-Fazit: Der flache Parklandplatz mit einigen Wasserhindernissen war auch Gastgeber der PGA of Germany Seniors Championship 2020.

Anfahrt: A52 bis Kreuz Mönchengladbach, A61, Ausfahrt Nettetal/Boisheim/Grefrath, B509 Richtung Nettetal-Hinsbeck, Kreisverkehr links Richtung Kaldenkirchen. Etwa nach 30 m an der Johanneskapelle rechts zur Golfanlage.

Nordrhein-Westfalen

Name:	Golfclub Mülheim a. d. Ruhr Raffelberg e. V.
Adresse:	Ruhrorter Straße 129 45478 Mülheim a. d. Ruhr
Telefon, Fax:	+49-(0)20 8-58 05 69-0, +49-(0)20 8-58 05 69-9
E-Mail:	hello@golfclub-raffelberg.de
Internet:	www.golfplatz-raffelberg.de
Ansprechpartner:	Fr. Vogel
Öffnungszeiten:	Mo – So 9.00 – 18.00 Uhr
Spielbahnen:	insgesamt 18
Green Fee:	65,00 € (werktags) 75,00 € (Wochenende und Feiertage)
Handicap:	54
Teilnahmebed.:	Voucher gelten Mo – Do nur mit Anmeldung (nicht an Feiertagen)

Golfclub Mülheim a. d. Ruhr Raffelberg

50

Anfahrt: A3/A40, Abf. Duisburg Kaiserberg. Rechts abbiegen bis zur T-Kreuzung. Dort rechts auf die Ruhrorter Straße. Ca. 1,5 km der Straße folgen. Hinter der 1. Kreuzung nach 200 m sehen Sie auf der rechten Seite unseren Golf & Country Club. Zieladresse für das Navigationsgerät: Ruhrorter Str. 129, 45478 Mülheim an der Ruhr

Klassisches Country-Club-Flair im Herzen des Ruhrgebiets – der Golfplatz Mülheim an der Ruhr Raffelberg mit Toptracer Nutzung for free.

Er bietet Golfern jeden Handicaps ein Zuhause: Ob auf unserer 18-Loch-Runde, die sich easy in den Alltag integrieren lässt mit Par 61 und einer Spielzeit von nur 3,5 Stunden oder auf der Toptracer Range, wo golfen zur Sensation wird! Die Toptracer Range Nutzung ist kostenfrei – außer Rangebälle.
Genießen Sie unser Nice Dining Restaurant mit regionaler und original thailändischer Küche und unsere Toptracer Anlage mit Flutlicht, die Ihr Erlebnis bei uns abrunden wird.
– Willkommen im Golfclub Raffelberg!
Verbinden Sie Ihr Golfspiel und Training auf unserer Toptracer Anlage mit einer Übernachtung in unserem 5 Sterne Boutique Hotel Villa am Ruhrufer Golf & Spa. (www.villa-am-ruhrufer.de)

Strüver-Fazit: Im Anschluss an die Runde sollte man sich nicht die top deutsche und original thailändische Küche entgehen lassen.

Nordrhein-Westfalen

Name:	Golf Club Elfrather Mühle e. V.
Adresse:	An der Elfrather Mühle 145 47802 Krefeld
Telefon:	+49-(0)21 51-49 69 0
E-Mail:	info@gcem.de
Internet:	www.gcem.de
Ansprechpartner:	Amadora Fernandez
Öffnungszeiten:	8.30 – 18.00 Uhr
Spielbahnen:	18 + 3
Green Fee:	65,00 € (werktags) 80,00 € (Wochenende und Feiertage)
Handicap:	54
Teilnahmebed.:	Voucher gelten Montag und Donnerstag (außer Feiertage)

Golf Club Elfrather Mühle

Tradition und Moderne im Zeichen der Mühle.

51

30
1

Unter dem Motto „Home away from home" setzt das Team des Golf Clubs Elfrather Mühle alles daran, Mitgliedern und Gästen den Aufenthalt so angenehm wie möglich zu gestalten. Golfplatz-Architekt Ron Kirby schuf hier einen 18-Loch-Championship-Course mit vielen Facetten, der sowohl Anfängern als auch Fortgeschrittenen vieles abverlangt, ohne zu überfordern. Mit Wasserhindernissen an zehn Bahnen, 4.000 Sträuchern und 2.000 Bäumen greift der Meisterschaftsplatz, der Mitglied in der Vereinigung Leading Golf Clubs of Germany ist, die natürliche Umgebung auf.

Strüver-Fazit: Hochwertiges Ambiente. Dank hervorragender Drainage ganzjährig bespielbar.

Anfahrt: A57 (Köln – Duisburg), Ausfahrt Krefeld-Gartenstadt, 1. Ampel rechts, Richtung Traar, Elfrath, nächste Ampel links. Das Clubhaus liegt auf der rechten Seite.

Nordrhein-Westfalen

Name:	Golfanlage Duvenhof
Adresse:	Hardt 21 47877 Willich
Telefon, Fax:	+49-(0)2159-91595 0, +49-(0)2159-91595 69
E-Mail:	info@duvenhof.de
Internet:	www.duvenhof.de
Ansprechpartner:	Michael Kerkhoff
Öffnungszeiten:	ganztags
Spielbahnen:	18 + 9
Green Fee:	9 Loch: 30,00 € (werktags) – nur 9-Loch-Platz 18 Loch: 65,00 € (werktags) Aktuelles Green Fee siehe Homepage
Handicap:	18 Loch: 36; 9 Loch: 54
Teilnahmebed.:	Voucher gelten nur Mo (nicht an Feiertagen). Keine Gruppenreservierung möglich. Vorherige Reservierung unter Angabe „Spiel mit Leisure-BREAKS" erforderlich. Änderungen vorbehalten.
Sonstiges:	Buggyverleih

Golfanlage Duvenhof

Golfanlage Duvenhof
Willich

52

Golf spielen und Natur erleben – das können die Gäste auf dem Duvenhof in Willich.

Mit viel Sorgfalt haben die Betreiber eine niederrheinische Landschaft mit interessanten und herausfordernden Spielsituationen angelegt. Bunker, Bäche und Teiche sorgen für Abwechslung im Spiel. Ein großes öffentliches Übungsgelände mit 80 Abschlagplätzen, teilweise überdachte und mit Spiegeln verkleidete Abschlagkabinen sowie 2 Scopekabinen für videounterstütztes Training helfen den Besuchern, das eigene Spiel zu verbessern. Der 18-Loch-Meisterschaftsplatz und ein öffentlicher 9-Loch-Platz bieten für jeden eine angemessene Spielmöglichkeit. Erfahrene Golfpros unterrichten auch in Englisch. Besondere Angebote für Firmen auf Anfrage.

Strüver-Fazit: Sehr gepflegte, schöne Anlage, gute Trainingsmöglichkeiten.

Anfahrt: A52 (Düsseldorf/Mönchengladbach), Abfahrt Kaarst/Osterath, Richtung Osterath, nach 1,5 km links Richtung Willich, nach 1 km rechts (Hardt 21).

Name:	Europäischer Golfclub Elmpter Wald e. V.
Adresse:	Roermonder Straße 45/ehem. Javelin-Kaserne 41372 Niederkrüchten-Elmpt
Telefon:	+49- (0)21 63-499 61 31
E-Mail:	info@golf-in-elmpt.eu
Internet:	www.golf-in-elmpt.eu
Ansprechpartner:	Alec Porter
Öffnungszeiten:	9.00 – 17.00 Uhr (werktags) 9.00 – 16.00 Uhr (Wochenende und Feiertage)
Spielbahnen:	18
Green Fee:	60,00 € (werktags) 70,00 € (Wochenende und Feiertage)
Handicap:	PE
Teilnahmebed.:	Voucher gelten Mo – Fr (nicht am Wochenende und an Feiertagen)

Europäischer Golfclub Elmpter Wald

Golfen im EGC Elmpter Wald – Volkssport mit britischer Tradition.

53

Mitten im Herzen des Elmpter Waldes erstreckt sich auf rund 76 Hektar der Golfclub. Vor über 60 Jahren von der Royal Air Force auf einem ehemaligen Militärflughafen der Javelin Barracks erbaut und seitdem mit viel Liebe gepflegt, kann man die landschaftliche Einmaligkeit genießen und in aller Ruhe, umsäumt von uralten Bäumen, dem Golfsport nachgehen. Hier wird der Breitensport für die ganze Familie angeboten, für Jung und Alt, und ohne elitären Touch. Für Nichtmitglieder werden regelmäßig Schnupperkurse und Platzerlaubniskurse angeboten. Unsere Erfahrung zeigt, dass sehr viele der Schnupperkursteilnehmer wiederkommen und auch weiterhin inmitten der schönen Park- und Heidelandschaft in Niederkrüchten-Elmpt dem Golfsport nachgehen.

Strüver-Fazit: Ursprünglicher und naturbelassener Platz. Very British.

Anfahrt: Aus Richtung Mönchengladbach: A52 Ausfahrt Nr. 2 Elmpt, im Kreisverkehr 1. Ausfahrt rechts, Brücke über Autobahn geradeaus 400 m zur Haupteinfahrt des früheren britischen Militärgeländes. Aus Richtung Roermond: A 52 Ausfahrt Nr. 2 Elmpt, nach der Ausfahrt rechts 200 m zur Haupteinfahrt. Vorab zwingend Besuch anmelden.

Nordrhein-Westfalen

Name: Golf- und Landclub Schmitzhof
Adresse: Arsbecker Straße 160
41844 Wegberg
Telefon, Fax: +49-(0)24 36-39 09-0, +49-(0)24 36-39 09-15
E-Mail: info@golfclub-schmitzhof.de
Internet: www.golfclubschmitzhof.de
Ansprechpartner: Benjamin Hirtsiefer
Öffnungszeiten: Mo – So 9.00 – 17.00 Uhr (Sommer)
Di – So 10.00 – 15.00 Uhr (Winter)
Spielbahnen: 18 + 6 Loch-Kurzplatz
Green Fee: 70,00 € (werktags)
80,00 € (Wochenende und Feiertage)
Handicap: 54 (werktags), 45 (Wochenende)
Teilnahmebed.: Voucher gelten Mo – Fr (nicht an Feiertagen), Freitag gilt das Greenfee für das Wochenende

Golf- und Landclub Schmitzhof e.V.

Golf- und Landclub Schmitzhof

30
1

54

Anfahrt: A52 Richtung Roermond, Ausfahrt Schwalmtal, L371 Richtung Wegberg, Merbeck, T-Kreuzung links, in Merbeck Beschilderung folgen.

Golfgenuss am Naturpark Schwalm-Nette.

Viel Raum für Erholung und Entspannung vom Alltagsstress bietet die wunderschöne und ruhige Lage des Golf- und Landclub Schmitzhof. Weite Felder und ausgedehnte Laub- und Kiefernwälder bilden die Umgebung des gepflegten, seit über 40 Jahren gewachsenen 18-Loch-Meisterschaftsplatzes. Die parkähnliche Anlage mit ihren malerischen Wasserhindernissen und ihrem alten Baumbestand bietet für Golfer jeden Handicaps eine faire Herausforderung.
Zum Ausklang eines gelungenen Golftags lädt die traumhafte Terrasse zum Genuss der Köstlichkeiten unserer Gastronomie ein.

Strüver-Fazit: Ebener Platz, der wegen des Baumbestandes präzises Spiel erfordert. An 10 Bahnen kommen interessant platzierte Wasserhindernisse ins Spiel.

Nordrhein-Westfalen

Name:	Golfclub Wildenrath e. V.
Adresse:	Am Golfplatz 1 41844 Wegberg
Telefon:	+49-(0)24 32-81 50 0
E-Mail:	info@gc-wildenrath.de
Internet:	www.gc-wildenrath.de
Ansprechpartner:	Manfred Karduck
Öffnungszeiten:	8.00 – 17.00 Uhr (Sommer) 8.30 – 16.30 Uhr (Winter)
Spielbahnen:	18
Green Fee:	65,00 € (werktags) 75,00 € (Wochenende und Feiertage)
Handicap:	36 (Wochenende)
Teilnahmebed.:	Voucher gelten nur montags (nicht an Feiertagen)

Golfclub Wildenrath

GC WILDENRATH e.V.

Große Bäume, Wasserhindernisse und unterschiedliche Geländeformationen lassen erahnen, welche Herausforderungen diese Anlage für Golfer birgt.

Der reizvoll gelegene 18-Loch-Meisterschaftsplatz liegt im Naturpark Maas-Schwalm-Nette, d. h. Wälder, Seen, Wiesen, Hügel und Heide bestimmen seinen Charakter. Hier sorgen spektakuläre Wasserhindernisse, alter Baumbestand und Heideflächen für einen unterschiedlichen Schwierigkeitsgrad der Anlage, die zu den anspruchsvollsten in Deutschland zählt und trotzdem gut zu scoren ist! Für denjenigen, der zum ersten Mal den Golfschläger in die Hand nimmt, oder den, der seinen Schwung verbessern möchte: Die große, überdachte Driving Range mit Flutlichtbeleuchtung lädt zum Einschlagen oder Aufwärmen ein.

Strüver-Fazit: Ein gelungener Championship Course mit teilweise sehr anspruchsvollen Bahnen. Das neue Clubhaus überragt den Platz und lädt zum Verweilen ein.

55

30
1

Anfahrt: Über A52: Ausfahrt Niederkrüchten, Richtung Heinsberg, Wassenberg, Niederkrüchten. Nach 8 km Höhe Arsbeck an der Ampel links Richtung Erkelenz, Wegberg. Nach Bahnübergang rechts Richtung Tüschenbroich, den Schildern über die Friedrich-List-Allee zum Golfclub folgen.

Nordrhein-Westfalen

Name:	Golf Club Grevenmühle GmbH
Adresse:	Grevenmühle 3 40882 Ratingen
Telefon, Fax:	+49-(0)21 02-95 95 0, +49-(0)21 02-95 95 15
E-Mail:	golfclub-grevenmuehle.de
Internet:	www.grevenmuehle.de
Ansprechpartner:	Fabian Jantke, Justin Meißner
Öffnungszeiten:	ganzjährig
Spielbahnen:	18
Green Fee:	60,00 € (Mo – Fr) 80,00 € (Wochenende und Feiertage)
Handicap:	36
Teilnahmebed.:	Voucher gelten Mo – Fr und nur mit ordentlicher DGV-Mitgliedschaft gültig. An Wochenenden und Feiertagen eingeschränkte Spielzeiten

Golf Club Grevenmühle

30
1

56

Anfahrt: A3 (Köln – Oberhausen) oder A44 bis Kreuz Velbert-Ratingen Ost, dann Richtung Velbert (B422), am Ortsausgang von Ratingen-Homberg Richtung Mettmann. Zufahrt über Metzkausener Straße. Dann der Beschilderung folgen.

Golf ist ein Spiel, dass man nicht gewinnen kann, man kann es nur spielen und genießen.

Wie sehr man das Golfspielen genießen kann, erfährt man besonders eindrucksvoll in der Grevenmühle. Der Aufstieg zum ersten Abschlag der Golfanlage ist zwar steil, doch die Mühe lohnt sich. Hügelig und trickreich ist er, dieser Par-72-Course, und bilderbuchhaft schön mit Ausblick über das Bergische Land bis weit nach Mettmann und Düsseldorf. Die 18 Löcher sind gefühlvoll in die Umgebung eingebettet mit ihren Pferdekoppeln und Rapsfeldern, mit Teichen, Biotopen und kleinen Wäldern. Baumreihen und Hecken säumen die Fairways. Zwei neue, modern eingerichtete Wohnungen bieten zudem die Möglichkeit einer Unterkunft direkt im Clubhaus.

Strüver-Fazit: Ein hügeliger Platz, der über mehrere Stufengrüns verfügt und natürliche Schräglagen bietet: Präzision und Strategie sind hier gefragt!

Nordrhein-Westfalen

Name:	Kosaido International Golf Club Düsseldorf
Adresse:	Am Schmidtberg 11 40629 Düsseldorf
Telefon:	+49-(0)21 04-77 06 0
E-Mail:	proshop@kosaido.de
Internet:	www.kosaido.de
Ansprechpartner:	Simon Flehmen, Manty Kodjo
Öffnungszeiten:	8.00 – 19.00 Uhr
Spielbahnen:	18
Green Fee:	79,00 € (werktags) 95,00 € (Wochenende und Feiertage)
Handicap:	36
Teilnahmebed.:	Voucher gelten Di, Mi und Do (nicht an Feiertagen)

Kosaido International Golf Club Düsseldorf

Herzlich willkommen im Neuen Kosaido! Erleben Sie einen 18-Loch-Meisterschaftsplatz der internationalen Spitzenklasse.

57

Kosaido bietet Ihnen spektakuläre Topographie, sensationelle Ausblicke vom höchsten Punkte Düsseldorfs, ein sportliches Terrain für ein aufregendes Golf und wunderschönes Naturerlebnis. Der Club befindet sich nur 15 Minuten von Düsseldorf City entfernt. Selten bietet ein spektakulärer Golfplatz auch eine so ausgezeichnete Küche. Der neue Kosaido ist ein privater Golfclub in deutschem Familienbesitz. Kosaido steigt auf zu einem der Top-Golfclub Europas: Nominierung zum Mitglied der World Leading Golf Europe 2015. Seit 2015 neu im neuen Kosaido: Pro Golf Tour für Europas Profinachwuchs. Verbinden Sie Ihren Aufenthalt mit einer Übernachtung in unserem 5 Sterne Boutique Hotel Villa am Ruhrufer Golf & Spa. www.villa-am-ruhrufer.de

Strüver-Fazit: Sehr gepflegter, außergewöhnlicher Platz mit exzellenter Erreichbarkeit.

Anfahrt: A3, Ausfahrt 18, B7 Richtung Mettmann, 700 m nach der Ausfahrt liegt das Clubhaus auf der rechten Seite. Aus Düsseldorf: B7 (Bergische Landstraße) in Richtung Mettmann. 700 m nach der Auffahrt zur A3 liegt das Clubhaus auf der rechten Seite.

Nordrhein-Westfalen

Name:	Golfclub Velbert-Gut Kuhlendahl e. V.
Adresse:	Kuhlendahler Straße 283 42553 Velbert
Telefon, Fax:	+49-(0)20 53-92 32 90, +49-(0)20 53-92 32 91
E-Mail:	info@golfclub-velbert.de
Internet:	www.golfclub-velbert.de
Ansprechpartner:	Michael Ogger
Öffnungszeiten:	9.00 – 18.00 Uhr
Spielbahnen:	18
Green Fee:	siehe Homepage
Handicap:	45
Teilnahmebed.:	VCG-Spieler zzgl. 20,00 €; Fern- und eingeschränkte Mitgliedschaften doppeltes Green Fee; passive Mitglieder haben kein Spielrecht; keine BlueJeans

Golfclub Velbert-Gut Kuhlendahl

30
1

58

Anfahrt: A1 (Hagen – Wuppertal) bis AK Wuppertal-Nord, A46 Richtung Düsseldorf – oder A3 (Ratingen–Leverkusen) bis AK Hilden, A46 Richtung Wuppertal – bis AK Sonnborn, A535 Richtung Essen, Ausfahrt Velbert-Tönisheide, Richtung Langenberg, ca. 2 km bis zum Golfplatz. Fürs Navigationsgerät: Kuhlendahler Straße 283, 42553 Velbert

Genießen Sie ein abwechslungsreiches Bahndesign, das Ihnen in Erinnerung bleiben wird.

Der Par-70-Kurs im GC Velbert-Gut Kuhlendahl zählt zu den anspruchsvollsten seiner Kategorie in der gesamten Republik. Typisch für die Topografie der Region zeichnet sich das Layout des Platzes durch seine charaktervolle Hügellandschaft aus. Zahlreiche Höhenunterschiede, individuelles Bahndesign, schnelle ondulierte Greens und die durchdacht platzierten Bunker machen jede Runde zu einer echten Herausforderung.

Strüver-Fazit: Niveauvoller Platz, dessen besonderer Reiz in den unterschiedlichen Charakteristika der beiden neun Löcher liegt.

Nordrhein-Westfalen

Name:	Golfclub Gut Berge Gevelsberg/Wetter e. V.
Adresse:	Berkenberg 1 58285 Gevelsberg
Telefon:	+49-(0)23 32-91 37 55
Fax:	+49-(0)23 32- 91 37 57
E-Mail:	info@gutberge.de
Internet:	www.gutberge.de
Ansprechpartner:	Julia Wehberg
Öffnungszeiten:	ganzjährig
Spielbahnen:	18
Green Fee:	55,00 € (werktags) 65,00 € (Wochenende und Feiertage)
Handicap:	Sonntag und Feiertage 36
Teilnahmebed.:	Voucher gelten Mo – Fr (nicht an Feiertagen)

Golfclub Gut Berge

Ob Einsteiger oder Fortgeschrittener – dieser Platz bietet jedem etwas.

59

30
1

Eingebettet in eine traumhaft schöne Landschaft mit herrlichem Blick auf Täler, Wiesen und Felder, liegt die 18-Loch-Golfsportanlage (Par 72) mit sehr guter Verkehrsanbindung. Zahlreiche Neuanpflanzungen, eingebettet in alten Baumbestand, geben der Anlage ihren unverwechselbaren Charakter. Die auf mehr als 100 ha weitläufig angelegten Bahnen sind für Fortgeschrittene wie auch für Anfänger Herausforderung und Trainingsgelände zugleich. Der Platz ist durch sein unterschiedliches Bodenrelief sehr interessant gestaltet. Auf der Driving Range kann man bei jedem Wetter in den überdachten und regengeschützten Abschlagkabinen trainieren – und nach Sonnenuntergang auch mit Flutlichtanlage.

Strüver-Fazit: Eine herrliche Anlage, die allen golferischen Anforderungen entspricht. Die typische Topographie des Bergischen Landes bestimmt die Abfolge der Spielbahnen.

Anfahrt: Über die A1, Ausfahrt Gevelsberg Nr. 90 zwischen Volmarstein und ABK Wuppertal-Nord.

Nordrhein-Westfalen

Name:	Golfclub Wasserschloss Westerwinkel e. V.
Adresse:	Horn-Westerwinkel 5 59387 Ascheberg-Herbern
Telefon, Fax:	+49-(0)25 99-92 22 2, +49-(0)25 99-92 22 1
E-Mail:	info@gc-westerwinkel.de
Internet:	www.gc-westerwinkel.de
Ansprechpartner:	Tim Schiffmann
Öffnungszeiten:	während der Saison Sa/So/Mo 9.00 – 15.00 Uhr Di/Mi/Fr 9.00 – 17.00 Uhr, Do 9.00 – 19.00 Uhr
Spielbahnen:	18
Green Fee:	60,00 € (werktags) 80,00 € (Wochenende und Feiertage)
Handicap:	–
Teilnahmebed.:	Voucher gelten Mo – So (ohne Einschränkung für 18 Loch Runden)
Sonstiges:	50% statt 30% Ermäßigung für Einzelspieler

Golfclub Wasserschloss Westerwinkel

30 / 1

60

Wer dem Alltagsstress entfliehen und sich vor der romantischen Kulisse des Wasserschlosses Westerwinkel sportlich betätigen will, der ist hier genau an der richtigen Adresse.

Dem im 19. Jahrhundert zur Ergänzung der vorhandenen barocken Parkteile angelegten englischen Landschaftspark wurde 1993 ein 18-Loch-Meisterschaftsplatz hinzugefügt. Vielen Golfbahnen gemein kann man von jedem Punkt der Anlage aus die gepflegte Parkatmosphäre und den Ausblick auf das pittoreske Wasserschloss Westerwinkel genießen.

Strüver-Fazit: Anspruchsvoller Platz mit sehr vielen Wasserhindernissen – flach gelegen im schönen Münsterland. Erfordert präzises Spiel.

Anfahrt: A1 aus Richtung Dortmund: Abfahrt Hamm-Bockum-Werne rechts bis Kreuzung, B54 rechts Richtung Münster/Herbern.
In Herbern bis zum Kreisverkehr, Beschilderung Golfanlage/Wasserschloss Westerwinkel folgen.
Navi: Bakenfeld – Aruper Straße, Ascheberg

Nordrhein-Westfalen

Name:	Golfclub Lippstadt Betreiberges. mbH
Adresse:	Wiesenhausweg 14 59555 Lippstadt
Telefon, Fax:	+49-(0)29 41-81 01 10, +49-(0)29 41-81 01 15
E-Mail:	info@golfclub-lippstadt.de
Internet:	www.gc-lippstadt.de
Ansprechpartner:	Peter Kurka
Öffnungszeiten:	Di – So 9.00 – 17.00 Uhr
Spielbahnen:	27
Green Fee:	50,00 € (werktags) 60,00 € (Wochenende und Feiertage)
Handicap:	54 (werktags), 36 (Wochenende und Feiertage)
Teilnahmebed.:	Voucher gelten Mo – So

Golfclub Lippstadt

61

Schon auf den ersten Blick erkennt man die Besonderheit dieser ungewöhnlich wasserreichen 27-Loch-Golfsportanlage im Norden der Stadt Lippstadt.

Die Lage zwischen dem Boker- und dem Mentzelsfelder Kanal, auf einem ehemaligen, weitläufigen Flößwiesen-Areal gestattete der Anlage zahlreiche Wasserläufe, Teiche, Gräben und Gräften. Als Besonderheit gilt inzwischen das Insel-Doppelgrün. Ein Muss für jeden Golfer. Küche und Keller im Clubhaus „Wiesenhaus" bieten nach der Runde mit Kleinigkeiten und Klasse-Menüs auch dem verwöhnten Gaumen einiges.

Strüver-Fazit: Wasser findet sich auf dieser Anlage fast an jeder Spielbahn – zusammen mit den großzügigen Bunkern bietet der Platz auch versierten Golfern echte sportliche Herausforderungen.

Anfahrt: A44, Abfahrt Kreuz Erwitte-Anröchte, Richtung Erwitte (B55), weiter nach Lippstadt, links Richtung Bad Waldliesborn bis zum Kreisel, Richtung Lippstadt Innenstadt, nach ca. 300 m rechts in den Wiesenhausweg zum Golfplatz.

Nordrhein-Westfalen

Name:	British Army Golfclub Sennelager
Adresse:	Senne 1 33175 Bad Lippspringe
Telefon:	+49-(0)52 52-537 94
E-Mail:	info@sennelagergolfclub.de
Internet:	www.sennelagergolfclub.de
Ansprechpartner:	Anja Bedford
Öffnungszeiten:	Di – So
Spielbahnen:	27
Green Fee:	18 Loch: 50,00 € (werktags) 65,00 € (Wochenende und Feiertage) 9 Loch: 21,00 € (werktags) 26,00 € (Wochenende und Feiertage)
Handicap:	54
Teilnahmebed.:	Voucher gelten jeden Tag (auch an Feiertagen), nicht kombinierbar
Sonstiges:	E-Cart-Miete (18 Loch) 28,00 €, Hunde an der Leine willkommen

British Army Golfclub Sennelager

30
1

62

Anfahrt: siehe Homepage

Willkommen im British Army Golfclub Sennelager!

Very british ist dieser 1963 von den englischen Streitkräften gegründete und in mehreren Phasen auf 27 Loch erweiterte Platz. Die gesamte Anlage besteht aus dem 5.600 Meter langen 18-Loch-Meisterschaftsplatz „Forest Pines“ und dem 9-Loch-„Old Course“, für den keine Handicap-Beschränkungen gelten. Beide Plätze sind ganzjährig bespielbar. Auf dem relativ kurzen Meisterschaftsplatz „Forest Pines“, wo jedes Loch von Kiefernwäldern umsäumt ist, fordern enge Fairways und Wasserhindernisse ein präzises Spiel. Mit etwas Glück zeigen sich Damwild oder andere Wildtiere während der Golfrunde.
Der weitläufige und flache „Old Course“ ist ein öffentlicher Platz und ideal für Golfanfänger und Spieler mit wenig Zeit geeignet.

Strüver-Fazit: Der weitgehend ebene Meisterschaftsplatz verlangt wegen seiner vielen Doglegs, seiner schmalen Fairways und seiner häufig kleinen Grüns ein genaues und oft auch strategisches Spiel. Der einfache Old Course ist für (Noch-)Nichtgolfer interessant.

Nordrhein-Westfalen

Name:	Golf Club Paderborner Land
Adresse:	Im Nordfeld 25 33154 Salzkotten-Thüle
Telefon:	+49-(0)52 58-93 73 10
E-Mail:	info@gcpaderbornerland.de
Internet:	www.gcpaderbornerland.de
Ansprechpartner:	Ralf Niggemeier
Öffnungszeiten:	Saison: Montags Sekretariat geschlossen! Di – Fr 9.00 – 17.00 Uhr Sa, So und Feiertage 9.00 – 14.00 Uhr
Spielbahnen:	27 + 6 Loch-Kurzplatz
Green Fee:	55,00 € (werktags) 70,00 € (Wochenende und Feiertage)
Handicap:	45 (werktags), 36 (Wochenende)
Teilnahmebed.:	Voucher gelten jeden Tag nach Anmeldung

Golf Club Paderborner Land

Golfspielen im Einklang mit der Natur.

63

Der Ort Thüle, in dessen Weichbild die Clubanlage beheimatet ist, findet sich auf dem westlichen Schenkel eines von den Städten Paderborn, Salzkotten und Delbrück gebildeten Dreiecks. Unweit von Thüle liegt die 27-Loch-Anlage des Golfclubs. Neben dem Genuss der landschaftlichen Schönheit der Anlage selbst, ermöglicht das überwiegend ebene Gelände dem Golfer bei schönem Wetter weite Ausblicke auf das Eggegebirge, den Teutoburger Wald und das Sauerland.

Strüver-Fazit: Landschaftlich herrlich gelegen, bietet dieser Platz überwiegend ebenes Gelände, das sowohl Anfängern als auch Spitzengolfern ein interessantes und abwechslungsreiches Spiel ermöglicht.

Anfahrt: B1 von Paderborn nach Salzkotten, am Ortseingang Salzkotten rechts nach Delbrück, nach 4 km Thüle, in der Ortsmitte rechts, Eschenstraße, Am Nordfeld und der Beschilderung „Golf" folgen.

Nordrhein-Westfalen

Name:	Universitäts-Golfclub Paderborn im Haxterpark
Adresse:	Haxterhöhe 2 33100 Paderborn
Telefon, Fax:	+49-(0)52 51-60 42 42, +49-(0)52 51-60 42 41
E-Mail:	info@haxterpark.de
Internet:	www.haxterpark.de/golf
Ansprechpartner:	Tim Schrader
Öffnungszeiten:	Mo – Fr 9.00 – 20.00 Uhr, Sa/So/Feiertage 9.00 – 18.00 Uhr
Spielbahnen:	18 + 9
Green Fee:	60,00 € (werktags) 80,00 € (Wochenende und Feiertage)
Handicap:	54
Teilnahmebed.:	Voucher gelten Mo – So (inkl. Feiertage)

Universitäts-Golfclub Paderborn im Haxterpark

64

Anfahrt: A33, Abfahrt PB-Zentrum Richtung PB, auf B64 Richtung Universität, Abfahrt Warburg/PB-Süd Richtung Universität, 2. Ampel links Richtung Golfakademie, 1. Ampel links Richtung Golfakademie, nach 600 m links auf Parkplatz Haxterpark.

Links-Golf mitten in Deutschland

Der Heimatplatz ist der Kurs „Haxterhöhe Links“ im Haxterpark. Errichtet nach schottischen Vorbildern findest du deine golferische Herausforderung in welligem Dünen-Design, in wechselnden Winden, in festen Festuca-Grüns und in 121 zu umspielenden Bunkern. Bewirtschaftet wird die gesamte Golfanlage von der gemeinnützigen Haxterpark GmbH, einem Inklusionsbetrieb. Somit werden die Grüns und Fairways auch von Menschen mit Handicap gemäht. Das Golfen auf dem Platz und das Beisammensein auf der Terrasse sind geprägt von menschlicher Toleranz und sportlicher Lockerheit: man duzt sich und darf auch mit Bluejeans abschlagen.

Strüver-Fazit: Das Links-Design, Bewirtschaftung und Clubleben haben schon mehrfach Anerkennung erhalten. Als erste deutsche Golfanlage hat der Club das international anerkannte GEO-Zertifikat der Golf Environment Organisation für nachhaltiges Greenkeeping erhalten.

Name:	Golf Gut Köbbinghof
Adresse:	Frankenufer 13 59519 Möhnesee
Telefon:	+49-(0)29 25-49 35
E-Mail:	info@golf-gutkoebbinghof.de
Internet:	www.golf-gutkoebbinghof.de
Ansprechpartner:	Fam. v. Bardeleben
Öffnungszeiten:	Di – Fr 9.00 – 16.00 Uhr, Sa/So und Feiertage 9.00 – 14.00 Uhr
Spielbahnen:	18 + 5
Green Fee:	9 Loch: 40,00 € / 18 Loch: 60,00 € (werktags) 9 Loch: 70,00 € / 18 Loch: 90,00 € (Wochenende und Feiertage)
Handicap:	54
Teilnahmebed.:	Voucher gelten Mo – So
Sonstiges:	Hunde angeleint erlaubt, 8 Wohnmobilstellplätze

Nordrhein-Westfalen

Golf Gut Köbbinghof

GUT KOBBINGHOF

Willkommen auf der Golfanlage Gut Köbbinghof!

65

Ruhig gelegen, idyllisch in die umliegende Landschaft eingebettet – unsere gepflegte Golfanlage. Unser Platz – 5.963 Meter, auf 95 ha verteilt, 18 einzigartige Abschläge, Par 72. Das sind die Fakten, die aber nicht im Entferntesten rüberbringen, was so besonders ist am Golf Gut Köbbinghof. Dieses Gefühl, wenn Sie Ihren Ball am 1. Abschlag aufteen: Weiches Sonnenlicht lässt den Morgentau auf dem Gras funkeln, nur für Sie und Ihren Lieblingssport. 1988 entstand die Golfanlage und fügt sich heute idyllisch in die umliegende Landschaft ein. Während der Runde genießen Sie weite Ausblicke auf den Arnsberger Wald.
Die breiten, gepflegten Fairways verzeihen so manchen Spielfehler. Romantische Teiche, Waldstücke zwischen den Bahnen und tiefe Topfbunker können allerdings auch leicht eine Gefahr für die Chance auf ein Par sein. Die hügelige Landschaft verlangt dann und wann Ihre Kondition.

Strüver-Fazit: Seit 2021 in neuen Händen, besticht die leicht hügelige Anlage mit gepflegten Grüns und tollen Blicken auf den Möhnesee.

Anfahrt: Inmitten der Natur und doch über die A44 schnell zu erreichen!
Adresse Navigationsgerät: Gut Köbbinghof, Frankenufer 13, 59519 Möhnesee.

Nordrhein-Westfalen

Name:	Golf Club Dreibäumen e. V.
Adresse:	Stoote 1 42499 Hückeswagen
Telefon, Fax:	+49-(0)21 92-85 47 12, +49-(0)21 92-85 47 19
E-Mail:	info@dreibaeumen.de
Internet:	www.dreibaeumen.de
Ansprechpartner:	Graham Thomas
Öffnungszeiten:	ganzjährig
Spielbahnen:	18
Green Fee:	siehe Homepage
Handicap:	54 (werktags), 36 (Wochenende und Feiertage)
Teilnahmebed.:	Voucher gelten Di – Fr
Sonstiges:	Telefonische Anmeldung erforderlich. Änderungen der Green Fee-Preise und Handicap-Grenzen vorbehalten

Golf Club Dreibäumen

66

Anfahrt: A1, Ausfahrt Remscheid, links Richtung Lennep, B229 bis Kreuzung Trecknase, rechts B51 Richtung Wermelskirchen, Kreuzung Bergisch Born/Hückeswagen links in die Bornfelder Straße, nach 100 m rechts in die Straße „Am Eichholz", in Dreibäumen 2x links.

Die Golfoase im Bergischen Land.

Auf der wunderschönen Par-71-Anlage mit angenehm flacher Topographie sorgen kurze Wege zwischen Greens und Abschlägen für zügige Runden. Mit seinen breiten Fairways ist der Platz gut geeignet für Anfänger und Profis. Eine echte Herausforderung stellt das Biotop dar, das den Platz einmal durchschneidet und von mehreren Abschlägen aus überwunden werden muss. Auch die Wasserhindernisse haben ihre Tücken. Nach der Runde dienen das stilvoll eingerichtete Clubhaus und die Sonnenterrasse mit Blick über den Platz als perfekter Ort, um den schönen Golftag ausklingen zu lassen.

Strüver-Fazit: Angenehm flache Anlage mit großen, sehr gut anzuspielenden Grüns – der natürliche Lebensraum, der das Herzstück des Platzes bildet, sorgt für zusätzliche Herausforderung.

Nordrhein-Westfalen

Name:	Golf-Club Varmert e. V.
Adresse:	Wöste 2 58566 Kierspe
Telefon, Fax:	+49-(0)23 59-29 02 15, +49-(0)23 59-29 02 16
E-Mail:	post@golfclub-varmert.de
Internet:	www.golfclub-varmert.de
Ansprechpartner:	Dirk Günther, Martina Clever
Öffnungszeiten:	ganzjährig
Spielbahnen:	18
Green Fee:	50,00 € (werktags) 60,00 € (Wochenende und Feiertage)
Handicap:	54
Teilnahmebed.:	Voucher gelten jeden Tag
Sonstiges:	E-Cart 30,00 €, Wohnmobile willkommen, Ladestationen für Elektroautos vorhanden

Golf-Club Varmert

Zwischen Rheinland und Westfalen, eingebettet in eine sanfte Hügellandschaft, liegt der 18-Loch-Platz des Golf-Club Varmert e. V., Kierspe.

67

30
1

Der anspruchsvolle Golfplatz bildet den landschaftlich reizvollen Mittelpunkt für alle Mitglieder und Gäste des Sauerländer Vereins. Ob Jung oder Alt, Anfänger oder Profi – im GC Varmert stehen der Spaß und die Freude am Golfsport an erster Stelle!
Das Gelände wird umrahmt von altem Baumbestand und landwirtschaftlich genutzten Flächen. Schon aus der Topographie ergibt sich der sportliche Charakter. Immer wiederkehrende Schräglagen, Teiche, Bäche und zahlreiche Bunker erfordern präzises Spiel. Hervorragend gepflegte Fairways und Greens im Zusammenspiel mit reizvollen Panoramablicken lassen keine Langeweile aufkommen.

Strüver-Fazit: Anspruchsvoll, mit vielen Hindernissen, bei denen Genauigkeit gefragt ist. Exzellent gepflegte Fairways und Greens.

Anfahrt: A4 (Köln – Olpe), Ausfahrt Engelskirchen, B55 Richtung Engelskirchen, Lindlar, L302 Richtung Wipperfürth, Richtung Gummersbach. In Ohl Richtung Kierspe. Nach ca. 5 km Golf-Club – A45 (Frankfurt – Dortmund), Ausfahrt Meinerzhagen, B54 Richtung Kierspe, dort nach Remscheid (B237). Nach ca. 2 km der Golfplatz. Eingabe Navigationsgerät: Varmert

Nordrhein-Westfalen

Name:	Golfclub Repetal-Südsauerland e. V.
Adresse:	Repetalstraße 220 57439 Attendorn
Telefon, Fax:	+49-(0)27 21-71 80 32, +49-(0)27 21-71 80 33
E-Mail:	info@gc-repetal.de
Internet:	www.golfclub-repetal.de
Ansprechpartner:	Regina Cramer
Öffnungszeiten:	Mo – Fr 10.00 – 17.00 Uhr, Sa, So, Feiertage 9.00 – 17.00 Uhr
Spielbahnen:	18 + 6 Loch-Kurzplatz
Green Fee:	18 Loch: 55,00 € (werktags) 18 Loch: 65,00 € (Wochenende und Feiertage)
Handicap:	36
Teilnahmebed.:	Voucher gelten Mo – So, Änderung der Green Fee-Preise vorbehalten, keine Kombination mit anderen Rabatten möglich
Sonstiges:	Hotel direkt am Platz (4 Sterne)

Golfclub Repetal-Südsauerland

30
1

68

Anfahrt: A45 Siegen – Hagen, Ausf. Olpe, B55 Richtung Lennestadt, bei Olpe-Oberveischede links Richt. Niederhelden, der Golfplatz liegt zw. Mecklinghausen und Niederhelden rechts der Straße.
A45 Hagen – Siegen, Ausf. Meinerzhagen, Richt. Attendorn, weiter nach Niederhelden zum Golfplatz.

Gleichgültig von welcher Seite man das Repetal befährt, der Blick auf den Golfplatz zieht den Besucher immer wieder magisch an.

Er ist landschaftlich-planerisch ausgezeichnet in die natürlichen Gegebenheiten integriert. Nichts wirkt künstlich. Er breitet sich auf einer großzügig bemessenen Fläche von ca. 95 ha recht majestätisch aus. Das Weiß der Bunker blinzelt ein wenig provokant in der Sonne; unterschiedliche Grünschattierungen lassen die Golfherzen höher schlagen und laden zum Spiel ein. Großartige Modellierungen der Fairways sucht das Auge in dem Wasserschutzgebiet vergebens, der eigentümliche, golfspezifische Charakter der Sauerländer Landschaft dominiert.

Strüver-Fazit: Die außerordentlich weiträumige Verteilung der Spielbahnen ist sehr angenehm in der einzigartigen Landschaft. Die ondulierten Fairways und Grüns liegen in unterschiedlichen Hanglagen, die ein variables Spiel erfordern.

Name:	Golf Club Oberberg e. V.
Adresse:	Hasseler Straße 42 51580 Reichshof
Telefon, Fax:	+49-(0)22 97-71 31, +49-(0)22 97-71 17
E-Mail:	info@golfcluboberberg.de
Internet:	www.golfcluboberberg.de
Ansprechpartner:	Mathias Wieland, Melanie Kraus
Öffnungszeiten:	In der Saison (15.4. – 15.10.) Mo – So 9.00 – 17.00 Uhr
Spielbahnen:	18
Green Fee:	65,00 € (werktags) 80,00 € (Freitag ab 12.00 Uhr, Wochenende und Feiertage)
Handicap:	Mo – Do 54; Fr – So 36
Teilnahmebed.:	Voucher gelten Mo – So
Sonstiges:	Unser 5 Sterne Gästehaus direkt am Golfplatz (www.hassel-14.de) bietet Platz für bis zu 8 Personen

Nordrhein-Westfalen

Golf Club Oberberg

GOLFCLUB OBERBERG

Zu Gast bei Freunden.

69

30
1

Anfahrt: A4 Olpe, Ausfahrt Eckenhagen Richtung Wildbergerhütte und Hassel, nach 200 m links, dann nach weiteren 300 m rechts in die Teerstraße, die parallel zum Golfplatz verläuft.

Der 18-Loch-Platz ist ein Championship Course wie er seinesgleichen sucht. International erfahrene Golfer kennen derartige Anlagen aus dem Norden der Vereinigten Staaten und den südlichen Regionen Schottlands. Der Platz vereint hohe sportliche Herausforderungen für Spitzengolfer mit guter Spielbarkeit für Golfer, die den Sport erst erlernen wollen.
Die Anlage im Oberbergischen Land bietet atemberaubende Aussichten, eventuell empfiehlt sich für ältere und/oder körperlich eingeschränkte Spieler die Miete eines Golf-Carts. Der Par-73-Course weist vom Herren Tee eine Länge von ca. 6.000 m, vom Damen Tee ca. 5.300 m auf. Vom Champions Tee hat die Anlage gar eine Länge von ca. 6.300 m. Beim Layout wurden keinerlei Kompromisse eingegangen und so schließt diese Anlage mit der Spitzengruppe der deutschen Golfanlagen auf.

Strüver-Fazit: Exzellente Pflege, angenehm zu spielende und sportlich anspruchsvolle Bahnen.

Nordrhein-Westfalen

Name: Golfclub Siegerland e. V.
Adresse: Berghäuser Weg
57223 Kreuztal
Telefon: +49-(0)27 32-59 47-0
E-Mail: info@golfclub-siegerland.de
Internet: www.golfclub-siegerland.de
Ansprechpartner: Nadine Schneider, Yvonne Noell
Öffnungszeiten: Di – So 10.00 – 17.00 Uhr
Spielbahnen: 18
Green Fee: 18 Loch: 60,00 € (werktags),
70,00 € (Wochenende und Feiertage)
9 Loch und Sonderkonditionen
siehe Homepage.
Änderungen der Green Fee-Preise vorbehalten
Handicap: 54 (werktags), 36 (Wochenende)
Teilnahmebed.: Voucher gelten Mo – So

Golfclub Siegerland

30
1

70

Anfahrt: A45, Ausfahrt Freudenberg, Olpe-Süd, Siegen oder Ausfahrt Wenden. Weitere Details siehe Homepage.

Herzlich willkommen im Golfclub Siegerland … wo man (sich) trifft.

In der eindrucksvollen Landschaft finden Sie unsere Golfanlage, eingebettet im Berghäuser Tal, mit naturgegebenen Herausforderungen und einer abwechslungsreichen Geländestruktur sowie fantastische und stets überraschende Ausblicke in die Mittelgebirgslandschaft des Sieger- und Sauerlandes. Eine überdachte Driving Range, Putting- und Chippinggreens gehören ebenso zum Golfclub wie auch ein Pro Shop mit allem, was Golfspieler brauchen. Ein architektonisches Highlight erwartet Sie in unserem Clubhaus mit gepflegter Gastronomie und gehobenem Ambiente. Der verglaste Wintergarten und die zentral gelegene Sonnenterrasse bieten einen traumhaften, außergewöhnlichen Blick auf gepflegte Grüns, anspruchsvolle Fairways und das ansprechende Platzdesign der Golfanlage.

Strüver-Fazit: Anspruchsvoller Platz mit tollen Ausblicken auf das Siegerland. An Bahn 12 und 18 wird das Grün von Wasser verteidigt.

Nordrhein-Westfalen

Name:	Golfclub Siegen-Olpe e. V.
Adresse:	Am Golfplatz 1 57482 Wenden
Telefon, Fax:	+49-(0)27 62-97 62 0, +49-(0)27 62-97 62 12
E-Mail:	info@gcso.de
Internet:	www.gcso.de
Ansprechpartner:	Birgit Ebel
Öffnungszeiten:	siehe Homepage
Spielbahnen:	18
Green Fee:	siehe Homepage
Handicap:	36
Teilnahmebed.:	Voucher gelten Mo – Fr (nicht an Feiertagen)

Golfclub Siegen-Olpe

Der von Golfern hoch bewertete, top-gepflegte und sportlich anspruchsvolle Golfplatz des GCSO liegt herrlich in der typischen Mittelgebirgslandschaft des Dreiländerecks Sauerland – Siegerland – Bergisches Land.

71

30
1

In der leicht hügeligen, parkähnlichen Landschaft bieten sich faszinierende Ausblicke und reizvolle spielerische Abwechslung. Fairways in dichtem Hochwald und Spielbahnen mit offenem, weitem Charakter machen Golf für alle Handicapklassen zum Vergnügen. Schnelle Grüns und fair platzierte Bunker, Bäume und Wasserhindernisse schaffen Herausforderungen für Anfänger und Könner. Gäste sind auf dem Platz und im Clubhaus mit freundschaftlicher, sportlich orientierter Atmosphäre herzlich willkommen. Schnupperkurse und Probe-Mitgliedschaften ermöglichen Interessenten den Zugang zum Golfsport.

Strüver-Fazit: Bei bundesweiten Umfragen zu Platzqualität und -pflege immer ganz weit vorne zu finden. Machen Sie sich selbst ein Bild.

Anfahrt: Von Westen A4 Köln – Olpe oder von Norden A45 bis zum Autobahnkreuz Olpe-Süd, Ausf. Wenden, an der Ampel links Richt. Freudenberg, nach 8 km (500 m nach der Abfahrt Dörnscheid) rechts der Beschilderung „Golfplatz" folgen. Oder: Von Süden A45, Ausf. Freudenberg, rechts Richt. Freudenberg, nach ca. 1,6 km an der Ampel rechts Richt. Olpe, nach 5 km links der Beschilderung „Golfplatz" folgen.

Nordrhein-Westfalen

Name:	Golfclub DER LÜDERICH
Adresse:	Am Golfplatz 1 51491 Overath
Telefon, Fax:	+49-(0)22 04-97 60 0, +49-(0)22 04-97 60 2
E-Mail:	info@gc-luederich.de
Internet:	www.gc-luederich.de
Ansprechpartner:	Sabina Henrich
Öffnungszeiten:	9.00 – 18.00 Uhr
Spielbahnen:	18
Green Fee:	69,00 € (werktags) 79,00 € (Wochenende und Feiertage)
Handicap:	54
Teilnahmebed.:	Voucher gelten Mo – Fr (nicht an Feiertagen)

DER LÜDERICH
GOLFCLUB

Golfclub DER LÜDERICH

72

Am Lüderich schlägt das Bergische Golfer-Herz.

Für ambitionierten Sport und Leidenschaft steht die 4-Sterne-Golfanlage. Ihre enge Verbundenheit mit dem Bergischen Land spiegelt die Geschichte des Bergwerks Lüderich, auf dessen Gelände die Anlage rücksichtsvoll und malerisch angelegt wurde. Die Anlage ist einzigartig: Die Front 9 gehören mit herrlichen Ausblicken in die bergische Landschaft zu den leichtesten in Deutschland. Die zweiten 9 sind mit einigen Höhenunterschieden und langen Löchern mit einem Slope von 149 sportlich äußerst anspruchsvoll. Neben einer großflächigen Chipping-, Pitching- und Putting-Area verfügt die Driving Range über eine Flutlicht-anlage mit 20 überdachten und beheizten Abschlagplätzen. Hier können Sie einen Tag mit Urlaubsfeeling in Wohlfühlatmosphäre verbringen.

Strüver-Fazit: Sehr abwechslungsreicher Course, der Taktik und Köpfchen erfordert. Sie werden sich an jede Bahn erinnern.

Anfahrt: Köln: A4 Richtung Olpe, Ausfahrt Untereschbach, an der Ampel links, an der nächsten Ampelkreuzung links auf Olper Str., nach ca. 800 m rechts zum Golfplatz. Düsseldorf/Frankfurt: A3 Richtung Köln, weiter A4 Richtung Olpe. Dortmund: A1 Richtung Köln, weiter A3 Richtung Köln, weiter A4 Richtung Olpe.

Nordrhein-Westfalen

Name:	Golfclub Schloss Auel
Adresse:	Haus Auel 53797 Lohmar
Telefon, Fax:	+49-(0)22 06-90 90 56, +49-(0)22 06-90 90 57
E-Mail:	info@gc-schloss-auel.de
Internet:	www.gc-schloss-auel.de
Ansprechpartner:	Sina Scheulen, Karolina Lingner
Öffnungszeiten:	9.00 – 18.00 Uhr
Spielbahnen:	27
Green Fee:	59,00 € (werktags) 79,00 € (Wochenende und Feiertage)
Handicap:	54
Teilnahmebed.:	Voucher gelten nur werktags (nicht an Feiertagen)

Golfclub Schloss Auel

Das Barock-Schloss Auel bietet mit seinem unverwechselbaren Ambiente die besten Voraussetzungen für ein geselliges Miteinander.

73

30
1

Ein fantastisches Panorama und ein abwechslungsreich geschwungenes Gelände sind der Rahmen für diese anspruchsvolle Golfanlage. Die bewaldeten Höhenzüge, Ackerflächen, Feldgehölze, Strauch- und Gebüschgruppen bilden eine zu allen Jahreszeiten abwechslungsreiche Kulisse. Das Gelände erstreckt sich über langgezogene Hügelketten mit hervorragender Fernsicht. Unsere Anlage hat seit 2010 das in Deutschland einzige Personenbeförderungsband, das die Golfer vom Grün der Bahn 1 zum Abschlag der Bahn 2 bringt. Die landschaftliche Vielfalt trägt dazu bei, dass jede Spielbahn ihren eigenen, unverwechselbaren Charakter hat.

Strüver-Fazit: Ausgrenzen und Rough versuchen die Longhitter auszubremsen. Strategisch das Grün erreichen, denn auch auf den Grüns sind Sie gefordert.

Anfahrt: A3 (Köln – Wiesbaden), Ausfahrt Lohmar-Nord, B484 Richtung Lohmar-Overath bis Schloss Auel. A4 (Köln – Olpe), Ausfahrt Overath, B484 Richtung Lohmar zum Golfplatz.

Nordrhein-Westfalen

Name:	Golfclub Burg Overbach e. V.
Adresse:	Overbach 1 53804 Much
Telefon:	+49-(0)22 45-55 50
E-Mail:	info@burgoverbach.de
Internet:	www.burg-overbach.de
Ansprechpartner:	Gero Bücher, Dani Fuchs
Öffnungszeiten:	April – September täglich 9.00 bis 17.00 Uhr Oktober bis März Mi – So 10.00 bis 15.00 Uhr
Spielbahnen:	18
Green Fee:	59,00 € (werktags) 79,00 € (Sa/So und Feiertage)
Handicap:	54
Teilnahmebed.:	Voucher gelten Mo – Fr

Golfclub Burg Overbach

30
1

74

Anfahrt: A4 (Köln – Olpe), Ausfahrt Overath, Richtung Overath, vor dem Ort dem Hinweisschild Much folgen. A4 (Olpe – Köln), Ausfahrt Osberghausen, B56 (Drabenderhöhe) bis Much.

Abwechslungsreiches, weitgehend naturbelassenes Golfgelände rund um die mittelalterliche Burg.

Nur 35 Kilometer von Köln entfernt, erwarten den Golfspieler breite Fairways, fast 70 fair platzierte Bunker und schnelle Grüns. Für Anfänger ein überwältigendes Erlebnis und für Könner eine attraktive Herausforderung. Der Platz wird geprägt von der Topographie des Bergischen Landes: sanft hügelige Spielbahnen, natürliche Wasserhindernisse und immer wieder faszinierende Ausblicke auf den Ort Much, das Bergische Land und das Siebengebirge. Die sorgfältige Restaurierung und liebevolle Erhaltung der Burganlage aus dem 14. Jahrhundert sorgen dafür, dass sich Mitglieder und Gäste auch nach dem Spiel wohlfühlen.

Strüver-Fazit: Eingebettet in die natürliche Beschaffenheit der Landschaft, bietet dieser 18-Loch-Platz relativ viele Schräglagen und oft einen sicheren und einen riskanten Weg zum Grün.

Nordrhein-Westfalen

Name:	Golf BurgKonradsheim
Adresse:	Am Golfplatz 1 50374 Erftstadt
Telefon:	+49-(0)22 35-95 56 60
Fax:	+49-(0)22 35-95 56 666
E-Mail:	info@golfburg.de
Internet:	www.golfburg.de
Ansprechpartner	Marco Höhn
Öffnungszeiten:	April – Oktober: 8.00 – 18.00 Uhr, November – März: 9.00 – 15.00 Uhr
Spielbahnen:	18 + 3
Green Fee:	75,00 € (werktags) 90,00 € (Wochenende und Feiertage)
Handicap:	54
Teilnahmebed.:	Voucher gelten Mo – So

Golf BurgKonradsheim

Der Par-72-Parkland-Course wurde vor 20 Jahren nach amerikanischem Vorbild angelegt.

75

30

1

Die 18-Loch-Golfanlage BurgKonradsheim hat eine naturnahe, idyllische Lage. Der Platz liegt inmitten landwirtschaftlich genutzter Flächen. Blühende Wildblumen säumen die leicht welligen, großzügigen Fairways, während die umliegenden Obstwiesen, Baumgruppen, Gebüsch- und Heckenzonen natürliche, weiträumige Roughs bilden.
Zwei große Putting Greens, eine weitläufige Chipping Area mit Bunkern und realistischen Geländeformen und ein Par-3-Platz ermöglichen es, das Spiel in allen Varianten zu üben.
Ein modernes Videosystem und Winterabschläge stehen ebenfalls zur Verfügung.

Strüver-Fazit: Der Platz reizt mit fast 50.000 qm Wasserfläche und konfrontiert den Golfer mit Schräglagen, die ein präzises Spiel erfordern.

Anfahrt: A1, A61 Richtung Köln/Koblenz, Ausfahrt Erftstadt, B256 Richtung Lechenich/Gymnich dann rechts. Kreisverkehr 1. Abzweigung rechts, Richtung Gymnich, ca. 1 km geradeaus durch den zweiten Kreisel, nach wiederum 1 km Ortschild Konradsheim, Einfahrt Parkplatz.

Nordrhein-Westfalen

Name:	Golfanlage Clostermanns Hof
Adresse:	Heerstraße 2 53859 Niederkassel
Telefon, Fax:	+49-(0)22 08-50 67 9-0, +49-(0)22 08-50 67 9-40
E-Mail:	info@golfclubclostermannshof.de
Internet:	www.golfclubclostermannshof.de
Ansprechpartner:	Inge Kadow, Claudia Nemetz, Nils Roggendorf
Öffnungszeiten:	Mo – So 8.00 – 18.00 Uhr Pro-Shop Di – So 10.00 – 18.00 Uhr
Spielbahnen:	18 + 5
Green Fee:	85,00 € (werktags) 100,00 € (Wochenende und Feiertage)
Handicap:	54 (werktags), 36 (Wochenende u. Feiertage)
Teilnahmebed.:	Voucher gelten grundsätzlich nur für den Standardtarif Mo – Fr ganztägig (nicht an Feiertagen). Keine Gruppenreservierung möglich; tel. Voranmeldung erbeten

Golfanlage Clostermanns Hof

76

Anfahrt: A59, Ausfahrt Spich, die Fahrtzeit beträgt bis Köln City ca. 15 Min., von Bonn ca. 10 Min. Der Flughafen Köln/Bonn ist in weniger als 10 Min. zu erreichen.

Eingebettet in das milde Klima der Kölner Bucht, nur 15 Autominuten vom Kölner Dom und der Bonner Innenstadt entfernt, liegt die Golfanlage Clostermanns Hof.

Vor der Kulisse des Siebengebirges breitet sich die 32 Jahre alte Anlage auf überwiegend ebenem Gelände aus. Gute Golfer finden hier auch ihre Herausforderung: Viele Doglegs, zahlreiche Bunker und strategisch platzierte Wasserhindernisse erfordern ein taktisch kluges Spiel. Ein besonderes Highlight erwartet die Golfer an der neu gestalteten Bahn 14, dem neuen Signature-Hole der Anlage. An diesem Par-3-Loch, umbaut mit viel Wasser und einem extrem schmalen Fairway wird auch der geübte Golfer vor eine Herausforderung gestellt. Die neugestaltete, großzügige und in Übungsateliers eingeteilte Driving Range lässt keine Wünsche offen. Zwei Putting-Grüns, ein Chipping-Grün sowie Schräglagenflächen und Übungsbunker runden die Trainingsmöglichkeiten ab.

Strüver-Fazit: Golfen in entspannter Atmosphäre; der anspruchsvolle Platz, das moderne Clubhaus und die neu gestaltete Driving Range lassen keine Wünsche offen.

Name:	Golf-Club Schloss Miel
Adresse:	Schlossallee 1 53913 Swisttal-Miel
Telefon, Fax:	+49-(0)22 26-100 50, +49-(0)22 26-170 01
E-Mail:	mail@schlossmiel.de
Internet:	www.schlossmiel.de
Öffnungszeiten:	Mo – So 8.00 – 19.00 Uhr
Spielbahnen:	18
Green Fee:	110,00 € (werktags), 130,00 € (Wochenende und Feiertage), Änderungen vorbehalten
Handicap:	45
Teilnahmebed.:	Voucher gelten werktags ab 14.00 Uhr, Wochenende und Feiertage ab 16.00 Uhr. Nachlass gilt vom Regulär-Tarif und ist nicht mit anderen Ermäßigungen kombinierbar. Vorherige Anmeldung: LeisureBreaks Pflicht. Keine Gruppenreservierungen.

Nordrhein-Westfalen

Golf-Club Schloss Miel

SCHLOSS MIEL

Der Golf-Club Schloss Miel, in der reizvollen Landschaft der Voreifel gelegen, bietet sportlich anspruchsvolles Spiel oder rundum entspannendes Golferlebnis nahe der Beethovenstadt Bonn.

77

30

1

Die abwechslungsreiche Platzarchitektur mit zahlreichen anspruchsvollen Wasser- und Bunkerhindernissen sowie einem imposanten alten Baumbestand verleiht dem Platz seine Charakteristik als typischer Parkland Course. Der 6.060 m lange Platz wurde vom britischen Architekten David Ashton im Stile eines Parkland Courses konzipiert und erinnert doch an manchen Stellen, durch die aufwendig geschaffene Dünenlandschaft, an einen Links Course. Dominierende Elemente sind der zentral gelegene Wald mit wunderschönen alten Laubbäumen, zahlreiche Wasserflächen, die kunstvoll modellierten Bunker sowie das Inselgrün an Bahn 18.

Anfahrt: A61, Ausfahrt (27) Miel, 2x links abbiegen. Im Ortskern rechts der Beschilderung folgen.

Strüver-Fazit: Erstklassiger Pflegezustand, abwechslungsreiches und forderndes Layout, fürstliches Ambiente mit dem historischen Schloss Miel und super Gastronomie.

Nordrhein-Westfalen

Name:	Golfclub Bad Münstereifel
Adresse:	Moselweg 4 53902 Bad Münstereifel
Telefon:	+49-(0)22 53- 27 14
E-Mail:	info@golfbadmuenstereifel.de
Internet:	www.golfbadmuenstereifel.de
Ansprechpartner:	Tilman Wrede
Pro:	Golfacademy Bad Münstereifel
Öffnungszeiten:	Mo – So 9.00 – 18.00 Uhr
Spielbahnen:	18
Green Fee:	69,00 € (werktags), 79,00 € (Wochenende und Feiertage), Änderungen vorbehalten
Handicap:	54
Teilnahmebed.:	Voucher gelten Mo – So auf den regulären Tarif (sind nicht mit anderen Ermäßigungen kombinierbar)
Sonstiges:	Unsere 2 Ferienwohnungen direkt am Golfplatz bieten Platz für 2 – 14 Personen.

Golfclub Bad Münstereifel

30
1

78

Anfahrt: A1, Abf. Bad Münstereifel rechts ab, nach 800 m links Richtung Satzvey, 1 km bis Weiler a. Berg, Ortsmitte rechts Richtung Eschweiler, nach 2,5 km liegt rechts die Golfanlage. B56 in Euskirchen links auf die B51 bis Iversheim, an der Ampel rechts, sofort links. Nach ca. 2 km ist links die Anlage.

Natur so weit das Auge reicht! In nahezu unberührter Landschaft fühlt sich ein Golfer im GC Bad Münstereifel wie im Urlaub.

Die weiten Panoramaaussichten, die teils unberührte Natur in den angrenzenden Naturschutzgebieten der Eifel und die absolute Ruhe unterscheiden uns von allen anderen Golfanlagen in der Region Köln-Bonn. Jede Spielbahn hat auf Grund der leicht hügeligen Landschaft ihren ganz eigenen Charakter. Offene Bahnen im Parklandstil wechseln sich mit Waldbahnen mit 100-jährigem Baumbestand ab.
Unsere Mitglieder spielen bei uns, auf den 5 Plätzen der GolfAlliance im Raum Köln-Bonn und auf über 45 Plätzen deutschlandweit greenfeefrei. Alle Infos auf unserer Webseite.

Strüver-Fazit: Idyllisch gelegen in wunderschöner Landschaft. Die ondulierten Grüns werden oft unterschätzt und verlangen beim Putten volle Konzentration.

Name:	Golf Course Siebengebirge
Adresse:	Brunnenstraße 11 53578 Windhagen
Telefon, Fax:	+49-(0)26 45-80 41, +49-(0)26 45-80 42
E-Mail:	info@golfcourse-siebengebirge.de
Internet:	www.golfcourse-siebengebirge.de
Spielbahnen:	18
Green Fee:	55,00 € – 70,00 € (werktags) 65,00 € – 80,00 € (Wochenende u. Feiertage)
Handicap:	54 – Pro
Teilnahmebed.:	Voucher gelten Mo – So, nicht kombinierbar mit anderen Rabatten

Golf Course Siebengebirge

79

18 Löcher zwischen sieben Bergen.

Der 18-Loch-Platz verspricht mit seinen abwechslungsreichen Fairways und Doglegs höchsten Golfgenuss. Liebhaber des Golfsports kommen hier voll auf ihre Kosten. Bei einem Höhenunterschied von 70 Metern ist Ausdauer und strategisches Spielen gefragt. Für Genießer der Natur stehen genügend der 2019 neu angeschafften Elektro-Carts inklusive GPS-Navigation zur Verfügung. Es wird um eine Vorab-Reservierung gebeten. Service und Leistungsqualität stehen im Golf Course Siebengebirge an erster Stelle. Nur wenige Autominuten entfernt von den Rheinmetropolen Köln und Bonn in der einen und Koblenz bis Frankfurt in der anderen Richtung erwartet Sie die attraktive 18-Loch-Anlage. Neben 18- sind auch 9-Loch-Runden möglich.

Strüver-Fazit: Tolle Anlage in wunderschöner Landschaft und mit einladendem Clubhaus. Der Platz erfordert Kondition und Strategie.

Anfahrt: A3 (Köln – Frankfurt), Ausfahrt Bad Honnef/Linz, links abbiegen, durch den Kreisverkehr, erste Ampel links, von dort ca. 1 km der Beschilderung zum Golfclub folgen.

Rheinland-Pfalz

Name:	Golf-Club Eifel e. V.
Adresse:	Milanweg 54576 Hillesheim
Telefon, Fax:	+49-(0)65 93-12 41, +49-(0)65 93-94 21
E-Mail:	info@golfclub-eifel.de
Internet:	www.golfclub-eifel.de
Ansprechpartner:	Elke Hilgers
Spielbahnen:	18
Green Fee:	65,00 € (werktags) 90,00 € (Wochenende und Feiertage)
Handicap:	PE
Teilnahmebed.:	Voucher gelten Mo – So
Sonstiges:	Hunde dienstags und freitags erlaubt, 4 Wohnmobilstellplätze vorhanden

Golf-Club Eifel

80

Wildromantische Natur und eine tolle Clubatmosphäre – wer auf den Golfsport in Reinkultur und ein herzliches Miteinander der Clubmitglieder viel Wert legt, der ist hier genau richtig.

Die 18-Loch-Anlage mit Par 72 und der Länge von 5.903 m ist vor 40 Jahren in alten Baumbestand geschickt integriert worden. Natur- und Sporterlebnisse erwarten Sie zwischen Biotopen und natürlichen Wasserhindernissen. Die Bahnen 11, 12 und 13 bilden ein unvergessliches landschaftliches Ensemble. Ein weiteres Highlight auf der Runde ist das Spiel auf Bahn 16, bei der man auf einer Par-3-Bahn mit einer Länge von 195 m rund 25 m in die Tiefe spielt und mit einem Fernblick in die Natur belohnt wird. Die Golfrunde findet ihren Ausklang in unserem rustikalen, ländlich eingerichteten Clubhaus mit Sonnenterrasse und Gastronomie.

Strüver-Fazit: Hervorragend in die raue Natur der Vulkaneifel eingebettet. Doglegs und Wasser müssen für einen guten Score bezwungen werden.

Anfahrt: A1 bis Autobahnende, weiter in Richtung Hillesheim/Gerolstein, nach 19 km links nach Berndorf, der Ausschilderung folgen. A48, Ausfahrt Dreieck Vulkaneifel, weiter nach Hillesheim/Gerolstein, in Hillesheim Ortsmitte rechts Richtung A1 Köln der Ausschilderung folgen.

Rheinland-Pfalz

Name:	Mittelrheinischer Golfclub Bad Ems
Adresse:	Denzerheide 56130 Bad Ems
Telefon, Fax:	+49-(0)26 03-65 41, +49-(0)26 03-13 995
E-Mail:	info@mgcbadems.de
Internet:	www.mgcbadems.de
Ansprechpartner:	Conny Gross
Öffnungszeiten:	9.00 – 17.00 Uhr
Spielbahnen:	18
Green Fee:	70,00 € (Mo – Fr) 90,00 € (Wochenende und Feiertage)
Handicap:	45
Teilnahmebed.:	Voucher gelten Mo – Fr (nicht an Feiertagen) nach vorheriger Anmeldung.

Mittelrheinischer Golfclub Bad Ems

81

Mitten im Rheinland, etwa 370 m über dem steil abfallenden Rhein- und Lahntal, liegt ruhig und abgeschieden die 18-Loch-Anlage des Mittelrheinischen Golfclub Bad Ems.

Während der Runde eröffnen sich von den großzügig der Landschaft angepassten Bahnen, die von altem Baumbestand eingerahmt sind, herrliche Panoramablicke auf das rheinische Mittelgebirge, den Hunsrück, die Eifel und den Westerwald. Die Anlage genießt sportlich einen exzellenten Ruf. Bereits 1928 wurde der Platz durch Karl Hoffmann, dem damaligen Kompagnon des legendären Golfarchitekten Bernhard von Limburger, gebaut. In den letzten Jahren wurden, zusammen mit dem bekannten Golfarchitekten Thomas Himmel, zahlreiche Bahnen einem sehr schönen „facelifting“ unterzogen.

Strüver-Fazit: Alter Baumbestand, schnelle gepflegte Grüns und satte Faiways laden zu einer abwechlungsreichen Golfrunde ein.

Anfahrt: Aus Koblenz: B49 Richtung Montabaur. Vor Neuhäusel Ausfahrt Bad Ems auf B261 (Denzerheide). Nach ca. 1 km auf der rechten Seite liegt die Anlage. Aus Frankfurt – Köln: A3, Ausfahrt Montabaur auf B49 Richtung Koblenz. Nach der Ortsumgehung Neuhäusel rechts auf B 261 Richtung Bad Ems (Denzerheide). Nach ca. 1 km auf der rechten Seite liegt die Anlage. Navigationssystem: 56337 Eitelborn, Denzerheide

Name:	Jakobsberg Hotel- & Golfresort GmbH
Adresse:	Im Tal der Loreley 56154 Boppard
Telefon:	+49-(0)67 42-80 84 95
E-Mail:	golf@jakobsberg.de
Internet:	www.jakobsberg.de/golf/
Ansprechpartner:	Andre Müller / Dirk Kunze / Jürgen Wagner
Öffnungszeiten:	ganzjährig
Spielbahnen:	18
Green Fee:	99,00 €
Handicap:	54
Teilnahmebed.:	Voucher gelten Mo – So

KLOSTERGUT
JAKOBSBERG

Jakobsberg Hotel- & Golfresort

30
1

82

Anfahrt: Von Süden A61, Ausfahrt Koblenz Mitte, Richtung Waldesch, in Waldesch Richtung Rhens, dann B9 Richtung Boppard. Von Norden A48, Ausfahrt Koblenz Nord, B9 Richtung Boppard – in Spay der Beschilderung folgen. Aus beiden Richtungen in Spay der Beschilderung folgen.

Traumhafte Lage auf den Hügeln des rheinischen Schiefergebirges.

Anfang der 90er Jahre entstand der 18-Loch-Meisterschaftsplatz zwischen Koblenz und Boppard auf einer Rheinterrasse mit Blick auf die Höhe von Hunsrück, Taunus und Westerwald, die gegenüberliegende Marksburg und ins Rheintal. Der Golfplatz ist umgeben von Wäldern, Bergen, Burgen und Schlössern und bietet einen herrlichen, immer wiederkehrenden Blick ins Flusstal. Spielbahnen mit großflächigen Teeboxen, Wasserflächen, raffiniert platzierten Fairwaybunkern, Modulationen und schnellen, sehr stark ondulierten Grüns erwarten die Spieler.

Strüver-Fazit: Ein echter Meisterschaftsplatz, der nicht nur Einsteiger, sondern auch sehr gute Spieler vor große Herausforderungen stellt. Ihre Golfrunde zeichnet sich durch einzigartige Spielbahnen verbunden mit traumhaften Ausblicken aus. Ein Erlebnis!

Rheinland-Pfalz

Name: Golf Club Cochem/Mosel e. V.
Adresse: Am Kellerborn 2
56814 Ediger-Eller
Telefon: +49-(0)26 75-91 15 11
E-Mail: sekretariat@golfcochem.eu
Internet: www.golfcochem.eu
Ansprechpartner: Jannik Oster
Öffnungszeiten: 9.00 – 17.00 Uhr
Spielbahnen: 18
Green Fee: 55,00 € (werktags)
65,00 € (Wochenende und Feiertage)
Handicap: PR
Teilnahmebed.: Voucher gelten Mo – So

Golf Club Cochem/Mosel

Jetzt gibt es noch mehr Gründe für Golfer, ihren Urlaub an der Mosel zu verbringen.

83

30
1

Mit der Übernahme der 27-Loch-Anlage durch den Golfclub selbst, wurden innerhalb kürzester Zeit zwei Golfplätze auf höchstem Niveau geschaffen. Ein 9-Loch-Platz (Eifel Course) für Einsteiger ohne DGV-Ausweis, der auch zum Footgolf einlädt. Anspruchsvoll für Golfneulinge und ideal für eine schnelle Runde für Geübte.
Der 18-Loch-Mosel-Course ist das Glanzlicht der Region und bietet alles, was das Golferherz begehrt. 18 interessante Bahnen, geschickt platzierte Bunker, Wasserhindernisse und jede Menge Biotope lassen auch der Natur ihren Raum. Alle Gäste schätzen die Ruhe auf dem Platz sowie die Fernsicht auf Eifel- und Moselhöhen.
In Kombination mit unseren Hotelpartnern steht einem Golfausflug nichts mehr im Wege.
Denn Leidenschaft trifft auf Gastfreundschaft!

Strüver-Fazit: Der 18-Loch-Mosel-Course überzeugt durch sehr gute Pflege, strategisch platzierte Wasser- und Sandhindernisse in leicht hügeligem Gelände und belohnt mit tollen Aussichten.

Anfahrt: Navigationsadresse: Golf-Club Cochem/Mosel, Am Kellerborn 2, 56814 Ediger-Eller

Hessen

Name:	Golf-Club Schloss Braunfels e. V.
Adresse:	Homburger Hof 35619 Braunfels
Telefon:	+49-(0)64 42-45 30
E-Mail:	info@golfclub-braunfels.de
Internet:	www.golfclub-braunfels.de
Ansprechpartner:	Ramona Bink
Öffnungszeiten:	8.30 – 17.30 Uhr
Spielbahnen:	18
Green Fee:	18 Loch 75,00 €, 9 Loch 45,00 € (werktags) 18 Loch 95,00 €, 9 Loch 55,00 € (Wochenende und Feiertage)
Handicap:	54
Teilnahmebed.:	Voucher gelten Mo – So. Nicht gültig bei Turnieren. Startzeitenreservierung erforderlich

Golf-Club Schloss Braunfels

30
1

84

Anfahrt: A45 bis Ausfahrt Wetzlar. Schnellstraße B49 Richtung Limburg bis Ausfahrt Leun/Braunfels. Oder: A3, Ausfahrt Limburg-Nord. Schnellstraße B49 bis Ausfahrt Leun/Braunfels. In Braunfels bei Restaurant „Obermühle" Straße in Richtung Tiefenbach einschlagen, am Ententeich vorbei. 1 km bis zur Höhe, dann bitte rechts abbiegen. Ausschilderung „Golfplatz" folgen.

Fernab von Hektik und jeglichem Verkehrslärm liegt die traumhafte 18-Loch-Golfanlage des Golf-Club Schloss Braunfels e. V.

Das sanft hügelige Gelände bietet ein wunderschönes Panorama. Ein mächtiger, jahrhundertealter Baumbestand umringt die Fairways, Feuchtbiotope und uralte Teiche verteidigen die Grüns. Im Zentrum der Anlage befindet sich der historische Gutshof, in dem Verwaltung, Pro Shop und Clubhaus untergebracht sind. Einer der Höhepunkte der Golfrunde ist mit Sicherheit der faszinierende Ausblick auf das fürstliche Schloss Braunfels, der sich auf der Bahn 7 und 13 ergibt. Der höchste Punkt der Anlage, der Abschlag der Bahn 8, ermöglicht eine herrliche Aussicht auf die Ausläufer des Taunus und des Westerwaldes. Die Anlage verfügt über eine Driving Range, zwei Putting Grüns und zwei Chipping Areas.

Strüver-Fazit: Schräglagen und geschickt platzierte Hindernisse erfordern ein präzises Spiel, ein Birdiebook hilft Ihnen bei Ihren Schlägen.

Name:	Royal Homburger Golf Club 1899 e. V.
Adresse:	An der Karlsbrücke 10 61350 Bad Homburg v. d. H.
Telefon:	+49-(0)61 72-30 68 08
E-Mail:	office@royal-hgc.de
Internet:	www.royal-hgc.de
Ansprechpartner:	Fabian Zimmermann, Tim Reininger
Öffnungszeiten:	Mo – So ab 9.00 Uhr
Spielbahnen:	18 + 6
Green Fee:	45,00 € (werktags) 75,00 € (Wochenende und Feiertage)
Handicap:	54 (36 am Wochenende)
Teilnahmebed.:	Voucher gelten von Montag bis Sonntag bei freien Startzeiten; bitte kontaktieren Sie uns per E-Mail oder Telefon.

Royal Homburger Golf Club 1899

Die Wiege des Golfsports in Deutschland steht in Bad Homburg. Der Royal Homburger Golf Club hat den ältesten Golfplatz in Deutschland, gegründet vom Prince of Wales 1889 – weshalb wir uns „Royal" nennen dürfen.

85

Wir verfügen über zwei Plätze: Spielen Sie auf dem historischen „Old Course" im Kurpark, ein Par-3-Kurs – perfekt für das kurze Spiel- oder auf dem „New Course", ein 18-Loch-Parkland-Course in schönster Natur an den Hängen des Taunus. Egal welche Art von Golf-Faszination Sie suchen, wir haben sie. Eben 360° Grad-Faszination zum Genießen.
Trainieren Sie ab sofort in der Royal Homburger Golf Academy mit der modernsten High-Tech-Trainingsmethode – dem TrackMan System. Heben Sie Ihr Spiel auf ein neues Niveau, die Royal Homburger Golf Academy hilft Ihnen dabei.

Strüver-Fazit: Hier gibt es den New Course mit 18 Loch, der äußerst strategisch gespielt werden will und den 6 Loch „Old Course" direkt im Kurpark, der älteste Golfplatz Deutschlands. Must play!

Anfahrt: Der New Course (18 Löcher) liegt citynah, nur wenige Kilometer vom Bad Homburger Kurpark mit dem Old Course (6 Löcher) entfernt und ist bequem über die A5/A661 und B456 zu erreichen.

Hessen

Name:	Golf-Park Winnerod
Adresse:	Parkstraße 22 35447 Reiskirchen/Winnerod
Telefon:	+49-(0)64 08-95 13 0
E-Mail:	info@golfpark.de
Internet:	www.golfpark.de
Ansprechpartner:	Herr Kleczka, Herr Lauer
Öffnungszeiten:	Hauptsaison: 8.00 – 19.00 Uhr
Spielbahnen:	18
Green Fee:	55,00 € (werktags) 75,00 € (Wochenende und Feiertage) Änderungen vorbehalten
Handicap:	54
Teilnahmebed.:	Voucher gelten Di – Fr (nicht an Feiertagen) Startzeiten unbedingt erforderlich

GOLF-PARK WINNEROD

Golf-Park Winnerod

86

Golfen im Herzen Deutschlands.

Der Golf-Park bietet einen 18-Loch-Meisterschaftsplatz und Übungsanlagen. Auf dem von Michael Pinner (ehemaliger Mitarbeiter von Jack Nicklaus) designten Meisterschaftskurs genießt man auf dem Gelände, mit seinem Baumbestand und natürlichen Erhebungen, herrliche Ausblicke auf Taunus und Vogelsberg. Mit durchschnittlich vier Abschlägen je Spielbahn sowie den breiten und einladenden Fairways und Grüns bietet dieser Platz viele herausfordernde Varianten. Auf dem 9-Loch-Par-3-Platz kommen Golfanfänger voll auf ihre Kosten. In wunderschöner Lage befindet sich in den renovierten Stallungen des Hofguts Winnerod das stilvolle Clubhaus.

Strüver-Fazit: Eine Anlage in herrlicher Natur, die mit vielen naturgetreuen Anhöhen und Senken pures Golfvergnügen bietet – traumhafte Ausblicke inklusive.

Anfahrt: A5 über das Gambacher Kreuz, Autobahnausfahrt Reiskirchen, links Richtung Reiskirchen weiterfahren. In Reiskirchen Ortsmitte links Richtung Rabenau und Winnerod abbiegen, ca. 1 km nach dem Ortsausgang rechts Richtung Winnerod zum Golfplatz.

Hessen

Name:	Attighof Golf GmbH
Adresse:	Attighof 1 35647 Waldsolms
Telefon, Fax:	+49-(0)60 85-98 120, +49-(0)60 85-98 12-99
E-Mail:	info@attighof.de
Internet:	www.attighof.de
Ansprechpartner:	Daniel Deutschmann
Öffnungszeiten:	April – Oktober 8.00 – 18.00 Uhr November – März 9.00 – 16.00 Uhr
Spielbahnen:	18
Green Fee:	65,00 € (werktags) 80,00 € (Wochenende und Feiertage)
Handicap:	54
Teilnahmebed.:	Voucher gelten Mo – Fr

Attighof Golf Club

87

Eingebettet in der Naturlandschaft des Taunus, in ruhiger Umgebung, liegt der Attighof Golf Club.

Obwohl sich die Golfanlage nur 35 – 40 Autominuten von Frankfurt/Main entfernt befindet, gibt es hier keine Anzeichen von Flug- und Straßenlärm. Spielen Sie dort, wo andere Urlaub machen… Ein Ort, mit dem es der Liebe Gott besonders gut gemeint hat. Ein über 80 ha umfassendes Areal erstreckt sich über den schönen „Naturpark Hochtaunus“. Ein leicht anspruchsvoller Golfplatz mit einigen kleinen Hügeln, Wald und Wasser erfüllt jeden Wunsch eines Golfers. Breite Fairways und saftige Grüns befinden sich auf der 5 Sterne klassifizierten Anlage. Die großzügige Driving Range liegt oberhalb des Parkplatzes. Auch bei weniger gutem Wetter kann man trainieren, da ein großer Teil der Abschläge überdacht ist.

Strüver-Fazit: Eine sportliche Golfanlage mit über 60 Bunkern.

Anfahrt: Limburg – Attighof: Der B49, über die B456 folgen bis L3055 Richtung Grävenwiesbach. L3055 folgen bis Waldsolms. In Brandoberndorf der Beschilderung „Golfplatz“ folgen. Frankfurt – Attighof: Der A5 folgen bis Abfahrt 13, Bad Nauheim, danach der B3 folgen bis Waldsolms. In Brandoberndorf der Beschilderung „Golfplatz“ folgen.

Hessen

Name:	Golfclub Schotten e. V.
Adresse:	Lindenstraße 46, 63679 Schotten
Telefon:	+49-(0)60 44- 84 01
E-Mail:	info@gc-schotten.de
Internet:	www.gc-schotten.de
Ansprechpartner:	Clubbüro
Öffnungszeiten:	April – Okt.: Mo – Fr 10.00 – 16.00 Uhr, Sa/So, Feiertage 9.00 – 16.00 Uhr; Nov. – März: Mo – So, Feiertage 10.00 – 14.00 Uhr
Spielbahnen:	18 + 9 Kurzplatz
Green Fee:	18 Loch: 35,00 € (Mo – Fr), 55,00 € (Sa/So, Fe.); 9 Loch auf 18-Loch-Platz: 25,00 € (Mo – Fr), 40,00 € (Sa/So, Fe.); 9-Loch-Kurzplatz: 18,00 € (Mo – Fr), 30,00 € (Sa/So, Feiertage)
Handicap:	54
Teilnahmebed.:	Voucher gelten Mo – So. Spielen ohne Golfclub-Mitgliedschaft auf 9-Loch-Platz. Mitgliedschaft erforderlich auf 18-Loch-Platz

Golfclub Schotten

88

GOLF & NATUR gehören bei uns zusammen! Deshalb wurden wir bereits mit dem Umweltpreis des LSB ausgezeichnet.

Ein herausfordernder Platz in der bergigen Landschaft des Vogelsbergs ist der Meisterschaftsplatz Schotten-Eschenrod mit 18 Loch Par 71 und einer gepflegten 9-Loch-Anlage Par 58. Golfer jeglicher Spielstärke sind begeistert und fasziniert vom anspruchsvollen Bahnendesign und dem herrlichen Ausblick. Ohne veredelte Bahnen und gebändigte Roughs sind alle Flächen ökologisch gepflegt und dem vorhandenen Gelände angepasst. Im Clubhaus mit der sonnigen Terrasse trifft man sich zu allen Jahreszeiten.

Strüver-Fazit: Empfehlenswert sind die Crashkurse, von der Einführung bis zur Etikettestunde.

Anfahrt: A5 bis zum Gambacher Kreuz, dann Richtung A45 Hanau, Abfahrt Wölfersheim bis Schotten, an der 1. Ampel rechts Richtung Gedern/Bad Orb auf der B276 ca. 5 km. Am Ortseingang von Eschenrod liegt rechter Hand das Clubhaus.

Hessen

Name:	Golf-Club Spessart e. V.
Adresse:	Golfplatz Alsberg a. d. H. 63628 Bad Soden-Salmünster
Telefon, Fax:	+49-(0)60 56-9 15 80, +49-(0)60 56- 91 58 11
E-Mail:	sekretariat@golf-spessart.de
Internet:	www.golf-spessart.de
Ansprechpartner:	Alen Weber, Karl-Horst Schneider
Öffnungszeiten:	ganzjährig
Spielbahnen:	18
Green Fee:	60,00 € (werktags) 70,00 € (Wochenende und Feiertage)
Handicap:	54
Teilnahmebed.:	Voucher gelten Mo – Do (nicht an Feiertagen)

Golf-Club Spessart

Hoch über dem Tal der Kinzig liegt ein reizvoller 18-Loch-Golfplatz.

89

Charakteristisch für den Golf-Club Spessart sind die der Landschaft angepassten Spielbahnen und der alte Baumbestand. Der Platz liegt inmitten von Wiesen, Feldern und Wäldern in einer typischen deutschen Mittelgebirgslandschaft. Natürliche Teiche und Bäche sind reizvolle Hindernisse für Golfer, aber auch Lebensraum für viele Amphibien und Wasserpflanzen. Neben der sportlich-fairen Herausforderung bietet der Platz eine Oase der Ruhe und Erholung in frischer, klarer Spessartluft. Die Eindrücke nach dem Golfspiel kann man auf der Clubhausterrasse mit herrlichem Fernblick auf Rhön, Vogelsberg und Taunus Revue passieren lassen.

Strüver-Fazit: Wunderschön eingebettet in die Natur, bietet dieser Platz gut verteidigte Grüns – eine gute Strategie ist schon beim Abschlag gefragt.

Anfahrt: A66 (Hanau – Fulda), Ausfahrt Bad Soden-Salmünster, dort Richtung Alsberg. Dann weiter der Beschilderung folgen.

Hessen

Name:	Golf-Club Bad Orb Jossgrund e. V.
Adresse:	Hindenburgstraße 7 63637 Jossgrund
Telefon:	+49-(0)60 59-90 55 10
E-Mail:	info@golfclub-badorb.de
Internet:	www.golfclub-badorb.de
Ansprechpartner:	Sekretariat
Öffnungszeiten:	siehe Homepage
Spielbahnen:	18
Green Fee:	siehe Homepage
Handicap:	Mo – Fr bis 54, Wochenende/Feiertage bis 36
Teilnahmebed.:	Voucher gelten Mo – Sa (nicht an Feiertagen), nicht mit anderen Rabatten kombinierbar, nur für 18-Loch-Runden
Sonstiges:	Hotel direkt auf dem Golfplatz

Golf-Club Bad Orb Jossgrund

Golfclub Bad Orb Jossgrund

30
1

90

Anfahrt: A66 (Frankfurt – Fulda), Ausfahrt Bad Orb/Wächtersbach, Richtung Bad Orb, dort Richtung Lettgenbrunn. Golfplatz nach 5 km.

Golfen und Erholung, im Naturpark hessischer Spessart.

Die perfekte Voraussetzung, um den Alltag hinter sich zu lassen, dies bietet der 18-Loch-Golfplatz des Golf-Club Bad Orb Jossgrund, nahe der Kurstadt Bad Orb. Der Par 72 Platz, entworfen von Paddy Merrigan, erfreut alle Spielstärken und Altersklassen mit Wasserläufen, geschickt platzierten Bunkern, Seen und gepflegten Grüns. Ob jung oder junggeblieben, ob Anfänger oder Routinier, der Platz bietet jedem Golfer die perfekte Herausforderung. Den kulinarischen Abschluss bietet das Clubrestaurant „Horstberg" mit großer Sonnenterrasse. Das clubeigene Hotel „Landhaus Horstberg" verfügt über 8 Doppelzimmer und ist durch seine direkte Lage am Golfplatz die ideale Übernachtungs-Location.

Strüver-Fazit: Gut platzierte Bunker und abwechslungsreiche Grüns bieten allen Handicap-Klassen eine interessante und anspruchsvolle Herausforderung.

Name:	Zimmerner Golfclub 1995 e. V.
Adresse:	Darmstädter Straße 111 64846 Groß-Zimmern
Telefon, Fax:	+49-(0)60 71-92 21 0, +49-(0)60 71-92 21 20
E-Mail:	info@gc-zimmern.de
Internet:	www.gc-zimmern.de
Ansprechpartner:	Mischa Kind
Öffnungszeiten:	Sommer: 8.00–19.00 Uhr
Winter:	9.00–16.00 Uhr
Spielbahnen:	18 + 9
Green Fee:	75,00 € (werktags) 100,00 € (Wochenende und Feiertage) „R" reduziert gemäß Homepage
Handicap:	54 (werktags), 45 (Wochenende)
Teilnahmebed.:	Voucher gelten nur wochentags, nicht an Wochenenden, Feiertagen und Brückentagen

Hessen

Zimmerner Golfclub

ZIMMERNER GOLFCLUB 1995 E.V.

Golf Sport Park Groß-Zimmern

Kompaktes Wohlfühlerlebnis für Körper, Geist und Seele.

91

Traumhafte Aussichten zeichnen den Golf Sport Park in Groß-Zimmern aus. Der 18-Loch-Platz erstreckt sich über zwei Ebenen: Die erste liegt unterhalb des Clubhauses, die zweite liegt ca. 20 m höher und bildet eine Art Hochplateau. Man hat einen herrlichen Blick über den Odenwald, die Ausläufer des Spessarts bis hin zum Taunus. Das Clubhaus in toskanischer Architektur bietet vor und nach der Runde viel Platz zur Entspannung. Gästen und Mitgliedern steht hier neben der italienischen Küche zusätzlich ein Wellness- und Beauty-Bereich zur Verfügung.

Strüver-Fazit: Anspruchsvoll, mit sehr kurzen Wegen. Das gesamte Konzept des Platzes macht einen Besuch zum Erlebnis.

Anfahrt: B26 (Darmstadt – Aschaffenburg), Ausfahrt Roßdorf/Gundernhausen, Richtung Roßdorf, dann Richtung Groß-Zimmern.

Hessen

Name:	Golf-Club Darmstadt Traisa e. V.
Adresse:	Am Dippelshof 19, 64367 Mühltal
Telefon, Fax:	+49-(0)61 51-14 65 43, +49-(0)61 51-14 85 21
E-Mail:	info@gc-dt.de
Internet:	www.gc-dt.de
Ansprechpartner:	Frau S. Hofmann
Öffnungszeiten:	Di – Fr 9.00 – 18.00 Uhr, Wochenende 10.00 – 18.00 Uhr, außerhalb der Geschäftszeiten Green Fee an der Infosäule Tee 1 lösbar
Spielbahnen:	9
Green Fee:	9 Loch mit/ohne R: 35,00/45,00 € (werktags), 45,00/55,00 € (Wochenende und Feiertage) 18 Loch mit/ohne R: 50,00/60,00 € (werktags), 60,00/75,00 € (Wochenende und Feiertage) Driving Range 5,00 €
Handicap:	45
Teilnahmebed.:	Voucher gelten täglich
Sonstiges:	Hunde sind an der Leine erlaubt

Golf-Club Darmstadt Traisa

30
1

92

Anfahrt: Aus Darmstadt: Folgen Sie der B449 vom Böllenfalltor aus Richtung Traisa. Biegen Sie auf Höhe des Bahnübergangs links in die Ludwigstraße und folgen dieser. In Traisa biegt nach ca. 2 km die Vorfahrtstraße links ab. Biegen Sie hier nun rechts ab! Folgen Sie der Straße in Richtung Industriegebiet Traisa. Nach weiteren 2 km kommen Sie zur Straße In den Gänsäckern. Dies ist die Zufahrt zum Golf-Club.

Ein Golfplatz ist – wenn er denn gelungen ist – ein Ort sportlicher Herausforderung und ein Ort für das Abenteuer des Entdeckens, auf dem die Spieler nach einer fein abgezirkelten Choreographie eine Mischung aus Sicherheit und Unsicherheit genießen können.

Viele dieser idealtypischen Eigenschaften finden sich durchaus auch auf unserem Platz wieder. Vorerst muss man sich mit 9 Löchern begnügen, aber das tut der Freude am Spiel keinen Abbruch. Ganz nach dem Motto „klein aber fein". Die vorhandenen Spielbahnen sind äußerst abwechslungsreich, nicht immer eben, aber immer mit herrlichen Ausblicken über den Platz und zum Teil auch auf die Burg Frankenstein ausgerichtet. Nahe am Wald gelegen, mit altem Baumbestand und dem ein oder anderen Wasserhindernis wartet eine anspruchsvolle Golfrunde auf Sie!

Strüver-Fazit: Auf dem leicht hügeligen Gelände gefallen vor allem die vier abwechlungsreichen PAR 3 Bahnen der traditionellen 9-Loch-Anlage.

Hessen

Name:	Golfclub Odenwald e. V.
Adresse:	Am Golfplatz 1 64753 Brombachtal
Telefon, Fax:	+49-(0) 60 63-57 44 7, +49-(0)60 63-57 44 8
E-Mail:	mail@golfclub-odenwald.de
Internet:	www.golfclub-odenwald.de
Ansprechpartner:	Birgit Scholl
Öffnungszeiten:	Mai – September: 9.00 – 17.30 Uhr; Oktober – April reduzierte Öffnungszeiten
Spielbahnen:	18 + 6
Green Fee:	70,00 € (werktags) 80,00 € (Wochenende und Feiertage)
Handicap:	54
Teilnahmebed.:	Voucher gelten Mo – Sa nach Anmeldung; Sonn- und Feiertage auf Anfrage
Sonstiges:	Übernachtunsgmöglichkeiten/Arrangements können im Sekretariat erfragt werden

Golfclub Odenwald

93

In der Schönheit der Natur und seiner ruhigen und ländlichen Atmosphäre liegt der Reiz dieses Golfplatzes.

Die 18-Loch-Anlage liegt inmitten eines Landschaftsschutzgebietes umgeben von Wiesen, Wäldern und Feldern. Mehrere Teiche an den Bahnen 2, 3, 4 und 13 kommen als reizvolle Wasserhindernisse ins Spiel.
Mit ihren leicht hügeligen und abwechslungsreich angelegten Spielbahnen bietet sie anspruchsvolles, aber spielerisch faires Golfen sowie erholsame Ruhe gleichermaßen.
Eine moderne Fairwaybewässerung und komplette Drainage garantieren optimale Bedingungen auf dem ganzen Platz. Für Golfer, die ihre Runde nicht zu Fuß absolvieren möchten, stehen Carts zur Verfügung.

Strüver-Fazit: Hier hat jede Bahn ihren Namen, von Bananenflanke bis Birdietraum, einfach mal vor der Runde das Birdiebook studieren.

Anfahrt: B45, Ausfahrt Bad König-Zell Richtung Brombachtal, Beschilderung Golfplatz folgen. Oder: B38, 9 km nördlich Reichelsheim Richtung Brombachtal, in Böllstein links Richtung Kirch Brombach, Beschilderung Golfplatz folgen.

Hessen

Name: Golf-Club Bensheim e. V.
Adresse: Außerhalb 56
64625 Bensheim
Telefon, Fax: +49- (0)62 51-67 732, +49- (0)62 51-39 292
E-Mail: info@golfclub-bensheim.de
Internet: www.golfclub-bensheim.de
Ansprechpartner: Nico Heinen, Regina Schul
Öffnungszeiten: Mo – Fr 9.00 – 18.00 Uhr
Wochenende/Feiertage 9.00 – 16.00 Uhr
Spielbahnen: 18
Green Fee: 55,00 € (werktags)
70,00 € (Wochenende und Feiertage)
Preise gelten für DGV-Ausweis mit goldenem Hologramm. Die aktuellen Green Fee-Preise entnehmen Sie bitte der Homepage
Handicap: 54 (werktags), 45 (Wochenende)
Teilnahmebed.: Voucher gelten Mo – Fr (nicht an Sonn- und Feiertagen)

Golf-Club Bensheim

30
1

94

Anfahrt: A5, Ausfahrt Bensheim, A67, Ausfahrt Lorsch, jeweils B47 Richtung Bensheim, nach Ortseingangsschild 1. Ampel rechts in den Berliner Ring (Industriegebiet Süd), nach ca. 200 m rechts Schild „Golfplatz“ folgen.

Der Golf-Club Bensheim e. V. wurde 1986 gegründet und hat heute über 900 Mitglieder jeden Alters und aller Spielstärken.

Im Kreis Bergstraße am Rande des Odenwalds gelegen bietet der 18-Loch-Meisterschaftsplatz mit seinen umfangreichen Übungsanlagen und dem gemütlichen Clubhaus alles, was das Golferherz höher schlagen lässt. Im ebenen Gelände sind die Spielbahnen harmonisch in die mit Streuobstwiesen durchsetzte Landschaft integriert und bieten mit reizvollen Ausblicken ein besonderes Naturerlebnis. Genießen Sie nach dem Spiel auf unserer Terrasse den Wein der Region und erleben Sie die Hessische Bergstraße von ihrer besten Seite, während Sie die in unmittelbarer Nähe nistenden Störche beobachten. Unser Team im Sekretariat ist gerne für Sie da.

Strüver-Fazit: Eingerahmt von Wald und Weinreben bietet die wunderschöne Anlage Herausforderungen sowohl für Anfänger als auch für Profis.

Name:	Golfclub Rheinhessen
Adresse:	Hofgut Wißberg 55578 St. Johann
Telefon, Fax:	+49-(0)67 01-20 08-0, +49-(0)67 01-20 08-25
E-Mail:	info@gc-rheinhessen.de
Internet:	www.gc-rheinhessen.de
Ansprechpartner:	Immanuel Comtesse
Öffnungszeiten:	Mo – So; 9.00 – 18.00 Uhr (April – September) 9.00 – 16.00 Uhr (Oktober – März)
Spielbahnen:	18
Green Fee:	9 Loch: 40,00 € 18 Loch: 70,00 €
Handicap:	–
Teilnahmebed.:	Voucher gelten Mo – Fr (nicht an Feiertagen); Startzeit zwingend erforderlich
Sonstiges:	Mit Restaurant und 4-Sterne-Privathotel

Rheinland-Pfalz

Golfclub Rheinhessen

Golfclub Rheinhessen
Hofgut Wißberg
St. Johann e.V.

Inmitten der malerischen Wein-Kultur-Landschaft Rheinhessen, unweit der Tore von Mainz, ist der Golfclub Rheinhessen ein „Juwel" unter den Golfanlagen in Rheinland-Pfalz.

95

30
1

Auf einem Hochplateau, umgeben von Weinbergen, präsentiert sich die Anlage mit einem traumhaften Panaromablick über die „rheinhessische Toskana". Der anspruchsvolle Platz des Golfclub Rheinhessens mit einer Vielzahl von Bunkern und großen, schnellen Grüns bietet alle Möglichkeiten, den Golfsport zu genießen. Der Einklang von sportlicher Herausforderung, Naturerleben und geselligem Ambiente wird hier durch einen besonderen Lebensstil geprägt. Abgerundet wird das Angebot durch eine gehobene Landhausküche sowie einem 4-Sterne-Privathotel. Wir freuen uns auf Ihren Besuch!

Strüver-Fazit: Golf mit Ausblick auf die umliegenden Weinberge. Die Grüns sind leicht onduliert und spurtreu.

Anfahrt: A61 (Alzey – Koblenz), Ausfahrt Bad Kreuznach-Gensingen, B50 Richtung Sprendlingen. A60, 63 (Mainz – Alzey), Ausfahrt Niederolm-Nord, links Richtung Sprendlingen bis St. Johann. Der Beschilderung folgen.

Rheinland-Pfalz

Name:	Golfclub Nahetal e. V.
Adresse:	Drei Buchen 55583 Bad Kreuznach
Telefon, Fax:	+49-(0)67 08-21 45, +49-(0)67 08-17 31
E-Mail:	info@golfclub-nahetal.de
Internet:	www.golfclub-nahetal.de
Ansprechpartner:	Manfred Rapp
Öffnungszeiten:	9.00 – 17.30 Uhr
Spielbahnen:	18
Green Fee:	65,00 € (werktags) 75,00 € (Wochenende und Feiertage)
Handicap:	54 (werktags), 32 (Wochenende und Feiertage)
Teilnahmebed.:	Anmeldung erwünscht

Golfclub Nahetal

30
1

96

Sport, Natur und Leidenschaft. Der Meisterschaftsplatz des Golfclub Nahetal ist ein Highlight in Rheinland-Pfalz.

Anfahrt: Von Mainz sind es nur noch 30 km über die A60/61, Abfahrt Bad Kreuznach. Von dort nach Bad Münster am Stein Ebernburg und der Beschilderung folgen.

Ganz ungewöhnlich und heute kaum noch denkbar: Fast alle Bahnen sind von Waldbestand gesäumt. Das Gelände präsentiert sich munter moduliert. Eine deutliche Erinnerung daran, dass hier Sport getrieben wird. Jede Spielbahn überzeugt mit eigenständiger Charakteristik. Herrliche Ausblicke und das anspruchsvolle Platzdesign werden auch Sie begeistern. Bunker, Wasserhindernisse und Biotope sind gekonnt und fair integriert. Die Fairways sind teils von schlankem Design. Vielfach wird die erste Runde im Nahetal als echte Herausforderung beschrieben. Wer einmal hier gespielt hat, wird wiederkommen.

Strüver-Fazit: Die in das leicht hügelige Gelände eingebetteten Fairways erfordern gerades, präzises und kluges Spiel. Das schwerste Loch erwartet die Spieler an Bahn 9: eine enge Spielbahn, die bis zum Grün leicht bergauf verläuft.

Name:	Golfclub am Donnersberg
Adresse:	Röderhof 3b 67725 Börrstadt
Telefon, Fax:	+49-(0)63 57-96 09 4, +49-(0)63 57-14 30
E-Mail:	info@golfamdonnersberg.de
Internet:	www.golfamdonnersberg.de
Ansprechpartner:	Ulrike Körper
Öffnungszeiten:	Mo 10.00 – 15.00 Uhr (Saison) Di – So 9.00 – 17.00 Uhr
Spielbahnen:	18
Green Fee:	60,00 € (werktags) 75,00 € (Wochenende und Feiertage)
Handicap:	–
Teilnahmebed.:	Voucher gelten Mo – Sa (nicht an Sonn- und Feiertagen, Anmeldung erforderlich) Spieler ohne „R" Kennzeichnung zahlen einen Aufpreis von 20,00 €

Rheinland-Pfalz

Golfclub am Donnersberg

Große Grüns, schöne Sand- und Wasserhindernisse und eine herrliche Landschaft lassen Ihre Runde zu einem besonderen Erlebnis werden.

97

30
1

Der Golfplatz wurde 1990 am Südhang des Donnersberges auf einem etwa 67 ha großen Gelände angelegt und in die Landschaft eingefügt. Im Norden ist der Platz von Wald umgeben, ein Baumriegel durchzieht die ganze Anlage. Außerdem fügen sich weitere Baumgruppen in die Spielbahnen ein. Großzügige Abschläge mit teilweise weitem Blick in die Landschaft, große Greens, Seen, Teiche und Biotope lassen Ihr Spiel zu einem Erlebnis werden. Zahlreiche, durch Drainagen miteinander verbundene Seen bieten die Möglichkeit, die Flächen über lange Trockenperioden hinweg zu bewässern. Nach der Golfrunde lädt unser Landgasthof Röderhof mit seinen leckeren Speisen und Getränken – selbstverständlich auch Weinen aus der Region – zum Verweilen auf der Sonnenterrasse ein.

Strüver-Fazit: Dem Spieler wird durch große Grüns und schöne Sand- und Wasserhindernisse ein präzises Spiel abverlangt.

Anfahrt: Über die A63 bis Abfahrt Dreisen/Göllheim. In Richtung Dreisen/Lohnsfeld fahren, ca. 2 km nach Theresienhof rechts, Hinweis „Golfplatz"

Rheinland-Pfalz

Name:	Golfclub Barbarossa e. V. Rheinland-Pfalz
Adresse:	Am Hebenhübel 67686 Mackenbach
Telefon, Fax:	+49-(0)6374-99 46 33, +49-(0)6374-99 46 34
E-Mail:	info@gc-barbarossa.de
Internet:	www.golfclub-barbarossa.de
Ansprechpartner:	Johannes Ruth
Öffnungszeiten:	ganzjährig
Spielbahnen:	18
Green Fee:	55,00 € (Mo – Fr) 70,00 € (Wochenende und Feiertage)
Handicap:	–
Teilnahmebed.:	Vorherige Anmeldung unbedingt erforderlich Spieler ohne Ausweiskennzeichnung „R" zahlen einen Aufpreis von 20,00 €

Golfclub Barbarossa

98

Der Platz, 1996 eröffnet, wurde im Jahr 2004 auf 18 Loch erweitert. Der auf knapp 85 ha liegende Par-74-Kurs genügt sportlich höchsten Ansprüchen.

Er fügt sich mit seiner naturnahen Gestaltung harmonisch in die reizvolle Landschaft ein. Von dem sanft hügeligen Gelände aus, hat man einen herrlichen Blick auf die Ausläufer des Pfälzer Waldes und die Sickinger Höhe.
Nicht alltäglich ist der Bahnenverlauf. Die hinteren 9 Löcher besitzen 5 Par 5s. Das „Signature Hole" des Platzes ist Bahn 17, ein 462 Meter langes Par 5 bergab, bei dem man einen traumhaften Blick auf das Dörfchen Mackenbach hat.

Strüver-Fazit: Ein Bachlauf sowie diverse Wasserhindernisse erfordern ein genaues Spiel. Besonderes Highlight: das Inselgrün an Loch 5.

Anfahrt: A6 (Mannheim – Saarbrücken), Ausfahrt Kaiserslautern-West, L356 Richtung Weilerbach, nach Mackenbach, nach ca. 300 m rechts der Beschilderung folgen – A6 (Saarbrücken – Mannheim), Ausfahrt Landstuhl, Richtung Mackenbach, vor Ortseingang links der Beschilderung folgen.

Name:	Golfplatz Pfälzerwald
Adresse:	Auf dem Aspen 60 67714 Waldfischbach-Burgalben
Telefon:	+49-(0)63 33-27 96 03
E-Mail:	info@golfplatz-pfaelzerwald.de
Internet:	www.golfplatz-pfaelzerwald.de
Ansprechpartner:	Tobias Leonhard
Öffnungszeiten:	Mo –Fr 9.00 – 17.00 Uhr, Sa + So, Feiertage 9.00 – 16 Uhr
Spielbahnen:	18
Green Fee:	60,00 € (werktags) 80,00 € (Wochenende und Feiertage)
Handicap:	54
Teilnahmebed.:	–
Sonstiges:	Teil der Gutperle Golfcourses. Clubrestaurant „Restaurant Palatina"täglich von 12.00 – 22.00 Uhr geöffnet

Rheinland-Pfalz

Golfplatz Pfälzerwald

Mitten in der herrlichen Naturlandschaft des Pfälzerwalds, harmonisch eingefügt in die umgebenden Hügel und Täler, liegt die Anlage des Golfplatzes.

99

30
1

Der 18-Loch-Meisterschaftsplatz (Par 72) mit leicht hügeligen, abwechslungsreich gestalteten Fairways und anspruchsvollen Grüns ist eine Herausforderung für ambitionierte Golfspieler aller Spielstärken. Kurze Wege von den Grüns zum Abschlag tragen zu einer angenehmen, entspannten Golfrunde bei. Alles zusammen ergibt Golfvergnügen pur auf hohem sportlichem Niveau. Anfängern und Fortgeschrittenen steht eine Driving Range mit 11 überdachten und 20 offenen Abschlagplätzen, großem Putting-Green und Pitching-Area zur Verfügung. Das Restaurant „Palatina" im Clubhaus mit seiner großzügigen Terrasse steht jedermann offen und begeistert mit der hohen Qualität seiner Küche und einer gut sortierten Getränkeauswahl.

Strüver-Fazit: Der Platz bietet viel Abwechslung – flaches Gelände und Hanglagen, gerade Bahnen und Doglegs.

Anfahrt: Von Kaiserslautern: B270 Richtung Pirmasens, 1. Abfahrt Waldfischbach, nach ca. 500 m links zum Golfplatz. Von Pirmasens: B270 Richtung Kaiserslautern, 2. Abfahrt Waldfischbach, nach ca. 500 m links zum Golfplatz.

Rheinland-Pfalz

Name:	Erster Golfclub Westpfalz Schwarzbachtal e. V.
Adresse:	Hitscherhof 66509 Rieschweiler-Mühlbach
Telefon, Fax:	+49-(0) 63 36-64 42, +49-(0) 63 36-64 08
E-Mail:	info@gcwestpfalz.de
Internet:	www.gcwestpfalz.de
Ansprechpartner:	Sekretariat
Öffnungszeiten:	ganzjährig
Spielbahnen:	18
Green Fee:	80,00 € (an allen Tagen)
Handicap:	54
Teilnahmebed.:	Voucher gelten wochentags ganztägig, am Wochenende und an Feiertagen ab 13.00 Uhr vorherige Anmeldung erwünscht
Sonstiges:	Wohnmobile sind herzlich willkommen!

Erster Golfclub Westpfalz Schwarzbachtal e.V.

Erster Golfclub Westpfalz Schwarzbachtal

30
1

100

Anfahrt: A62: Abfahrt Höheischweiler, Richtung Pirmasens, dann Richtung Höhfröschen, dann Rieschweiler-Mühlbach. A8: Abfahrt Walshausen, Richtung Dellfeld, dann Rieschweiler-Mühlbach. Landau/B10: nach Pirmasens (nach Tunnel) Richtung Thaleischweiler-Fröschen, dann Rieschweiler-Mühlbach.

Golfgenuss in traumhaftem Ambiente.

An den Ausläufern der Sickinger Höhe erstreckt sich das 76 ha große Golfgelände über zwei Ebenen, harmonisch in die hügelige Landschaft des Pfälzer Waldes integriert. Mit dem Abschluss der aktuellen Umbaumaßnahmen, vor allem auf den Bahnen 10 bis 18 präsentiert sich nun ein Golfplatz von herausragender Qualität. Mehr als 10.000 m^2 Wasserflächen, verbunden durch Bachläufe mit Wasserfällen, wurden neu geschaffen. Alle Bunker sind gut sichtbar, blinde Abschläge wurden eliminiert. Sie werden den insgesamt hervorragenden Pflegezustand des Platzes, die ganzjährig saftigen Fairways und sehr gepflegten Grüns zu schätzen wissen und das Spiel ohne Störung durch Straßenlärm genießen.

Strüver-Fazit: Die Herausforderungen durch Bunker, Wasserhindernisse, Teiche und Schräglagen fordern ein strategisches Spiel.

Baden-Württemberg

Name:	Golfclub Mudau und Freizeitanlagen GmbH
Adresse:	Donebacher Straße 41 69427 Mudau
Telefon, Fax:	+49-(0)62 84-84 08, +49-(0)62 84-95 80 7
E-Mail:	info@golfclub-mudau.de
Internet:	www.golfclub-mudau.de
Ansprechpartner:	Martin Brand
Öffnungszeiten:	9.00 – 17.00 Uhr
Spielbahnen:	18
Green Fee:	50,00 € (Mo – Do) 60,00 € (Fr – So und Feiertage)
Handicap:	54
Teilnahmebed.:	Voucher gelten Mo – So

Golfclub Mudau

Golfclub Mudau

101

18 Spielbahnen, die in ein Waldgebiet eingebettet sind, bieten ein abwechslungsreiches und anspruchsvolles Spiel.

Die Golfanlage in Mudau besteht seit 1993 und ist seit 1997 auf 18 Löchern bespielbar. Die deutsche Golf-Consult war für die Planung der Meisterschaftsanlage zuständig und hat jede Spielbahn mit der Natur in Einklang gebracht. Ruhe und Stille zeichnen diesen Platz aus und laden dazu ein, ihn immer wieder zu spielen. Nach der Runde können Sie auf der herrlich gelegenen Clubhausterrasse den Platz überblicken und den schönen Golftag ausklingen lassen. Lassen Sie sich dabei von der guten Küche verwöhnen.

Strüver-Fazit: Das sanft hügelige Gelände bietet viele Reize für Golfer aller Spielstärken. Top gepflegte Abschläge, Fairways und Grüns erfüllen auch die anspruchsvollsten Wünsche.

Anfahrt: A3, Abfahrt Stockstadt, B269, Mittenberg-Amorbach-Mudau, A81, Abfahrt Osterburken-Buchen, B27 Richtung Mosbach – Abfahrt Mudau. In Mudau, Richtung Donebach, ca. 500 m nach dem Ortsausgang links zum Golfplatz abbiegen.

Baden-Württemberg

Name: Golf Club Bad Mergentheim e.V.
Adresse: Erlenbachtalstraße 36
97999 Igersheim
Telefon: +49-(0)79 31-56 11 09
Fax: +49-(0)79 31-56 31 01
E-Mail: info@golfclub-badmergentheim.com
Internet: www.golfclub-badmergentheim.com
Ansprechpartner: Melanie Scholten, Jochen Hesser
Öffnungszeiten: Di – So 10.00 – 17.00 Uhr
Spielbahnen: 9
Green Fee: 36,00 € (werktags
48,00 € (Wochenende/Feiertage)
Handicap: 54
Teilnahmebed.: Während der gesamten Saison, wenn keine Turniere stattfinden bzw. Gästegruppen starten

Golf Club Bad Mergentheim

102

Umrahmt von hohem Baumbestand, mitten im Erlenbachtal, werden auf dem 9-Loch-Platz Bad Mergentheim Golferträume wahr.

Anfahrt: siehe Webseite: https://www.golfclub-badmergentheim.com/kontakt

Die gut gepflegte Anlage wurde 1972 an der Romantischen Straße erbaut und ist bis heute der einzige Golfplatz im mittleren Taubertal zwischen Tauberbischofsheim und Rothenburg o. d. Tauber. Die ebenen Spielbahnen, schmalen Fairways, Wasserhindernisse und Höhenabschläge erfordern Konzentration und Präzision. So kommen sowohl Neulinge als auch anspruchsvolle Spieler voll auf ihre Kosten.
Kaffee und Kuchen, frisch zubereitete Speisen aus regionalen Produkten und erlesene Weine in stilvollem Ambiente in einem modernen Clubhaus mit Bar, Lounge, Café sowie dem ausgezeichneten „Restaurant am Golfplatz“ runden das perfekte Golferlebnis ab.

Strüver-Fazit: Präzises Spiel ist hier im traumhaften Erlenbachtal gefragt. Sehr modernes Clubhaus.

Name:	Golfclub Bad Rappenau e. V.
Adresse:	Ehrenbergstraße 25a 74906 Bad Rappenau-Zimmerhof
Telefon, Fax:	+49-(0)72 64-36 66, +49-(0)72 64-38 38
E-Mail:	info@golfclub-badrappenau.de
Internet:	www.golfclub-badrappenau.de
Ansprechpartner:	Melanie Appel
Öffnungszeiten:	April – Oktober: Mo 10.00 – 16.00 Uhr, Di – So 8.30 – 18.00 Uhr; November – März: aktuelle Öffnungszeiten siehe Homepage
Spielbahnen:	18
Green Fee:	70,00 € (werktags) 90,00 € (Wochenende und Feiertage)
Handicap:	54
Teilnahmebed.:	Voucher gelten von Mo – So. Nicht kombinierbar mit anderen Rabatten oder Nachlässen
Sonstiges:	Golfcart 35,00 €; Softspikes erforderlich

Baden-Württemberg

Golfclub Bad Rappenau

Einige Abschläge bieten einen reizvollen Rundblick vom Neckartal bis zu den Löwensteiner Bergen.

103

30
1

Der Platz ist anspruchsvoll, aber fair, für Spieler mit niedrigem Handicap wie auch für Anfänger geeignet. Streuobstwiesen und Gehölze umgeben die 18 Spielbahnen. Viele Grüns liegen verdeckt und werden von Sandbunkern, im Sommer auch von dichtem Rough verteidigt. Dies erfordert auf einigen Bahnen ein sehr präzises Spiel. Besonders interessant ist der Abschlag von der 9: Man spielt an diesem Par-3-Loch 130 m „carry“ über den See, der direkt vor dem malerischen Fachwerk-Clubhaus liegt. Der neue, natürlich angelegte Bachlauf auf den back-nine stellt eine zusätzliche Herausforderung dar.

Strüver-Fazit: Ein abwechslungsreicher Platz mit vielen Facetten. Hanglagen und Westwind können in das Spiel eingreifen. Signature Hole ist ganz klar Bahn 9.

Anfahrt: A6 (Mannheim – Heilbronn), Ausfahrt Bad Rappenau, Richtung Bad Rappenau, dort Richtung Gundelsheim. Der Beschilderung folgen.

Baden-Württemberg

Name:	Golf Club Glashofen Neusaß e.V.
Adresse:	Mühlweg 7 74731 Walldürn-Neusaß
Telefon, Fax:	+49-(0)62 82-73 83, +49-(0)62 82-72 80
E-Mail:	info@golfclub-glashofen-neusass.de
Internet:	www.golfclub-glashofen-neusass.de
Ansprechpartner:	Thomas Hennig
Öffnungszeiten:	Mo – So 9.00 – 17.00 Uhr (Winter reduziert), während der Saison an 7 Tagen in der Woche
Spielbahnen:	18 + 9
Green Fee:	60,00 € (werktags) 70,00 € (Wochenende/Feiertage)
Handicap:	54
Teilnahmebed.:	Während der gesamten Saison, wenn keine Turniere stattfinden bzw. Gästegruppen starten

GOLF CLUB
Glashofen - Neusaß e.V.

Golf Club Glashofen-Neusaß

30
1

104

Die rund 80 ha große 27-Loch-Golfanlage liegt im Mainviereck, am Übergang der Bundesländer Baden-Württemberg, Bayern und Hessen mitten im Madonnenländchen des fränkischen Odenwaldes.

Anfahrt: Der Kern des Einzugsgebietes befindet sich in dem Dreieck Aschaffenburg – Mosbach – Tauberbischofsheim. https://www.golfclub-glashofen-neusass.de/service/kontakt-anfahrt-2

Die 27 Spielbahnen wurden mit viel Gefühl in die bestehende Landschaft eingefügt und der üppige alte Baumbestand wurde durch umfangreiche Anpflanzungen gezielt ergänzt, was teilweise präzise Drives erfordert.
Mehr als 60 strategisch platzierte Bunker und zahlreiche Wasserhindernisse sorgen zusätzlich für Abwechslung. Keine Spielbahn gleicht der anderen, jede hat ihren eigenen Charakter. So entstand ein technisch anspruchsvoller, aber durchaus fairer Platz, der für Golfer aller Spielstärken eine Herausforderung darstellt.
In den Jahren 2010 – 12 erhielt der Platz aus der Feder von Holger Rengstorf ein Re-Design.

Strüver-Fazit: Die Bahnen haben eine sportliche Länge und sind meist gesäumt von Bäumen. Doglegs, Bunker und vereinzelt Wasserhindernisse kommen ins Spiel, aber sehr schön gelegen im Odenwald.

Baden-Württemberg

Name: Golfanlage Sinsheim Buchenauerhof AG
Adresse: Buchenauerhof 4
74889 Sinsheim
Telefon, Fax: +49-(0)72 65-72 58, +49-(0)72 65-73 79
E-Mail: info@golfclubsinsheim.de
Internet: www.golfclubsinsheim.de
Öffnungszeiten: siehe Homepage
Spielbahnen: 18
Green Fee: 60,00 € (werktags)
80,00 € (Wochenende und Feiertage)
Handicap: 54
Teilnahmebed.: Voucher gelten Mo – So

Golfanlage Sinsheim

GOLFCLUB
SINSHEIM

Golf im Buchenauerhof bedeutet Herausforderung für den ambitionierten Spieler und optisches Vergnügen für den Naturfreund.

105

30
1

Der sanft hügelige, doch gut begehbare Platz verschmilzt mit den umliegenden Wäldern, Feldern und Wingerten, dem typischen Landschaftsbild des Kraichgaus. Den Besucher erwartet ein gepflegter abwechslungsreicher 18-Loch-„Champion-Course“ mit altem Baumbestand, angrenzenden Weingärten und beschaulichen Streuobstwiesen. Golfplatzarchitekt Thomas C. Himmel konzipierte die Anlage. Anspruchsvoll, aber golfsportlich ausgewogen verläuft der Parcours, keine Spielbahn gleicht der anderen.
Der Buchenauerhof verfügt über sämtliche Übungseinrichtungen. Des Weiteren stehen moderne Carts mit Navigationssystem zur Verfügung. Mitglieder und Besucher erfreuen sich im gehoben ausgestatteten Clubhaus mit großzügiger Terrasse an der Aussicht auf umliegende Golfbahnen.

Strüver-Fazit: Auch im Hochsommer grüne Fairways und satte Grüns.

Anfahrt: A6, Ausfahrt Sinsheim Süd, am Stadion links abfahren, dann Richtung Weiler, von Weiler aus Richtung Waldangelloch zum Buchenauerhof.

Baden-Württemberg

Name:	Golfclub Johannesthal e. V.
Adresse:	Johannesthaler Hof 75203 Königsbach-Stein
Telefon:	+49-(0)72 32-80 98-60
Fax:	+49-(0)72 32-80 98-88
E-Mail:	info@johannesthal.de
Internet:	www.johannesthal.de
Öffnungszeiten:	Saison: 9.00 – 18.00 Uhr
Spielbahnen:	18
Green Fee:	70,00 € (Di – Fr) 90,00 € (Wochenende und Feiertage) (Preisänderungen vorbehalten)
Handicap:	54 / PR
Teilnahmebed.:	Voucher gelten Di – So

GolfClub Johannesthal

Golfclub Johannesthal

106

DER Wohlfühlclub.

Der Golfclub Johannesthal ist der Ort im Kraichgau, der für die Menschen in der Region eine verantwortungsvolle und herausfordernde Freizeitgestaltung im Einklang mit der Natur bietet. Der Platz umfasst eine Fläche von 70 Hektar. Er wurde von Architekt Reinhold Weishaupt geplant und gebaut. Die 18-Loch-Golfanlage des Golfclubs Johannesthal ist ideal in die leicht hügelige Landschaft des Kraichgaus eingebettet und bietet einen Blick bis weit in den Nordschwarzwald hinein. Von Beginn an wurde von Architekten und den Clubverantwortlichen mit Bedacht und Fachkenntnis Wert auf die Anpassung der Golfanlage an das vorgegebene Gelände gelegt, so dass der Golfplatz keine Landschaft verbraucht, sondern diese entwickelt und gestaltet hat.

Strüver-Fazit: Loch 4 heißt „Pappelinsel" und ist das Schmuckstück dieser geselligen Anlage. Einfach nur Wohlfühlen.

Anfahrt: B10 (Pforzheim – Karlsruhe), in Wilferdingen Richtung Königsbach, dann Richtung Walzbachtal – B35 (Bruchsal – Bretten) bis Abzweigung B293 Richtung Karlsruhe. Abfahrt Walzbachtal/Wössingen, Richtung Königsbach – der Beschilderung folgen.

Name: Golfclub Schwäbisch Hall e. V.
Adresse: Am Golfplatz 1
74523 Schwäbisch Hall
Telefon, Fax: +49-(0)79 07-81 90, +49-(0)79 07-81 80
E-Mail: info@gc-sha.de
Internet: www.gc-sha.de
Ansprechpartner: Dagmar Ballerini (Clubmanagerin), Christiane Steinhoff (Clubsekretärin)
Öffnungszeiten: April – Oktober: Mo – So 9.00 – 18.00 Uhr
November – März: siehe Homepage
Spielbahnen: 18 + öffentlicher 6-Loch-Kurzplatz
Green Fee: 80,00 € (werktags)
90,00 € (Wochenende und Feiertage)
Änderungen vorbehalten
Handicap: 45 (werktags), 36 (Wochenende und Feiertage)
Teilnahmebed.: Voucher gelten Mo – So
Sonstiges: 6-Loch-Platz: Tages-Green Fee 15,00 € (werktags), 20,00 € (Wochenende/Feiertage) pro Person

Baden-Württemberg

Golfclub Schwäbisch Hall

Golfclub Schwäbisch Hall

Ob Einsteiger oder Fortgeschrittener, ob Spaß oder Ehrgeiz – diese Anlage begeistert jeden Golfer gleichermaßen.

107

Gegründet im Jahr 1987, besticht dieser Golfplatz durch die persönliche und familiäre Atmosphäre sowie seine großzügigen Spielbahnen und die landschaftlich typische Vegetation. Die Anlage befindet sich auf einer kleinen Anhöhe und ist sehr idyllisch in die Landschaft integriert. Drei fest angelegte Seen stellen zudem während der Runde eine sportliche Herausforderung dar.
Zusätzlich steht ein öffentlicher 6-Loch-Kurzplatz zur Verfügung.
Golfgenuss pur lautet hier die Devise, nur zehn Kilometer von Schwäbisch Hall entfernt.

Strüver-Fazit: Großzügige Anlage in abwechslungsreicher Landschaft, ausgezeichnet mit dem Architekturpreis „Beispielhaftes Bauen".

Anfahrt: A6 (Heilbronn – Schnelldorf), Ausfahrt Kupferzell, Richtung Schwäbisch Hall, Richtung Ellwangen, in Dörrenzimmern rechts zum Golfplatz. A6 (Nürnberg – Heilbronn), Ausfahrt Kirchberg, Richtung Vellberg, dort Richtung Schwäbisch Hall, nach ca. 1 km links zum Golfplatz.

Baden-Württemberg

Name:	Golf Club Hetzenhof e. V.
Adresse:	Hetzenhof 7 73547 Lorch
Telefon:	+49-(0)71 72-91 80-0
Fax:	+49-(0)71 72-91 80-30
E-Mail:	info@golfclub-hetzenhof.de
Internet:	www.golfclub-hetzenhof.de
Ansprechpartner:	Andreas Waibel
Öffnungszeiten:	9.00 – 17.00 Uhr
Spielbahnen:	27 + 6 Loch-Kurzplatz
Green Fee:	80,00 € (Mo – Fr) 95,00 € (Wochenende und Feiertage) Preisänderungen vorbehalten
Handicap:	54
Teilnahmebed.:	Voucher gelten von Mo – Fr, nicht an Wochenenden und Feiertagen

Golf Club Hetzenhof

108

Anfahrt: Von Stuttgart B29 in Richtung Aalen, Ausf. Lorch Ost/Göppingen oder von Aalen B29 Ausf. Lorch, weiter auf B297 Richtung Göppingen und der Beschilderung folgen. Von Esslingen, Plochingen, Kirchheim oder Ulm: B10 bis Göppingen, weiter auf B297 Richtung Lorch der Beschilderung folgen. Ins Navigationsgerät bitte eingeben: PLZ: „73547", Ort: „Lorch/Württemberg", Straße: „Hetzenhof"

Die 27-Loch-PGA-Meisterschaftsanlage des Golf Club Hetzenhof ist die größte Golfanlage in der Region Stuttgart.

Die grandiose Kulisse der drei Kaiserberge Hohenstaufen, Rechberg und Stuifen schafft abwechslungsreiche und ganz einzigartige Aussichten. Der 6-Loch-Kurzplatz sowie zahlreiche weitere Übungsmöglichkeiten sind gerade auch für Golfeinsteiger ideal. Ob sportlich ambitioniert in einer der vielen Mannschaften oder als Freizeitspieler: Der Golf Club Hetzenhof bietet beste Voraussetzungen, um sich auf sportliche Weise und in einem freundschaftlichen Umfeld zu entspannen. Schnuppern Sie doch mal rein: www.golfclub-hetzenhof.de

Strüver-Fazit: Die größte Golfanlage im Raum Stuttgart bietet drei 9-Loch-Schleifen, wobei der C-Kurs der längste ist. Großzügige Übungseinrichtungen ergänzen das hervorragende Gesamtbild.

Name: Golf-Club Hohenstaufen e. V.
Adresse: Unter dem Ramsberg
73072 Donzdorf
Telefon, Fax: +49-(0)71 62-27 171, +49-(0)71 62-25 744
E-Mail: info@gc-hohenstaufen.de
Internet: www.gc-hohenstaufen.de
Ansprechpartner: Christine Kaufmann, Petra Niemeyer
Öffnungszeiten: Mo – So 10.00 – 17.00 Uhr
Spielbahnen: 18
Green Fee: 70,00 € DGV Ausweis „R"-Gold/
90,00 € Standard/VcG (werktags);
80,00 DGV Ausweis „R"-Gold/100,00 €
Standard/VcG (Wochenende und Feiertage)
Handicap: 54
Teilnahmebed.: Voucher gelten von Mo – Sa
(nicht an Sonn- und Feiertagen)
Sonstiges: Keine Startzeitenbuchung erforderlich,
Elektrocarts

Baden-Württemberg

Golf-Club Hohenstaufen

Golf-Club Hohenstaufen e. V.
Lernen Sie uns kennen!

109

30
1

Der Golf-Club Hohenstaufen e. V. in Donzdorf wurde 1959 als Golf-Club Hohenstaufen-Göppingen gegründet und zählt damit zu den ältesten Golfanlagen in Baden-Württemberg. Dort erwartet Sie eine Golfanlage inmitten von Streuobstwiesen und altem Laub- und Tannenwaldbestand. Parkähnlich ausgelegte Spielbahnen wechseln mit Bahnen, die einen einmaligen Panoramablick auf die Bergkette der Schwäbischen Alb bieten. Unser Golfplatz liegt auf historischem Boden rund um den Ramsberg, dessen Burgschloss seine Ursprünge in der Stauferzeit hat.
Auf 18 Golfbahnen haben wir Persönlichkeiten der Staufer, historische Orte und Ereignisse dokumentiert. Bei jedem Spiel werden Sie vom „Golfen bei den Staufern" fasziniert sein.

Strüver-Fazit: An Bahn 3, einem Par 4, zeigt sich Ihre Psyche. Ein Drive mit kurzem Chip oder zwei Eisen zum Grün. Der Wald links und rechts der Spielbahn zieht Bälle magisch an.

Anfahrt: Von Göppingen (B10) Richtung Süssen, von dort nach Donzdorf (B466). Am Ortseingang beim Kreisverkehr weiter Richtung Reichenbach, nach ca. 600 m links abbiegen der Beschilderung Golfplatz folgen.

Baden-Württemberg

Name:	Golf-Club Hochstatt Härtsfeld-Ries e. V.
Adresse:	Hofgut Hochstatt 73450 Neresheim
Telefon, Fax:	+49-(0)73 26-56 49, +49-(0)73 26-502 32
E-Mail:	info@golfclub-hochstatt.de
Internet:	www.golfclub-hochstatt.de
Ansprechpartner:	Beate Eichmeier
Öffnungszeiten:	April – Oktober: Mo – Fr 10.00 – 17.00 Uhr, Sa, So, Feiertage: 10.00 – 15.00 Uhr
Spielbahnen:	18
Green Fee:	70,00 € (werktags) 80,00 € (Wochenende und Feiertage)
Handicap:	PR
Teilnahmebed.:	Voucher gelten nicht an Wochenenden und Feiertagen, bitte zu den Öffnungszeiten im Service Center einlösen

Golf-Club Hochstatt
Härtsfeld-Ries e.V.

Golf-Club Hochstatt Härtsfeld-Ries

110

Unser Golf-Club erwartet Sie „auf Hochstatt“ – einem herrlichen Hochplateau bei Neresheim, sagenhaft ruhig und in wunderschöner Natur mit atemberaubenden Ausblicken auf die Burg Katzenstein und das Kloster Neresheim.

Der 18-Loch-Parkland-Kurs mit großzügig angelegten Grüns und reizvoll platzierten Bunkern bietet eine Herausforderung für Golfer jeder Spielstärke. Der unverfälschte Charme der Anlage spiegelt sich im barocken Clubhaus aus dem Jahre 1684 wider. Das Restaurant rundet Ihren Golftag aufs Köstlichste ab: Genießen Sie die ausgezeichnete Küche und das einzigartige Ambiente im Clubrestaurant, im Kappellzimmer, in der Pergola oder bei schönem Wetter auf der Sonnenterrasse – mit Blick auf die Übungsanlage inmitten der prächtigen Natur.

Strüver-Fazit: Herrschaftliche Anlage, idyllisch gelegen, die auch für erfahrene Golfer einige Tücken bereithält.

Anfahrt: A7, Ausfahrt 116 Heidenheim, Richtung Neresheim, von Neresheim ca. 3 km Richtung Dischingen, an der „Sägmühle“ rechts zum „Hochstatter Hof“.

Name: Baden Hills Golf und Curling Club e.V.
Adresse: Cabot Trail G208
77836 Rheinmünster
Telefon: +49-(0)7229-18 51 00
E-Mail: info@baden-hills.de
Internet: www.baden-hills.de
Ansprechpartner: Jörg Buchholz
Spielbahnen: 18
Green Fee: 70,00 € (werktags);
80,00 € für VcG Spieler
90,00 € (Wochenende und Feiertage);
100,00 € für VcG Spieler
Handicap: 54
Teilnahmebed.: Voucher gelten Mo – Fr (nicht an Feiertagen)

Baden Hills Golf und Curling Club

Ganzjähriges Golfen am Fuße des Schwarzwaldes ist hier im Club aufgrund der besonderen sandigen und gut wasserdurchlässigen Bodenbeschaffenheit möglich. Und das vor einmaliger Kulisse direkt am Baden-Airpark.

111

Besonderes Flair ergibt sich aus dem Panorama des Schwarzwaldes und den auf dem Rhein vorbeiziehenden Schiffen. Eine perfekte Symbiose aus gewollter Naturbelassenheit und moderner Platzarchitektur mit interessanten Doglegs laden zu einer Runde Golf ein. Der Platz liegt in der klimatisch begünstigten Oberrheinebene im Städtedreieck Baden-Baden und Bühl unweit von Straßburg.
Passende Bekleidung und Accessoires namhafter Golfausrüster bietet der clubeigene Proshop.

Strüver-Fazit: Les Furber, ein Schüler von Robert Trent Jones, gestaltete diesen ebenen Platz, der durch das milde Klima ganzjährig auf Sommergrüns bespielbar ist.

Anfahrt: Autobahn A5 Ausfahrt Baden-Baden, der Beschilderung zum Baden-Airpark folgen. Nach der Abzweigung Baden-Airpark, Beschilderung Golfplatz folgen.

Frankreich

Name:	Golf International Soufflenheim Baden-Baden S.A.
Adresse:	Allée du Golf F-67620 Soufflenheim
Telefon, Fax:	+33-(0)3 88 05 77 00, +33-(0)3 88 05 77 01
E-Mail:	info@golfclub-soufflenheim.com
Internet:	www.golfclub-soufflenheim.com
Ansprechpartner:	Frédéric Schott
Öffnungszeiten:	8.00–18.00 Uhr, ganzjährig
Spielbahnen:	18 + 9 + 6
Green Fee:	85,00 € (Mo–Fr, inkl. Feiertage) 95,00 € (Sa, So)
Handicap:	45
Teilnahmebed.:	Voucher gelten Mo, Di, Do und So. außer an Feiertagen

Golf International Soufflenheim Baden-Baden

30
1

112

Anfahrt: A5 (Karlsruhe – Basel), Ausfahrt Baden-Baden, B500 Richtung Iffezheim, weiter Richtung Frankreich (B500/D4), Fr. Autobahn A35, Richtung Strasbourg bis Abfahrt Rountzenheim, N63 Richtung Soufflenheim, Ausfahrt Nr. 55. Der Beschilderung „Golf“ folgen.

Weltklasse-Golfer Bernhard Langer und Golfplatzarchitekt Kurt Rossknecht haben in Soufflenheim ein wahres Meisterwerk geschaffen.

In einer bezaubernden, stillen Natur, in einer herrlichen, von Ruhe beseelten Auenlandschaft, umgeben von Wald, fernab von Lärm und Hektik sind 33 Grüns und 18 teils neu geschaffene Seen harmonisch in das Gelände eingebettet. Die 18 Spielbahnen erfordern alles Können des Spielers und sind trotzdem auch für hohe Handicapper sportlich fair, so dass auch der Anfänger eine Chance hat. Die gesamte Golfanlage ist großzügig und anspruchsvoll, hat perfekte Trainingsmöglichkeiten und ein Clubhaus, das zum Verweilen einlädt.

Strüver-Fazit: Ein renommierter, großzügiger Platz, der bei Anfängern und Fortgeschrittenen gleichermaßen keine Wünsche offen lässt.

Name:	Golfclub Urloffen e. V.
Adresse:	Golfplatz 1 77767 Appenweier-Urloffen
Telefon, Fax:	+49-(0)78 43-99 32 40, +49-(0)78 43-99 32 42
E-Mail:	office@golfclub-urloffen.de
Internet:	www.golfclub-urloffen.de
Ansprechpartner:	Tanja Taxis
Öffnungszeiten:	Sa/So/Mo 9.00 – 16.00, Di – Fr 9.00 – 17.30 Uhr
Spielbahnen:	27
Green Fee:	70,00 € (werktags) 90,00 € (Wochenende und Feiertage) gilt nicht bei Gruppen-Tarifen
Handicap:	54
Teilnahmebed.:	Voucher gelten ganztägig
Sonstiges:	Flacher Platz, Spielzeit unter vier Stunden möglich, Teetimereservierung erforderlich

Baden-Württemberg

Golfclub Urloffen

In der oberrheinischen Tiefebene zwischen Rhein und Schwarzwald liegt der Golfclub Urloffen in einer beliebten Touristen- und Ausflugsregion und bietet während des Golfspiels einen beeindruckenden Blick auf die Hornisgrinde, den mit 1.164 m höchsten Berg im nördlichen Schwarzwald.

113

Auch die beliebte Badische Weinstraße, die legendäre Schwarzwaldbahn sowie die berühmte Schwarzwaldhochstraße sind nicht weit entfernt. Bei uns in Urloffen zeigt die Natur, was in ihr steckt: von blühenden Obstbäumen im Frühjahr über strahlend schöne Sommertage mit saftigen Grüns bis hin zu golden gefärbten Blättern im Herbst! Fernab vom Alltag können Sie hier beim Golfspiel entspannen, die frische Luft genießen und nette Menschen kennenlernen. Schauen Sie doch einfach einmal bei uns vorbei – Sie werden begeistert sein!

Strüver-Fazit: Traumhaft gelegen, ermöglicht der Platz mit einem vielseitigen Wechsel von Par 3, 4 und 5 eine faszinierende Bahnenabfolge und vielseitige Herausforderungen für jeden Spieler.

Anfahrt: B3 (Offenburg – Baden Baden). In Appenweier-Zimmern am Edeka vor Ortsende rechts einbiegen und Schildern „Golfplatz" folgen. Von Achern-Renchen kommend in Zimmern am Ortseingang links am Edeka einbiegen und Schildern „Golfplatz" folgen. Die Anlage ist in weniger als 10 Minuten von der Autobahn A5 erreichbar.

Name:	Golfclub Ortenau e. V.
Adresse:	Gereut 9.1 77933 Lahr
Telefon, Fax:	+49-(0)78 21-77 22 7, +49-(0)78 21-77 28 7
E-Mail:	kontakt@gc-ortenau.de
Internet:	www.gc-ortenau.de
Ansprechpartner:	Elke Baumer
Öffnungszeiten:	April – Oktober: Mo + Di 8.30 – 11.30 Uhr, Mi – So 10.00 – 15.00 Uhr, November – März: nach Bedarf
Spielbahnen:	18
Green Fee:	65,00 € (werktags) 75,00 € (Wochenende und Feiertage)
Handicap:	54
Teilnahmebed.:	Voucher gelten Mo – So

Golfclub Ortenau

114

Anfahrt: A5 Karlsruhe – Basel, Abfahrt Lahr. Danach B36/B415 Richtung Biberach/Seelbach. In Reichenbach links in die Gereutertalstraße. Das Clubhaus befindet sich nach ca. 2 km. B33 (Kinzigtal): B415 Richtung Lahr, nach Reichenbach. Nach der 2. Fußgängerampel rechts. Achten Sie auf Blitzgeräte.

Der Golfclub Ortenau e. V. ist der älteste Golfclub zwischen Baden-Baden und Freiburg.

Die Anlage ist in schönste Schwarzwaldlandschaft eingebettet und liegt im Gereuter Tal. Die unverwechselbare Kulturlandschaft konnte ohne landschaftszerstörende Eingriffe erhalten bleiben. Die Fairways sind mit 5.001 m nicht übermäßig lang, erfordern jedoch durch Hanglagen, Biotope, Bäche und Teiche ein strategisches Spiel. Nach einem konditionell anspruchsvollen Anstieg wird man auf dem höchstgelegenen Abschlag der Ortenau mit einem fantastischen Blick über die Anlage bis zur Burg Geroldseck belohnt.

Strüver-Fazit: Der Platz erfordert durch seine vergleichsweise kleinen Grüns und gut platzierten Hindernisse ein taktisches Spiel.

Name:	Golfclub Gröbernhof e. V.
Adresse:	Gröbern 1 77736 Zell a. H.
Telefon, Fax:	+49-(0)78 35-63 49 09, +49-(0)78 35-54 79 89 9
E-Mail:	info@gc-groebernhof.de
Internet:	www.golfclub-groebernhof.de
Ansprechpartner:	Andrea Breig-Jehle, Sylvia Singler
Öffnungszeiten:	ganzjährig
Spielbahnen:	18
Green Fee:	70,00 € (werktags) 80,00 € (Wochenende und Feiertage) Änderungen vorbehalten
Handicap:	54
Teilnahmebed.:	Voucher gelten täglich, nicht bei Turnieren einlösbar, nicht kombinierbar mit anderen Rabatten oder Nachlässen

Baden-Württemberg

Golfclub Gröbernhof

115

Ein sportlicher Anspruch an den Platz und die Integration zahlreicher Biotope, auf der sich die Natur in ihrer Vielfalt und Ursprünglichkeit ausbreiten kann sind die Grundausrichtung des Golfclub Gröbernhof.

Durch die variantenreiche Geländestruktur mit ebenen und hügeligen Bahnen, mit Doglegs, Wasserhindernissen, großzügigen Fairways und ondulierten Grüns entstand ein abwechslungsreicher Course, der sportliche Golfer herausfordert, aber auch Einsteigern faire Bedingungen bietet. Nach einer ereignisreichen Golfrunde bietet die Panoramaterrasse des Golfrestaurants einen wunderschönen Blick auf die Bahn 18.
Die Lage des Golfclub Gröbernhof in der Ortenau, einer der sonnenreichsten Gegenden Deutschlands, ermöglicht es, nahezu ganzjährig den Platz zu bespielen.

Strüver-Fazit: Vielseitige Herausforderung mit interessant gestalteten Bahnen und raffiniert modellierten Grüns erfordern ein strategisches Spiel.

Anfahrt: A5, Ausfahrt Offenburg, B33 Richtung Villingen/Schwenningen, Ausfahrt Zell am Harmersbach – A5, Ausfahrt Lahr, B415 Richtung Biberach – Zell am Harmersbach.

Baden-Württemberg

Name:	Golf-Club Freudenstadt e. V.
Adresse:	Ziegelwäldle 3 72250 Freudenstadt
Telefon, Fax:	+49-(0)74 41-30 60, +49-(0)74 41-23 65
E-Mail:	info@golfclub-freudenstadt.de
Internet:	www.golfclub-freudenstadt.de
Ansprechpartner:	Karsten Pollak
Öffnungszeiten:	Mo – So 9.00 – 18.00 Uhr (April – Oktober)
Spielbahnen:	18
Green Fee:	siehe Preisliste Homepage
Handicap:	54
Teilnahmebed.:	Voucher gelten täglich, nicht kombinierbar mit anderen Rabatten/Nachlässen
Sonstiges:	Änderungen der Green Fee-Preise vorbehalten

GOLFCLUB FREUDENSTADT GEGRÜNDET 1929

Golf-Club Freudenstadt

30
1

116

Anfahrt: A81 (Stuttgart – Rottweil), Ausfahrt Horb, Richtung Freudenstadt, in Freudenstadt über die Bahnhofstraße, Hohenriedstraße links abbiegen und der Beschilderung folgen.

Tradition leben – Moderne genießen.

Nur etwa 1.000 Meter von Deutschlands größtem geschlossenen Marktplatz entfernt liegt stadtnah die 18-Loch-Anlage des bereits 1929 gegründeten Golf-Club Freudenstadt.
Tradition wird im Golf-Club Freudenstadt sehr groß geschrieben und in allen Bereichen des Clubs gelebt. Dennoch genießen die Mitglieder und Gäste alle Vorzüge und den Service einer modernen Golfanlage.
Der Platz bietet alles, was das Golferherz höher schlagen lässt: eine Golfrunde mit kleinen Bächen, Biotopen und Grüns, die zum Teil direkt am Wald liegen – einfach traumhaft golfen.
Nach der Runde lädt das Clubhaus mit seiner sonnigen Terrasse und der ausgezeichneten Küche zum Verweilen ein.

Strüver-Fazit: Eine herrliche Anlage, die u. a. durch Wasserhindernisse, parkähnliche Bahnen und top gepflegte Grüns ein abwechslungsreiches Spiel bietet.

Baden-Württemberg

Name: Golfclub Schloss Weitenburg AG
Adresse: Sommerhalde 11
72181 Starzach-Sulzau
Telefon, Fax: +49-(0)74 72-15 05 0, +49-(0)74 72-15 05 1
E-Mail: info@gcsw.de
Internet: www.gcsw.de
Ansprechpartner: Horst Schock
Öffnungszeiten: 9.00 – 16.00 Uhr
Spielbahnen: 18 + 9
Green Fee: 65,00 € (Mo – Fr)
85,00 € (Wochenende und Feiertage)
Handicap: 54
Teilnahmebed.: Voucher gelten Mo – So (Wochenende und Feiertage 2for1 85,00 €)

Golfclub Schloss Weitenburg

Golfen in einzigartiger Landschaft direkt am Neckar und mit traumhaftem Blick auf Schloss Weitenburg.

117

Der 18-Loch-Meisterschaftsplatz fügt sich harmonisch in die Umgebung rund um den malerischen Ort Starzach-Sulzau ein. Die Spielbahnen sind größtenteils entlang des Neckars angelegt und führen teilweise auch über den Fluss. Nach der Runde lädt das clubeigene Restaurant „Dimples" mit original deutscher-mediterraner Küche zum Verweilen ein.
Anfänger aber auch Fortgeschrittene finden auf dem öffentlichen 9-Loch-Platz und den zahlreichen Übungseinrichtungen die Möglichkeit, ihr Spiel zu verbessern. Auf der Golfanlage Schloss Weitenburg finden Sie Natur pur, Aktiverholung und sportliche Herausforderung gleichermaßen.

Strüver-Fazit: Gelände mit Wald, Gebüsch und guter Aussicht – hier kann der Golfer sportiv entspannen!

Anfahrt: A81 (Stuttgart – Singen), Ausfahrt Rottenburg nach Ergenzingen. Von Ergenzingen aus der Beschilderung zum Schloss Weitenburg folgen, an der Zufahrt zum Schloss vorbei nach Börstingen, dort links abbiegen nach Sulzau.

Baden-Württemberg

Name:	Golfclub Hechingen-Hohenzollern e. V.
Adresse:	Hagelwasen 72379 Hechingen
Telefon:	+49-(0)74 71-98 49 93-0
Fax:	+49-(0)74 71-98 49 93-20
E-Mail:	info@golfclub-hechingen.de
Internet:	www.golfclub-hechingen.de
Ansprechpartner:	Berthold Binder
Öffnungszeiten:	Hauptsaison: Montag – Sonntag von 09.00 – 17.00 Uhr, Donnerstag und Freitag bis 18.00 Uhr (Sekretariat)
Spielbahnen:	18
Green Fee:	60,00 € (werktags) 80,00 € (Wochenende und Feiertage)
Handicap:	54
Teilnahmebed.:	Voucher gelten Mo – So

Golfclub Hechingen-Hohenzollern

30
1

118

Anfahrt: B27, Ausfahrt Hechingen, in Hechingen Richtung Hechingen-Weilheim, von dort ist der Golfplatz neben Schloss Lindich gut ausgeschildert.

Der sanft hügelige Platz verschmilzt mit den umliegenden Wäldern am Fuße der historischen Burg Hohenzollern.

Es erwartet den Besucher ein 18-Loch-„Parkland-Course“ mit altem Baumbestand, regionaltypischer Wacholderheide und idyllischen Streuobstwiesen. Von vielen Bahnen bieten sich romantische Aussichten auf die nahe liegende Albkette, auf die Stadt Hechingen und die malerisch gelegene „Zollerburg“. Der bereits in den 50er Jahren bekannteste Golfplatzarchitekt, Dr. Bernhard von Limburger, konzipierte die ersten 9 Löcher, Götz Mecklenburg, der Nachfolger von Donald Harradine, die neuen zweiten 9 Löcher. Reizvoll und golfsportlich ausgewogen verläuft der Parcours, keine Spielbahn gleicht der anderen.

Strüver-Fazit: Klassisches Golf im Zeichen der Burg. Gut geführtes Clubhaus mit großzügiger Terrasse und toller italienischer Küche.

Baden-Württemberg

Name:	Golf-Club Sigmaringen Zollern-Alb e. V.
Adresse:	Buwiesen 10 72514 Inzigkofen
Telefon, Fax:	+49-(0)75 71-74420, +49-(0)7571-744235
E-Mail:	info@gc-sigmaringen.de
Internet:	www.gc-sigmaringen.de
Ansprechpartner:	Matthias Lupp
Öffnungszeiten:	Mo – So 9.00 – 17.00 Uhr (April – Oktober) Mo – So 10.00 – 15.00 Uhr (November –März)
Spielbahnen:	18
Green Fee:	70,00 € (werktags) 85,00 € (Wochenende und Feiertage)
Handicap:	54
Teilnahmebed.:	Voucher gelten Mo – So
Sonstiges:	Startzeiten erforderlich. Hunde an der Leine sind erlaubt. Wohnmobil-Stellplätze mit Stromanschluss vorhanden. 9 E-Carts vorhanden. Ganzjährig Sommergrüns

Golf-Club Sigmaringen Zollern-Alb

Golf-Club Sigmaringen Zollern-Alb

Auf 4-Sterne-Niveau golfen im Naturpark „Obere Donau“.

119

In direkter Nähe zum wildromantischen Donautal und nur fünf Kilometer von der Hohenzollernstadt Sigmaringen mit seinem weltberühmten Stadtschloss entfernt liegt der 18-Loch-Golfplatz, der ausgesprochen variantenreiche Bahnen hat. Die Anlage besticht durch perfekt gepflegte, schnelle Grüns und breite Fairways. Einen atemberaubenden Ausblick hat man vom 6. Tee in Richtung Westen. Spektakulär ist auch die Bahn 13, ein Par 3 über ein Tal mit einem schmalen Grün. 2018 und 2019 wurden weitere Umbaumaßnahmen an Spielbahnen vorgenommen, die den Platz noch interessanter machen. Die großzügige Terrasse lädt mit ihren Loungemöbeln und einem herrlichen Ausblick auf das 18. Grün zum Verweilen nach der Runde ein.

Strüver-Fazit: Sehr abwechslungsreiche Spielbahnen. Der Teich am 18. Grün lässt die Schlussbahn je nach Fahnenposition zu einer besonderen Herausforderung werden.

Anfahrt: T A81 (Stuttgart – Singen), Ausfahrt Empfingen, Balingen, B463 nach Albstadt, Sigmaringen, B313 Richtung Meßkirch.
A81 (Singen – Stuttgart), Ausfahrt Geisingen, B311 nach Tuttlingen, Meßkirch, B313 Richtung Sigmaringen. Der Beschilderung folgen.

Name:	Green-Golf Bad Saulgau
Adresse:	Koppelweg 103 88348 Bad Saulgau
Telefon, Fax:	+49-(0)75 81-52 74 55, +49-(0)75 81-52 74 87
E-Mail:	info@gc-bs.de
Internet:	www.gc-bs.de
Ansprechpartner:	Stefan Lutz
Öffnungszeiten:	März – November
Spielbahnen:	18
Green Fee:	60,00 € (werktags) 70,00 € (Wochenende und Feiertage)
Handicap:	54
Teilnahmebed.:	Voucher gelten Mo – So
Sonstiges:	Startzeiten, Carts 30,00 € für 18 Loch, E-Ladestation für Pkw

Green-Golf Bad Saulgau

120

Anfahrt: Von Sigmaringen und Ravensburg: B32, Abfahrt Haid, durch Haid und Wilfertsweiler hindurch, der Beschilderung folgen. Von Ulm: B311 Richtung Ravensburg/Bodensee. Ab Herbertingen B32 Richtung Ravensburg, Abfahrt Haid, durch Haid und Wilfertsweiler hindurch, der Beschilderung folgen.

Green-Golf Bad Saulgau, der 18-Loch-Golfplatz im Herzen von Oberschwaben zwischen Bodensee und Donau.

Am Rande der Kurstadt Bad Saulgau eingebettet zwischen alten Wäldern ist hier die Symbiose zwischen Golf und Natur in einer herausragenden Weise verwirklicht worden. Hierbei findet sowohl der anspruchsvolle Golfer, der die sportliche Herausforderung sucht, als auch der „Genussgolfer", der beim Golfen Entspannung und Erholung sucht, seine Erwartungen mehr als erfüllt. Nach der Runde lädt das Restaurant am Golfplatz die Golfer auf einer sonnigen Terrasse zum gemütlichen Verweilen ein.
Für Gäste mit Wohnmobilen stehen überdachte Parkplätze mit Stromanschluss zur Verfügung.

Strüver-Fazit: Moderne Infrastruktur und ein freundliches Team ergänzen den gepflegten Platz. Durch das gute Preis-/Leistungsverhältnis ein kleiner Geheimtipp.

Name: Golfanlage Schopfheim GbR
Adresse: Ehner-Fahrnau 12
79650 Schopfheim
Telefon: +49-(0)76 22-67 47 60
Fax: +49-(0)76 22- 67 47 618
E-Mail: post@golfanlage-schopfheim.de
Internet: www.golfanlage-schopfheim.de
Ansprechpartner: Jan Hinzpeter
Öffnungszeiten: 10.00 – 16.00 Uhr
Spielbahnen: 9
Green Fee: 18 Loch: 55,00 € (an allen Tagen)
Handicap: 54
Teilnahmebed.: Voucher nur bei Buchung von 18 Loch gültig
Sonstiges: Stellplätze für Wohnmobile sind vorhanden.
Hunde an der Leine sind erlaubt.
Startzeitenbuchung erforderlich über
PC Caddie Timetable oder telefonisch.

Baden-Württemberg

Golfanlage Schopfheim

Die Golfanlage Schopfheim liegt im vorderen Wiesental, in der Nähe der Schweizer Grenze, zwischen dem Fluss „Wiese" und bewaldeten Hügeln.

121

Die Anlage ist um das Hofgut Ehner-Fahrnau mit dem Schloss Roggenbach angeordnet. Die Golfanlage verlangt einiges an Spieltaktik, da ihre Par-3-, Par-4- und Par-5-Fairways zwar relativ flach, aber von vielen Wasserhindernissen frontal und/oder seitlich begrenzt sind. Alle Spielbahnen sind so abwechslungsreich gestaltet, dass jede von ihnen ihre ganz eigene Herausforderung darstellt. Eine großzügige Driving Range mit vier überdachten Abschlägen runden das Angebot ab. Nach dem Spiel trifft man sich gerne im gemütlich eingerichteten Bistro.

Strüver-Fazit: Parkähnliche Spielbahnen mit natürlichen Wasserhindernissen an jeder Bahn in einzigartiger Landschaftskulisse.

Anfahrt: B317 bis Hausen im Wiesental, dort abbiegen zum Golfplatz – Ehner-Fahrnau 12.

Name:	Aschaffenburger Golfclub e. V.
Adresse:	Am Heigenberg 30 63768 Hösbach
Telefon, Fax:	+49-(0)60 24-63 40 0, +49-(0)60 24-63 40 11
E-Mail:	info@golfclub-aschaffenburg.de
Internet:	www.aschaffenburger-golfclub.de
Ansprechpartner:	Boris Kopsch
Öffnungszeiten:	Mo – So 9.00 – 17.00 Uhr
Spielbahnen:	18
Green Fee:	55,00 € (werktags) 65,00 € (Wochenende und Feiertage)
Handicap:	54
Teilnahmebed.:	Voucher gelten Mo – So

Aschaffenburger Golfclub

122

Anfahrt: siehe Homepage

Herzlich willkommen im Aschaffenburger Golfclub!

Der Aschaffenburger Golfclub e. V. gehört zu den renommiertesten und traditionsreichsten Golfplätzen in der Region. 1977 ist die Golfanlage in herrlicher Landschaft im Markt Hösbach entstanden und fühlt sich seither der Heimatgemeinde eng verbunden. Der Golfclub besticht nicht nur durch die äußerst interessant angelegten Spielbahnen, sondern auch durch den fantastischen Ausblick auf die traumhaft schöne Region des Vorspessarts. Die wunderschöne Terrasse lädt Clubgäste und Spieler gleichermaßen zum Verweilen ein und das Restaurant „der heigenberger“ besticht durch perfektes Essen in großartigem Ambiente. Neue Mitgliedschaftsmodelle ermöglichen Interessierten den einfachen Einstieg in den faszinierenden Golfsport. Gäste sind auf der Anlage und im Restaurant immer herzlich willkommen!

Strüver-Fazit: Leicht hügelige und teilweise enge Bahnen erfordern genaues Spiel, aber tolle Aussichten und ein geselliger Club sind die Belohnung.

Name:	Golfclub Gut Sansenhof
Adresse:	Gut Sansenhof 63916 Amorbach-Sansenhof
Telefon:	+49-(0)93 73-21 80 oder -45 03
Fax:	+49-(0) 93 73- 90 25 80
E-Mail:	info@golf-sansenhof.de
Internet:	www.golf-sansenhof.de
Ansprechpartner:	Evelina Kabis
Öffnungszeiten:	9.00 – 17.30 Uhr
Spielbahnen:	18 + 9
Green Fee:	58,00 € (werktags) 68,00 € (Wochenende und Feiertage)
Handicap:	54
Teilnahmebed.:	Voucher gelten Mo – Sa (nicht an Sonn- und Feiertagen, Turniertagen). Keine Startzeiten, jedoch tel. Anmeldung erwünscht

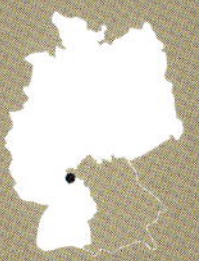

Bayern

Golfclub Gut Sansenhof

Die 18- + 9-Loch-Anlage ist umgeben von stattlichen Bäumen, einem Wasserfall, schroffen Felsen, kleinen Bächen und vier Seen.

123

Das Gut Sansenhof befindet sich mitten im Odenwald in einem abwechslungsreichen leicht hügeligen Gelände mit zahlreichen Wasser- und Sandhindernissen. Die aufwendige Fairwaygestaltung und vor allem auch die von Bunkern und Hindernissen gut verteidigten Grüns lassen den Parcours schwierig werden. Teilweise müssen einige Par-3-Löcher mit bis zu 25 m Höhenunterschied von oben angegriffen werden. Der Platz ist dennoch angenehm zu begehen.

Strüver-Fazit: Der Platz liegt inmitten des Odenwaldes und bietet Golf in völliger Ruhe.

Anfahrt: Von Frankfurt/Würzburg: A3, Ausf. Stockstadt, auf die B469 Richtung Amorbach. 11 km nach Obernburg am Schild Bad König/Vielbrunn rechts nach Laudenbach abbiegen und ca. 300 m rechts Richtung Bad König/Vielbrunn. Dieser Kreisstraße K94 ca. 9 km folgen und am Schild Bad König/Vielbrunn links ab zur Vielbrunner Kreuzung. Ab dort der Beschilderung „Golfanlage Gut Sansenhof“ folgen.

Bayern

Name:	Golfclub Miltenberg-Erftal e. V.
Adresse:	Ortsstraße 30 63928 Eichenbühl, OT Guggenberg
Telefon, Fax:	+49-(0)93 78-7 89, +49-(0)93 78-90 81 26
E-Mail:	info@golfclub-erftal.de
Internet:	www.golfclub-erftal.de
Ansprechpartner:	Patricia Bozzetti, Alena Rauch
Öffnungszeiten:	9.00 – 17.00 Uhr
Spielbahnen:	36
Green Fee:	50,00 € (werktags) 60,00 € (Wochenende und Feiertage)
Handicap:	54
Teilnahmebed.:	Voucher gelten Mo – So, nur gültig für den Erftal-Course
Sonstiges:	Kartenzahlung möglich, Hunde angeleint erlaubt. Startzeitenreservierungen an allen Tagen erforderlich

GOLFCLUB MILTENBERG-ERFTAL

Golfclub Miltenberg-Erftal

30
1

124

Anfahrt: A3 (Frankfurt – Würzburg), Ausfahrt Aschaffenburg-West, B469 Richtung Miltenberg-Eichenbühl-Riedern bis Guggenberg. A81 (Würzburg – Heilbronn), Ausfahrt Tauberbischofsheim, Richtung Hardheim-Miltenberg bis Guggenberg.

Sportliche Atmosphäre über dem Erftal.

Abseits vom Trubel des Alltags finden Sie unsere 36-Loch-Anlage in der traumhaften Natur des nördlichen Odenwaldes, gelegen im Dreiländereck von Bayern, Hessen und Baden-Württemberg. Unser Erftal-Course bietet alles, was Sie bei einer entspannten Freizeitrunde erwarten. Ein abwechslungsreiches Bahndesign, klug platzierte Hindernisse und zum Abschluss das Signature-Hole – ein langes Par 4 – das dem Spieler nochmals sein ganzes Können abverlangt, zeichnen diesen Platz aus. Die kurzen Wege zwischen den Bahnen mit nur moderaten Höhenunterschieden und die Ausblicke auf den umgebenden Odenwald machen das Spiel zu einem tollen Erlebnis. Erleben Sie fränkische Gastfreundschaft, ein familiäres Miteinander und den wohl schönsten Sonnenuntergang weit und breit. Der perfekte Ort für einen Tag Urlaub!

.

Strüver-Fazit: Eine Anlage für alle Handicap-Klassen: Die breiten Fairways sind auch ideal für Anfänger geeignet.

Name:	Golfclub Main-Spessart, Marktheidenfeld-Eichenfürst e. V.
Adresse:	Eichenfürst 9 97828 Marktheidenfeld
Telefon, Fax:	+49-(0)93 91-84 35, +49-(0)93 91-88 16
E-Mail:	info@gc-msp.de
Internet:	www.gc-msp.de
Ansprechpartner:	Manuel Bleimann
Öffnungszeiten:	9.00 – 17.00 Uhr
Spielbahnen:	18 + 5 Loch Kurzplatz
Green Fee:	55,00 € (Mo – Fr) 65,00 € (Wochenende und Feiertage)
Handicap:	54
Teilnahmebed.:	Voucher gelten Mo – So
Sonstiges:	Hunde angeleint erlaubt, Golfcarts vorhanden, Wohnmobile erlaubt und möglich, Startzeiten erforderlich, Kartenzahlung möglich

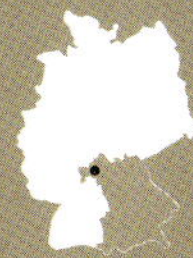

Bayern

Golfclub Main-Spessart, Marktheidenfeld-Eichenfürst

GOLFCLUB MAIN-SPESSART

Herzlich willkommen im Golfclub Main-Spessart.

125

Der Golfclub verfügt über eine unvergleichlich schön gelegene 18-Loch-Anlage mit ausdrucksvollen, abwechslungsreichen Spielbahnen und einem fantastischen Ausblick über die Höhen des Maintals. Die Golfanlage bietet die besten Voraussetzungen für ein entspanntes Spiel. Wir bieten allen, die die Faszination des Golfsports kennenlernen wollen, eine im Umkreis einmalige Gelegenheit: einen öffentlichen Kurzplatz.
Die 5 Löcher, die um das Clubhaus angeordnet sind, können ohne Clubmitgliedschaft gespielt werden. Schauen Sie vorbei, lernen Sie uns und die gesamte Anlage kennen und überzeugen Sie sich, welch nette Menschen im Club anzutreffen sind.

Strüver-Fazit: Sehr gut einsehbare Spielbahnen, die durch Rough und Bunker begleitet werden. Einige große Grüns können schnell zum Dreiputt führen.

Anfahrt: A3 Frankfurt – Würzburg, Ausfahrt Marktheidenfeld, ca. 2,5 km Richtung Marktheidenfeld, hinter dem Gutshof Eichenfürst links abbiegen, Richtung Golfanlage nach 300 m rechts Parkplatz Golfclub Main-Spessart.

Name:	Golfclub Bad Kissingen e. V.
Adresse:	Euerdorfer Straße 11 97688 Bad Kissingen
Telefon, Fax:	+49-(0)9 71-36 08, +49-(0)9 71-60 140
E-Mail:	info@golfclubbadkissingen.de
Internet:	www.golfclubbadkissingen.de
Öffnungszeiten:	Sommerhalbjahr täglich von 9.00 – 17.00Uhr
Spielbahnen:	18
Green Fee:	siehe Homepage
Handicap:	54
Teilnahmebed.:	Voucher gelten Mo – So

GOLF& NATUR DGV Zertifikat SILBER

Golfclub Bad Kissingen

30
1

126

Anfahrt: A7, Ausfahrt 97 Hammelburg/Bad Kissingen, links Richtung Bad Kissingen/Euerdorf, B287 für 10 km folgen, rechte Seite Parkplatz. A71, Ausfahrt Oerlenbach/Bad Kissingen, Richtung Bad Kissingen, in Bad Kissingen 1. Ampel links Richtung Hammelburg. Nach Brücke rechts, nach ca. 1 km Parkplatz links.

Der Bad Kissinger Golfplatz gehört nicht nur zu den ältesten, sondern auch zu den schönsten Plätzen Deutschlands.

Er liegt direkt vor den Toren der Stadt und versteht sich als Verlängerung der großzügigen städtischen Parks. Wer diesen Platz einmal gespielt hat, ist begeistert von der einzigartigen Anlage, die sich zu jeder Jahreszeit wie eine riesige Parklandschaft präsentiert. Die 18 interessanten Bahnen schmiegen sich rechts und links der Saale in das Tal. Besonderes Charakteristikum ist der alte Baumbestand. Dic Anlage des Platzes ist kompakt, aber nie langweilig. Einige wenige Steigungen und ein paar spektakuläre Abschläge quer über die Saale oder hoch oben aus dem Wald erfordern durchaus Kondition, belohnen die Golfer aber dafür mit tollen Aussichten. Seit 2018 ist die Anlage mit dem Silber-Zertifikat bei „GOLF&NATUR" ausgezeichnet.

Strüver-Fazit: Parklandcourse, an dem immer wieder Wasser ins Spiel kommt.

Bayern

Name:	Golf-Club Maria Bildhausen e. V.
Adresse:	Rindhof 1 97702 Münnerstadt
Telefon, Fax:	+49-(0)97 66-16 01, +49-(0)97 66-16 02
E-Mail:	info@maria-bildhausen.de
Internet:	www.maria-bildhausen.de
Ansprechpartner:	Andreas Nill
Öffnungszeiten:	Mo – So 9.00 – 17.00 Uhr
Spielbahnen:	18 + 9
Green Fee:	60,00 € (werktags) 70,00 € (Wochenende und Feiertage)
Handicap:	54
Teilnahmebed.:	Voucher gelten Mo – Fr außer an Feiertagen

Golf-Club Maria Bildhausen

Golf Club Maria Bildhausen

Auf dem ehemaligen Gelände des Klosters Maria Bildhausen finden Sie eine „First-Class" Golfanlage, die mit einem gehobenen Qualitätsstandard und freundlicher Atmosphäre jeden Golfer überzeugen kann.

127

30
1

Der Golf-Club liegt im Kurortviereck Bad Kissingen, Bad Bocklet, Bad Neustadt und Bad Königshofen und bietet auf dem großzügig angelegten 140 ha großen und nur leicht hügeligen Gelände einen sportlich anspruchsvollen und abwechslungsreichen 18-Loch-Meisterschaftsplatz mit aufwendig gestalteten schnellen Grüns.
Auf unserer im Jahr 2017 neu gestalteten Sonnenterrasse haben Sie einen herrlichen Ausblick auf die traumhafte Umgebung.

Strüver-Fazit: Zwischen vier beliebten Kurorten, ideal für einen abwechslungsreichen Kurzurlaub!

Anfahrt: A7 (Würzburg – Kassel) am AK Werneck auf die A70 nach Schweinfurt, am AD Werntal auf die A71 Richtung Erfurt, Ausfahrt Münnerstadt – in Münnerstadt der Beschilderung folgen.

Bayern

Name:	Golfclub Kitzingen e. V.
Adresse:	Lailachweg 1 97318 Kitzingen
Telefon:	+49-(0)93 21-49 56
E-Mail:	info@golfclub-kitzingen.de
Internet:	www.golfclub-kitzingen.de
Ansprechpartner:	Sekretariat
Öffnungszeiten:	Mo – So 9.00 – 17.00 Uhr; Winterhalbjahr abweichend
Spielbahnen:	18
Green Fee:	60,00 € (werktags) 70,00 € (Sa/So/Feiertage)
Handicap:	PR
Teilnahmebed.:	Voucher gelten Mo – Fr Startzeitenbuchung zwingend erforderlich

Golfclub Kitzingen

30
1

128

Anfahrt: über Steigweg

Golfclub mit Herz – Im Herzen von Deutschland. Der sympathische und sportliche Golfclub in der Region Mainfranken!

In reizvoller Lage, am Rande des Steigerwaldes über dem Maintal, liegt unsere 18-Loch-Anlage mit zwei separaten Übungsanlagen, die keine Wünsche offen lässt. Die faire, aber anspruchsvolle Gestaltung der Spielbahnen wird den Anforderungen von Golfern aller Spielklassen gerecht. Die Lage und unser Klima ermöglichen eine nahezu ganzjährige Bespielbarkeit. Geschickt in die Spielbahnen integrierte Biotope sowie Roughs, die diesen in die schöne Landschaft eingebetteten Golfplatz einsäumen, machen das Spiel nicht nur interessant und anspruchsvoll, sondern lassen die Runde zu einem wahren Vergnügen werden.

Strüver-Fazit: 1947 von der US Army als 9-Loch-Platz gegründet liegt der heutige 18-Loch-Platz auf einer Anhöhe mit weitem Ausblick auf das Maintal.

Name:	Golfclub Steigerwald in Geiselwind e. V.
Adresse:	Friedrichstraße 12 96160 Geiselwind
Telefon, Fax:	+49-(0)9556-14 84, +49-(0)9556-1482
E-Mail:	info@golfclub-steigerwald.de
Internet:	www.golfclub-steigerwald.de
Ansprechpartner:	Anita Leitner
Öffnungszeiten:	Mo – So 9.00 – 17.00 Uhr
Spielbahnen:	18
Green Fee:	65,00 € (werktags) 75,00 € (Wochenende und Feiertage)
Handicap:	54
Teilnahmebed.:	Voucher gelten Mo – So
Sonstiges:	Hunde angeleint erlaubt, Golfcarts vorhanden, Hotel am Platz, Wohnmobile möglich, Startzeiten erforderlich

Bayern

Golfclub Steigerwald in Geiselwind

Der Platz fügt sich perfekt in die ursprünglichen Gegebenheiten der fränkischen Landschaft ein.

129

30
1

Auf einem für den Steigerwald typischen Hochplateau ergänzen zwei hügelige Passagen den sonst nur leicht gewellten Platz, der sich über ein ca. 60 ha großes Gelände erstreckt und im Westen und Osten vom Wald begrenzt wird. Als meisterhaft darf die Platzierung der Grüns bezeichnet werden. Einige liegen offen da und bieten dem Golfer einen herrlichen Ausblick auf die fränkische Landschaft, andere hingegen wurden fast völlig im Wald versteckt.

Strüver-Fazit: Hügeliges Gelände, anspruchsvolle Fairways, sehr interessant gestaltet von Don Harradine. Loch 9 bietet eine interessante Perspektive. Hier wurde 2004 auch schon ein Albatros von einem Amateur gespielt.

Anfahrt: A3 (Würzburg – Nürnberg), Ausfahrt Geiselwind bis Ortsmitte. Dort der Beschilderung folgen.

Bayern

Name:	Golfclub Schloss Reichmannsdorf
Adresse:	Obere Hauptstraße 10 96132 Schlüsselfeld
Telefon:	+49-(0)95 46-5 95 49 64
Fax:	+49-(0)95 46-59 48 905
E-Mail:	golf@schloss-reichmannsdorf.de
Internet:	www.golfanlage-reichmannsdorf.de
Ansprechpartner:	Michael Korf
Öffnungszeiten:	9.00 – 17.00 Uhr
Spielbahnen:	18
Green Fee:	siehe Homepage
Handicap:	54
Teilnahmebed.:	Voucher gelten Mo – Do, Fr bis 12.00 Uhr (nicht an Feiertagen)

GOLFCLUB SCHLOSS REICHMANNSDORF

Golfclub Schloss Reichmannsdorf

30
1

130

Abschlagen – Wohlfühlen – Golfspielen!

Der inmitten des idyllischen Schlossparks gelegene, sehr gepflegte 18-Loch-Golfplatz lädt Golfer und „Golfentdecker" zu einem sportlichen Erlebnis in naturbelassener Kulisse ein. Die weitläufige Anlage in herrlicher Natur und Ruhe sowie das traditionelle, im Fachwerk erbaute Clubhaus mit seiner sonnigen Terrasse vermitteln eine wohltuend entspannte Atmosphäre. Hier bietet sich die Gelegenheit, den Golftag bei einem kühlen Bier, Kaffee und einem Kuchen oder einem Imbiss gemütlich ausklingen zu lassen. Unser angrenzendes Hotel und Schloss – nur ein Par 3 vom Golfplatz entfernt – bietet den Gästen mehr als nur einen Ort zum Essen und Schlafen.

Strüver-Fazit: Das 18. Loch geht über Wasser und erfordert nochmals Konzentration, bevor Sie im angrenzenden Hotel die Runde Revue passieren lassen.

Anfahrt: Sie finden uns in Schlüsselfeld, Ortsteil Reichmannsdorf, in der Mitte zwischen Burgebrach und Schlüsselfeld gelegen. Von der A3 Nürnberg – Würzburg (von Süden kommend): Ausfahrt Höchstadt-Nord/Mühlhausen, von der A3 Nürnberg – Würzburg (von Norden kommend): Ausfahrt Schlüsselfeld.

Name:	Golfclub Coburg e. V. Schloss Tambach
Adresse:	Schlossallee 8 96479 Weitramsdorf/Tambach
Telefon:	+49-(0)9567-98 11 58 0
Fax:	+49-(0)9567-98 11 58 11
E-Mail:	info@gc-coburg.de
Internet:	www.gc-coburg.de
Ansprechpartner:	Michaela Tressler, Lisa Koch
Öffnungszeiten:	ganzjährig
Spielbahnen:	18
Green Fee:	60,00/80,00 € mit/ohne R/vS-Goldhologramm (werktags) 70,00/90,00 € mit/ohne R/vS-Goldhologramm (Wochenende und Feiertage)
Handicap:	45
Teilnahmebed.:	Voucher gelten Mo – Fr. Am Wochenende und an Feiertagen auf Anfrage. Nicht kombinierbar mit anderen Nachlässen

Bayern

Golfclub Coburg Schloss Tambach

Golf spielen am Fuß der Veste Coburg – der fränkischen Krone.

131

Der in eine herrliche Landschaft perfekt eingebettete Meisterschaftsplatz bietet für alle Handicap-Klassen interessante Herausforderungen. Mit über 6.000 Metern Spiellänge (Herren) gehört er zu den Ausnahmeplätzen in Deutschland. Ein von Gästen vielfach gelobter Platz, was wohl auch am Restaurant mit Sonnenterrasse und dem exzellenten Pro-Shop liegt. Ein Kurzurlaub im Coburger Land wird Sie sicher begeistern.

Strüver-Fazit: Traditionsreicher Platz, der gut zu gehen ist. Teiche sorgen für Abwechslung und sportliche Herausforderung.

Anfahrt: B4 (Bamberg – Coburg), vor Coburg links Richtung Schweinfurt/Fulda (303) nach Tambach. Der Platz liegt gegenüber dem Schloss Tambach.

Name:	Golfanlage Gut Leimershof
Adresse:	Leimershof 9 96149 Breitengüßbach
Telefon:	+49-(0)95 47-870 99 39
E-Mail:	info@leimershof-golfanlage.de
Internet:	www.leimershof-golfanlage.de
Ansprechpartner:	Hr. Zenglein
Öffnungszeiten:	9.00 – 16.00 Uhr
Spielbahnen:	18
Green Fee:	60,00 € (Mo – So)
Handicap:	54
Teilnahmebed.:	Voucher gelten Di – So (ganztägig)

GOLFANLAGE GUT LEIMERSHOF

Golfanlage Gut Leimershof

30
1

132

Anfahrt: siehe Homepage

Willkommen auf der Golfanlage Gut Leimershof!

Direkt vor den Toren von Bamberg befindet sich auf dem denkmalgeschützten Gut Leimershof einer der landschaftlich schönsten Golfanlagen Oberfrankens. Abseits vom Verkehrslärm ist die Golfanlage eingebettet in die typisch fränkische Hügellandschaft und von Wald umsäumt.
Das Layout der 18-Loch-Meisterschaftsanlage wurde im Jahr 1984 vom Golfplatzarchitekten Dieter R. Sziedat entworfen. Es bietet sowohl für ambitionierte Golfer als auch für den Hobbygolfer ein genussvolles Spiel. Eine Runde Golf wird auf dem teilweise hügeligen Platz durch seine Schräglagen, zahlreichen Bunker, Wasserhindernisse und ondulierten Grüns für jeden Golfer zu einem unvergesslichen Erlebnis. In der Trattoria „da DANILO" haben Sie die Möglichkeit Ihre Golfrunde in entspannter Atmosphäre ausklingen zu lassen.

Strüver-Fazit: Anspruchsvoller Platz in hügeligem Gelände. Bahn 7 wird von zwei frontalen Wasserhindernissen gut verteidigt.

Name:	Golfclub Oberfranken e. V.
Adresse:	Petershof 1 95349 Thurnau
Telefon, Fax:	+49-(0)92 28-31 9, +49-(0)92 28-72 19
E-Mail:	info@gc-oberfranken.de
Internet:	www.gc-oberfranken.de
Ansprechpartner:	Liane Forkel, Richard Eisendraut
Öffnungszeiten:	März – November
Spielbahnen:	18
Green Fee:	siehe Website
Handicap:	54
Teilnahmebed.:	Voucher gelten Mo – So

Golfclub Oberfranken

Gründung: 1965

133

Die Anlage wurde von Donald Harradine konzipiert. Weite, von Bäumen und Buschgruppen begrenzte und durch hängende Lagen schwere offene Fairways und in den Wald eingeschnittene Bahnen erfordern dem Golfer so einiges ab. So verlangt z. B. das Loch 3, ein doppeltes Dogleg mit 540 m Länge, beim Überspielen von drei keltischen Hügelgräbern ein ebenso langes wie präzises Spiel.

Strüver-Fazit: Volle Konzentration und strategisches Denken wird an Loch 4 gefordert, da es gleich von 3 Bunkern verteidigt wird.

Anfahrt: Von Bayreuth oder Bamberg: A70, Ausfahrt Thurnau-West, in Thurnau der Beschilderung Richtung Kulmbach folgen, ab der Ortsmitte bzw. Ortsende ausgeschildert, der Golfplatz liegt ca. 1,5 km außerhalb von Thurnau.

Bayern

Name:	Golf-Club Bayreuth e. V.
Adresse:	Rodersberg 43 95448 Bayreuth
Telefon, Fax:	+49-(0)9 21-97 07 04, +49-(0)9 21-97 07 05
E-Mail:	info@golfeninbayreuth.de
Internet:	www.golfclub-bayreuth.de
Ansprechpartner:	Herr Köhler
Öffnungszeiten:	Mo 9.00–13.00 Uhr, Di–So 9.00–17.00 Uhr
Spielbahnen:	18 + 9
Green Fee:	50,00 € mit „R“, 70,00 € ohne „R“ (werktags) 65,00 € mit „R“, 85,00 € ohne „R“ (Wochenende und Feiertage)
Handicap:	54
Teilnahmebed.:	Voucher gelten Mo – So nach vorheriger Anmeldung
Sonstiges:	Gruppen sind herzlich willkommen

Golf-Club Bayreuth

134

Anfahrt: A9, Ausfahrt Bayreuth Nord, Navigationssystem Steinachstraße eingeben.

Über den Dächern der Wagnerstadt thront die 27-Loch-Golfanlage des Golf-Club Bayreuth e. V. und gibt den Blick frei auf Bayreuth mit seinem Festspielhaus bis weit hinein in die Fränkische Schweiz und das Fichtelgebirge.

Der nur selten in Deutschland zu findende Links-Course-Charakter macht den Platz zu einer sehr individuellen Golflandschaft. Die natürlich eingebetteten Spielbahnen mit insgesamt 56 Bunkern lassen Ihr Spiel zum Vergnügen werden. Die offene Landschaft, ein küstenartiger Wind auf dem Plateau und das hochstehende Rough fühlen sich an wie Urlaub in Schottland.
An Loch 19 werden Sie nicht nur mit typisch fränkischer Küche verwöhnt, sondern auch mit kulinarischen Highlights.

Strüver-Fazit: Links-Course-Charakter zwischen der Fränkischen Schweiz und dem Fichtelgebirge.

Name:	Golfclub Hof e. V.
Adresse:	Am Golfplatz 1 95185 Gattendorf
Telefon, Fax:	+49-(0)92 81-47 01 55, +49-(0)92 81-47 01 57
E-Mail:	mail@gc-hof.de
Internet:	www.gc-hof.de
Ansprechpartner:	Martina Schmidt
Öffnungszeiten:	März bis November
Spielbahnen:	18
Green Fee:	siehe Homepage
Handicap:	54
Teilnahmebed.:	Voucher gelten täglich (Anmeldung erforderlich)

Golfclub Hof

Der 18-Loch-Platz ist eine Natur-Golf-Symbiose.

135

Die abwechslungsreiche Rundenführung bietet dem fortgeschrittenen Golfer anspruchsvollen Sport und dem Anfänger faire Bedingungen für anregende Partien. Strategisch geschickt platzierte Bunker und herausfordernde Schräglagen erfordern eine gut durchdachte Auswahl des Schlägers. Optisch reizvoll und spielerisch attraktiv sind die vier Teiche, die auch Heimat von zahlreichen Wasservögeln sind. Das gemütliche Clubhaus lädt nach der Golfrunde zum Après-Golfen in persönlicher Atmosphäre ein.

Strüver-Fazit: Die Par-3- und Par-4-Bahnen erfordern Genauigkeit und Länge.
Viele Turniere entscheiden sich hier am 16. Loch.

Anfahrt: A93 (München – Hof), Ausfahrt Hof Ost, dann B173 in Richtung Stadt Hof, nach ca. 1 km liegt rechts das Clubhaus.

Bayern

Name:	Golfclub Stiftland e. V.
Adresse:	Ottengrün 50 95698 Bad Neualbenreuth
Telefon:	+49-(0)96 38-12 71
E-Mail:	sekretariat@gc-stiftland.de
Internet:	www.gc-stiftland.de
Ansprechpartner:	Mgr. Kateřina Kalčíková
Öffnungszeiten:	Hauptsaison 8.30 – 17.00 Uhr
Spielbahnen:	18
Green Fee:	siehe www.gc-stiftland.de
Handicap:	54
Teilnahmebed.:	Voucher gelten täglich

Golfclub Stiftland

30
1

136

Anfahrt: A93, Ausfahrt Mitterteich Süd Richtung Waldsassen/Bad Neualbenreuth. Dann der Beschilderung „Golfclub Stiftland" folgen. Aus Tschechien ist der Golfclub über die Grenzübergänge Waldsassen oder Mähring erreichbar.

Golf spielen – Natur erleben – Kultur genießen am Mittelpunkt Europas.

In der waldreichen Mittelgebirgslandschaft zwischen Oberpfälzer Wald, Fichtelgebirge und Kaiserwald liegt der Platz des Golfclubs Stiftland e. V. Mit dieser Lage ist er der ideale Ausgangspunkt für eine Golfsafari nach Tschechien. 1987/88 schuf Don Harradine die ersten 9 Loch des Platzes. 2002 wurde er durch weitere 9 Bahnen erweitert. Auf dem nicht ganz leichten Parcours müssen viele natürliche Hindernisse überwunden werden. Eine Spezialität ist das Wasser, in Form von Teichen und natürlichen Bachläufen. Ganz in der Nähe lädt nach dem Spiel das Sibyllenbad mit seiner Wellnessoase zur Erholung ein.

Strüver-Fazit: Optimal in die schöne Landschaft eingebettet, trifft man auf dieser Anlage auf viele naturgemäße Hindernisse – kein einfacher, aber sehr abwechslungsreicher Platz.

Name: Golf Club Erlangen
Adresse: Am Schleinhof 1
91077 Kleinsendelbach
Telefon: +49-(0)91 26-50 04
E-Mail: info@gc-erlangen.de
Internet: www.gc-erlangen.de
Ansprechpartner: Sabine Trostner
Öffnungszeiten: 9.00 – 17.00 Uhr
Spielbahnen: 18
Green Fee: werktags: 60,00 €
Ausweiskennzeichnung ohne R 80,00 €
Wochenende und Feiertage: 75,00 €
Ausweiskennzeichnung ohne R 95,00 €
Handicap: 54
Teilnahmebed.: Voucher gelten Mo – Do und Fr bis 12.00 Uhr (nicht an Feiertagen und nicht für Turniere)

Bayern

Golf Club Erlangen

Raus aus der City und rein ins Vergnügen – beim Golfen im GC Erlangen ist dies eine Sache von gerade mal 15 Minuten von Nürnberg und Erlangen.

Neben der sportlichen Herausforderung bietet der Golf Club die Möglichkeit abzuschalten, die Natur zu genießen und zu entspannen. Eingebettet in die hügelige Landschaft Frankens bietet der 18-Loch-Platz sportlich anspruchsvolle Bahnen. Durch die großzügig angelegten Fairways sind auch für den Einsteiger gute Scores zu erreichen. Neu angelegte Flussläufe, Blumenwiesen, Wälder und Biotope vermitteln den Charme einer Parklandschaft gepaart mit den Reizen eines Waldplatzes. Mit einer professionellen Driving Range und einem großzügigen Übungsbereich sind auch im Bereich Training keine Grenzen gesetzt.

Strüver-Fazit: Ein interessant gestalteter Parkland-Course mit natürlichen Hindernissen und einigen Ausgrenzen. Sehr gut verteidigte Par-3-Löcher.

137

30
1

Anfahrt: Aus Nürnberg: B2 in Richtung Eckental. Am Kreisverkehr vor Eckental 2. Ausfahrt. Nach 200 m an der Ampel links abbiegen. Dem Straßenverlauf folgen und nach 1 km an der Kreuzung rechts Richtung Neunkirchen abbiegen. Nach 2 km gerade über die Kreuzung und dem Schild „Golf“ folgen.

Bayern

Name:	Golfclub Reichsstadt Bad Windsheim e. V.
Adresse:	Otmar-Schaller-Allee 1 91438 Bad Windsheim
Telefon, Fax:	+49-(0)98 41-50 27, +49-(0)98 41-34 48
E-Mail:	gc.badwindsheim@t-online.de
Internet:	www.golf-bw.de
Ansprechpartner:	Dr. Peter Hofmann, Spielführer
Öffnungszeiten:	ganzjährig
Spielbahnen:	18 + 6
Green Fee:	60,00 € (werktags) 70,00 € (Sa/So/Feiertage) Sonderregelung bzgl. Ausweishologramm Green Fee gemäß aktuellem Preisaushang
Handicap:	54
Teilnahmebed.:	Voucher gelten an allen Tagen
Sonstiges:	Wohnmobilstellplätze mit Elektroanschluss vorhanden!

Golfclub Reichsstadt Bad Windsheim

30
1

138

Romantische Orte wie Iphofen oder Rothenburg ob der Tauber liegen in nächster Nähe.

Anfahrt: A7 (Würzburg – Rothenburg o.T.), Ausfahrt Bad Windsheim, B470 bis Bad Windsheim-West – Westtangente Nürnberg-Fürth, Richtung Markt Erlbach bis Bad Windsheim-Ost – der Beschilderung „Golf“ folgen.

Auf dem großzügigen Terrain zwischen Steigerwald und Frankenhöhe im westmittelfränkischen Bad Windsheim liegen der 18-Loch-Meisterschaftsplatz sowie ein 6-Loch-Kurzplatz, der auch von Golfanfängern bespielt werden darf. Großzügige Fairways in unmittelbarer Nähe von Weinbergen, unterbrochen von Biotopen und sanften Hügeln stellen jeden Golfer vor eine Herausforderung. Die abwechslungsreiche Gestaltung der Anlage in Harmonie mit einer außergewöhnlichen Landschaft ermöglicht Spielern aller Spielstärken interessante Golfrunden.

Strüver-Fazit: Ein Platz, der nicht unterschätzt werden sollte: Die großzügig angelegten Spielbahnen sehen auf den ersten Blick einfach aus. Immer wieder herrliche Blicke von den Spielbahnen auf das große Clubhaus.

Name:	Golf-Club Herzogenaurach e. V.
Adresse:	Burgstall 1 91074 Herzogenaurach
Telefon, Fax:	+49-(0)91 32-4 05 86, +49-(0)91 32-4 05 81
E-Mail:	info@golfclub-herzogenaurach.de
Internet:	www.golfclub-herzogenaurach.de
Ansprechpartner:	Andreas Sprigade
Öffnungszeiten:	9.00 – 18.00 Uhr
Spielbahnen:	18
Green Fee:	70,00 € mit R/VcG; 80,00 € ohne R (an allen Tagen)
Handicap:	45 (wochentags), 36 (Wochenende)
Teilnahmebed.:	Voucher gelten Mo – Sa (nicht an Feiertagen)

Golf-Club Herzogenaurach

Herzlich willkommen im Golf-Club Herzogenaurach e. V.!

139

Golfen im Golf-Club Herzogenaurach heißt: Sport auf höchstem Niveau, Wohlfühlen und unvergessliche Golferlebnisse auf einer der attraktivsten Anlagen in Bayern!
Der 18-Loch-Platz liegt eingebettet inmitten der reizvollen fränkischen Landschaft im Süden von Herzogenaurach. Golfer jeden Alters und jeder sportlichen Ambition erwartet ein bestens gepflegter Kurs – anspruchsvoll, abwechslungsreich, fair!
Unser öffentliches Golfrestaurant, mit seinem modernen und behaglichen Ambiente, Wintergarten und Sonnenterrasse, verwöhnt Sie mit frischen Spezialitäten und freut sich auf Ihren Besuch.

Strüver-Fazit: Hier trifft Tradition auf Innovation – neben familiärem Clubleben erwartet Sie ein in besonderem Maße attraktiver Platz für unvergessliche Golferlebnisse.

Anfahrt: A3 (Würzburg – Nürberg), Ausfahrt Frauenaurach, dann Richtung Herzogenaurach. In Herzogenaurach der Beschilderung folgen.

Name:	Golfclub Ansbach e. V.
Adresse:	Rothenburger Straße 35 91598 Colmberg
Telefon, Fax:	+49-(0)98 03-600, +49-(0)98 03-91 13 01
E-Mail:	sekretariat@golf-ansbach.de
Internet:	www.golf-ansbach.de
Ansprechpartner:	Norbert Held, Robert Wölzlein
Öffnungszeiten:	10.00 – 17.00 Uhr
Spielbahnen:	18
Green Fee:	siehe Homepage
Handicap:	54
Teilnahmebed.:	Voucher gelten Mo – So

Golfclub Ansbach

30
1

140

Anfahrt: A6 (Heilbronn – Nürnberg) bis Abfahrt Ansbach West und Richtung Leutershausen folgen. Nach Colmberg abbiegen und dort Richtung Rothenburg am Ortsausgang rechts beschildert. A7 (Würzburg – Ulm) bis Abfahrt Rothenburg und Richtung Ansbach folgen. Nach etwa 18 km liegt links am Ortseingang der Golfplatz.

GCA – ein Club für die ganze Familie!

Der 1960 gegründete Golfclub Ansbach gehört zu den traditionsreichsten Clubs in Bayern. Die ersten neun Löcher liegen nahe der Altmühl. Am Fuße der malerischen Hohenzollernburg in Colmberg schmiegen sich dann die zweiten neun Löcher der Golfanlage entlang des Burgberges. Unsere Mitglieder schätzen neben der Herausforderung des Platzes auch die naturverbundene Schönheit der Anlage, die zweifelsohne zu den landschaftlich attraktivsten in Mittelfranken gehört. Die freundliche und familiäre Atmosphäre haben wir uns bis heute erhalten. In unserem gemütlichen Clubhaus und auf der Sonnenterrasse finden Sie immer nette Leute für einen anregenden Plausch vor oder nach der Golfrunde.
Wir stehen als Golfclub auch für einen sparsamen Umgang mit natürlichen Ressourcen! Da der Platz in der wasserarmen Frankenhöhe liegt, werden die Fairways nur in bestimmen Bereichen bewässert.

Strüver-Fazit: Golf im Zeichen der Burg. Genießen Sie an Loch 4 den herrlichen Ausblick in das Altmühltal.

Bayern

Name:	Golfclub Lichtenau-Weickershof e. V.
Adresse:	Weickershof 1 91586 Lichtenau
Telefon:	+49-(0)98 27-92 04-0
Fax:	+49-(0)98 27-92 04-44 (nur werktags Mo – Fr)
E-Mail:	info@gclichtenau.de
Internet:	www.gclichtenau.de
Ansprechpartner:	Silvia Neufanger
Öffnungszeiten:	Mo 8.00 – 16.00 Uhr, Di – So 8.00 – 17.00 Uhr
Spielbahnen:	18
Green Fee:	Mit Kennzeichnung: 50,00 € (Mo – Fr), 60,00 € (Sa/So/Feiertage) Ohne Kennzeichnung: 60,00 € (Mo – Fr), 70,00 € (Sa/So/Feiertage)
Handicap:	54
Teilnahmebed.:	Voucher gelten Mo – Fr (nicht an Feiertagen)

Golfclub Lichtenau-Weickershof

141

Eingebettet in die reizvolle, typisch fränkische Landschaft, gekennzeichnet durch Wälder und Felder, durch Bachläufe und Weiher, liegt die 18-Loch-Meisterschaftsanlage des Golfclub Lichtenau.

Biotope, Wasser- und Sandhindernisse ergänzen die über Jahrhunderte hinweg entstandene bäuerliche Kulturlandschaft. Für den Scratch-Golfer eine Herausforderung; durch seine variablen, dem jeweiligen Können angepassten Abschlagmöglichkeiten, aber auch für Senioren und Beginner angenehm zu spielen. Wer am frühen Morgen den Platz erlebt, wird begleitet vom Stimmengewirr einer fröhlichen Vogelschar, deren natürlicher Lebensraum auch die Fairways, die Semiroughs und die Biotope des Platzes geworden sind.

Strüver-Fazit: Der im Jahr 1978 gegründete Golfclub Lichtenau zählt seit vielen Jahren zu den renommiertesten Golfclubs in Nordbayern und den feinen Adressen im deutschen Golfsport.

Anfahrt: A6 Nürnberg–Heilbronn/Heilbronn – Nürnberg: Abfahrt „Lichtenau", weiter links auf die Staatsstraße ST2223 Richtung Lichtenau. Nach ca. 1 km links, weiter Richtung Lichtenau; nach dem Festplatz links; ab hier ist der Golfplatz ausgeschildert.

Name:	Golfclub Abenberg e. V.
Adresse:	Am Golfplatz 19 91183 Abenberg
Telefon, Fax:	+49-(0)9178-98 96 0, +49-(0)9178-98 96 96
E-Mail:	info@golfclub-abenberg.de
Internet:	www.golfclubabenberg.de
Ansprechpartner:	Philipp Köpke (Clubmanager)
Öffnungszeiten:	Sommerhalbjahr täglich 9.00 – 18.00 Uhr
Spielbahnen:	27
Green Fee:	Ausweiskennzeichnung ohne R: + 5 € 70,00 € (werktags) 80,00 € (Wochenende und Feiertage) Änderungen vorbehalten
Handicap:	36
Teilnahmebed.:	Voucher gelten Mo – Fr (nicht an Feiertagen und am Wochenende)
Sonstiges:	Hunde an der kurzen Leine erlaubt

Bayern

Golfclub Abenberg

GOLF CLUB ABENBERG

GOLF& NATUR DGV Zertifikat GOLD

Abenberg. Entspannt golfen.

In Abenberg ist nicht nur sportlich-geselliges Miteinander zuhause, sondern auch über 70 Vogelarten sowie mehrere Völker Honigbienen. Im Jahre 2017 wurde die Anlage mit dem Gold-Zertifikat bei „Golf & Natur" ausgezeichnet. Die 27-Loch-Meisterschaftsanlage bietet Anfängern wie sportlich ambitionierten Golfern faire, aber herausfordernde Spielbahnen. Auf dem öffentlichen 6 Loch-Kurzplatz spielen Anfänger ihre ersten Runden, auch ohne Platzerlaubnis; erfahrene Golfer trainieren hier ihr „kurzes Spiel". Allen Spielern stehen mehrere Übungsgrüns zum Chipping, Pitching und Putting zur Verfügung. Das öffentliche Ristorante Da Renato verwöhnt nach der Golfrunde mit italienischen und fränkischen Spezialitäten.

Strüver-Fazit: Für verschiedene Spielstärken geeignet, 17 Wasserhindernisse, Wasserläufe und zahlreiche Bunker sorgen für zusätzlichen Reiz.

142

30

1

Anfahrt: A6 (Nürnberg – Heilbronn), Ausfahrt Schwabach-West/Abenberg, von dort der Beschilderung Richtung Abenberg folgen. Oder: A9 (Nürnberg – München), Ausfahrt Allersberg Richtung Roth und weiter Richtung Abenberg.

Bayern

Name: Golfclub Zollmühle e. V.
Adresse: Zollmühle 1
91792 Ellingen
Telefon, Fax: +49-(0)91 41-39 76, +49-(0)91 41-92 34 93
E-Mail: info@golfanlage-zollmuehle.de
Internet: www.golfanlage-zollmuehle.de
Ansprechpartner: Nadine Eineder-Müller
Öffnungszeiten: 8.00 bis 21.00 Uhr
Spielbahnen: 18 + 9
Green Fee: siehe Homepage
Handicap: 54
Teilnahmebed.: Voucher gelten Mo – So
Sonstiges: Stellplatz für 16 Wohnmobile vorhanden. Dieser verfügt über Strom und Frischwasser.

Golfclub Zollmühle

30
1

143

Anfahrt: B2 zwischen Pleinfeld und Ellingen, Ausfahrt Golfplatz.

Am Rande des Neuen Fränkischen Seenlandes, nur 35 Minuten von Nürnberg entfernt, liegt mit der Golfanlage Zollmühle einer der schönsten Golfplätze Mittelfrankens.

In das wunderschöne Tal der Schwäbischen Rezat und die umgebenden Hügel wurde die großzügige Anlage dezent integriert und bietet alles, was das Golferherz begehrt. Gepflegte Grüns und Fairways, anspruchsvolles, aber faires Platzdesign, alter Baumbestand und malerische Ausblicke machen das Golfspiel auf der Zollmühle zu einem Erlebnis. Nach 18 Loch trifft man sich auf der Sonnenterrasse des alten Mühlenanwesens und lässt in der freundlich entspannten Atmosphäre den wunderschönen Golftag Revue passieren.

Strüver-Fazit: Unterschiedlichste Grüngrößen und ein Platzdesign sowohl für Anfänger und Könner. Freundliches Ambiente.

Bayern

Name:	Golf-Club Neumarkt e. V.
Adresse:	Am Herrnhof 1 92318 Neumarkt
Telefon, Fax:	+49-(0)9188-39 79, +49-(0)9188-300 452
E-Mail:	club@golfclub-neumarkt.de
Internet:	www.golfclub-neumarkt.de
Ansprechpartner:	Frau Enenkiel, Frau Neugebauer
Öffnungszeiten:	Saison (April – Oktober) täglich 9.00 – 17.00 Uhr
Spielbahnen:	18
Green Fee:	70,00 € (Mo – So)
Handicap:	54
Teilnahmebed.:	Voucher gelten Mo – So und auch an Feiertagen. Nicht gültig bei Turnieren.
Sonstiges:	Startzeiten erforderlich

Golf-Club Neumarkt

GOLF-CLUB NEUMARKT

Der 18-Loch-Platz liegt im Nordwesten der Stadt Neumarkt in der Oberpfalz und verfügt durch die nahgelegene Bundesstraße B8 und den Autobahnen A3 und A9 über eine schnelle und verkehrsgünstige Anbindung an den Raum Nürnberg-Fürth.

Ein abwechslungsreicher, vorwiegend ebener Golfplatz mit Bunkern, Wasserhindernissen, weitläufigen Fairways und gepflegten Grüns verspricht für Golfer jeder Spielstärke viel Spaß und Erfolg. Vom Abschlag der 14. Bahn hat man einen wundervollen Blick über das Tal auf Neumarkt mit der Burgruine Wolfstein im Hintergrund. Zum Ende der Runde präsentiert sich Bahn 18 als finale Herausforderung, das Grün wird von einem großen Teich geschützt.

Strüver-Fazit: Familiärer Club, der Platz ist abwechslungsreich zu spielen.

144

Anfahrt: A3 (Nürnberg – Regensburg), Ausfahrt Neumarkt, Richtung Pölling
A9 (Nürnberg – München), Ausfahrt Feucht, B8 Richtung Neumarkt

Bayern

Name:	Jura Golf Park – Meisterschaftsplatz Hilzhofen
Adresse:	Hilzhofen 23 92367 Pilsach
Telefon:	+49-(0)91 82-93 19 14 0
E-Mail:	hilzhofen@juragolf.de
Internet:	www.juragolf.de
Ansprechpartner:	Daniela Urban
Öffnungszeiten:	März – November: 9.00 – 17.00 Uhr
Spielbahnen:	18
Green Fee:	70,00 € (Mo – Fr) 90,00 € (Sa)
Handicap:	54
Teilnahmebed.:	Voucher gelten Mo – Sa (nicht an Feiertagen)
Sonstiges:	Startzeiten erforderlich

Jura Golf Park – Hilzhofen

145

45 Loch pures Golfvergnügen – Der Jura Golf Park überzeugt mit den Standorten Golf Akademie (öffentliche 9-Loch-Anlage), Hilzhofen (18-Loch-Meisterschaftsplatz) & Am Habsberg (18-Loch-Graham-Marsh-Design-Course) die Golfer aus ganz Deutschland.

Genießen Sie die wunderschöne Landschaft, die herrliche Ruhe und den sehr guten Pflegezustand des 18-Loch-Meisterschaftsplatzes in Hilzhofen. Der Platz wurde bereits mehrfach unter die TOP 20 Golfplätze von Deutschland gewählt und überzeugt durch seine harmonische Einbettung in die Oberpfälzer Jura. Der Jura Golf Park ist mit über 40 Golf-Carts ausgestattet und ist von vielen attraktiven Hotels umgeben. Wir empfehlen den Besuch von Hilzhofen und Habsberg, um die dort außerordentliche Gastfreundschaft zu erleben.

Strüver-Fazit: Ein begehrtes Ziel für Golfer, hervorragend in die Jura-Landschaft eingebunden und mit außergewöhnlich guter Platzpflege.

Anfahrt: A3 (Nürnberg – Regensburg), Ausfahrt Neumarkt-Ost, dann der Beschilderung JURA GOLF PARK folgen. Von der Ausfahrt sind es nur ca. 3 Minuten bis zu den Golfplätzen.

Name:	Jura Golf Park – Graham Marsh Design Course – Am Habsberg
Adresse:	Zum Golfplatz 1 92355 Velburg-Unterwiesenacker
Telefon:	+49-(0)91 82-93 19 10
E-Mail:	habsberg@juragolf.de
Internet:	www.juragolf.de
Ansprechpartner:	Elisabeth Weigert, Hildegard Spichal
Öffnungszeiten:	März – November: 9.00 – 17.00 Uhr
Spielbahnen:	18
Green Fee:	90,00 € (Mo – Fr) 110,00 € (Sa)
Handicap:	54
Teilnahmebed.:	Voucher gelten Mo – Sa (nicht an Feiertagen)
Sonstiges:	Startzeiten erforderlich

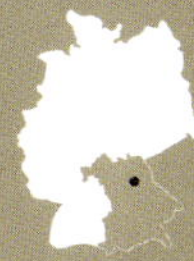

Bayern

Jura Golf Park – Am Habsberg

Jura Golf Park
Am Habsberg

45 Loch pures Golfvergnügen – Der Jura Golf Park überzeugt mit den Standorten Golf Akademie (öffentliche 9-Loch-Anlage), Hilzhofen (18-Loch-Meisterschaftsplatz) & Am Habsberg (18-Loch-Graham-Marsh-Design-Course) die Golfer aus ganz Deutschland.

„Am Habsberg" erleben Sie einen richtigen Design-Course der Extra-Klasse. Im Jahr 2006 wurde der Platz zu den Leading Golf Courses aufgenommen und erreichte mehrfache TOP 10 Platzierungen in Deutschland. Großes Aufsehen erlebte der Platz durch den sensationellen Platzrekord von Martin Kaymer mit 59 Schlägen. Zusätzlich belohnen 40 Golf-Carts und attraktive Hotels in der Umgebung Ihre Anreise. Wir empfehlen den Besuch von Hilzhofen und Habsberg, um die dort außerordentliche Golflandschaft zu erleben.

Strüver-Fazit: Der Platz zählt zu den besten Deutschlands. Golfern jeder Spielstärke wird hier eine faire Herausforderung geboten.

146

Anfahrt: A3 (Nürnberg – Regensburg), Ausfahrt Neumarkt-Ost, dann der Beschilderung JURA GOLF PARK folgen, Hilzhofen durchfahren, nach 2 km links GOLF AM HABSBERG.

Bayern

Name:	Golf- und Landclub Schmidmühlen e. V.
Adresse:	Theilberg 1a 92287 Schmidmühlen
Telefon, Fax:	+49-(0)94 74-701, +49-(0)94 74-82 36
E-Mail:	golf@glcs.bayern
Internet:	www.golf-schmidmuehlen.de
Ansprechpartner:	Andrea Graf
Öffnungszeiten:	9.00 – 16.00 Uhr
Spielbahnen:	18
Green Fee:	60,00 € (werktags) 70,00 € (Wochenende und Feiertage)
Handicap:	54
Teilnahmebed.:	Voucher gelten Mo – So

GOLF- und LANDCLUB e. V.
Schmidmühlen Oberpfalz

Golf- und Landclub Schmidmühlen

30
1

147

Anfahrt: A93 (Regensburg – Weiden/Hof), Ausfahrt Ponholz, Richtung Burglengenfeld-Schmidmühlen; A6 (Nürnberg – Amberg), Ausfahrt Amberg-Süd – Theuern – Ensdorf, Richtung Rieden – Schmidmühlen.

Die Lage auf einem Hochplateau und die angenehme familiäre Atmosphäre zeichnen diesen Club aus.

Dieser traditionsreiche Platz liegt idyllisch auf einem Plateau des Oberpfälzer Mittelgebirges mit weitem Blick in die Täler von Lauterach und Vils. Der Club ist einer der ältesten der Region. Die teilweise hängenden und von Nadelwald gesäumten Fairways erfordern ein präzises Spiel. Da Tradition den Fortschritt nicht aufhält, werden die abwechslungsreichen 18 Loch immer wieder verbessert. Seit Frühjahr 2006 sind zwei neue Bahnen fertig gestellt: Der Bahnenverlauf wurde dadurch reibungsloser und übersichtlicher.

Strüver-Fazit: Ein Platz, der durch überwiegend eng gehaltene Fairways und Greens ein punktgenaues Spiel unverzichtbar macht.

Bayern

Name: Golf- und Landclub Oberpfälzer Wald e. V.
Adresse: Ödengrub 1
92431 Neunburg v. W.
Telefon, Fax: +49-(0)94 39-4 66, +49-(0)94 39-12 47
E-Mail: info@glcoberpfaelzerwald.de
Internet: www.golf-oberpfalz.de
Ansprechpartner: Karola Leitl
Öffnungszeiten: Saison: Mo – So 9.00 – 17.00 Uhr
Spielbahnen: 18
Green Fee: aktuelle Green Fee-Preise finden Sie auf der Homepage
Handicap: 54
Teilnahmebed.: –

Golf- und Landclub Oberpfälzer Wald

Die 18 Bahnen des Golf- und Landclubs Oberpfälzer Wald liegen landschaftlich wunderschön eingebettet in einer ruhigen Talmulde inmitten eines Landschaftschutzgebietes.

148

30
1

Der im Jahre 1978 gegründete Golf- und Landclub Oberpfälzer Wald e. V. gehört zu den schönsten Golfplätzen der Oberpfalz. Das spektakuläre Loch 9 (50 Höhenmeter bergab) begeistert jeden Golfer. Der Platz bietet nahezu bei jedem Loch einen fantastischen Ausblick auf die herrliche, umliegende Landschaft im Oberpfälzer Seenland und bereichert so das Erlebnis „Golf". Ein Besuch im Clubrestaurant oder auf der Sonnenterrasse rundet einen erlebnisreichen Golftag ab.

Strüver-Fazit: Ein landschaftlich äußerst reizvoller Platz, der abwechslungsreiche Bahnen bietet.

Anfahrt: A6 (Nürnberg – Schwandorf) bis Ausf. Amberg-Ost. B85/A93 nach Schwarzenfeld, dort Richtung Neunburg v. W., dann Richt. Kemnath-Fuhrn, der Beschilderung folgen. Von Regensburg: Ausf. Schwandorf-Nord, dann Richtung Neunburg v. W. bis Kemnath und der Beschilderung folgen.

Name:	Golf-Club Furth im Wald e. V.
Adresse:	Voithenberg 3 93437 Furth im Wald
Telefon, Fax:	+49-(0)99 73-20 89, +49-(0)99 73-803305
E-Mail:	info@gc-furth.de
Internet:	www.gc-furth.de
Ansprechpartner:	Nina Singer
Öffnungszeiten:	9.00 – 17.00 Uhr
Spielbahnen:	18
Green Fee:	60,00 € (werktags) 70,00 € (Wochenende und Feiertage) VcG Spieler 25,00 € Aufschlag Es gelten die aktuellen Green Fee-Preise. Änderungen vorbehalten
Handicap:	54 (werktags), 45 (Wochenende und Feiertage)
Teilnahmebed.:	Voucher gelten Mo – Fr

GOLF CLUB FURTH IM WALD E.V.

Golf-Club Furth im Wald

30
1

149

Der malerische Panorama-Golfplatz Furth im Wald umfasst einen 18-Loch-Platz mit Driving Range sowie Pitching und Putting Green.

Der wunderschön in die Natur eingebettete Platz liegt in einer der reizvollsten Landschaften des Bayerischen Waldes. Inmitten von altem Baumbestand und zahlreichen Teichbiotopen eröffnet sich dem Golfer an etlichen Stellen ein weiter Panoramablick auf die Bayerwaldberge.
Der Platz bietet für jeden Geschmack das Richtige und wird für Golferinnen und Golfer aller Spielstärken spannend und abwechslungsreich zu spielen sein.
„Golfen im Einklang mit der Natur" ohne lange Wartezeiten erlebt man auf dem Golfcourse in Furth im Wald.

Strüver-Fazit: Toller Platz in wunderschöner Umgebung: Es geht bergauf und Wasserhindernisse sowie knifflige Bunker machen das Spiel anspruchsvoll.

Anfahrt: A92 (München – Deggendorf), Ausfahrt Landau/Isar, links B20 Richtung Straubing – Cham – Furth im Wald. Ab Ortsanfang Furth Richtung Skilift Voithenberg, nach ca. 3 km zum Golfplatz.

Name:	Golf & Yachtclub Gut Minoritenhof – Regensburg
Adresse:	Minoritenhof 1 93161 Sinzing
Telefon, Fax:	+49-(0)941-3786100, +49-(0)941-3786107
E-Mail:	welcome@golfsinzing.de
Internet:	www.golfsinzing.de
Ansprechpartner:	Maria Bauer
Öffnungszeiten:	9.00 – 18.00 Uhr
Spielbahnen:	18 + 9
Green Fee:	65,00 € (werktags) 75,00 € (Wochenende und Feiertage)
Handicap:	54
Teilnahmebed.:	Voucher gelten Mo – So. Nicht mit anderen Ermäßigungen und Gutscheinen kombinierbar.
Sonstiges:	Wohnmobilstellplätze vorhanden

Bayern

Golf & Yachtclub Gut Minoritenhof – Regensburg

150

Innerhalb einer Autostunde von München und nur 45 Minuten von Nürnberg ist die wunderschön gelegene Golfanlage des Golf & Yachtclub Gut Minoritenhof – Regensburg zu erreichen.

Die 27-Loch-Anlage befindet sich vor den Toren der Römer- und UNESCO-Weltkulturerbestadt Regensburg. Die ersten 9 Löcher liegen in den Juraausläufern und bieten einen atemberaubenden Blick über das Donautal. Die zweiten 9 Löcher sind ganz flach und erinnern an eine englische Parklandschaft. Entlang der Spielbahnen fließt direkt die Donau – Idylle und Natur pur. 2015 wurde die Anlage um einen modernen Yachthafen erweitert. In der ehemaligen Schnapsbrennerei befindet sich das Restaurant Minoritenhof. Hier können die Gäste eine ausgezeichnete Küche genießen und auf der Terrasse im historischen Innenhof den Golftag ausklingen lassen.

Strüver-Fazit: Für Einsteiger und Fortgeschrittene geeigneter Platz in traumhafter Kulisse. Unbedingt bis zum 18. Loch gut konzentrieren!

Anfahrt: A3 (Regensburg – Nürnberg), am Kreuz Regensburg Richtung Nürnberg, Ausfahrt Sinzing. Der Beschilderung folgen.

Name: Golf-Club Straubing Stadt & Land e. V.
Adresse: Bachhof 9
94356 Kirchroth
Telefon, Fax: +49-(0)94 28-71 69, +49-(0)94 28-10 44
E-Mail: info@golfclub-straubing.de
Internet: www.golfclub-straubing.de
Ansprechpartner: Graeme Aspinall
Öffnungszeiten: 9.00 – 17.00 Uhr
Spielbahnen: 18
Green Fee: 70,00 € (Mo – Fr)
80,00 € (Wochenende und Feiertage)
Handicap: 54
Teilnahmebed.: Voucher gelten täglich für 18 Loch

Golf-Club Straubing Stadt & Land

30
1

151

Anfahrt: A3 (Regensburg – Passau), Ausfahrt Straubing West/Kirchroth, Richtung Straubing, nach ca. 2 km ist der Golfplatz auf der linken Seite.

Der bestens gepflegte 18-Loch-Golfplatz bietet den Mitgliedern und Gästen ein abwechslungsreiches Golferlebnis am Fuße des Bayerischen Waldes.

Die Anlage ist mit 6.021 Metern ein Par-73-Kurs mit zwei völlig unterschiedlichen Gesichtern: Die ersten neun Bahnen sind durch die engen Fairways sowie die vielen Bäume und Wasserhindernisse spielerisch sehr anspruchsvoll. Auf den zweiten neun Löchern wird es etwas weitläufiger, jedoch nicht einfacher. Bahn 17 – das „Signature Hole" des Platzes, auch Napoleon genannt – ist ein knapp 110 Meter langes Par 3 mit einem Inselgrün! Im gemütlichen Golfbistro, mit einer großzügigen Terrasse, können sich Mitglieder, Gäste und selbstverständlich auch Nichtgolfer verwöhnen lassen mit einem Blick über den See.

Strüver-Fazit: Mühelos zu gehender, sportlicher Platz, der an einigen Bahnen von Wasser begleitet wird.

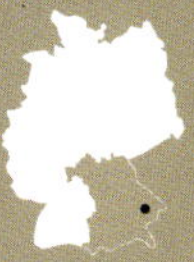

Name: Golfclub Gäuboden e. V.
Adresse: Fruhstorf 6
94330 Aiterhofen
Telefon, Fax: +49-(0)94 21-72 80 4, +49-(0)94 21-18 38 73
E-Mail: kontakt@golfclub-gaeuboden.de
Internet: www.golfclub-gaeuboden.de
Ansprechpartner: Florian Erhardsberger
Öffnungszeiten: 9.00–17.00 Uhr
Spielbahnen: 18 + 6
Green Fee: 80,00 € (werktags)
90,00 € (Wochenende und Feiertage)
Handicap: 54
Teilnahmebed.: Voucher gelten täglich nur für 18-Loch-Runden

Golfclub Gäuboden

Großzügige Golfanlage am Fuße des Bayerischen Waldes.

152

30
1

Der circa 100 Hektar große, ebene Platz mit seinen 18 abwechslungsreichen Spielbahnen und überdurchschnittlich großen Grüns bietet den Spielern einen wunderschönen Blick in den Bayerischen Wald und auf den Bogenberg mit seiner bekannten Wallfahrtskirche. Ein Blickfang der Anlage ist das mediterrane Clubhaus, von welchem man im Restaurant einen Rundum-Blick auf den Golfplatz hat. Zu den weitläufig angelegten Übungsanlagen zählt seit 2007 auch eine öffentliche 6-Loch-Pay- & Play-Anlage.

Strüver-Fazit: Durchweg flaches Gelände, viele interessante Wasserhindernisse. Sehr schön gestaltetes Clubhaus mit Sicht auf die Anlage.

Anfahrt: A92/A3 Deggendorf, Ausfahrt Straubing, B20 Richtung Straubing, Ausfahrt Irlbach, Beschilderung Gut Fruhstorf folgen. A3 Richtung Regensburg, Ausfahrt Bogen, Richtung Straubing, nach Donaubrücke rechts, nach ca. 3 km an 1. Kreuzung links, immer geradeaus bis Clubhaus.

Bayern

Name:	Golfpark Donauwörth
Adresse:	Lederstatt 1 86609 Donauwörth
Telefon:	+49-(0)906-40 44
E-Mail:	info@gc-donauwoerth.de
Internet:	www.gc-donauwoerth.de
Ansprechpartner:	Manuela Haas
Öffnungszeiten:	Mo – So 8.00 – 16.30 Uhr
Spielbahnen:	18 + 4
Green Fee:	55,00 € (werktags) 80,00 € (Wochenende und Feiertage)
Handicap:	54
Teilnahmebed.:	Voucher gelten Mo – So und Feiertage

Golfpark Donauwörth

153

Anfahrt: München: B2 Richtung Donauwörth, Ausfahrt Parkstadt nach 2,5 km rechts nach Gut Lederstatt. Ingolstadt: B16 Richtung Donauwörth, Ausfahrt Parkstadt Nördlingen: B25 Richtung Donauwörth, auf B2 Ausfahrt Parkstadt links auf Jurastraße links auf Perchtoldsdorfer Straße nach 2 km rechts Gut Lederstatt

Der 1996 eröffnete Golfpark Donauwörth liegt wunderschön eingebettet, zwischen Wiesen und Wäldern und hat sich in der Region über die Jahre etabliert.

Der großzügig angelegte 18-Loch-Meisterschaftsplatz ist mit seinem Ausblick über das Donau-Tal, bis hin zu den Alpen, ein Ort der Erholung, der Gemeinsamkeit und der sportlichen Aktivität. Die Anlage verfügt weiterhin über ein weitläufiges Trainingsareal, sowie einen 4-Loch-Übungsplatz. Hier können Sie nach Lust und Laune, ohne Vorbuchung, trainieren. Die vorhandene E-Cart-Flotte erlaubt eine sehr flexible Vergabe von Fahrzeugen. Nach dem Spiel begrüßt Sie die Club-Gastronomie mit klassischen und bodenständigen Gerichten, in ausgelassener Atmosphäre. Während der Sommermonate können Sie Ihr Getränk auch im Biergarten unter alten Kastanienbäumen genießen.

Strüver-Fazit: Besonderheit an Loch 15 – hier muss nicht nur der große See, sondern auch der aufkommende Wind berücksichtigt werden.

Name: Golf-Club Ingolstadt e. V.
Adresse: Krumenauerstr. 1
85049 Ingolstadt
Telefon, Fax: +49-(0)841-8 57 78, +49-(0)841-8 52 20
E-Mail: info@golf-ingolstadt.de
Internet: www.golf-ingolstadt.de
Ansprechpartner: Markus Grünberger
Öffnungszeiten: Mo – So 9.00 – 18.00 Uhr
Spielbahnen: 18
Green Fee: 65,00 € (Mo – Fr)
80,00 € (Wochenende und Feiertage)
Handicap: 54 (werktags), 45 (Wochenende)
Teilnahmebed.: Voucher gelten Mo – Fr

Golf-Club Ingolstadt

154

Der Golf-Club Ingolstadt e. V. mit seiner zentralen Stadtlage besteht seit dem Jahr 1977. Die stetig gewachsene Anlage verlangt ein überwiegend genaues Spiel auf den Fairways und exakte Grünannäherungen.

Der hervorragende Pflegezustand des Platzes und die natürliche Umgebung haben den Ruf der Anlage geprägt. Seit der Platzerweiterung im Jahr 2005 spielt sich der Platz von den Championship-Tees mit 5.358 m für die Damen und 6.138 m für die Herren sportlich herausfordernd. Das ebene Gelände ermöglicht jedoch für Golfer jeder Spielstärke eine faire und erholsame Runde.

Strüver-Fazit: Neben den wunderschönen Bäumen kommt insbesondere Wasser sowie einige Bunker an zahlreichen Bahnen ins Spiel. Tolles neues Clubhaus!

Anfahrt: A 9 München-Nürnberg, Ausfahrt Ingolstadt-Nord, über die Römerstraße, Theodor-Heuss-Straße, Hindenburgstraße, Richard-Wagner-Straße bis zum Kreisverkehr „Audi-Ring“, dort Richtung Klinikum, vor dem Klinikum links in die Krumenauer Straße (Schild „Golf“), nach ca. 800 m liegt rechts die Einfahrt zum Golfplatz.

Bayern

Name:	Wittelsbacher Golfclub
Adresse:	Rohrenfeld 102 86633 Neuburg a. d. Donau
Telefon:	+49-(0)84 31-90 85 90
E-Mail:	info@wbgc.de
Internet:	www.wbgc.de
Ansprechpartner:	Korbinian Kofler
Öffnungszeiten:	9.00 – 18.00 Uhr
Spielbahnen:	18
Green Fee:	90,00 € (werktags) 110,00 € (Wochenende und Feiertage)
Handicap:	36
Teilnahmebed.:	Voucher gelten nur Di und Do, nicht an Feiertagen und nicht für Turniere

Wittelsbacher Golfclub

155

Anfahrt: A9 München – Nürnberg, Ausfahrt Manching (63), weiter auf B16 in Richtung Neuburg a. d. Donau, Ausfahrt Maxweiler, dann in Rohrenfeld der Beschilderung zum Golfplatz folgen.

Wo früher die Pferde der Bayerischen Kurfürsten und Könige gezüchtet wurden, steht heute eine der schönsten und prächtigsten Golfanlagen Deutschlands.

Inmitten der saftig-grünen Donauauen, umsäumt von Fliederhecken und durchquert von prächtigem Baumbestand mit 200 Jahre alten Eichen und Linden, liegt in einer parkähnlichen Landschaft die einzigartige Golfanlage. Der Wittelsbacher Golfclub stellt höchste Qualitätsansprüche an sich und präsentiert seinen Mitgliedern und Gästen ein außergewöhnliches Genuss-Erlebnis. Das einzigartige Clubhaus mit seiner hervorragenden Gastronomie und repräsentativen Räumlichkeiten bietet einen exklusiven Rahmen für die Pflege gesellschaftlicher und geschäftlicher Kontakte und lädt ideal zu Begegnungen in angenehmer Clubatmosphäre ein.

Strüver-Fazit: Sehr alter Baumbestand und trickreiche Grüns kennzeichnen diesen Platz. Eines der schönsten Clubhäuser der Republik.

Bayern

Name:	Golfclub Landshut e. V.
Adresse:	Oberlippach 2 84095 Furth bei Landshut
Telefon:	+49- (0) 87 04- 83 78
E-Mail:	sekretariat@golf-landshut.de
Internet:	www.golf-landshut.de
Ansprechpartner:	Carolin Voß
Öffnungszeiten	9.00 – 17.00 Uhr
Spielbahnen:	18 + 3
Green Fee:	70,00 € (werktags) 85,00 € (Wochenende und Feiertage)
Handicap:	54
Teilnahmebed.	Voucher gelten Mo – Do, nicht an Feiertagen und bei Turnieren

Golfclub Landshut

Stadtnah, aber trotzdem fernab von jeglichem Verkehrslärm und Alltagsstress liegt die abwechslungsreiche und bestens gepflegte 18-Loch-Anlage des Golfclub Landshut e.V.

156

Seit der Gründung 1989 überzeugt der Golfclub durch seine familiäre Atmosphäre und das intakte Clubleben. Die 18 Löcher wurden von Golfplatz-architekt Kurt Rossknecht perfekt in die leicht hügelige Landschaft integriert, sodass nicht nur sportlich ambitionierte Golfer herausgefordert werden, sondern auch Freizeitgolfer eine entspannte Golfrunde genießen können. Der Platz ist bekannt für seine schnellen und gut verteidigten Grüns; breite Spielbahnen und fair platzierte Hindernisse sorgen für gute Scores und viel Spielfreude. Ihren Golftag können Sie bei uns auf der Sonnenterasse mit Blick auf die Bahn 18 ausklingen lassen.

Strüver-Fazit: Der zu Beginn etwas hügelige Platz bietet hervorragende Grüns und eine fantastische Schlussbahn.

Anfahrt: A92, Ausfahrt Deggendorf, weiter auf B299 Richtung Rottenburg, nach 2,5 km am Kreisverkehr 1. Ausfahrt, dann an der Tankstelle vorbei der Beschilderung zum Golfplatz folgen.

Bayern

Name:	Golfanlage Holledau
Adresse:	Weihern 3 84104 Rudelzhausen
Telefon:	+49-(0)87 56-96 01 0
Fax:	+49-(0)87 56-96 01 44
E-Mail:	rezeption@golfclubholledau.de
Internet:	www.golfclubholledau.de
Ansprechpartner:	Regina Limmer, Caroline Vogt, Andreas Zeising
Öffnungszeiten:	ganzjährig
Spielbahnen:	27 + 6
Green Fee:	75,00 € (werktags) 90,00 € (Wochenende und Feiertage)
Handicap:	54 mit gültigem DGV-Ausweis
Teilnahmebed.:	Voucher gelten Mo – Fr (ausgenommen Turniere und Feiertage)

Golfanlage Holledau

157

Anfahrt: A9 (München – Nürnberg), Ausfahrt Pfaffenhofen, Richtung Schweitenkirchen nach Au, in Au rechts Richtung Freising, an der Aral-Tankstelle links Richtung Moosburg, wieder links bis Tegernbach. Der Beschilderung folgen.

36 Löcher Golferlebnis im Herzen der Hallertau.

Die Plätze Weihrerhof, Pumpernudl und Kapellenplatz mit jeweils 9 Bahnen lassen sich zu drei attraktiven 18-Loch-Plätzen kombinieren. Die anspruchsvollen, aber fairen Spielbahnen führen über Hügel und durch Täler des idyllischen Hopfenanbaugebiets der Hallertau. Der 6-Loch-Akademieplatz ist öffentlich. Das großzügige Clubhaus bietet allen Komfort: eine exzellente Gastronomie, einen sehr gut ausgestatteten Pro-Shop und rundum freundlichen Service.

Strüver-Fazit: Nur knapp eine Stunde vom Zentrum Münchens entfernt, bieten großzügige Spielbahnen und ein abwechslungsreiches Gelände Spielspaß für Golfer aller Handicap-Klassen.

Bayern

Name: GolfPark Gerolsbach
Adresse: Hof 1
85302 Gerolsbach
Telefon, Fax: +49-(0)84 45-79 9, +49-(0)84 45-91 05 9
E-Mail: info@golfpark-gerolsbach.de
Internet: www.golfpark-gerolsbach.de
Ansprechpartner: Sekretariat
Öffnungszeiten: Mo – So ab 9.00 – 17.00 Uhr
Spielbahnen: 18
Green Fee: 60,00 € (werktags)
80,00 € (Wochenende und Feiertage)
Handicap: 54
Teilnahmebed.: Voucher gelten Mo – So

GolfPark Gerolsbach

GolfPark **Gerolsbach**

Auch im Winter sind 9 Bahnen auf Sommergrüns bespielbar.

158

Ein phantastisches Panorama und ein abwechslungsreich geschwungenes Gelände bilden den perfekten Rahmen für sportlich anspruchsvolle Golfrunden. Zahlreiche Hügel und Senken verleihen dem 70 ha großen Areal ein markantes Gesicht mit ständig wechselnden Perspektiven. Zahlreiche Bäume und Sträucher und die Schaffung vieler Teiche zeichnen den parkähnlichen Charakter des „piccolo paradiso" aus, wie John Malone, der irische Trainer vom GolfPark Gerolsbach, von seinem „Arbeitsplatz" schwärmt.

Strüver-Fazit: Platz mit wunderschönem Panorama. An Bahn 17 ist strategisches Geschick gefordert.

Anfahrt: Aus Augsburg/Ingolstadt über die B300, Ausfahrt Kühbach-Nord, in Gerolsbach dann Richtung Jetzendorf. Aus München über die A9, Ausfahrt Allershausen, Richtung Hohenkammer nach Petershausen; von dort über Jetzendorf Richtung Gerolsbach.

Name:	Golfclub Schloss Reichertshausen
Adresse:	Holzhof 2 85293 Reichertshausen
Telefon, Fax:	+49-(0)81 37-50 84, +49-(0)81 37-80 85 79
E-Mail:	info@gcr.de
Internet:	www.gcr.de
Ansprechpartner:	Sekretariat
Öffnungszeiten:	Mo – So 9.00 – 18.00 Uhr
Spielbahnen:	18
Green Fee:	siehe Homepage
Handicap:	54
Teilnahmebed.:	Voucher gelten Mo – So

Golfclub Schloss Reichertshausen

30
1

159

Anfahrt: Über A9, Ausfahrt Allershausen oder Pfaffenhofen

Der Mix macht ihn einzigartig!

Zwischen Ilmauen und sanften Hügeln eingebettet, bietet dieser anspruchsvolle Golfplatz alles, was sowohl der sportlich ambitionierte Spieler als auch der Naturliebhaber begehrt. Auf 77 Hektar Fläche verteilen sich die Bahnen zu gleichen Teilen auf die Ilmauen mit ihren zahlreichen Wassergräben und Teichen sowie auf ein außerordentlich reizvolles, hügeliges Gelände. Verlangt der Kurs im ersten Teil viel Präzision, stellen auf den Bahnen 10 bis 18 die Schräglagen eine echte Herausforderung dar. Besonderes Schmankerl nach absolvierter Runde: das 2011, anlässlich des 25-jährigen Clubjubiläums neu erbaute Clubhaus, samt hervorragender Gastronomie und Terrasse mit Panoramablick. Der direkt am Clubhaus gelegene Parkplatz bietet auch für Wohnmobilfahrer eine geeignete Stellmöglichkeit. Auch Hunde sind auf unserer Anlage herzlich willkommen!

Strüver-Fazit: Das sehr reizvolle Gelände mit seiner naturbelassenen Landschaft ist eine weitere Besonderheit im Herzen der alten Kulturlandschaft der Holledau.

Bayern

Name: Golfclub Schloßberg e. V.
Adresse: Grünbach 8
94419 Reisbach
Telefon: +49-(0)87 34-70 35
E-Mail: info@golfclub-schlossberg.de
Internet: www.golfclub-schlossberg.de
Ansprechpartner: Florian Erhardsberger
Öffnungszeiten: 9.00 – 16.00 Uhr
Spielbahnen: 18
Green Fee: 80,00 € (werktags)
90,00 € (Wochenende und Feiertage)
Handicap: PR
Teilnahmebed.: Voucher gelten täglich nur für 18-Loch-Runden

Golfclub Schloßberg

Golfen im Herzen des Vilstals.

Die Golfanlage Schloßberg liegt mitten im Herzen des Erholungsgebietes „Mittleres Vilstal" in einem abwechslungsreichen Gelände mit wunderschönem, eingewachsenem alten Baumbestand. Ergänzt durch angelegte Grünflächen, Baum- und Strauchgruppen bieten die großzügig gestalteten Spielbahnen Golfern jeder Spielstärke ideale Bedingungen. Mit seinen idyllischen Waldlöchern ist diese Anlage ein Geheimtipp für alle Golfer und Liebhaber von Natur und sportlichen Herausforderungen. Abrunden können Sie Ihren Golftag mit einem Besuch in unserem hervorragenden Restaurant und der Übernachtungsmöglichkeit direkt am Golfplatz.

Strüver-Fazit: Im Herzen von Niederbayern bietet dieser hügelige Platz mit großzügig gestalteten Spielbahnen Golfern aller Handicapklassen ideale Voraussetzungen für ein schönes Spiel.

160

30
1

Anfahrt: A92 (München – Deggendorf), Ausfahrt Dingolfing-Ost, im Kreisverkehr nach Reisbach. Vor Reisbach Richtung Mettenhausen links abbiegen. Nach 3 km links zum GC Schloßberg. A3 (Nürnberg – Passau), Ausfahrt Straubing, B20 nach Burghausen, Abfahrt Mettenhausen. Nach 4 km rechts zum Golfplatz.

Bayern

Name:	Golfclub am Nationalpark Bayerischer Wald e. V.
Adresse:	Haslach 43 94568 Sankt Oswald
Telefon, Fax:	+49-(0)85 58-97 49 80, +49-(0)85 58-97 49 81
E-Mail:	info@gcanp.de
Internet:	www.gcanp.de
Ansprechpartner:	Astrid Rosenthaler
Öffnungszeiten:	ca. April – Oktober, täglich
Spielbahnen:	18
Green Fee:	9 Loch: 35,00 €; 18 Loch: 60,00 € (werktags) 9 Loch: 40,00 €; 18 Loch: 70,00 (Wochenende und Feiertage)
Handicap:	54
Teilnahmebed.:	Voucher gelten Mo – So

Golfclub am Nationalpark Bayerischer Wald

30
1

161

Der Name des Golfclubs am Nationalpark Bayerischer Wald e. V. sagt alles – die 18 Löcher sind eingebettet in die urwüchsige Landschaft des ersten deutschen Nationalparks: naturnaher geht es nicht!

Wobei Flora und Fauna speziell geschützt werden. Golferinnen und Golfer teilen sich hier friedlich das Revier mit Wildtieren und Vögeln – ein 90-Hektar-Areal, das in dieser Art wohl ziemlich einzigartig in Europa ist. Wenn irgendwo im deutschen Golfmetier das Auge mitspielt, dann garantiert hier! Die Bahnen tragen übrigens die Namen heimischer Blumen- und Tierarten. Und so erfordert beispielsweise das „Fuchsloch" eine ganz besonders ausgefuchste Taktik …
Tauchen Sie also ein in die reizvolle Atmosphäre unseres jungen Golfclubs mit dem besonderen Flair. Genießen Sie dieses seltene Zusammenspiel von Golf und Natur. Sie werden verzaubert sein.

Strüver-Fazit: Teils weitläufiges und hügeliges Gelände. An einigen Bahnen kommt jedoch Wasser ins Spiel.

Anfahrt: Anreise via Nürnberg: Autobahn A3 in Richtung Passau, Ausfahrt Hengersberg – B533 in Richtung Grafenau.
Anreise via München: Autobahn A92 in Richtung Deggendorf, Autobahnkreuz Deggendorf in Richtung Passau, Ausfahrt Hengersberg – B533 in Richtung Grafenau.

Bayern

Name:	Golf- und Landclub Bayerwald e. V.
Adresse:	Poppenreut 11 94118 Jandelsbrunn
Telefon, Fax:	+49-(0)85 81-10 40, +49-(0)85 81-23 86
E-Mail:	info@gc-bayerwald.de
Internet:	www.gc-bayerwald.de
Ansprechpartner:	Heidi Jungwirth
Öffnungszeiten:	9.00 – 16.00 Uhr
Spielbahnen:	18
Green Fee:	80,00 € (Mo – So)
Handicap:	54
Teilnahmebed.:	Voucher gelten Mo – So, auch an Feiertagen
Sonstiges:	Wohnmobile erlaubt (10,00 €)

Golf- und Landclub Bayerwald

Inmitten der idyllischen und ursprünglichen Landschaft der sanften Hügel des Bayerischen Waldes liegt die 18-Loch-Golf-Anlage des Golf- und Landclubs Bayerwald e.V.

162

30

1

Herrliche Fairways laden zum Drive ein und der 92 Hektar große Rundcourse bietet Golfern jeder Spielstärke ein unvergessliches Erlebnis! Am höchsten Punkt der Anlage schweift der Blick in den angrenzenden Böhmerwald und auf der anderen Seite wacht die Wallfahrtskirche Wollaberg über den Platz. Ein ganz besonderer Genuss ist der Abschlag 11. Hier bietet sich mit einem Par 3 ein ganz besonderes Signature Hole, das jedes Golferherz höherschlagen lässt.
Nach der Golfrunde lässt man sich im anliegenden Landgasthof kulinarisch verwöhnen!

Strüver-Fazit: Stressfrei Golfen in der natürlich hügeligen Landschaft im Bayerischen Wald. Sehr freundliches Team.

Anfahrt: Von der A3 Ausfahrt Aicha v. Wald Richtung Waldkirchen/Jandelsbrunn. Dann der Beschilderung folgen.

Bayern

Name:	Donau Golf Club Passau-Raßbach e. V.
Adresse:	Raßbach 8 94136 Thyrnau-Raßbach
Telefon, Fax:	+49-(0)85 01-9 13 13, +49-(0)85 01-9 13 14
E-Mail:	info@golf-passau.de
Internet:	www.golf-passau.de
Ansprechpartner:	Margret Anetseder
Öffnungszeiten:	März – November 8.00 – 19.00 Uhr
Spielbahnen:	18 + 6
Green Fee:	80,00 € (Mo – So); Änderungen vorbehalten
Handicap:	54
Teilnahmebed.:	Voucher gelten täglich für 18 Loch. Anmeldung erforderlich, nur Barzahlung möglich.
Sonstiges:	Hotel***Superior ist zugleich Clubhaus. Hunde sind an der Leine erlaubt. Stellplätze für Camper mit toller Aussicht & Frühstück.

Donau Golf Club Passau-Raßbach

163

4 Sterne-Golf vor den Toren der Dreiflüsse- und Universitätsstadt Passau.

Allein, zu zweit, mit Familie oder Freunden, ob Anfänger oder „Profi": Für alle Altersgruppen ist es immer wieder reizvoll, diese anspruchsvolle 18- + 6-Loch-Anlage zu erleben. Sie wurde nach internationalem Standardmaß gebaut und liegt auf einer nach Süden hin offenen Hochfläche. Umsäumt wird der Platz von kleinen und großen bewaldeten Flächen, Biotopen und Bächen.
Ein breit gefächertes Turnierangebot bietet ganz nach Geschmack die Möglichkeit, sein Handicap zu verbessern oder einfach nur Golf zu genießen. Wohnen Sie bei uns direkt am Golfplatz im „Clubhaus".

Anfahrt: A3 (Regensburg – Passau), Ausfahrt Passau-Nord, Richtung Hauzenberg, vor Hundsdorf der Beschilderung nach Raßbach und zum Golfplatz folgen.

Strüver-Fazit: Wunderschön in die Natur eingebettet. Die teilweise leicht erhöhten Grüns bieten einen Hauch von Augusta. Gemütliches Clubhaus.

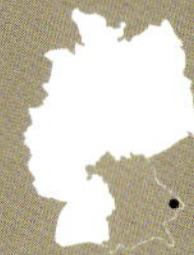

Bayern

Name: Panorama Golf Passau
Adresse: Bromberg 1
94081 Fürstenzell
Telefon, Fax: +49-(0)85 02-91 71 60, +49-(0)85 02-91 71 62
E-Mail: office@panorama-golf.info
Internet: www.panorama-golf.info
Ansprechpartner: Phil Leech
Öffnungszeiten: 9.00 – 17.30 Uhr
Spielbahnen: 18 + 6 Loch-Akademie-Platz
Green Fee: 90,00 €
Handicap: 54
Teilnahmebed.: Voucher gelten Mo – So

Panorama Golf Passau

Ein Stück fernöstliche Philosophie in einer traumhaften Umgebung: Golfen im Einklang von Yin und Yang auf Deutschlands erstem Feng Shui Golfplatz im niederbayerischen Fürstenzell.

164

30
1

Im Zengarten verweilen, die Ruhe und Kraft auf sich wirken lassen, so sollte der Golftag beginnen. Weitere Kraft- und Ruheplätze sorgen in dieser zauberhaften, parkähnlichen Landschaft für ein entspanntes und erholsames Golfen. Die an den Abschlägen eingelassenen Bergkristalle dienen spürbar der Energieanreicherung. Steinkreise, Energietore, Herz- und Akupunkturpunkte bereichern das Auge und steigern das Lebensgefühl.
Erleben Sie das Gefühl, mit sich und der Natur eins zu sein … auch Sie werden begeistert sein!

Strüver-Fazit: Ein Ausspruch von vielen Golfern: „Wir werden auf diesem Platz nicht müde!" – das ist Golfen mit Yin und Yang.

Anfahrt: A3, Ausfahrt Passau Mitte oder Passau Süd, Richtung Fürstenzell, der Beschilderung folgen.

Bayern

Name:	Bella Vista Golfpark
Adresse:	Bella Vista Allee 1 84364 Bad Birnbach
Telefon:	+49-(0)85 63-97 74 00
Fax:	+49-(0)85 63-97 74 02 9
E-Mail:	info@bellavista-golfpark.de
Internet:	www.bellavista-golfpark.de
Ansprechpartner:	Robert Sammereier
Öffnungszeiten:	Saison täglich 8.00–18.00 Uhr
Spielbahnen:	18 + 9 Loch-Kurzplatz
Green Fee:	75,00 €
Handicap:	PE
Teilnahmebed.:	Voucher gelten Mo – So
Sonstiges:	Hunde sind an der Leine erlaubt

BAD BIRNBACH DAS LÄNDLICHE BAD

BELLA VISTA Golfpark Bad Birnbach

Bella Vista Golfpark

165

Anfahrt: Von München: A94, Richtung Passau, bis Mühldorf, Simbach, Ausfahrt 21 Töging, Abzweigung Pfarrkirchen nach Bad Birnbach. A92, Ausfahrt Landau, B20, Abzweigung Pfarrkirchen nach Bad Birnbach. Von Nürnberg: A3, Ausfahrt Pocking, Richtung Bad Birnbach.

Wenn Sie am Abschlag stehen und hinunterschauen auf Bayerns erholsamstes Urlaubsdorf, dann werden Sie verstehen, warum der Golfpark „Bella Vista" heißt und nicht irgendeinen Allerweltsnamen trägt.

Auf den Greens wächst das Gras des Old Course: das Festuca. In Schottland, der Wiege des Golfsports, wird es noch heute z. B. auf St. Andrews und Carnoustie bespielt. Rund um die Greens sind die Bunker und Wasserflächen geschickt kombiniert. Hier können Sie Ihrer Spielfreude freien Lauf lassen und in aller Ruhe Ihre wahre Golferseele entdecken. Im Anschluss an das Golfspiel lädt die nahe gelegene Rottal Terme zum Erholen ein. Im 33.000 m² großen Gesundheitsareal sprudelt bis zu 40 Grad heißes Thermalwasser in über 30 Becken.

Strüver-Fazit: Hier ist Nachwuchsförderung gelebte Realität, schon ab drei Jahren auf der innovativen spiel!Golf-Anlage.

Name:	ThermenGolfClub Bad Füssing-Kirchham e. V.
Adresse:	Thierham 3 94072 Bad Füssing
Telefon, Fax:	+49-(0)85 37-91 99 0, +49-(0)85 37-91 99 20
E-Mail:	info@thermengolf.de
Internet:	www.thermengolf.de
Ansprechpartner:	Martina Meier, Claudia Müller
Öffnungszeiten:	9.00 – 17.00 Uhr
Spielbahnen:	18
Green Fee:	74,00 €
Handicap:	PR
Teilnahmebed.:	Voucher gelten Mo – So, auch an Feiertagen. Nicht gültig bei Turnieren. Bezahlung nur bar oder mit EC-Karte möglich
Sonstiges:	Hunde an der Leine erlaubt.

Bayern

ThermenGolfClub Bad Füssing-Kirchham

166

30
1

Das ganzjährig geöffnete Golfer-Eldorado des ThermenGolfClubs Bad Füssing-Kirchham erstreckt sich auf einer Gesamtfläche von 90 ha zwischen den Ortschaften Bad Füssing und Kirchham. Dieser Golfplatz lässt keine Wünsche offen.

Die 18-Loch-Meisterschaftsanlage ist geschickt in die bestehende Landschaft eingebettet. Alter Baumbestand und Junganpflanzungen bieten nicht nur ein reizvolles Panorama, sondern auch Schutz für Fasane und Rehe. Der naturbelassene Erlbach zieht seine Wege durch die gesamte Golfanlage. Daher verläuft das Zusammentreffen von Natur und Golf sehr harmonisch und geht fließend ineinander über. Der ThermenGolfClub Bad Füssing ist für jeden Golfer geeignet. Der ebene und leicht zu begehende Platz geizt nicht an sportlich anspruchsvollen Herausforderungen für alle Leistungsstärken.

Strüver-Fazit: Teilweise leicht wellig ondulierte Spielbahnen werden durch einige Wasserhindernisse erschwert. Sehr großzügiges Clubhaus.

Anfahrt: B12 (München – Passau), Ausfahrt Bad Füssing, nach 1,5 km rechts nach Kirchham – der Beschilderung folgen – A3 (Regensburg – Passau), Ausfahrt Pocking, B12 Richtung Pocking, Ausfahrt Bad Füssing/ Kirchham – der Beschilderung folgen.

Bayern

Name:	Golfclub Altötting-Burghausen e. V.
Adresse:	Piesing 4 84533 Haiming
Telefon, Fax:	+49-(0)86 78-98 69 03, +49-(0) 86 78-98 69 05
E-Mail:	office@gc-altoetting-burghausen.de
Internet:	www.gc-altoetting-burghausen.de
Ansprechpartner:	Clubsekretariat
Öffnungszeiten:	Saison 9.00 – 16.00 Uhr
Spielbahnen:	18 + 9
Green Fee:	60,00 € (werktags) 70,00 € (Wochenende und Feiertage)
Handicap:	54
Teilnahmebed.:	Voucher gelten von Mo – So, Startzeitenreservierung für beide Plätze an allen Tagen notwendig

Golfclub Altötting-Burghausen

167

Anfahrt: A94 bzw. B12 (München – Passau), Ausfahrt Burghausen; Platz Falkenhof: links Richtung Marktl. Vor der Innbrücke links abbiegen und der Beschilderung folgen. Platz Schloss Piesing: links abbiegen Richtung Marktl. Bei der nächsten Gelegenheit gleich rechts abbiegen Richtung Haiming. Immer der Vorfahrtsstraße folgen bis Golfclub.

Der 18-Loch-Platz „Schloss Piesing" im Gemeindegebiet Haiming lädt mit breiten Fairways, strategisch gesetzten Hindernissen und einem wunderschönen waldreichen Ambiente zur sportlich anspruchsvollen Runde.

Die 18 Spielbahnen auf drei Landschaftsterrassen fordern das sportliche Können des Golfers durch Bäche, Weiher und Mulden heraus. Unter fairen Voraussetzungen lässt sich das Spiel immer kontrollieren. Ohne unfaire Roughzonen ist es möglich, sehr gute Scores zu erzielen. Der in den Zusammenfluss von Inn und Alz eingebettete 9-Loch-Platz „Falkenhof" besticht durch landschaftlich reizvolle Ausblicke und abwechslungsreiche Spielbahnen. Kurze Wege zwischen den Bahnen zeichnen diese Anlage aus. Der Platz ist zwar spielerisch anspruchsvoll, aber aufgrund seiner flachen Bahnen für alle Spielstärken zu bewältigen.

Strüver-Fazit: Kaum vorhandene Roughs erleichtern zwar das Spiel, die kleinen Greens erfordern allerdings ein genaues kurzes Spiel.

Bayern

Name: Golfclub Schloss Klingenburg e. V.
Adresse: 89343 Jettingen-Scheppach
Telefon, Fax: +49-(0)82 25-30 30, +49-(0)82 25-30 35 0
E-Mail: info@golf-klingenburg.de
Internet: www.golf-klingenburg.de
Ansprechpartner: Frau Rößle, Sekretariat
Öffnungszeiten: täglich 9.00 – 17.00 Uhr, witterungsbedingt
Spielbahnen: 18 + 4 Übungslöcher
Green Fee: siehe Homepage
Handicap: 54 (werktags), 36 (Wochenende und Feiertage)
Teilnahmebed.: Voucher gelten Mo – Fr (nicht an Feiertagen), Abschlag bis spätestens 12.00 Uhr, Startzeitenreservierung erforderlich
Sonstiges: Softspikes erforderlich

Golfclub Schloss Klingenburg

GOLF-CLUB · SCHLOSS · KLINGENBURG

Ein Diamant unter den Golfplätzen in Deutschland.

168

30
1

Nicht ganz eine Autostunde vom Westen Münchens liegt der Golfclub Schloss Klingenburg. Vom Golf Magazin zu einem der besten deutschen Golfplätze gewählt, ist ein Ausflug nach Schloss Klingenburg ein „Muss“ unter Golfkennern. Dieses Meisterwerk wurde konzipiert und designed von Donald Harradine, einem der weltbesten Golfplatzarchitekten. Es erwartet Sie ein Golf Course mit einer wunderschönen Schlosspark-Atmosphäre, tausende alte Bäume, Biotope und eine reichhaltige Flora und Fauna. Es ist einfach ein Traum, hier zu spielen! Nach der Runde lädt das ausgezeichnete Clubrestaurant mit regionaler und internationaler Küche ein.

Strüver-Fazit: Das 13. Loch, ein Par 3, fordert die Spieler mit einem interessanten Inselgrün golferisch heraus und wird immer wieder zu Recht in den Ranglisten der schönsten Golfbahnen Deutschlands aufgeführt.

Anfahrt: A8 München – Stuttgart, Ausfahrt Burgau, rechts Richtung Jettingen-Scheppach, Kreisverkehr rechts. Richtung Thannhausen. Kreisverkehr Richtung Schönenberg. Navi: Schönenberg eingeben

Bayern

Name:	Golfclub Memmingen Gut Westerhart e. V
Adresse:	Westerhart 1b 87740 Buxheim
Telefon:	+49-(0)83 31-71 01 6
E-Mail:	info@golfclub-memmingen.de
Internet:	www.golfclub-memmingen.de
Ansprechpartner:	Christian Montén
Öffnungszeiten:	Mo – So 9.00 – 18.00 Uhr
Spielbahnen:	18 + 9
Green Fee:	70,00 € (werktags) 80,00 € (Wochenende und Feiertage)
Handicap:	54
Teilnahmebed.:	Voucher gelten von Mo – Fr (ausgenommen Feiertage)

Golfclub Memmingen Gut Westerhart

30
1

169

Anfahrt: Nur wenige Kilometer von Memmingen entfernt, für auswärtige Spieler verkehrsgünstig über die Autobahnen A7/A96 zu erreichen.

Gepflegter Platz, ganzjährig Sommergrüns.

Nur wenige Kilometer von Memmingen entfernt liegt die 18-Loch-Anlage des Golfclubs. Lange Spielbahnen, viel Wasser und zahlreiche Bunker verlangen einiges an golferischem Können und konzentriertem Spiel.
Zur Anlage gehören eine großzügig angelegte Driving Range mit 50 Rasen- und 8 überdachten Abschlägen, ein 9-Loch-Akademieplatz, der ohne Platzreife oder Mitgliedschaft bespielt werden kann sowie zwei Putting- und zwei Pitching Greens. Natürlich steht dem Golffreund auch ein modernes Clubhaus mit Restaurant, großzügigen Umkleiden und Sanitärräumen sowie ein gut sortierter Pro Shop zur Verfügung.

Strüver-Fazit: Der Platz fügt sich harmonisch in die Landschaft ein und ist – sieht man einmal von den völlig aus der Reihe fallenden Spielbahnen 14 und 15 mit steilen Ab- und Aufstiegen ab – vergleichsweise flach und ohne große körperliche Anstrengungen zu gehen.

Name:	Golfclub zu Gut Ludwigsberg
Adresse:	Augsburger Straße 51 86842 Türkheim
Telefon:	+49-(0)82 45-33 22
E-Mail:	info@golfclub-tuerkheim.de
Internet:	www.golfclub-tuerkheim.de
Ansprechpartner:	Sabine Biddle, Rudolf Wiedemann
Öffnungszeiten:	ganzjährig, im Winter auch auf Sommergreens
Spielbahnen:	18 + 9
Green Fee:	70,00 € (wochentags) 80,00 € (Wochenende und Feiertag)
Handicap:	54
Teilnahmebed.:	Vouchers sind Montag bis inkl. Samstag gültig (ausgenommen sind Sonntage und Feiertage), keine Gruppenreservierungen möglich
Sonstiges:	E-Cart 30,00 €, Wohnmobile willkommen, es stehen 5 Ladestationen für Elektroautos zur Verfügung

Bayern

Golfclub zu Gut Ludwigsberg

Golfen mit Ausblick in die Alpen: Entspannung pur!

170

Die Anlage wurde im Jahre 1992 eröffnet und erfreut sich im allgäu-schwäbischen Raum großer Beliebtheit. Der Golfplatz wurde von einem der bekanntesten Golfplatzarchitekten Deutschlands, Kurt Rossknecht, erbaut und zählt zu den schönsten Anlagen im süddeutschen Raum. Er ist ganzjährig geöffnet und besticht durch seine herrliche Lage. Auch im Winter wird auf Sommergreens gespielt. Einige Spielbahnen bieten eine unvergleichliche Aussicht auf das Alpenpanorama. Der sportliche 18-Loch-Meisterschaftsplatz stellt mit zahlreichen Wasserhindernissen und einem Inselgrün an der 18. Spielbahn sowohl für ambitionierte Golfer als auch für Golfanfänger ein gleichermaßen großes Spielerlebnis dar.

Strüver-Fazit: Knorrige alte Eichen und insgesamt 47 Sandbunker sind hier zu bewältigen. Sehr guter Platzzustand.

Anfahrt: A96 (München – Lindau), Ausfahrt Bad Wörishofen/Türkheim, Richtung Türkheim, Ausfahrt Türkheim Süd, nach dem Ortsende liegt der Golfplatz linker Hand.

Bayern

Name:	Allgäuer Golf- und Landclub e. V.
Adresse:	Boschach 3 87724 Ottobeuren
Telefon:	+49-(0)83 32-9 25 10
E-Mail:	info@aglc.de
Internet:	www.aglc.de
Ansprechpartner:	Johannes Siemenczuk/Andrea Stock
Öffnungszeiten:	ganzjährig, im Winter auch auf Sommergrüns
Spielbahnen:	18 + 6
Green Fee:	siehe Aushang/Homepage
Handicap:	54 (werktags), 45 (Wochenende und Feiertage)
Teilnahmebed.:	Voucher gelten Mo–Do+Sa (nicht an Feiertagen) WE nach 13 Uhr. In der Hauptsaison (Mai – Oktober) gilt der WE-Preis. Nicht kombinierbar mit anderen Reduzierungen. Keine Gruppenreservierung. Für Spieler ohne „R" 10,00 € Aufpreis. Startzeitenreservierung notwendig.
Sonstiges:	Elektro-Tankstellen / Wohnmobilstellplätze

GOLF& NATUR DGV Zertifikat GOLD

Allgäuer Golf- und Landclub

Allgäuer Golf & Landclub e.V.

171

Drei Kilometer südlich des Kneipp-Kurortes Ottobeuren mit seiner berühmten Basilika erwartet Sie der 1984 erbaute Golfplatz.

Vom Platz aus hat man einen schönen Blick auf die Voralpen sowie auf die historische Basilika von Ottobeuren. Das interessante Layout der von Kurt Rossknecht gestalteten Anlage, zahlreiche Wasserhindernisse, gut platzierte Bunker und nicht zuletzt die kurzen Wege vom Green zum Tee machen Ihre Runde zum puren Golfgenuss. Bei allen abwechslungsreichen Herausforderungen für den schon erfahrenen Golfer bietet der sehr faire Platz auch Anfängern die Chance auf einen guten Score – nicht nur in der Saison, auch im Winter, sofern kein Schnee liegt.

Strüver-Fazit: Hervorragend gepflegte Fairways, schnelle Grüns, leicht hügeliges Gelände und Wasserhindernisse – für erfahrene Spieler und Anfänger.

Anfahrt: A7 (Ulm – Kempten), Ausfahrt Memmingen, weiter über Memmingen und Ottobeuren nach Eldern, hier der Beschilderung bis zum Golfplatz folgen.

Name:	Golfclub Bad Wörishofen e. V.
Adresse:	Schlingener Straße 27 87668 Rieden
Telefon, Fax:	+49-(0)83 46-77 7, +49-(0)83 46-16 16
E-Mail:	golfclub@bad-woerishofen.de
Internet:	www.gc-bw.de
Ansprechpartner:	Michael Galanis
Öffnungszeiten:	täglich 9.00 – 18.00 Uhr
Spielbahnen:	18
Green Fee:	70,00 € (werktags) 90,00 € (Wochenende und Feiertage)
Handicap:	PR
Teilnahmebed.:	Voucher gelten Mo – Do (nicht an Feiertagen), keine Gruppenreservierung möglich, kein Spielrecht von Fernmitgliedschaften (LeisureBREAKS nicht einlösbar)
Sonstiges:	Änderungen, auch beim Preis, freibleibend möglich. Aktuelle Infos siehe Homepage

Bayern

Golfclub Bad Wörishofen

GOLFCLUB
Bad Wörishofen e. V.

Golf neu erleben auf modernsten Grüns im Allgäu.

172

Im Sommer 2020 wurden die umfangreichen Renovierungsmaßnahmen abgeschlossen und die Anlage ist auf allen 18 Bahnen bespielbar. Durch diese zukunftsorientierte Unternehmung bietet der Golfclub Bad Wörishofen höchsten technischen Standard der 18 Spielbahnen, Abschläge und Grüns. Der Einklang des unverwechselbaren alteingewachsenen Parkland-Courses und modernsten Grüns lässt jedes Golferherz höher schlagen. Es erwartet Sie ein äußerst interessanter, fairer, aber dennoch anspruchsvoller Platz, der Tradition und Moderne bestens vereint. Der neue 6-Loch-Kurzplatz mit baugleichen Grüns ergänzt neben der großzügigen Driving Range, dem 700 qm großen Putting Grün, der separaten Chip&Run Area, Übungsbunker und Chipping-Grüns das Angebot.

Strüver-Fazit: Die optimale Verbindung von Sport und Natur: Bahnen zwischen alten Baumreihen, natürlichen Wasserhindernissen und sanften Hügeln machen diesen Platz zu einem wahren Vergnügen.

Anfahrt: A96 (München – Lindau), Ausfahrt Bad Wörishofen, Richtung Kaufbeuren, Abfahrt Schlingen-Süd, in Schlingen beschilderte Abzweigung bei der Kirche über die Wertach nach Rieden.

Bayern

Name:	Golfclub Oberstaufen-Steibis e. V.
Adresse:	In der Au 5 87534 Oberstaufen
Telefon, Fax:	+49-(0)8386-85 29, +49-(0)83 86-86 57
E-Mail:	info@golf-oberstaufen.de
Internet:	www.golf-oberstaufen.de
Ansprechpartner:	Michael Toffel
Öffnungszeiten:	8.00 – 18.00 Uhr
Spielbahnen:	18
Green Fee:	80,00 € (werktags) 85,00 € (Wochenende und Feiertage
Handicap:	45
Teilnahmebed.:	Voucher gelten Mo – So

Golfclub Oberstaufen-Steibis

30

1

173

Anfahrt: siehe Homepage

Der 18-Loch-Golfplatz des Golfclub Oberstaufen-Steibis e. V. ist ein wahres Golfparadies und hat aufgrund seiner Lage bereits beste Voraussetzungen für Golferlebnisse vom Feinsten.

Von jeder Bahn bieten sich dem Spieler Panoramablicke auf die grandiosen Allgäuer, Österreichischen und Schweizer Alpen. Der Course ist sportlich anspruchsvoll. Die Greens sind schnell. Bunker, Doglegs und Steigungen sind auch für erfahrene Golfer eine Herausforderung. Die Anlage ist hügelig und durch Wasserhindernisse mit Biotopen, Quellen und altem Baumbestand strukturiert. Zum Trainieren gibt es eine Driving Range mit 26 Rangeabschlägen (6 überdachte) sowie Pitching-, Chipping- und Putting-Grüns. Nach der Runde sorgt das Küchenteam im Clubrestaurant für das leibliche Wohl der Golfer und Gäste.

Strüver-Fazit: Golfen mit einem Rundumblick ins Allgäu, einige Grüns liegen auf über 800 Metern Seehöhe.

Bayern

Name: Auf der Gsteig – Golfanlage
Adresse: Gsteig 1
86983 Lechbruck am See
Telefon: +49-(0)88 62-98 77 50
E-Mail: golf@aufdergsteig.de
Internet: www.aufdergsteig.de
Ansprechpartner: Hansi Frank
Öffnungszeiten: 8.00 – 18.00 Uhr (März bis Oktober)
Spielbahnen: 18 + 3
Green Fee: 77,00 € (werktags)
Handicap: 54
Teilnahmebed.: Voucher gelten Mo – Fr (nicht an Feiertagen). Voucher gelten nicht bei bereits reduziertem Green Fee

Auf der Gsteig

AUF DER GSTEIG
Hotel · Restaurant · Wellness · Golf

Mit besten Aussichten ... Golf spielen, genießen und entspannen: Auf der Gsteig – Hotel-Restaurant-Wellness-Golf hat seinen Sitz in Lechbruck am See im Ostallgäu.

174

30
1

Inmitten von altem Baum- und Heckenbestand auf einer Gesamtfläche von 93 Hektar liegt Auf der Gsteig – Hotel-Restaurant-Wellness-Golf. Mit mittlerem Schwierigkeitsgrad bei rund 5.600 Metern Länge und Par 71 ist der abwechslungsreiche und fordernde Kurs geschickt und sorgsam in die einmalige Landschaft und Natur integriert. Professionelle Platzpflege und eine angenehme Atmosphäre zeichnen den Platz aus.
Nach der Runde lädt das Restaurant des Hotels mit einer der schönsten Sonnenterrassen Bayerns zum Verweilen ein.

Strüver-Fazit: Schräglagen und die relativ kleinen Grüns sind die Hindernisse auf einem Weg zum guten Score. Dafür entschädigt Sie der traumhafte Ausblick von vielen Bahnen auf die Alpen.

Anfahrt: A95 München – Garmisch – Ausfahrt Murnau über Bad Kohlgrub – Echelsbacherbrücke – weiter auf der Staatsstraße in Richtung Steingaden – Lechbruck. Oder: A96 Richtung Lindau – Abfahrt Landsberg/Lech West in Richtung Schongau – Bernbeuren – Lechbruck. Oder: A7 Richtung Füssen – Ausfahrt Nesselwang – Seeg, Roßhaupten – Lechbruck.

Bayern

Name:	Golfclub München-West Odelzhausen e. V.
Adresse:	Todtenried 3 85235 Odelzhausen
Telefon, Fax:	+49-(0)81 34-99 88-0, +49-(0)81 34-99 88-20
E-Mail:	info@gcmw.de
Internet:	www.gcmw.de
Ansprechpartner:	Sebastian Daumann
Öffnungszeiten:	Mo – So 9.00 – 18.00 Uhr
Spielbahnen:	18 + 5 Loch-Kurzplatz
Green Fee:	80,00 € (werktags) 95,00 € (Wochenende und Feiertage)
Handicap:	PR (Mo – Fr), 45 (Wochenende und Feiertage)
Teilnahmebed.:	Voucher gelten Mo – So

Golfclub München-West Odelzhausen

30
1

175

Anfahrt: Anreise über die Autobahn A8 (München – Stuttgart). Von der Ausfahrt Odelzhausen sind es nur noch ca. 5 Minuten. Gleich am Kreisverkehr bei der ARAL Tankstelle links durch das Industriegebiet bis zur Lukkaer Straße durch fahren. Links in die Lukkaer Straße Richtung Ebertshausen/Lukka im Ort Lukka rechts zum Hofgut Todtenried.

Golfsport auf hohem Niveau, in idyllischer Umgebung und mit Tradition.

In den letzten dreißig Jahren entstand hier im Münchner Westen ein Parklandkurs mit wunderbar eingewachsenen Spielbahnen. Die meist flachen Fairways werden von alten, Schatten spendenden Bäumen und Teichanlagen eingerahmt. In der hiesigen Golfszene wird der hervorragende Pflegezustand des Platzes schon lange sehr geschätzt. Auf dem idyllischen Areal ist man ungestört von Lärm und Stress, man fühlt sich umgeben von reiner Natur! Ein hochwertiges Übungsgelände sowie eine hervorragende Gastronomie runden das positive Gesamtbild ab. Man spürt, dass man als Gast im Golfclub München-West, gerne auch mit Hund, herzlich willkommen ist.

Strüver-Fazit: Sehr schöner, flacher Golfplatz mit altem Baumbestand und Wasser. Für alle Vorgabeklassen geeignet.

Bayern

Name:	Golfanlage Rottbach
Adresse:	Weiherhaus 5 82216 Rottbach
Telefon, Fax:	+49-(0)81 35-93 29 0, +49-(0)81 35-93 29 11
E-Mail:	info@rottbach.de
Internet:	www.golfanlage-rottbach.de
Ansprechpartner:	Andreas Röhrl
Öffnungszeiten:	8.00 – 19.00 Uhr
Spielbahnen:	27 + 3 Loch-Kurzplatz
Green Fee:	52,00 € (werktags) 72,00 € (Wochenende und Feiertage)
Handicap:	54
Teilnahmebed.:	Voucher gelten Mo – Do (nicht an Feiertagen) Startzeitenreservierung ist stets erforderlich!

Golfanlage Rottbach

XXL Golf auf 30 Spielbahnen.

176

Die Golfanlage Rottbach bietet Golfern aller Spielstärken optimale Spiel- und Trainingsbedingungen. Auf 27 abwechslungsreichen Spielbahnen, einem Kurzplatz mit drei Löchern sowie der weitläufigen Driving Range mit Putting Green findet das Golferherz alles, was es für einen gelungenen Golftag braucht.
Mit der aufwendigen Erweiterung um zusätzliche Löcher hat der renommierte Golfplatz-Designer Thomas Himmel seine besondere Klasse unter Beweis gestellt. Die Kombinationsmöglichkeiten aus nun 3 mal 9 harmonisch in die oberbayerische Landschaft eingefügten Bahnen und freier Blick auf das Alpenpanorama sind nur einige „Komm-Gründe" der Golfanlage Rottbach.

Strüver-Fazit: Großzügige Golfanlage mit sagenhaftem Weitblick. Beeindruckend ist auch die durchdachte Gestaltung der Kurse A, B und C, die viele Zusammenstellungen bietet.

Anfahrt: A8 München – Stuttgart verlassen Sie über die Ausfahrt Sulzemoos. Von dort fahren Sie weiter in Richtung Maisach bis Überacker. In Überacker fahren Sie rechts Richtung Rottbach.

Name:	Golf Club Hohenpähl e. V.
Adresse:	Am Hochschloss 82396 Pähl
Telefon:	+49-(0)88 08-92 02 0
E-Mail:	info@gchp.de
Internet:	www.gchp.de
Ansprechpartner:	Stefanie Almer
Öffnungszeiten:	ganzjährig
Spielbahnen:	18
Green Fee:	80,00 € (Mo – Fr) 90,00 € (Sa/So und Feiertage)
Handicap:	45
Teilnahmebed.:	Voucher gelten Montag – Samstag bis 13.00 Uhr (außer Feiertag)

Golf Club Hohenpähl

177

Erholung pur in wunderbarer Naturlandschaft.

Der, im Jahre 1988 gegründete, Golf Club Hohenpähl ist in welligem Gelände angelegt und bietet von 12 Bahnen aus, traumhafte Ausblicke auf das Alpenpanorama. Die Bahnen führen durch eine parkähnliche Landschaft mit sehr altem, majestätisch wirkendem Baumbestand. Die Anlage bietet durch zahlreiche Teiche, die Fairways begleitenden Bäche und mehrere Schräglagen einen technisch anspruchsvollen Platz. Erholung pur in wunderbarer Naturlandschaft.

Strüver-Fazit: Technisch anspruchsvoller Parkland Course. Wunderbarer Alpenblick und schönes Clubhaus.

Anfahrt: Von München: A95 München – Garmisch, Ausfahrt Starnberg, B2 Richtung Weilheim. Bei km 41 rechts nach 80 m links in den Wald einbiegen. Der Beschilderung ca. 2,5 km folgen. Von Süden: B2 Richtung Starnberg, nach der scharfen Rechtskurve bei der „Hirschbergalm" rechts und die B2 nach links zum Golfplatz queren.

Name:	Golfplatz Tutzing
Adresse:	Gut Deixlfurt Nr. 7 82327 Tutzing
Telefon:	+49-(0)81 58-36 00
E-Mail:	service@golfplatz-tutzing.de
Internet:	www.golfplatz-tutzing.de
Ansprechpartner:	Birgit Michel
Öffnungszeiten:	Mitte März bis Mitte November: Mo – So 9.00 – 18.00 Uhr
Spielbahnen:	18
Green Fee:	76,00 € (Mo – Fr) 90,00 € (Sa)
Handicap:	54 (werktags), 45 (Wochenende und Feiertage)
Teilnahmebed.:	Voucher gelten Montag – Freitag ganztags und Sa ab 13.00 Uhr (nicht an Sonn- und Feiertagen), Startzeit erforderlich

Bayern

Golfplatz Tutzing

Gesundheit – Natur – Lebensfreude auf dem Golfplatz in Tutzing.

178

Sanft hügelig, weitgehend naturbelassenes Gelände, 700 Meter Meereshöhe, das Panorama atemberaubend. Ein mächtiger Baumbestand umringt die Fairways, idyllische Seen und Bachläufe verteidigen Grüns. Jede einzelne Spielbahn ist eine sportliche Herausforderung, aber nicht unbezwingbar. Auf dem 1983 gegründeten und vom Golfprofi Bernhard Langer eröffneten Platz treffen sich Profis und Hobby-Golfer. Gutes Spiel?! Das sollten Sie gemeinsam im Clubrestaurant Morattina mit internationaler Küche oder auf der wunderschönen Sonnenterrasse Revue passieren lassen… Wir heißen Sie herzlich auf unserer Golfanlage willkommen!

Strüver-Fazit: Bernhard Langer hat hier 1986 den goldenen Ball zur Eröffnung abgeschlagen. Schön gelegene Anlage in unmittelbarer Nähe zum Starnberger See.

Anfahrt: BAB 952 München – Starnberg. Durch Starnberg auf der B2 in Richtung Weilheim. Nach ca. 10 km passieren Sie den Ort Traubing. 1 km danach ist links die Einfahrt Deixlfurt/Golfclub Tutzing.

Bayern

Name:	Golfclub Garmisch-Partenkirchen e. V.
Adresse:	Gut Buchwies 82496 Oberau
Telefon:	+49-(0)88 24-83 44
E-Mail:	kontakt@golfclub-gap.de
Internet:	www.golfclub-gap.de
Ansprechpartner:	Sekretariat
Öffnungszeiten:	Mo – So 8.00 – 17.00 Uhr (Saison)
Spielbahnen:	18
Green Fee:	90,00 € (an allen Tagen)
Handicap:	54
Teilnahmebed.:	Voucher gelten Mo – So (keine Begrenzung)

Golfclub Garmisch-Partenkirchen

30
1

179

Anfahrt: Aus Richtung Garmisch-Partenkirchen: B2 ca. 8 km Richtung München, in Oberau rechts über die Loisach, dann der Beschilderung zum Golfplatz folgen. Aus Richtung München: A95 München – Garmisch-Partenkirchen, bis zum Autobahnende, dann weiter auf der B2 bis Oberau, in Oberau links über die Loisach und dann der Beschilderung zum Golfplatz folgen.

Genießen Sie die idyllische Lage des 18-Loch-Golfplatzes inmitten der wundervollen oberbayerischen Landschaft.

Verbringen Sie einen traumhaften Golftag und schalten Sie einfach mal ab... und genießen Sie das schöne Panorama des Oberlandes mit Alpspitze, Waxenstein und Deutschlands höchstem Gipfel, der Zugspitze. Der Platz ist flach und mit leichten Wellen ist er angenehm zu begehen.

Strüver-Fazit: Panoramagolf at its best: Ein alpiner, aber ebener Platz mit Aussicht auf Wetterstein und Zugspitze.

Bayern

Name: Golfplatz Thailing
Adresse: Thailing 4
85643 Steinhöring
Telefon, Fax: +49-(0)80 94-90 5500, +49-(0)80 94-90 550 99
E-Mail: info@golfplatz-thailing.de
Internet: www.golfplatz-thailing.de
Ansprechpartner: Clubmanager Ross MacDonald
Öffnungszeiten: 8.30 – 17.30 Uhr (Saison)
Spielbahnen: 18 + 6 (Kurzplatz)
Green Fee: siehe Homepage
Handicap: 54
Teilnahmebed.: Voucher gelten Mo – Fr (nicht an Feiertagen und mit anderen Ermäßigungen kombinierbar)

Golfplatz Thailing

GOLFPLATZ THAILING

Die Faszination des Golfsports mit allen Sinnen genießen!

180

Mit dem Ziel vor Augen, die beliebteste und freundlichste Golfanlage Deutschlands zu werden, ist der Golfplatz Thailing ein lebendiger und beliebter Treffpunkt für Golfer jeden Alters und Spielniveaus. Die sehr gepflegte 18-Loch-Golfanlage, mit traumhafter Naturlandschaft und einem atemberaubenden Weitblick auf die bayerische Alpenkulisse, begeistert durch exklusives Ambiente, sportlich-jungen Flair sowie einzigartige Golfevents. Ideale Spielbedingungen und der mit sehr viel Herzblut geführte Golfclub lassen einfach keine Wünsche offen. Unsere ideenreiche Gastronomie versteht es, Sie auf unserer wunderschönen Sonnenterrasse zu verwöhnen und lädt Sie ein, Ihren Golftag in harmonischer Lounge-Atmosphäre auszukosten.

Strüver-Fazit: Das leicht hügelige Profil, Schneisen und gut platzierte Wasserhindernisse fordern technisches Können.

Anfahrt: A94 von München in Richtung Passau bis zur Ausfahrt 12. Folgen Sie dem Straßenverlauf auf B12 bis zum Kreisverkehr in Hohenlinden. Rechts abbiegen in Richtung Ebersberg. Nach ca. 700 m an der Ampel rechts Richtung Ebersberg. Nach ca. 5 km links nach Thailing.

Bayern

Name:	Golf Club Ebersberg e. V.
Adresse:	Zaißing 6 85643 Steinhöring
Telefon, Fax:	+49-(0)80 94-81 06, +49-(0)80 94-83 86
E-Mail:	info@gc-ebersberg.de
Internet:	www.gc-ebersberg.de
Ansprechpartner:	Adrian Sapia
Öffnungszeiten:	8.30–17.30 Uhr (Saison)
Spielbahnen:	18 + 9 öffentlich
Green Fee:	80,00 € (Mo – Do ganztägig, Fr bis 12.00 Uhr) 90,00 € (Fr ab 12.00 Uhr, Wochenende und Feiertage)
Handicap:	18 Loch: 54 (werktags), 36 (Wochenende und Feiertage), 9 Loch: keine Vorgaben
Teilnahmebed.:	Voucher gelten Mo – Do (außer Feiertage), nicht mit anderen Ermäßigungen kombinierbar. Änderungen der Green Fee-Preise vorbehalten.

Golf Club Ebersberg

181

Anfahrt: B304 München/Wasserburg, Richtung Wasserburg bis Steinhöring, am östlichen Ortsrand links nach Abersdorf abbiegen. In Abersdorf links über Meiletskirchen nach Zaißing. A94, Ausfahrt Hohenlinden, Richtung B12 nach Ebersberg fahren. Durch den Forst fahren bis zur Schafweide (Mülldeponie/Kieswerk), links abbiegen und ab da der Beschilderung Golfplätze folgen.

Golfen leicht gemacht.

Spielen Sie Golf auf einer der schönsten Anlagen der Region mit 9- und 18-Loch-Golfplatz und genießen Sie die prachtvolle Kulisse inmitten der traumhaften Natur. Der 18-Loch-Meisterschaftsplatz bietet sportliche Herausforderungen für unterschiedlichste Spielertypen: lange Par-5-Löcher, weite Fairways und Greens, die es auf den letzten Metern noch einmal richtig in sich haben. Für ganz besondere Attraktivität sorgt der frei bespielbare 9-Loch-Platz, auf dem weder Platzreife noch Clubmitgliedschaft nötig sind, um hier die Schläger zu schwingen. Und weil es einfach nichts Schöneres gibt, als die gespielten Löcher noch einmal in Ruhe Revue passieren zu lassen, lädt das Clubhaus mit Restaurant und einer herrlichen Sonnenterrasse zum Verweilen ein.

Strüver-Fazit: Der etwa 6.000 m lange Golfplatz bietet breite Fairways und interessante Wasserhindernisse. An schönen Tagen bietet sich ein Blick auf das Alpenpanorama.

Name:	Golfclub Mangfalltal
Adresse:	Oed 1 83620 Feldkirchen-Westerham
Telefon, Fax:	+49-(0)80 63-63 00, +49-(0)80 63-69 58
E-Mail:	info@glcm.de
Internet:	www.glcm.de
Ansprechpartner:	Markus Steinle
Büroöffnungszeiten:	9.00 – 17.00 Uhr (April – Oktober) 10.00 – 15.00 Uhr (November – März)
Spielbahnen:	18
Green Fee:	80,00 € (werktags) 90,00 € (Wochenende und Feiertage)
Handicap:	45 (werktags 10.00 – 14.00 Uhr), 45 (Wochenende), 36 (Wochenende 10.00 – 14.00 Uhr)
Teilnahmebed.:	Voucher gelten Mo – Sa (nicht an Feiertagen)

Bayern

Golfclub Mangfalltal

Golf made in Bavaria – Willkommen im Golfclub Mangfalltal.

182

30
1

Der Golfclub Mangfalltal, nur knapp eine halbe Stunde entfernt von der Landeshauptstadt, bietet seinen Gästen und Mitgliedern eine wunderschöne 18-Loch-Golfanlage mit einem traumhaften Blick in die Bayerischen Alpen. Seit 1987 verbinden wir sportlichen Anspruch, Erholung in einer intakten Natur und ein geselliges Miteinander in vorbildlicher Weise. Unsere landschaftlich reizvolle Anlage bietet sowohl erfahrenen Golfern als auch Neueinsteigern eine sportliche Herausforderung. Zeitgemäß und mit viel Liebe zum Detail kümmert sich das Greenkeeping Team um den hervorragenden Pflegezustand des Platzes. Das historische Clubhaus mit großzügig angelegter Terrasse und wunderschönem Bergpanorama lädt Golfer und Gäste zum Verweilen und Genießen ein.

Strüver-Fazit: Die 18 Loch sind unterschiedlich gestaltet. Die ersten 9 Bahnen sind ebener und einfacher, die back-nine sind dann anspruchsvoller.

Anfahrt: A8, Ausfahrt Weyarn, Richtung Feldkirchen-Westerham.

Bayern

Name:	Golfclub Margarethenhof am Tegernsee
Adresse:	Gut Steinberg 1–3 83666 Waakirchen-Marienstein
Telefon, Fax:	+49-(0)80 22-75 06-330, +49-(0)80 22-74 818
E-Mail:	golf@margarethenhof.com
Internet:	www.margarethenhof.com
Ansprechpartner:	Max Mayr
Öffnungszeiten:	8.00 – 18.00 Uhr
Spielbahnen:	18
Green Fee:	80,00 € (Mo – Fr); 90,00 € (Sa/So/Feiertag)
Handicap:	36
Teilnahmebed.:	Voucher gelten von Mo – Do (nicht an Feiertagen) nur nach vorheriger Anmeldung
Sonstiges:	Voucher sind nicht mit anderen Ermäßigungen oder Gutscheinen kombinierbar. Keine Gruppenreservierung möglich

Golfclub Margarethenhof am Tegernsee

183

Hoch über dem Tegernsee erwartet Sie ein Ort der Ruhe und Gastlichkeit – sowie eine der schönsten Golfanlagen Deutschlands. Höchste spielerische Ansprüche verbinden sich hier mit einzigartigem Naturerlebnis.

Anfahrt: A8 München – Salzburg, Ausfahrt Holzkirchen, Landstraße bis Kreuzstraße, rechts Richtung Bad Tölz, nach 2,5 km links nach Marienstein. Frühzeitig beschildert.

Rund um das Hotel Margarethenhof erstreckt sich ein weitgehend naturbelassener 18-Loch-Golfplatz. Neben gepflegten Fairways, Biotopen, Wasserhindernissen und Bunkern bietet er in 950 Metern Höhe einen der höchst gelegenen Abschläge Deutschlands. Von hier aus genießt man einen unvergleichlichen Blick auf die Bergwelt. Ein Panorama, das Golfer aus der ganzen Welt begeistert. Das charmante Clubhaus bietet sowohl ein ausgezeichnetes Restaurant als auch einen exquisiten Pro Shop. Im Hotel mit seinen 35 Suiten genießen die Gäste eine erholsame Zeit, umgeben von höchstem Komfort und neubayerischer Gemütlichkeit.

Strüver-Fazit: Der in weiten Teilen überarbeitete Platz wurde sehr kundenfreundlich und mit Cart-Wegen gestaltet.

Bayern

Name:	Golf Club Höslwang im Chiemgau e. V.
Adresse:	Kronberg 4 83129 Höslwang
Telefon:	+49-(0)80 75-714
E-Mail:	info@golfclub-hoeslwang.de
Internet:	www.golfclub-hoeslwang.de
Ansprechpartner:	Nina Gstatter
Öffnungszeiten:	8.00 – 17.00 Uhr je nach Witterung
Spielbahnen:	18
Green Fee:	69,00 € (werktags) 80,00 € (Wochenende und Feiertage)
Handicap:	54
Teilnahmebed.:	Voucher gelten Mo – Fr (nicht an Feiertagen)

Golf Club Höslwang im Chiemgau

Willkommen bei Freunden – so empfängt der Golf Club Höslwang seine Gäste.

184

30
1

Wir lieben unseren Sport, lieben unseren Platz und teilen unsere gute Laune und unsere 18 tollen Spielbahnen gerne mit unseren Gästen. Schon am ersten Abschlag werden Sie feststellen: die Aussicht auf die Chiemgauer Alpen ist grandios. Dieser Panoramablick begleitet Sie über die ganze Runde. Die Spielbahnen fügen sich perfekt in das bewegte Gelände ein. Dadurch entsteht ein nicht allzu sehr auf Längen, dafür aber auf ein strategisches Spiel abgestimmter Meisterschaftsplatz mit vielen Wasserhindernissen und Teichlandschaften. Ergänzend verfügt die Anlage über ein modernes Clubhaus, das mit dem Rosenheimer Holzbaupreis 2008 ausgezeichnet wurde. Die Sonnenterrasse grenzt unmittelbar an das Grün von Loch 18 und ist damit wie geschaffen für einen entspannenden Sundowner nach einer wunderbaren Golfrunde.

Anfahrt: siehe Homepage

Strüver-Fazit: Der Platz erfordert taktisches Spiel.

Bayern

Name:	Golfanlage Berchtesgadener Land
Adresse:	Weng 12 83404 Ainring
Telefon, Fax:	+49-(0)86 54-69 02 0, +49-(0)86 54-69 02 11
E-Mail:	info@gcbgl.de
Internet:	www.gcbgl.de
Ansprechpartner:	Sekretariat
Öffnungszeiten:	9.00 – 18.00 Uhr
Spielbahnen:	18
Green Fee:	70,00 € (werktags) 80,00 € (Wochenende und Feiertage)
Handicap:	PE
Teilnahmebed.:	Voucher gelten Di – So ab 13.00 Uhr
Sonstiges:	Green Fee-Änderungen möglich Golfhotel Wengerhof

Golfanlage Berchtesgadener Land

30
1

185

Anfahrt: A8 München – Salzburg, Ausfahrt Neukirchen, durch das Achtal Richtung Teisendorf. Auf der B304 Richtung Freilassing. Nach der Ortschaft Straß ca. 1 km Abzweigung links nach Weng. Der Beschilderung folgen.

Golfen vor der prachtvollen Bergkulisse der Bayerischen und Österreichischen Alpen.

Wenige Autominuten von der Festspielstadt Salzburg entfernt, im leicht hügeligen Gelände des oberbayerischen Dorfes Weng liegt in herrlich ruhiger Lage eine Golfherausforderung der besonderen Art: die Golfanlage Berchtesgadener Land mit seinem anspruchsvollen Par 72, 18-Loch-Meisterschaftsplatz. Der Wengerhof ist direkt im Clubhaus des Golfclub Berchtesgadener Land integriert und bietet eine komfortable und angenehme Übernachtungsmöglichkeit im schönen Berchtesgadener Land.

Strüver-Fazit: An Bahn 6 kann man durchaus ein Birdie spielen. Das Inselgrün an Loch 11 erfordert ein genaues Spiel. Sehr schönes Panorama.

Name:	Golfclub Reit im Winkl-Kössen
Adresse:	Moserbergweg 60 A-6345 Kössen
Telefon:	+49-(0)86 40-79 82 50
Fax:	+49-(0)86 40-79 82 52
E-Mail:	info@gcreit.de
Internet:	www.gcreit.de
Ansprechpartner:	Siegfried Hohenauer
Öffnungszeiten:	April – November
Spielbahnen:	18
Green Fee:	85,00 €
Handicap:	54
Teilnahmebed.:	Voucher gelten Mo – So ab 13.00 Uhr

Golfclub Reit im Winkl-Kössen

GOLFCLUB
REIT IM WINKL
KÖSSEN

Grenzüberschreitender Golf-Genuss.

186

Die überaus malerisch gelegene 18-Loch-Anlage des GC Reit im Winkl-Kössen ist Europas erster und einziger grenzüberschreitender Golfplatz. Mit Blick auf das Kaisergebirge und umrahmt von den Chiemgauer und Tiroler Alpen bietet er nicht nur beste Aussichten, sondern auch eine echte sportliche Herausforderung. Dieser einzigartige und top gepflegte Platz fordert neben strategischem Denken auch einiges an spielerischer Geschicklichkeit, gibt aber auch Anfängern die Chance auf viele Erfolgserlebnisse. Überzeugen Sie sich selbst von der Einzigartigkeit dieser Anlage. Schwungvolles Golfen zu besten Bedingungen in einer bestechend schönen Naturkulisse lässt jedes Golferherz höher schlagen.

Strüver-Fazit: Ankommen und Wohlfühlen heißt hier die Devise. Der Platz ist sehr anspruchsvoll und hält vor allem an Loch 5 einige Herausforderungen bereit.

Anfahrt: A8 München – Salzburg, A93 Richtung Innsbruck/Brenner, Ausfahrt Oberaudorf, Kössen/Reit im Winkl. A8 Salzburg – München, Ausfahrt Grassau, Reit im Winkl.

Dänemark

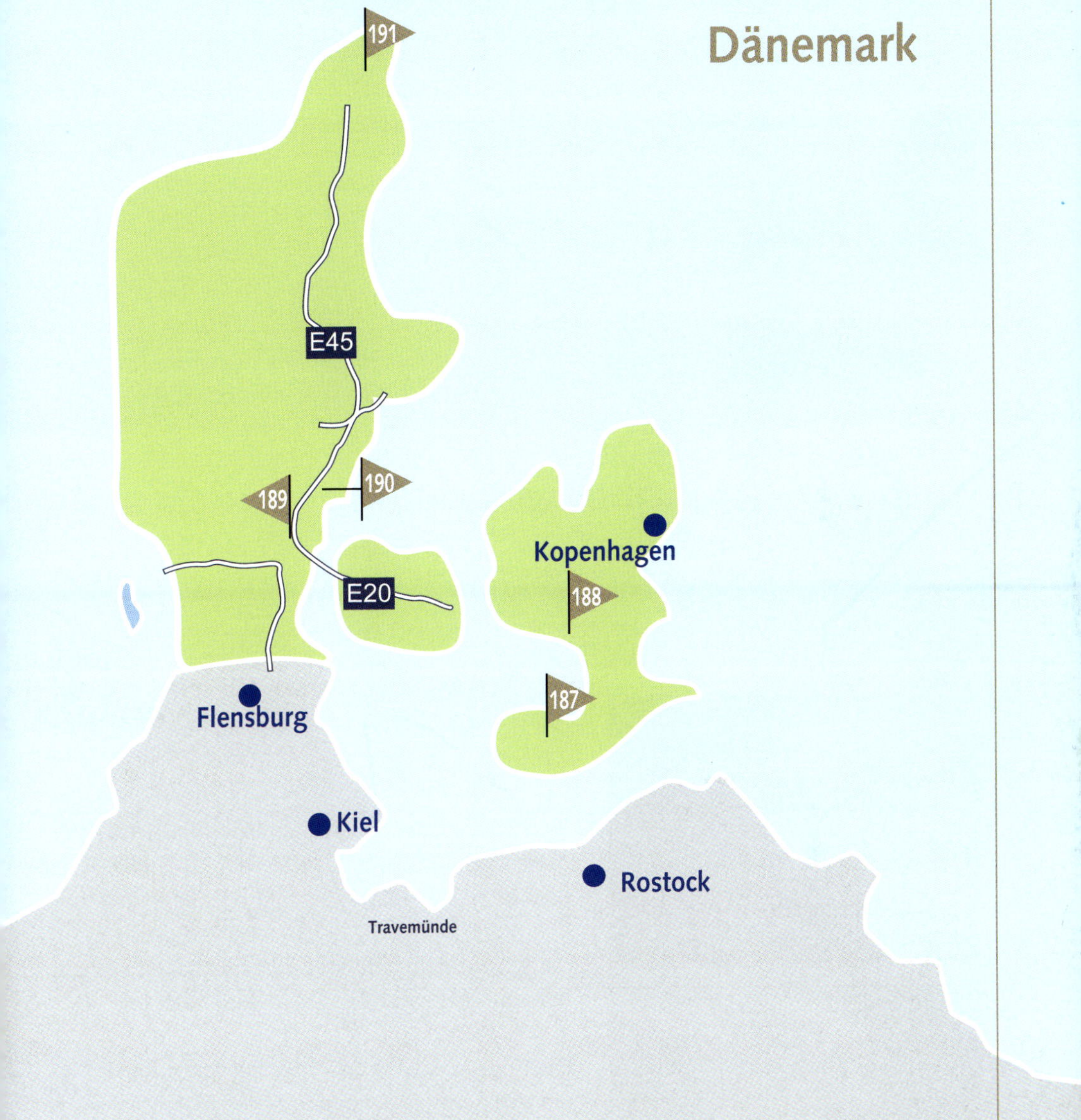

187 Maribo Sø Golfclub

188 Næstved Golfbane

189 Birkemose Golf Club

190 Horsens Golfklub

191 Sindal Golf Klub

Name:	Maribo Sø Golfklub
Adresse:	Refshale Byvej 22 DK-4930 Maribo
Telefon:	+45 22 93 26 55
E-Mail:	maribogolf@maribogolf.dk
Internet:	www.maribogolf.dk
Ansprechpartner:	Claus Bo Jensen
Öffnungszeiten:	8.00 – 17.00 Uhr
Spielbahnen:	18
Green Fee:	400 DKK, ca. 54,00 €
Handicap:	54
Teilnahmebed.:	–
Sonstiges:	Lademöglichkeit für Elektrofahrzteuge

Maribo Sø Golfklub

187

Anfahrt: siehe Homepage

Golfen direkt am Naturpark Maribosee!

Der Golfplatz in Maribo befindet sich in einem der EU-Natura-2000-Gebiete, nur 2 km vom Zentrum entfernt.

Den Kurs spielen Sie in 2 Schleifen à 9 Loch, bei denen Sie das Clubhaus zwischen 9. und 10. Loch passieren. Die letzten neun Löcher liegen an den Ufern des Sees, so dass Sie während des Spiels die schöne Aussicht auf den malerischen See und dessen reiche Vogelwelt genießen können.

Die über 100 Jahre alte Refshalegaard bietet ein entspanntes Ambiente für ein gemütliches Clubleben im Maribo Lake Golf Club.

Strüver-Fazit: Abwechslungsreicher Platz, bei dem gute Spieler bei Loch 11 über das Wasser abkürzen können.

Dänemark

Name: Næstved Golfbane
Adresse: Karrebækvej 461
DK-4700 Naestved
Telefon: +45 55 73 33 44
E-Mail: info@naestvedgolf.dk
Internet: www.naestvedgolf.dk
Ansprechpartner: Jan Ebbe Larsen
Öffnungszeiten: täglich ab 9.00 Uhr (siehe Homepage)
Spielbahnen: 18
Green Fee: 350 DKK, ca. 47,00 € (werktags)
400 DKK, ca. 54,00 € (Wochenende und Feiertage)
Handicap: 54
Teilnahmebed.: Voucher gelten Mo – So

Næstved Golfbane

Næstved Golfplatz ist einer der schönsten Plätze des Landes mit Blick auf den Karrebæk Fjord.

188

30
1

Der Platz ist normalerweise vom frühen Frühling bis zum späten Herbst geöffnet. Die 18 spannenden und abwechslungsreichen Löcher sind in leicht hügeligem Gelände angelegt. Wasserhindernisse an 14 Löchern, große Greens oft in mehreren Plateaus und der Wind vom Meer stellen jeden Golfer vor eine Herausforderung. Nahe dem Clubhaus und dem ersten Abschlag finden Sie eine feine Übungsanlage mit Driving Range und Übungsbunkern.
Nach einer anspruchsvollen Golfrunde können Sie in unserem schönen Restaurant mit Terrasse den Blick auf das Karrebæk Fjord genießen.

Strüver-Fazit: Auf den Back-Nine haben Sie Wasser an den meisten Löchern. Schöne Ausblicke.

Anfahrt: Straße 265 zwischen Næstved und Skaelsker. 3 km von Næstved.

Dänemark

Name: Birkemose Golf Club
Adresse: Nr. Stenderupvej 12
DK-6000 Kolding
Telefon: +45 75 56 50 60
E-Mail: post@birkemosegolf.dk
Internet: www.birkemosegolf.dk
Ansprechpartner: Claus Valter
Öffnungszeiten: 7.00 – 19.00 Uhr
Spielbahnen: 18 + 9
Green Fee: 300 DKK, ca. 40,00 €
Handicap: 54
Teilnahmebed.: –
Sonstiges: Stellplatz mit Stromanschluss und Stromverbrauch ohne Berechnung

Birkemose Golf Club

189

Willkommen im freundlichsten Golfclub des Landes!

Der Birkemose Golf Club liegt inmitten von einem herrlichen Naturgebiet mit Hügeln, Seen und Wasserläufen. Die wunderbare Aussicht wird hier zum Erlebnis. Neben den 18 herausfordernden Löchern verfügt der Club ebenso über einen öffentlichen 9-Loch-Platz. Ausrüstung kann auch vor Ort geliehen werden.

Das rustikale Restaurant im Clubhaus lädt zum Verweilen nach der Runde ein.

Strüver-Fazit: Die ersten Neun offen und hügelig, die zweiten Neun eher bewaldet und mit Anstiegen – Cart nehmen.

Anfahrt: siehe Homepage

Name: Horsens Golfklub
Adresse: Silkeborgvej 44
DK-8700 Horsens
Telefon: +45 75 61 51 51
E-Mail: info@horsensgolf.dk
Internet: www.horsensgolfklub.dk
Ansprechpartner: Ronny Kert
Öffnungszeiten: 8.00 – 16.00 Uhr (Büro)
Spielbahnen: 27
Green Fee: 400 DKK, ca. 54,00 €
Handicap: 45 (18 Loch), – (9 Loch)
Teilnahmebed.: Voucher gelten wochentags Mo – Fr

Horsens Golfklub

Willkommen zu Ihrer eigenen Challenge Golf Erfahrung!

190

Der Championship-Course des Horsens Golfklub liegt in einer unglaublich schönen Hügellandschaft mit vielen Seen und Bächen. Die Löcher sind sehr abwechslungsreich und es gibt mehrere spannende und herausfordernde Waldlöcher. Horsens Golfklub veranstaltete The European Challenge Tour 2002 + 2006 und Stargolf 2008 + 2009 + 2010 + 2011. Der Platz hat eine der besten Par 3-Bahnen Dänemarks.

Strüver-Fazit: Lange Par 4 und teilweise Berg und Tal in sehr schöner Landschaft. Toller Service und Restaurant.

Anfahrt: Autobahnausfahrt E45 Nr. 56 auf der Autobahn Vejle – Horsens – Skanderborg – Aarhus. Fahren Sie in Richtung Horsens Stadt (Osten), nach ca. 1,5 km links zum Golfplatz.

Dänemark

Name:	Sindal Golf Klub
Adresse:	Volstrupvej 135 DK-9870 Sindal
Telefon:	+45 989 344 22
E-Mail:	info@sindalgolfklub.dk
Internet:	www.sindalgolfklub.dk
Ansprechpartner:	Susanne Andersen
Öffnungszeiten:	siehe Homepage
Spielbahnen:	18
Green Fee:	350 DKK, ca. 47,00 € (werktags) 400 DKK, ca. 54,00 € (Wochenende u. Feiertage)
Handicap:	54
Teilnahmebed.:	Voucher gelten Mo – So bei freien Startzeiten – bitte kontaktieren Sie uns per Telefon oder E-Mail

Sindal Golf Klub

30
1

191

Anfahrt: siehe Homepage

Willkommen im Sindal Golf Club.

Der Sindal Golf Club befindet sich in einem der schönsten Landschaften Nordjütlands. Der Platz ist landschaftlich angelegt mit Hügeln, Tälern, Seen und abfallenden Fairways. Alle 18 Löcher haben einen unverwechselbaren Charakter, so dass Herausforderungen für alle Handicaps bestehen.

Natürlich haben wir auch Löcher, in denen der frische Wind aus Nordjütland ins Spiel kommt, also müssen sowohl Schläger als auch Eisen benutzt werden – aber sorgfältig ausgewählt!

Nach der Runde sind Sie herzlich willkommen in unserem Clubhaus.

Strüver-Fazit: Der Platz ist hügelig, hat an jedem Loch Überraschungen für Sie und wird bei Wind zur Herausforderung.

Niederlande

192 Golfclub Holthuizen

193 Graven Golfclub Ommen

194 Golfbaan de Golfhorst

Niederlande

Name:	Golfclub Holthuizen
Adresse:	Oosteinde 7a NL-9301 ZP Roden
Telefon:	+31-(0)50 50 15 103
E-Mail:	info@golfclubholthuizen.nl
Internet:	www.golfclubholthuizen.nl
Ansprechpartner:	Sekretariat
Öffnungszeiten:	ganzjährig, täglich ab 9.00 Uhr
Spielbahnen:	9
Green Fee:	9 Loch: 25,00 €, 18 Loch: 40,00 € Par 3 Loch zertifiziert: 17,50 € (Tageskarte)
Handicap:	54
Teilnahmebed.:	–

Golfclub Holthuizen

192

Anfahrt: Von Bremen: A28, A31, A280, A7, N372. Von Meppen: E233, A37, N376, N34, N386, N372.

In einer charakteristischen Landschaft im Grünen liegt ein anspruchsvoller 9-Loch-Golfplatz.

Alle Löcher haben einen zweiten Abschlag, was dem Platz ein interessantes Zusatzelement bietet. Die Wälder von Roden schmücken die Freiflächen und bieten an sonnigen Tagen ein schönes Spiel von Licht und Schatten. Wind und Wasser sind natürliche Elemente hier, die das Spiel spannender gestalten. Die Driving Range ist größtenteils überdacht. Das gut ausgestattete Clubhaus lädt nachher zur gemütlichen Erholung ein.
Im Juni 2017 ist der neue 9-Loch-Par-3-Golfplatz eröffnet worden. Dadurch hat der Golfclub seine Spielmöglichkeiten um ein Vielfaches erweitert. Der Platz ist eine große Herausforderung, denn er zwingt zu sehr präzisen Schlägen. Weitere Informationen finden sie auf der Website.

Strüver-Fazit: Nach dem Golfspiel mit Wind und Wasser lädt das gemütliche Clubhaus ein.

Niederlande

Name:	Hooge Graven Golfclub Ommen
Adresse:	Hessenweg Oost 3a NL-7735KP Arriën (Ommen)
Telefon:	+31-(0)52 9-455 999
E-Mail:	info@hoogegraven.nl
Internet:	www.hoogegraven.nl
Ansprechpartner:	Caddiemaster
Öffnungszeiten:	9.00 – 16.00 Uhr (werktags) 9.00 – 15.00 Uhr (Wochenende)
Spielbahnen:	18
Green Fee:	70,00 €
Handicap:	54
Teilnahmebed.:	Voucher gelten Mo – So ab 14 Uhr

Hooge Graven Golfclub Ommen

Willkommen im Hooge Graven Golfclub Ommen. Entdecken Sie einen der schönsten Waldplätze der Niederlande.

Unser 18-Loch-Meisterschaftsplatz und der 9-Loch-Par-3-Platz bieten wundervolle Herausforderungen für den High- und Low-Handicapper. Schnelle Grüns, schneidige Bunker und strategisch platzierte Wasserspiele lassen Ihr Golfherz höher schlagen. Nicht umsonst zählt der Hooge Graven Golfclub Ommen zu den 25 schönsten Golfplätzen unseres Landes.
Die entspannte Atmosphäre im Club und unser gastfreundliches Restaurant runden Ihren sportlichen Tag im Hooge Graven Golfclub Ommen ab.

Strüver-Fazit: Das 73 Hektar große Gelände wurde 1993 eröffnet und 2002 auf 18 Loch erweitert. Abwechselnd breite und schmale Fairways sowie Rough und Wasserhindernisse müssen bewältigt werden.

193

Anfahrt: Coevordenweg von Ommen nach Stegeren. In Arriën biegen Sie links beim ANWB-Verkehrsschild ab. Wiederum links abbiegen und bei der ersten Möglichkeit rechts. Sie befinden sich jetzt auf dem Arriërveldsweg. Folgen Sie der Straße bis zum Golfclub (Wegweiser: Golf). Adresse für Navigationsgerät: Hessenweg Oost 3A

Niederlande

Name:	Golfbaan de Golfhorst
Adresse:	Raamweg 8 NL-5966 RM America
Telefon:	+31-(0)77-46 490 70
E-Mail:	info@golfbaandegolfhorst.nl
Internet:	www.golfbaandegolfhorst.nl
Öffnungszeiten:	Sommer: 8.00 – 18.00 Uhr Winter: 9.00 – 16.00 Uhr
Spielbahnen:	18 + 9 Par 3
Green Fee:	50,00 € (18 Loch)
Handicap:	45
Teilnahmebed.:	Voucher gelten täglich bis 17.00 Uhr
Sonstiges:	Anmeldung erforderlich, Gruppen sind herzlich willkommen

de Golfhorst

Golfbaan de Golfhorst

194

Die Golfanlage De Golfhorst wurde im Jahr 1997 gegründet und befindet sich im Herzen von „De Peel", einer Gegend im Südosten der Niederlande, die für ihre Wälder und Moore bekannt ist, und in direkter Nähe der schönen Stadt Venlo.

Eine einfallsreiche Bepflanzung, weite Wasserflächen und anspruchsvolle Schräglagen und Hänge bieten auf unseren 18 Loch reichlich Herausforderungen für erfahrene Golfer. Die Anlage ist eine Kombination aus hügeligem Terrain und offenen Rasenflächen, anspruchsvoll, aber nicht zu schwierig (Par 70).

Strüver-Fazit: Neben der 18-Loch-Anlage mit Höhenunterschieden bis zu 35 Metern steht ein 9-Loch-Par-3-Platz zur Verfügung.

Anfahrt: Von Venlo/Deutschland (A67/E34): Ausf. 38 (Helden/Ysselsteyn), rechts Richt. Ysselsteyn. Nach 6 km vor Tankstelle rechts auf den Zwarte Plakweg. Wieder rechts nach 1 km in den Raamweg. Von Nijmegen (A73): Ausf. 11 (Horst/Sevenum), an Kreuz. rechts, vor Bahnhof rechts, weiter Richt. America. Dort nach Bahnübergang in Zwarte Plakweg biegen. Nach 1,5 km links De Golfhorst. Dann links in den Raamweg.

Tschechien

195 Golf Resort Franzensbad

196 Golf Club Sokolov

197 Golf Resort Cihelny

198 Golf Club Kynžvart/Golf Club Königswart

199 Royal Golf Club Mariánské Lázně (Marienbad)

Tschechien

Name:	Golf Resort Franzensbad
Adresse:	Hazlov 489 CZ-35132 Hazlov
Telefon:	+420-354 595 402
E-Mail:	recepce.golf@gr-fl.cz
Internet:	www.gr-fl.cz
Ansprechpartner:	Matthias Schnurrer
Öffnungszeiten:	8.00 – 19.00 Uhr
Spielbahnen:	18
Green Fee:	1.600,00 CZK (Mo – Do) 1.800,00 CZK (Fr – So und Feiertage)
Handicap:	–
Teilnahmebed.:	Voucher gelten Mo – Do ganztägig sowie Fr – So ab 12.00 Uhr. Nicht kombinierbar mit anderen Angeboten, Gutscheinen und Nachlässen
Sonstiges:	Wohnmobilstellplätze mit Elektro- und Wasseranschluss vorhanden; kostenfreie Ladestation für E-Autos, Appartements direkt am Golfplatz

Golf Resort Franzensbad

30
1

195

Anfahrt: Von Bayern: Grenzübergang Selb-Asch, Richtung Eger (Cheb) – Grenzübergang Schirnding-Cheb (Eger), Richtung As – in Hazlov der Beschilderung „Golf Resort" folgen. Von Sachsen: Grenzübergang Schönberg-Voitanov, nach Grenzübergang der Beschilderung folgen.
GPS-Daten: 50°09'58.22'N, 12°16'39.30'N

Im schönsten Winkel des böhmischen Bäderdreiecks liegt einer der gepflegtesten und attraktivsten Golfplätze der Tschechischen Republik.

In unmittelbarer Nähe zum weltbekannten Kurort Franzensbad, nur wenige Kilometer von der deutsch-tschechischen Grenze entfernt, können Sie unseren sportlichen 18-Loch-Golfplatz genießen.
Der Golfplatz ist 2003 in der Landschaft eines Naturschutzgebietes nahe der Eger eröffnet worden. Mit 18 Löchern, Par 72 und einer Gesamtlänge von 6.561 Metern ist der Parcour ein internationaler Standard. Die Golfanlage wurde in das 120 Hektar große Areal umweltbewusst und naturbelassen integriert. Besonderen Anreiz schaffen die zahlreichen Wasserhindernisse.

Strüver-Fazit: Ästhetische Anlage inmitten der Natur; die sanft hügelige Form des Platzes ist auch für routinierte Golfer bestens geeignet. Nahezu alle Bahnen sind räumlich voneinander getrennt – ein Genuss.

Tschechien

Name:	Golf Club Sokolov
Adresse:	Ke Golfu 445 CZ-35601 Dolní Rychnov
Telefon:	+420-352 466 250
E-Mail:	recepce@golf-sokolov.cz
Internet:	www.golf-sokolov.cz
Ansprechpartner:	Jan Michalica
Öffnungszeiten:	8.00 – 19.00 Uhr
Spielbahnen:	18
Green Fee:	1.500,00 CZK (Mo – Do) 1.800,00 CZK (Fr, Wochenende und Feiertage)
Handicap:	54
Teilnahmebed.:	Voucher gelten täglich

Golf Club Sokolov

GCSO GOLF CLUB SOKOLOV

PGA CZECH MASTERS 2010

Design und Qualität des Platzes machen ihn zum Golfkleinod Tschechiens.

196

30

1

Der hügelige Golfplatz liegt in der Nähe der Stadt Sokolov am Fluss Eger. Er entstand auf einem Gelände, das nach Beendigung der Braunkohleförderung aufwendig rekultiviert wurde. Die 18-Loch-Anlage erstreckt sich auf einer Fläche von etwa 100 Hektar. Die Gesamtlänge der Spielbahnen, bei Par 72, beträgt 6.288 m. Wind, Höhenunterschiede und Roughs machen das Spiel strategisch interessant und von Natur aus anspruchsvoll. Wie viele moderne Meisterschaftsplätze hat auch der Golfplatz in Sokolov außerordentlich schwierige Par-3-Löcher.

Strüver-Fazit: Ein wahrhaft gelungener Championship Kurs. Der Golf Digest hat Loch 15 zum zweitbesten Loch des Jahres gewählt.

Anfahrt: Aus Eger kommend: Schnellstraße R6, 1. Ausfahrt rechts nach Sokolov, nach 500 m an Kreuzung (Tankstelle ONO) links abbiegen. Die Straße führt direkt zum Golfplatz. Aus Prag oder Karlsbad kommend: Schnellstraße R6, 2. Ausfahrt rechts nach Sokolov, weiter wie oben beschrieben.

Name:	Cihelny Golf & Wellness Resort s.r.o.
Adresse:	Cihelny 7 CZ-36464 Bečov nad Teplou
Telefon:	+420-234614823
E-Mail:	golfreception.cihelny@axxoshotels.com
Internet:	www.axxoshotels.com
Ansprechpartner:	Renata Krassova
Öffnungszeiten:	8.00 – 18.00 Uhr
Spielbahnen:	18
Green Fee:	1.950,00 CZK (Mo – So)
Handicap:	54
Teilnahmebed.:	Voucher gelten täglich

Cihelny Golf & Wellness Resort

197

Der Golfplatz in Cihelny bei Karlsbad befindet sich inmitten der schönen Natur in Westböhmen, nur 5 km von dem Kurzentrum der Stadt Karlsbad im Naturschutzgebiet „Slavkovský les".

Diese Lage ermöglichte es, einen 18-Loch-Golfplatz nach ,,schottischem" Vorbild aufzubauen. Der moderne Golfclub mit der überdachten Driving Range bildet eine der hochwertigsten und komplexesten Anlagen in Mitteleuropa mit 18-Loch- und 9-Loch-Golfplatz, PRO Shop, E-Carts-, Trolley-, Golfschläger- und Bagverleih. Für das kulinarische Wohl sorgt das Restaurant direkt im Club. Für einen längeren Aufenthalt bietet Ihnen das Golf & Spa Resort Cihelny auch Unterkunftsmöglichkeiten an. Hier können Sie das Wellnessland mit großem Terrassen-Schwimmbad, 4 verschiedenen Saunen, Fitnessstudio, Massagen und Kosmetikanwendungen nutzen.

Anfahrt: Von Cheb/Eger R6 Richtung Karlovy Vary (Praha/Prag) bis Ausfahrt 131. Nach 7 km von Karlovy Vary – E49 Richtung Bečov nad Teplou (Plzen/Pilsen). Nach 7 km rechts ins Dorf Cihelny und zum Golfplatz.

Strüver-Fazit: Der Platz wurde 2001 von Gary Player als Par-70-Platz gebaut. Hier fanden bereits mehrere internationale Wettbewerbe statt.

Tschechien

Name:	Golf Club Kynžvart / Golf Club Königswart
Adresse:	Zámek 1 / 418 CZ-35491 Lázně Kynžvart
Telefon:	+420-733 612 901
E-Mail:	recepce@golfkynzvart.cz
Internet:	www.golfkynzvart.cz
Ansprechpartner:	Martin Mňahončák
Öffnungszeiten:	8.00 – 20.00 Uhr
Spielbahnen:	18
Green Fee:	1.800,00 CZK, ca. 72,50 € (Mo – So und Feiertage)
Handicap:	54
Teilnahmebed.:	Voucher gelten täglich
Sonstiges:	Wohnmobile können geparkt werden und Hunde sind willkommen

Golf Club Kynžvart / Golf Club Königswart

GOLF CLUB KYNŽVART

198

30
1

Der Club befindet sich am Rand des Kaiserwalds und fügt sich perfekt in den weitläufigen englischen Schlosspark, in dem sich auch das wunderschöne Renaissance-Schloss Kynžvart befindet, ein.

Jahrhundert alte Bäume, romantische Schlupfwinkel, weitläufige Teiche und historische Häuschen machen diesen Platz zu einem ganz besonderen Ort. Der 18-Loch-Golfplatz wurde vom führenden europäischen Designer Christoph Städler gestaltet und im Frühling 2010 neu eröffnet. Er schuf durch die Kombination aus traditionellen und modernen Elementen einen abwechslungsreichen Golfplatz im Parkland-Stil.

Strüver-Fazit: Langer und anspruchsvoller Course mit viel Wald und Ausgrenzen. Bahn 18 muss carry 200 Meter von weiß über das Wasser Richtung Clubhaus gespielt werden.

Anfahrt: Grenze Schirnding, E48, weiter auf Route 21, Abfahrt 162 Richtung Planá/Plzen Mariánské Lázne, links abbiegen auf Route 2118, scharf rechts auf Zámek, der Straße folgen. GPS: M 50° 00´13", E 12° 36´30"

Name:	Royal Golf Club Mariánské Lázně
Adresse:	Mariánské Lázně 582 CZ-35301 Mariánské Lázně
Telefon, Fax:	+420-354 624 300, +420-354 625 195
E-Mail:	recepce@golfml.cz
Internet:	www.golfml.cz
Ansprechpartner:	Tereza Klečková
Öffnungszeiten:	7.00 – 19.00 Uhr
Spielbahnen:	18 + 9 Loch Kurzplatz
Green Fee:	1.600,00 CZK (Mo – Do) 1.800,00 CZK (Fr – So/Feiertage)
Handicap:	54
Teilnahmebed.:	Voucher gelten von Mo – Mi (nicht an tschechischen Feiertagen)

True Golf Heritage

Royal Golf Club Mariánské Lázně (Marienbad)

199

Dieser Golfplatz ist einer der Ältesten in Europa.

1905 wurde er vom englischen König Edward VII. eröffnet und bekam 2003 von Königin Elizabeth II. den Titel Royal Golf Club Mariánské Lázně verliehen. Der Meistergolfplatz ist in ein leicht hügeliges Gelände eingebettet und wird von urwüchsigen, großen Bäumen dominiert.
Die gepflegten Fairways sind leicht wellig und versprechen Golfspaß der Extraklasse. Vor allen Löchern greifen Fairway und Vorgrün ineinander. Zur Erfrischung stehen an Loch 2 und 12 sowie bei Loch 5 außerdem zwei wunderschöne Halfway-Houses bereit.

Strüver-Fazit: Der älteste Platz Tschechiens ist ein Beispiel für die irische und schottische Golfplatz-architektur Ende des 19. Jahrhunderts.

Anfahrt: 1. Grenzübergang Weidhaus A6 (D5), Richtung Prag, Exit 128, nach Marienbad (Mariánské Lázně), ca. 18 km Beschilderung GOLF. 2. Grenzübergang Selb oder Schirding, Richtung Eger (Cheb), in Marienbad an Ampelkreuzung links nach Karlsbad (Karlovy Vary) GPS: 49°58′36.79″N; 12°44′22.13″E

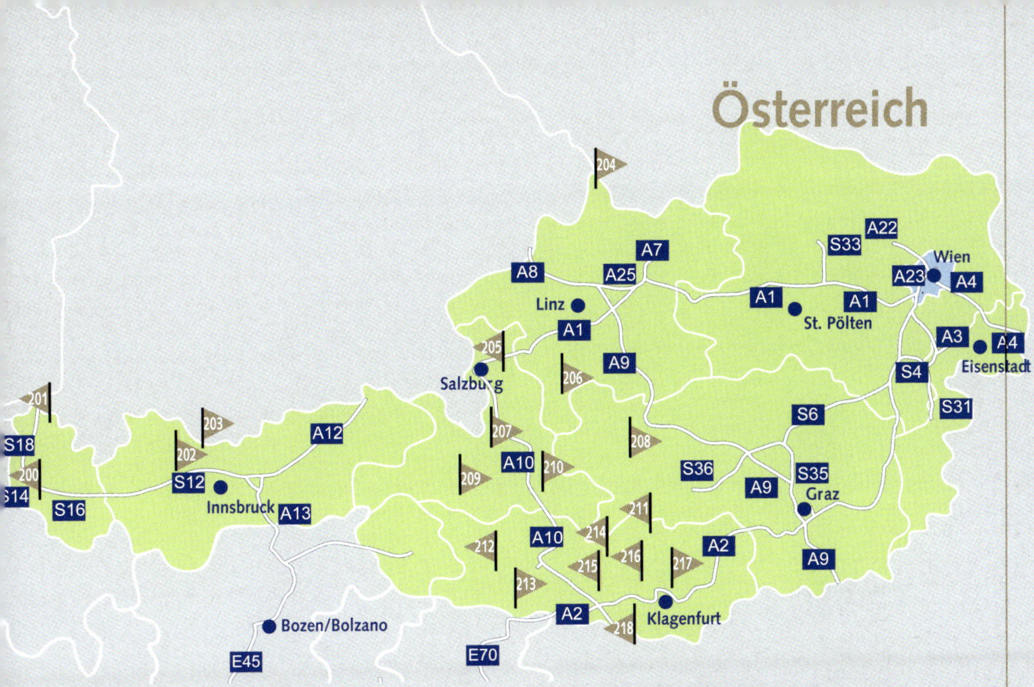

Vorarlberg/Tirol

200 „Alpin Golfbrand" Golfclub Brand

201 Golfpark Bregenzerwald

202 Tiroler Zugspitz Golf

203 Golfclub Seefeld Reith

Oberösterreich

204 Böhmerwald Golfpark

Salzburg/Steiermark

205 Golfclub Römergolf

206 Golfclub Salzkammergut

207 Golfclub Gut Brandlhof

208 Golf- & Landclub Ennstal

209 Golfclub Zell am See – Kaprun – Saalbach

210 Golfclub Lungau/Katschberg

211 Golf Club Murau-Kreischberg

Kärnten

212 Golfclub Drautal/Berg

213 Nassfeld Golf

214 Golfarena Bad Kleinkirchheim-Kaiserburg

215 Golfclub Velden Wörthersee

216 Kärntner Golfclub Dellach

217 Jacques Lemans Golfclub St. Veit-Längsee

218 Golfanlage Moosburg-Pörtschach

Österreich

Name:	„Alpin Golf Brand" Golfclub Brand GmbH
Adresse:	Studa 83 A-6708 Brand
Telefon:	+43- (0) 55 59- 450
E-Mail:	info@gcbrand.at
Internet:	www.gcbrand.at
Ansprechpartner:	Ilona Gregory
Öffnungszeiten:	9.00 – 17.00 Uhr
Spielbahnen:	18
Tages-Green-Fee:	ab 85,00 € Golf unlimited; aktuelle Preise siehe www.gcbrand.at
Handicap:	54
Teilnahmebed.:	Voucher gelten nur **Dienstag**, **Mittwoch** und **Donnerstag**. Reservierung unter Angabe „Spiel mit LeisureBreaks" erforderlich. Keine Gruppenreservierung möglich. Rabatte nicht kombinierbar.

„Alpin Golf Brand" Golfclub Brand

30
1
200

Golfen in den Alpen.

Der absolut ruhig gelegene Golfplatz bietet vor allem im Hochsommer die unschätzbaren Vorteile angenehmer Temperaturen und frischer Hochgebirgsluft. Der 1. Abschlag ist nur einige Schritte vom Ortszentrum und den meisten Hotels entfernt. Landschaftliche Schönheiten wie Lesesteinmauern, 100-jährige Almhütten, das imposante Bergmassiv des Rätikons und klare Gebirgsbäche begleiten den Golfer auf seiner Runde abseits des Alltagslärms.
Doch auch sportliche Herausforderungen gibt es im Alpin Golf Brand zur Genüge. Nicht umsonst ist der Werbeslogan „Flach kann Jeder".
Für eine gemütliche Runde stehen Golfcarts zur Verfügung.

Anfahrt: siehe Homepage www.gcbrand.at

Strüver-Fazit: Trickreiches Alpingolf mit sehr gepflegten Grüns. Taktisches Spiel wird belohnt!

Name:	Golfpark Bregenzerwald
Adresse:	Unterlitten 3a A-6943 Riefensberg
Telefon:	+43-(0)663-06430418
E-Mail:	office@golf-bregenzerwald.com
Internet:	www.golf-bregenzerwald.com
Ansprechpartner:	Daniel Green
Öffnungszeiten:	9.00 – 17.00 Uhr (Sekretariat)
Spielbahnen:	18
Green Fee:	90,00 € (an allen Tagen)
Handicap:	54
Teilnahmebed.:	Mo – So ab 12.00 Uhr

Golfpark Bregenzerwald

Das Schönste am Golf ist der Platz.

201

30
1

Ganz besonders der Golfpark Bregenzerwald, wo Architekt Kurt Rossknecht die Besonderheiten des sanfthügeligen Weißach-Tales mit den alten Baumgruppen und naturbelassenen Streuwiesen durch sorgsam gesetzte Bunker, Teiche und Grüns zu einem abwechslungsreichen Platz mit 18 Bahnen für alle Spielstärken geformt hat. Hier findest du noch den ursprünglichen Charme des Spiels, mit breiten Fairways, schmalen Korridoren, spannenden Hang- und Schräglagen vor der imposanten Kulisse der Voralpen. So ist der Golfpark ideal in den Bregenzerwald und in den Naturpark Nagelfluhkette eingebettet.
Die gepflegte Kulturlandschaft und freundliche Menschen schaffen Abstand zum Alltag und machen bei jeder Runde bereits Lust auf die nächste. Im Golfpark Bregenzerwald wird jede Runde ein Fest für alle Sinne.

Strüver-Fazit: Leicht hügeliger Platz mit tollem Bergblick. Bei einigen Bahnen sind die Grüns sehr gut mit Wasserhindernissen verteidigt.

Anfahrt: Golfen im Naturpark Nagelfluhkette. Navigation: Golfpark Bregenzerwald, Unterlitten 3a, A-6943 Riefensberg

Österreich

Name:	Tiroler Zugspitz Golf GmbH & Co. KG
Adresse:	Am Rettensee 1 A-6632 Ehrwald
Telefon, Fax:	+43-(0)56 73-22 366, +43-(0)56 73-22 36 64
E-Mail:	info@tiroler-zugspitzgolf.at
Internet:	www.tiroler-zugspitzgolf.at
Ansprechpartner:	Daniel Ortner-Bauer
Öffnungszeiten:	9.00 – 17.00 Uhr
Spielbahnen:	9
Green Fee:	9 Loch 47,00 €, 18 Loch 72,00 € (an allen Tagen)
Handicap:	54
Teilnahmebed.:	–

Tiroler Zugspitz Golf

202

Anfahrt: siehe Homepage

Abschläge im Anblick der Zugspitze.

Am Fuße des Wettersteinmassivs begrüßt Sie der GC Tiroler Zugspitze mit einem der schönsten 9-Loch-Golfplätze Österreichs. Die auf ca. 1.000 m Seehöhe großzügig angelegten Spielbahnen sind idyllisch in das flache Talbecken eingebettet. Das Moos und die Teichanlagen in Kombination mit dem Bergpanorama ermöglichen Golfen vor traumhaften Kulissen. Die Spielbahnen, ein Mix aus Par-3-, Par-4- und Par-5-Löchern, sind für Anfänger sowie Fortgeschrittene gleichermaßen fair und sportlich. Zum Platz gehören eine großzügige Driving Range, Putting-, Chipping- und Pitchinggreen sowie zwei Sandbunker.
Das Clubhaus besticht durch seine moderne Architektur in Form eines Golfballes, in dem sich das Restaurant Golfino befindet. Es lädt mit seiner großzügig angelegten Sonnenterrasse nach einer Golfrunde zum Verweilen ein.

Strüver-Fazit: Traumhafte Golfbahnen auf einem Hochplateau in flachem Gelände. Genießen Sie den Ausblick auf Deutschlands höchsten Berg.

Name:	Golfclub Seefeld Reith
Adresse:	Reitherspitzstraße 632d A-6100 Seefeld in Tirol
Telefon:	+43-(0)52 12-37 97
E-Mail:	info@gc-seefeld-reith.at
Internet:	www.gc-seefeld-reith.at
Öffnungszeiten:	Anfang Mai – Ende Oktober
Spielbahnen:	9
Green Fee:	siehe Homepage
Handicap:	54
Teilnahmebed.:	Sonntag ab 13.00 Uhr – Freitag 13.00 Uhr (August und Feiertage ausgenommen)

Golfclub Seefeld Reith

Wo Golf am schönsten ist.

203

30
1

Von dieser alpinen Kombination kann man kaum genug bekommen! Im Herzen Seefelds, in atemberaubender Kulisse eingebettet in Karwendel, Wettersteingebirge und Mieminger Kette, liegt einer der prachtvollsten und anspruchsvollsten 9-Loch-Plätze der Alpen! Der Golfclub Seefeld Reith bietet alles, was den Sport so reizvoll macht. Spieler und Spielerinnen aller Altersklassen und Spielstärken finden hier ein reiches Betätigungsfeld und ebenso mannigfaltige wie abwechslungsreiche Herausforderungen.
Die durchwegs ebenen Spielbahnen des Parkland-Kurses sind schließlich so angelegt, dass nicht nur fürs Auge Spektakuläres geboten wird, sondern auch der Spaß am Spiel samt Erfolgserlebnissen nicht zu kurz kommt. Zusätzlich bietet der Golfclub Seefeld Reith ein kompetentes Übungsareal sowohl auf der Driving Range wie auch im bestens geeigneten Kurzspielbereich.

Strüver-Fazit: Ein relativ ebener Platz, der mitten im Ort Seefeld liegt. Tolles Panorama und ein sehr modernes Clubhaus.

Anfahrt: Den Golfclub Seefeld Reith erreichen Sie mit Ihrem Auto über die B177 (= Seefelder Bundesstraße) kommend von Garmisch (mautfrei!) über die Ausfahrt „Seefeld Mitte“ oder aus Innsbruck kommend über die Ausfahrt „Seefeld Süd“. Der Golfplatz ist auch in 3 Minuten vom Bahnhof Seefeld aus zu Fuß erreichbar!

Name:	Golfpark Böhmerwald
Adresse:	Seitelschlag 50 A-4161 Ulrichsberg
Telefon:	+43-(0)72 88-82 00
E-Mail:	office@boehmerwaldgolf.at
Internet:	www.boehmerwaldgolf.at
Ansprechpartner:	Johanna Pfoser
Öffnungszeiten:	April – Oktober
Spielbahnen:	27
Green Fee:	80,00 €
Handicap:	PE
Teilnahmebed.:	Voucher gelten Mo – Fr

Golfpark Böhmerwald

30
1

204

Anfahrt: Golf im oberen Mühlviertel im Dreiländereck Oberösterreich, Bayern und Tschechien. Navigation: Golfpark Böhmerwald, Seitelschlag 50, A-4161 Ulrichsberg.

Mit viel Verständnis für die Natur und das sanfthügelige Gelände des Mühlviertels wurden Anfang der 1990er-Jahre der 18- als auch der 9-Loch-Platz in der Böhmerwald-Region im 3-Länder-Eck Oberösterreich-Bayern-Tschechien angelegt.

Die hecken- und waldgerahmten Fairways mit Teichen, Büschen und altem Baumbestand und die gut von Sand- und Grasbunkern verteidigten Greens bieten ein anspruchsvolles Golferlebnis. Die Fairways sind breit gemäht, sodass man auch bei einem schlechten Schlag leicht zurück in die Bahn findet. Ein großer Vorteil im Golfpark Böhmerwald sind die kurzen Wege zwischen den einzelnen Bahnen und vom Parkplatz zum Clubhaus und zu den Abschlägen. So steht der Golfsport eindeutig im Vordergrund und nicht ewige Wanderungen zwischen den einzelnen Spielbahnen. Auch gibt es keine Strommasten und Häuser die das Bild stören und Straßenlärm ist wenn dann am ehesten von einem vorbeifahrenden Traktor.

Strüver-Fazit: Ein Platz der sich der Nachhaltigkeit verschrieben hat und auch Camper als Gäste anspricht.

Name: Golfclub Römergolf
Adresse: Kraimoosweg 5a
A-5301 Eugendorf
Telefon: +43- (0) 62 25 - 283 00
E-Mail: office@roemergolf.at
Internet: www.roemergolf.at
Ansprechpartner: Norbert Greiml
Öffnungszeiten: 9 Loch ganzjährig
18 Loch April – November
Spielbahnen: 27
Green Fee: 9 Loch Kornbichl: 40,00 € Tagesfee
18 Loch Panorama: 72,00 €
Handicap: 54 Panorama Kurs
PE Kornbichl Kurs
Teilnahmebed.: Voucher gelten Mo – So am Panorama Kurs auf das reguläre 18 Loch-Green Fee.
Nicht kombinierbar mit anderen Rabatten.

Österreich

Golfclub Römergolf

RÖMERGOLF
im Salzburger-Land

Einfach unkompliziert und erfrischend anders.

205

30
1

Mitten im Salzburger Seengebiet liegt die zauberhafte Heimat des GC Römergolf. Der 18-Loch-Panoramakurs beeindruckt durch seine natürliche Struktur mit Ausblick auf die umliegenden Gebirge. Der 9-Loch-Kornbichlkurs ist angenehm zu spielen und bietet Gelegenheit für eine inspirierende Runde. Speziell hervorzuheben ist die großzügige Trainingsanlage mit 70 Abschlagplätzen, 22 davon überdacht, sowie Putting- und Chippinggreen und Übungsbunker.
Im Clubrestaurant erwartet Sie eine ausgezeichnete Küche und auf der Terrasse lässt es sich herrlich entspannen. Im üppig ausgestatteten Golfshop finden Sie Top-Marken und persönlichen Service. Wer gerne länger verweilen möchte, der übernachtet direkt neben dem Clubhaus in der charmanten „Lodge".

Strüver-Fazit: Interessante Abschläge mit kurzen Wegen zwischen den Abschlägen kennzeichnen diesen gepflegten Platz.

Anfahrt: Nur 10 km östlich von Salzburg: A1 Westautobahn, Abfahrt Thalgau; rechts abbiegen auf die Bundesstraße Richtung Eugendorf. Nach ca. 2 km geht's rechts rein zum Golfplatz. Wir ersuchen Sie, in Ihr Navigationsgerät die Adresse Kraimoosweg 5a, 5301 Eugendorf einzugeben – nicht das Sonderziel „Golfclub Römergolf" auswählen.

Österreich

Name:	Golfclub Salzkammergut
Adresse:	Wirling 36 A-5360 St. Wolfgang
Telefon, Fax:	+43-(0)61 32-26 340, +43-(0)61 32-26 708
E-Mail:	office@salzkammergut-golf.at
Internet:	www.salzkammergut-golf.at
Ansprechpartner:	Claudia Gruber
Öffnungszeiten:	9.00 – 16.00 Uhr
Spielbahnen:	18
Green Fee:	80,00 €
Handicap:	54
Teilnahmebed.:	Voucher gelten Mo – So

Golfclub Salzkammergut

206

Anfahrt: Von Wien: A1 Abf. Regau, Richt. Bad Ischl, durch Umfahrungstunnel Richt. Salzburg, nach Ampel ca. 2 km nach rechts abbiegen (Tafel Golfclub), die Straße weiter bis zum Parkplatz des SGC. Von Salzburg: A1 Abf. Thalgau, bei Kreisverkehr auf Bundesstraße Richt. Fuschl/St. Gilgen, weiter Richt. Bad Ischl, vorbei an Abzweigung Strobl, nach ca. 5 km links abbiegen zum Golfplatz (Tafel Golfclub).

Gemütlichkeit – Charme – Sportlichkeit!

Zwischen Bad Ischl und St. Wolfgang liegt der 1933 gegründete Golfclub Salzkammergut malerisch inmitten intakter Natur und grandioser Kulisse! Der traditionsreiche Club bietet dem Gast neben einer wunderbaren Aussicht auf die umliegenden Berge auch ein technisch anspruchsvolles und abwechslungsreiches Spiel.
Nicht fashionable und nicht snobby – aber unheimlich liebenswert. Auch weniger gute Schläge werden meist verziehen und Ballverluste sind selten.
Die „Ischler Grüns" haben – auch überregional – den besten Ruf.
Im Golfcampus Salzkammergut gleich neben dem Golfplatz finden Sie die modernste Golf-Trainingsanlage Europas!
Nach der Runde entspannen Sie auf der Sonnenterrasse und lassen den gelungenen Tag im Salzkammergut ganz gemütlich ausklingen.

Strüver-Fazit: Erhabener und hügeliger Platz mit altem Baumbestand, der präzise Eisenschläge fordert.

Österreich

Name:	Golfclub Gut Brandlhof
Adresse:	Hohlwegen 4 A-5760 Saalfelden
Telefon:	+43-(0)65 82-74 87 5
Fax:	+43-(0)65 82-74 87 5-52 9
E-Mail:	golfclub@brandlhof.com
Internet:	www.brandlhof.com
Öffnungszeiten:	April – Oktober
Spielbahnen:	18
Green Fee:	75,00 € – 90,00 €
Handicap:	54
Teilnahmebed.:	Voucher gelten Mo – Do jederzeit, Fr – So und Feiertag ab 13.00 Uhr

Golfclub Gut Brandlhof

Das Golfjuwel an der Saalach.

207

Eingebettet in die Landschaft des Pinzgauer Saalachtales liegt der 18-Loch-Championship Course. Immer wieder quert die Saalach den Kurs und garantiert so für ausreichend Spannung auf der Runde. Charakteristisch sind trotz alpiner Kulisse die flachen Bahnen sowie die in den Platz eingearbeiteten Flussaufweitungen und Dämme, welche das Spiel abwechslungsreich gestalten. Als perfekte Ergänzung bietet die Golfanlage direkt beim 4*S Hotel Gut Brandlhof eine Driving Range, verkürzte Abschläge („Family Course"), ein Übungsgelände für das kurze Spiel, einen Pro Shop, eine Golfschule sowie ein Golfrestaurant. Auch Hunde sind auf dem Platz sowie im Hotel willkommen!

Strüver-Fazit: Tolles Panorama und die mehrfache Überquerung der Saalach erwarten Sie hier.

Anfahrt: Von München: A8 Ausfahrt Siegsdorf, Richtung Zell/See, 5 km vor Saalfelden links. Von Wien, Linz: Ausfahrt Salzburg/Wals, Richtung Bad Reichenhall, weiter Richtung Zell/See, 5 km vor Saalfelden links. Von Innsbruck: Ausfahrt Wörgl Ost, über St. Johann, Richtung Zell/See.

Österreich

Name:	Golf- & Landclub Ennstal
Adresse:	Am Golfplatz 1 A-8940 Weissenbach/Liezen
Telefon, Fax:	+43-(0)36 12-24 82 1, +43-(0)36 12-24 82 14
E-Mail:	glcennstal@golf.at
Internet:	www.glcennstal.at
Ansprechpartner:	Thomas Aigner
Öffnungszeiten:	8.00 – 17.00 Uhr
Spielbahnen:	18
Green Fee:	84,00 €
Handicap:	45
Teilnahmebed.:	Montag bis Freitag ab 12.00 Uhr (ausgenommen Feiertage)

Golf- & Landclub Ennstal

30
1

208

Anfahrt: A9 Richtung Graz, Ausfahrt Liezen, diese mündet nach dem Kreisverkehr in Liezen in die B320 Ennstal Bundesstraße Richtung Schladming. Der Golfplatz liegt in Weissenbach/Liezen, ca. 5 km nach dem Kreisverkehr Liezen. Bundesstraße Abfahrt Weißenbach der grünen Beschilderung „Golfclub Ennstal/Weißenbach" folgen.

Mitten in den Bergen – und doch die 18 ebensten Fairways der Alpen!

Der Golf- & Landclub wurde im Jahre 1977 gegründet. Damit zeichnet er sich als einer der ältesten und traditionsreichsten Golfclubs in Österreich aus. Die Golfanlage ist auch die einzige in Europa, die sich in einem „Natura 2000"-Europanaturschutzgebiet befindet. Hier finden Golfer ein der Natur eng verbundenes Golferlebnis mit den 18 ebensten Fairways innerhalb der Alpen. Das einzigartige und behutsam gestaltete Naturinselgrün am Loch 5 ist für jeden Spieler eine Herausforderung. Absolutes Highlight ist das Loch 9! Dieses gilt als eines der spektakulärsten Par 3 in ganz Österreich. Die „Naturerlebnis" 18-Loch-Anlage bildet auch einen eindrucksvollen Kontrast zum imposanten Ennstaler Bergpanorama.

Strüver-Fazit: Alter Baumbestand und die Kulisse des Toten Gebirges sind neben den großzügig anlegten und flachen Fairways Ihre Begleiter.

Österreich

Name:	Golfclub Zell am See – Kaprun – Saalbach
Adresse:	Golfstraße 25 A-5700 Zell am See
Telefon:	+43-(0)65 42-56 161
E-Mail:	welcome@golf-zellamsee.at
Internet:	www.golf-zellamsee.at
Ansprechpartner:	Walter Dabernig
Öffnungszeiten:	April – November
Spielbahnen:	36
Green Fee:	115,00 € Tages-Green Fee
Handicap:	–
Teilnahmebed.:	Voucher gelten Mo – So ab 13.00 Uhr, im Oktober von Mo – So ab 12.00 Uhr

Golfclub Zell am See – Kaprun – Saalbach

Golfclub Zell am See–Kaprun Saalbach

The Leading Golf Courses

Zell am See-Kaprun-Saalbach: Meet the best. Auf den Leading Golf Courses inmitten von Gletscher, Berg und See wartet das perfekte Golferlebnis.

209

In der Region Zell am See-Kaprun-Saalbach wird das Spiel „Golf" zu der neuen sportlichen sowie genussvollen Erfahrung. Seit 2020 ist man wieder ein „Leading Golf Course" und gehört damit zu den Top-Golf-Courses in Österreich und ist die einzige 36 Loch „Leading" Anlage im Westen. Wer das Besondere sucht, ist auf den Leading-Golfclub-Courses hier genau richtig. Für den Golfer und den Urlauber treffen im Golfclub Zell am See-Kaprun-Saalbach einfach die besten Dinge zusammen, die sein Golferherz höher schlagen lassen: Alpenparadies meets Golfparadies, Championship-Golf-Kurs meets Friendship-Golf-Kurs und ergeben ein einzigartiges 36-Loch-Golfvergnügen.

Strüver-Fazit: Top 36-Loch-Golfanlage in der atemberaubenden Kulisse von Zell am See.

Anfahrt: Autobahn München – Salzburg, Abfahrt Siegsdorf nach Lofer-Zell am See, Umfahrungstunnel Zell am See, dann noch 2 km Richtung Kaprun. Von Salzburg über Reichenhall nach Lofer und Zell am See, Umfahrungstunnel Zell am See, dann noch 2 km Richtung Kaprun. Oder: von Salzburg über Bischofshofen, Anfang Zell am See abzweigen Richtung Kaprun noch 2 km.

Österreich

Name:	Golfclub Lungau/Katschberg
Adresse:	Feldnergasse 165 A-5582 St. Michael
Telefon:	+43-(0)64 77 74 48
E-Mail:	gclungau@golf.at
Internet:	www.golfclub-lungau.com
Ansprechpartner:	Jakob Fingerlos
Öffnungszeiten:	April – Oktober
Spielbahnen:	18 + 9-Loch-Par-3-Platz
Green Fee:	85,00 €
Handicap:	54
Teilnahmebed.:	Voucher gelten Mo – So (nicht für Turniere)
Sonstiges:	Hunde an der Leine willkommen

Golfclub Lungau/Katschberg

30
1

210

Anfahrt: Von Wien: Semmering, Knoten St. Michael in der Obersteiermark, Judenburg, Tamsweg, St. Michael im Lungau. Von Graz: Knoten St. Michael in der Obersteiermark, Judenburg, Tamsweg, St. Michael im Lungau. Von München, Salzburg A10 Tauernautobahn, St. Michael im Lungau.

Kleiner Ball. Großes Spiel. Golfen im Salzburger Lungau.

Golf im Salzburger Lungau verspricht Golferlebnisse der besonderen Art. Eingebettet in traumhafte Landschaft, präsentiert sich ein wunderschöner, bestens gepflegter 18-Loch-Platz. Ebene Fairways mit natürlichen Hindernissen eröffnen Ihnen pures Golfvergnügen auf 1.050 m Seehöhe.
Großzügige Übungsanlagen und der charmante Lungau9-Platz schaffen Raum für Einsteiger und Fortgeschrittene und sind mit geringen Vorkenntnissen zu bespielen. Von der PGA geprüften Golfschule mit erstklassigem Shop über zahlreiche Top-Hotels und romantischen Pensionen bis zum Golfrestaurant sind alle um Ihr Wohlergehen rund ums Golfen bemüht.

Strüver-Fazit: Der Platz in der sonnenreichsten Region Österreichs eröffnet für Golfer jeder Spielstärke eine sportliche Herausforderung.

Name: Golfclub Murau-Kreischberg
Adresse: Am Golfplatz 1
A-8861 St. Georgen/Kreischberg
Telefon: +43-(0)35 37-22 22 1
E-Mail: golf@kreischberg.at
Internet: www.golf-murau-kreischberg.at
Öffnungszeiten: April – Oktober
Spielbahnen: 18
Green Fee: 90,00 € (an allen Tagen)
Handicap: –
Teilnahmebed.: Voucher gelten an allen Tagen ohne Einschränkung

Golfclub Murau-Kreischberg

Golfclub Murau_Kreischberg

Die 18-Loch-Anlage zwischen der Bierstadt Murau und dem WM-Berg ist bekannt für ihr attraktives Design.

211

Natürlich dürfen markante Golfelemente auch auf diesem Platz nicht fehlen, so etwa wellige Grüns, seitliche und frontale Wasserflächen sowie spektakuläre Halb- und Inselgrüns. Insbesondere die welligen Grüns sind längst ein Markenzeichen dieses Platzes, ebenso die spannenden Waldbahnen. Die Golfrunde endet direkt vor dem Clublokal „Pfiff". Das 18er Inselgrün ist ein spektakulärer Abschluss, der Beifall des Publikums von der großen Terrasse ist einem gewiss.
Aber auch das äußere Erscheinungsbild der Anlage weiß zu überzeugen. Mitten in der „Holzwelt Murau" nimmt der Platz immer wieder mit seinem spezifischen Holzdesign Bezug: Holzpalisaden begrenzen Teiche, Grüns und Bunker, eine uralte Almhütte dient als Halfway-Station.

Strüver-Fazit: Sehr abwechslungsreicher Platz, der zwischenzeitlich durch eine Schmalspurbahn durchquert wird. Grandioses Finale.

Anfahrt: Aus Richtung Murau kommend nach ca. 2 km beim GH Schafferwirt nach links abbiegen.
Aus Richtung Tamsweg kommend, in St. Georgen ob Murau nach rechts abbiegen.

Österreich

Name:	Golfclub Drautal/Berg
Adresse:	Berg 221 A-9771 Berg im Drautal
Telefon, Fax:	+43-(0)47 12-82 25 5, +43-(0)47 12-82 25 55
E-Mail:	office@drautalgolf.at
Internet:	www.drautalgolf.at
Ansprechpartner:	Elisabeth Mößlacher
Öffnungszeiten:	April – Oktober
Spielbahnen:	9
Green Fee:	40,00 € (Tages-Green-Fee)
Handicap:	PE
Teilnahmebed.:	Voucher gelten Mo – So auf das reguläre Tagesgreenfee. Nicht kombinierbar mit anderen Rabatten.

Golf Club DRAUTAL BERG

Golfclub Drautal/Berg

30
1

212

Anfahrt: Autobahn A10 Ausfahrt Knoten Spittal, B100 Richtung Lienz, nach Greifenburg der Beschilderung folgen nach Berg im Drautal.

Golfen bei Freunden.

Die Golf-Perle im Kärntner Oberdrautal! Alle, die auf diesem top-gepflegten Platz, welcher sich entlang den kristallklaren Gewässern der Drau ausbreitet, schon einmal gespielt haben, wissen diesen zu schätzen. Die wohltuende Atmosphäre des Fichten- und Föhrenwaldes sorgt für entspannende Runden. Die Anlage ist nicht nur für Golfeinsteiger geeignet, sie ist auch sportlich durchaus abwechslungsreich. Gäste schätzen die familiäre Atmosphäre des Golfclubs, denn nicht die Menschen sind hier „abgehoben", sondern die wildromantische Schönheit der Landschaft, die erhabene Bergwelt und die Reinheit der Natur – ein Heilgarten der Sinne, mit einem für Österreich fast atypisch milden Klima.

Strüver-Fazit: Lochbezeichnungen wie „La Foresta" oder „The Monster" klingen vielversprechend. Loch „Adlerhorst" führt von einer Felswand entlang der Drau.

Name:	Nassfeld Golf
Adresse:	Waidegg 66 A-9631 Jenig
Telefon:	+43-(0)42 84-20 111
E-Mail:	office@nassfeld.golf
Internet:	www.nassfeld.golf
Ansprechpartner:	Ferdinand Kühne
Öffnungszeiten:	8.00 – 17.00 Uhr
Spielbahnen:	18-Loch-Championship-Course/ 6-Loch-Panoramakurs
Green Fee:	siehe Homepage
Handicap:	54
Teilnahmebed.:	–

Nassfeld Golf

„Nassfeld Golf“: Abschlag ins Bergpanorama!

213

30
1

Die „Nassfeld Golf“-Anlage bietet einen 18-Loch-Championship-Course und einen 6-Loch-Panorama-Course. Golfen inmitten der faszinierenden Bergwelt der Karnischen Alpen: Wer meint, hier müsse man auch am Golfplatz bergauf und bergab spielen, wird von der „Nassfeld Golf“-Anlage im Südwesten Kärntens überrascht sein: flache Spielbahnen, abwechslungsreiche Kursarchitektur und spannende Wasserhindernisse laden zum Abschlag im Urlaub ein. Die 70 Hektar große Golfanlage liegt eingebettet im Gailtal, umgeben von einer imposanten Bergkulisse und dem „Hausberg“ Gartnerkofel. Hier lassen sich sportliche Ambitionen und Aussicht genießen perfekt kombinieren. Auf den Runden beeindruckt neben der abwechslungsreichen Kursarchitektur vor allem das Flair der Kärntner Urlaubsdestination Nassfeld-Pressegger See.

Strüver-Fazit: Sehr schöner Platz, der mit seinen vielen Wasserflächen und Brücken eine absolute Besonderheit mit unverfälschter Naturnähe darstellt.

Anfahrt: Von Villach: Richtung Italien, Ausfahrt Gailtal, B 111 Gailtalbundesstraße, Hermagor, Waidegg im Gailtal.
Von Westen: Lienz, Oberdrauburg, Gailberg, Kötschach-Mauthen, B 111 Richtung Hermagor, Waidegg im Gailtal.

Österreich

Name:	Golfarena Bad Kleinkirchheim-Kaiserburg
Adresse:	Plaß 19 A-9564 Patergassen
Telefon:	+43-(0)42 75-594
E-Mail:	office.golf@badkleinkirchheim.at
Internet:	www.nockgolf.at
Ansprechpartner:	Gerd Eiper
Öffnungszeiten:	Mai – Oktober
Spielbahnen:	18
Green Fee:	85,00 € (an allen Tagen)
Handicap:	54
Teilnahmebed.:	Voucher gelten täglich; im Juli, August und September ab 12.00 Uhr

Golfarena Bad Kleinkirchheim-Kaiserburg

214

Wie heißt es so schön? „Der Weg ist das Ziel!" – Bereits bei der Fahrt nach Bad Kleinkirchheim werden Sie von einer atemberaubenden Landschaftsszenerie in Urlaubsstimmung gebracht.

Die Golfarena Bad Kleinkirchheim bietet alles, was man sich als Golfer wünscht: Der Golfplatz Bad Kleinkirchheim ist eingebettet in die sanfte Alpinwelt der Nockberge und zählt als Kärntens höchst gelegener Golfplatz zu den beliebtesten Golfanlagen Österreichs.
Die breiten Fairways, angelegt in einer klassischen Achterschleife begeistern nicht nur die Mitglieder des Golfclubs Bad Kleinkirchheim, sondern bereiten auch allen Gastspielern ein unvergessliches Golfspiel. Aufgrund der einzigartigen Höhenlage finden Sie auch im Hochsommer Golfgenuss pur.

Strüver-Fazit: Auf etwa 1.100 m Kärntens höchstgelegener Platz. Speziell auf den zweiten neun Bahnen müssen Sie exakt spielen können.

Anfahrt: Von Wien aus erreichen Sie uns am besten über die Süd-Autobahn bis Klagenfurt-Nord und im Anschluss über die beiden Bundesstraßen B95 und B88. Aus Richtung München kommend, können Sie Bad Kleinkirchheim gut über die A8 Richtung Salzburg, anschließend über die A10 Tauern Autobahn Richtung Salzburg-Villach bis Knoten Spittal-Spittal Nord und über die Millstätter Str. B98 und B88 erreichen.

Name:	GCV Velden Wörthersee
Adresse:	Golfweg 41 A-9231 Köstenberg
Telefon:	+43-(0)42 74-7045
E-Mail:	office@golfvelden.at
Internet:	www.golfvelden.at
Ansprechpartner:	Otmar Jäger
Öffnungszeiten:	8.00 – 17.00 Uhr
Spielbahnen:	18
Green Fee:	siehe Homepage – nur 18 Loch möglich
Handicap:	54
Teilnahmebed.:	Voucher gelten Mo – Do ab 13.00 Uhr

GCV Velden Wörthersee

GOLF VELDEN
WÖRTHERSEE

Nur 10 Autominuten von Velden am Wörthersee entfernt liegt auf der Sonnenterrasse von Köstenberg der wunderschöne 18-Loch-Golfplatz inmitten traumhafter Landschaft.

215

Die Anlage ist harmonisch in die Landschaft gebaut und folgt den natürlichen Geländeformen. Somit ist für Abwechslung gesorgt, da die Unterschiedlichkeit der Spielbahnen den Golfer vor immer wieder neue Aufgaben stellt und damit Spaß und Herausforderung für die gesamte Runde garantiert. Es kommen auch Anfänger durch die großzügigen Landezonen und den top Pflegezustand voll auf ihre Kosten. Die herrliche Ruhelage und die Qualität der Anlage sprechen für sich und machen einen Golftag zum besonderen Erlebnis.

Strüver-Fazit: Ein gepflegter Parklandcourse, der Ballkontrolle fordert, aber mit tollen Grüns aufwartet.

Anfahrt: siehe Homepage

Name:	Kärntner Golfclub Dellach
Adresse:	Golfstraße 3 A-9082 Maria Wörth
Telefon, Fax:	+43-(0)42 73-25 15, +43-(0)42 73-25 15-20
E-Mail:	office@kgcdellach.at
Internet:	www.kgcdellach.at
Ansprechpartner:	Christina Gaggl, Irina Wiegele
Öffnungszeiten:	März – November
Spielbahnen:	18
Green Fee:	90,00 €
Handicap:	36
Teilnahmebed.:	Voucher gelten Mo – Fr im März – Juni und September – November, Juli und August ab 13.00 Uhr (nicht am Wochenende und an Feiertagen)

Kärtner Golfclub Dellach

216

Anfahrt: A2, Ausfahrt Klagenfurt West – Wörthersee Südufer – der Platz befindet sich direkt in Dellach am Wörthersee.

Direkt am Südufer des Wörthersees gelegen, zeichnet sich der Platz durch seine leicht gewellte Struktur mit mäßigen Steigungen aus.

Der Kurs des Kärntner Golfclubs wurde in den 20er Jahren des vorigen Jahrhunderts von einem französischen Golfplatzarchitekten als 9-Loch-Anlage angelegt. 1964 wurde der Platz zu einer 18-Loch-Anlage ausgebaut.
Er gehört sicher zu den spielerisch anspruchsvollsten Golfplätzen Österreichs und war schon oftmals Austragungsort von internationalen und österreichischen Golfmeisterschaften.
Das Gelände und seine großräumige, waldige Umgebung bietet seinen Gästen außergewöhnliche landschaftliche Reize. Am Ende einer tollen Runde können Sie Ihr Spiel am hervorragenden „19-ten Loch" ausklingen lassen.

Strüver-Fazit: Ein traditionsreicher Club aus dem Jahre 1927 mit schönem Blick auf den Wörther See.

Name: Jacques Lemans Golfclub St. Veit-Längsee
Adresse: Unterlatschach 25
A-9313 St. Georgen am Längsee
Telefon: +43-(0)42 13-41 41 30
Fax: +43-(0)42 73-25 15-20
E-Mail: office@golfstveit.at
Internet: www.golfstveit.at
Ansprechpartner: Sekretariat
Öffnungszeiten: 8.00 – 17.00 Uhr
Spielbahnen: 18
Green Fee: Aktuelle Preise siehe Homepage
Handicap: 54
Teilnahmebed.: Voucher gelten von Mo – So

Jacques Lemans Golfclub St. Veit-Längsee

JACQUES LEMANS GOLFCLUB ST.VEIT-LÄNGSEE

Golfen im Herzen von Kärnten.

217

Idyllisch im Grünen gelegen, bettet sich der Jacques Lemans Golfclub St. Veit-Längsee in Mitten von Wald, See und Natur. Der junge, aber durchaus anspruchsvolle Golfcourse ist nicht nur für unsere Stammspieler eine Herausforderung, sondern fordert auch von Urlaubern und unseren Gästen, Ihr Können unter Beweis zu stellen. Durch die Lage und die ideale Anbindung ermöglicht Kurzentschlossenen eine spontane Runde Golf am Nachmittag. Überzeugen Sie sich selbst von der einzigartigen Kulisse und genießen Sie Ihre Golfrunde inmitten von Kärnten.

Strüver-Fazit: Der flache Kurs bietet breite und offene Fairways, die eher einfacher zu spielen sind. Aber die Grüns sind sehr schnell.

Anfahrt: Finden Sie eine detaillierte Beschreibung auf der Webseite: https://www.golfstveit.at/index.php/golfclub/kontakt

Österreich

Name:	Golfanlage Moosburg-Pörtschach GesmbH
Adresse:	Golfstraße 2 A-9062 Moosburg
Telefon:	+43-(0)42 72-83486-13
Fax:	+43-(0)42 72-83486-20
E-Mail:	office@golfmoosburg.at
Internet:	www.golfmoosburg.at
Ansprechpartner:	Ernst Tscherteu
Öffnungszeiten:	März – November
Spielbahnen:	18 + 9
Green Fee:	80,00 €
Handicap:	54
Teilnahmebed.:	–

Golfanlage Moosburg-Pörtschach

218

Anfahrt: A2 von Salzburg/Villach: Abfahrt Pörtschach, links Richtung Pörtschach. In Pörtschach an der „Fischskulptur" (vor OMV-Tankstelle) links Richtung Moosburg, dem Straßenverlauf für ca. 4 km folgen. A2 Südautobahn von Wien/Graz Richtung Villach, Abfahrt Pörtschach, durch Pörtschach fahren, nach der OMV-Tankstelle rechts Richtung Moosburg für weitere 3 km.

Golfanlagen Moosburg-Pörtschach – Natur pur!

Einen Katzensprung von Pörtschach am Wörthersee entfernt liegen auf einem Hochplateau die Golfanlagen Moosburg-Pörtschach. Der landschaftlich wunderschön angelegte 18-Loch-Platz ist sehr fair und gibt dem Durchschnittsspieler durchaus seine Chance. Die Hindernisse sind strategisch so platziert, dass sich die Topspieler sehr genau überlegen müssen, wie sie das eine oder andere Loch anspielen sollen. Einzigartig im Golf-Europa wird den Spielern exklusiv am 1. Abschlag ein „FOTOPOINT" kostenlos angeboten. Ein auf Knopfdruck rasch gemachtes Foto kann anschließend mittels Smartphone, Tablet oder PC in die „Web-Welt" versandt werden. Die Golfakademie (9 Loch), die inmitten des Naturjuwel „Schwarzes Moos" liegt, wurde in dieses Gebiet ganz natürlich, jedoch spieltechnisch anspruchsvoll eingebettet und wird deswegen von den Spielern sehr geschätzt.

Strüver-Fazit: Mit 6.116 Metern einer der längsten Plätze Kärntens, aber ein Naturerlebnis.

Italien

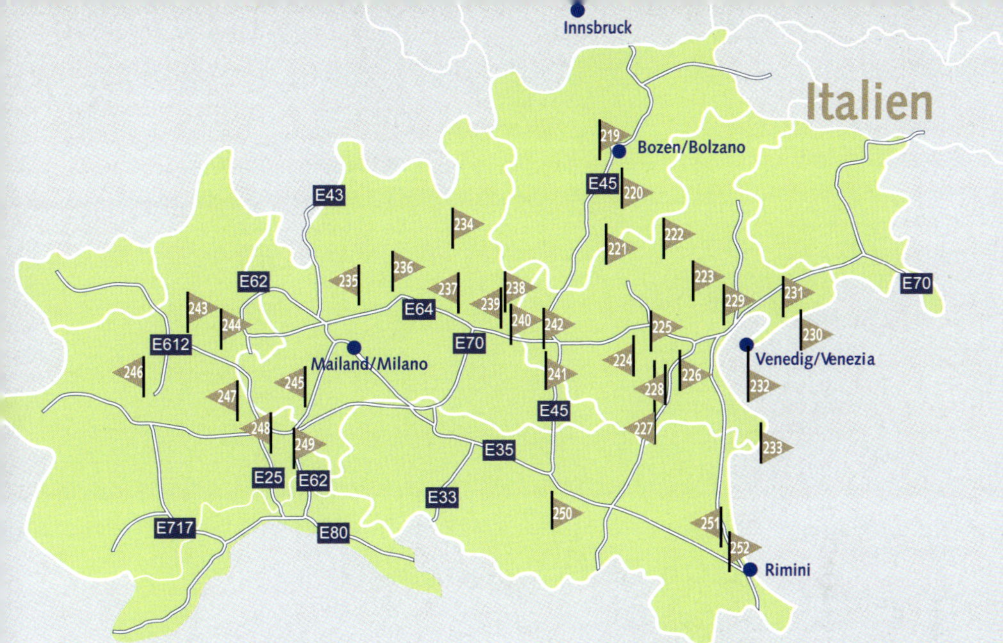

- 219 Dolomiti Golf Club
- 220 Golf Club Petersberg
- 221 Golf Club Folgaria
- 222 Asolo Golf Club
- 223 A.S.D. Golf Club Ca' Amata
- 224 Golf Club Colli Berici
- 225 Golf Club Frassanelle
- 226 Golf della Montecchia
- 227 Golf Club Padova
- 228 Golf Club Terme di Galzignano
- 229 Golf Club Villa Condulmer
- 230 Pra' delle Torri Golf Caorle
- 231 Golf Jesolo
- 232 Circolo Golf Venezia
- 233 Albarella Golf Links
- 234 Valtellina Golf Club
- 235 Villa Paradiso Golf Club
- 236 Golf Club Bergamo „L'Albenza"
- 237 A.S.D. Franciacorta Golf Club
- 238 Gardagolf Country Club
- 239 Arzaga Golf Club
- 240 Chervò Golf Hotel Spa & Resort San Vigilio
- 241 Golf Club „Le Vigne" Villafranca
- 242 Golf Club Verona
- 243 A.S.D. Golf Club Biella „Le Betulle"
- 244 Golf Club Cavaglia
- 245 Golf Club Ambrosiano
- 246 Royal Park I Roveri
- 247 Golf Club Margara
- 248 Golf Club Villa Carolina
- 249 Golf Colline del Gavi
- 250 Modena Golf & Country Club
- 251 Golf Club Le Fonti
- 252 Rimini Verucchio Golf Club

Italien

Name:	Dolomiti Golf Club
Adresse:	Loc. Centro Sport Verde 1, I-38011 Sarnonico (TN)
Telefon:	+39-04 63-83 26 98
E-Mail, Internet:	info@dolomitigolf.it, www.dolomitigolf.it
Ansprechpartner:	Nicola Dalpiaz
Öffnungszeiten:	März – November
Spielbahnen:	18 + 4
Green Fee:	72,00 € (werktags in der Vorsaison) 82,00 € (Wochenende, Feiertage, Hochsaison) Aktuelle Preise siehe www.dolomitigolf.it
Handicap:	54
Teilnahmebed.:	Feiertagstarif gültig alle Tage in der Hochsaison vom 1.7. – 30.9.2023; Voucher gelten Mo – Fr. Pro Guide for Free Golf kann pro Tag nur ein Voucher verwendet werden. Greenfee-Voucher nur gültig bei Vorlage des Guides.
Sonstiges:	Gäste der Partnerhotels erhalten 25% Green Fee-Ermäßigung

Dolomiti Golf Club

219

Anfahrt: A22 (Brenner – Verona), Ausfahrt Bozen-Süd, SS42 über den Mendelpass bis Sarnonico, dort Richtung Seio, der Beschilderung folgen. Mit dem Auto ca. 40 Minuten von Bozen entfernt.

Die ersten neun Bahnen verlaufen in einem idyllischen Kiefernwald mit mehreren Teichen; die zweiten neun Bahnen setzten sich auf einem weiten Hochplateau, mit herrlichen Ausblicken auf das Nonstal, fort. Dieser Kontrast garantiert Spielfreude für jeden Geschmack.

Die technisch sehr anspruchsvolle Anlage liegt auf einer Hochebene und bietet einen großartigen Ausblick auf das atemberaubende Bergpanorama. Die Fairways sind relativ breit, fein modellierte Greens werden von Bunkern und glitzernden Seen geschützt. Es ist ein schwieriger und abwechslungsreicher Parcours entstanden. Mit dem Golfspiel wurde ein historisch-kulturelles Erbe wiederbelebt: Noch bis Ende des letzten Jahrhunderts spielten die Habsburger an den Hängen des Mendelpasses Golf.

Strüver-Fazit: Technisch anspruchsvolle Spielbahnen erfordern vom Spieler alle Arten von Schlägen. Ein außergewöhnlicher Turnierplatz auf dem auch Profi-Turniere zur Austragung kommen. Tolle Anfahrt über den Mendelpass – nehmen Sie sich Zeit!

Name: Golf Club Petersberg
Adresse: Petersberg, Unterwinkl 5
I-39050 Deutschnofen / Nova Ponente (BZ)
Südtirol – Italien
Telefon: +39-04 71-61 51 22
E-Mail: info@golfclubpetersberg.it
Internet: www.golfclubpetersberg.it
Ansprechpartner: Hans-Peter Thaler
Öffnungszeiten: 8.00 – 22.00 Uhr
Spielbahnen: 18
Green Fee: 83,00 € (werktags)
90,00 € (Wochenende und Feiertage, Hochsaison 19.6. – 8.9.2023)
Handicap: –
Teilnahmebed.: Voucher gelten bei Startzeiten bis 9.00 Uhr und ab 13.00 Uhr, max. 1 Voucher pro Buch und Tag

Italien

Golf Club Petersberg

Petersberg, ein Genuss vom 1. bis zum 19. Loch.

220

30
1

Wenn man Südtirol mit Golfspielen verbindet, ist dieser Platz sozusagen ein Muss. Der Golf Club Petersberg liegt am Südhang der Dolomiten, umgeben von malerischen Berggipfeln und ist nicht nur wegen der wunderschönen Anlage inmitten von Wäldern und Wiesen und dem hervorragenden Clubrestaurant bekannt, sondern vor allem wegen der Gastfreundschaft und Freundlichkeit aller Mitarbeiter am Platz und im Clubhaus. Der Platz liegt auf einem Hochplateau in ca. 1.200 m Seehöhe. Man kann den Platz gut zu Fuß spielen, es stehen aber auch Golf Cars zur Verfügung. Golf Digest hat den Platz in die Liste der 10 schönsten Golfplätze in Europa über 1.000 m eingefügt. Die Saison geht von Mitte April bis Anfang November.

Strüver-Fazit: Spieler mit niedrigem Handicap müssen sehr präzise und defensiv spielen. Vorsicht auf Bahn 2, 3, 5, 11 und 17.

Anfahrt: A22 (Brenner – Verona), Ausfahrt Ora-Auer, SS48 Richtung Cavalese, Richtung Aldein, Richtung Petersberg – Monte San Pietro, vor Petersberg links zum Golfplatz.

Italien

Name: Golf Club Folgaria
Adresse: Località Costa - Maso Spilzi
I-38064 Folgaria (TN)
Telefon, Mobil: +39-04 64-720 480; +39 33 34 99 86 44
E-Mail: segreteria@golfclubfolgaria.it
Internet: www.golfclubfolgaria.it
Ansprechpartner: Daniele Binda
Öffnungszeiten: Mai – Oktober
Spielbahnen: 18
Green Fee: 45,00 € (werktags)
60,00 € (Wochenende und Feiertage)
Handicap: –
Teilnahmebed.: Voucher gelten Mo – So

Golf Club Folgaria

Golf Club Folgaria

221

Anfahrt: A22 Brennerautobahn, Ausfahrt Rovereto Nord, der Beschilderung nach Trento auf der SS12 folgen – in Calliano auf die SS350 Richtung Folgaria abbiegen – in Costa rechts abbiegen auf die Via Negheli.

Die Hochebenen von Folgaria, Lavarone und Luserna sind ein ideales Ziel für jegliche Art von sportlichen Aktivitäten, welche in erster Linie unter freiem Himmel stattfinden. Der Golfplatz ist das Herzstück – eine kleine Perle, eingebettet in die Schönheit der Natur.

Der 18-Loch-Golfplatz befindet sich im Becken von Costa auf einer Höhe von 1.200 Metern und hat eine Länge von 5.457 Metern. Neben der Golf-Strecke befindet sich ein Weg für Spaziergänger, der zum bekannten Biotop von Ecchen führt. Ausgestattet mit einem sicherlich etwas eigenartigen und besonderen Charakter, wird der Aufenthalt auf dem Golfplatz für jeden Besucher zu einem besonderen Erlebnis. Dies auch schon deswegen, weil sich das Panorama auf seinem Gelände mehrmals verändert und der Besucher sowohl Wiesen als auch Waldgebiete und Biotope genießen kann.

Strüver-Fazit: Angelegt in einem Skigebiet wechseln sich offene Bahnen mit Bahnen im Wald ab.

Italien

Name:	Asolo Golf Club
Adresse:	Via del Borghi 1 I-31034 Cavaso del Tomba (TV)
Telefon:	+39-04 23-94 22 11
E-Mail:	info@asologolf.it
Internet:	www.asologolf.it
Ansprechpartner:	Marco Rustaggia
Öffnungszeiten:	9.00 – 18.00 Uhr Dienstags geöffnet (Juni bis August)
Spielbahnen:	27
Green Fee:	18 Loch: 80,00 € (werktags) 18 Loch: 100,00 € (Wochenende und Feiertage)
Handicap:	54
Teilnahmebed.:	Voucher gelten Mi – Mo (Dienstag Ruhetag)
Sonstiges:	10% Rabatt auf Gästezimmer/Apartments

Asolo Golf Club

ASOLO GOLF CLUB

Eingebettet in eine wunderschöne Landschaft liegt der Golf Club rund um die Hügel von Asolo.

222

30
1

Umgeben wird der Club im Norden von den venezianischen Voralpen unter dem majestätischen Monte Grappa. Im Osten zieht sich die älteste Weinstraße Italiens, die Strada del Prosecco, durch die Region. In einer herzlichen Atmosphäre entdecken die Gäste und Mitglieder 27 anspruchsvolle Golflöcher sowie ein sagenhaftes Clubhaus, das von dem berühmten Architekten Luigi Vietti entworfen wurde. Außerdem bietet der Asolo Golf Club neben dem Restaurant „das 28. Loch" eine großzügige Driving Range, Putting und Pitching Grüns. Nach dem Golftag können Sie sich in den neu eingerichteten Zimmern im Gästehaus oder in einem der vielen Apartments nur wenige Meter vom Platz entspannen.

Strüver-Fazit: Die Anlage befindet sich im Besitz der Familie Benetton und wurde als eine der Top-Anlagen Italiens ausgebaut.

Anfahrt: von Treviso: SS 348, Ausfahrt Possagno, dann Cavaso del Tomba. Von Bassano del Grappa: SP 26, Pedemontana del Grappa, dann Ausfahrt Cavaso del Tomba. Von Trient: Richtung Padova/Venedig über Feltre, Richtung Treviso, Ausfahrt Possagno, Cavaso del Tomba.

Italien

Name:	A.S.D. Golf Club Ca' Amata
Adresse:	Via Loreggia di Salvarosa, 44 I-31033 Castelfranco-Veneto (TV)
Telefon:	+39-04 23-49 35 37
E-Mail:	info@golfcaamata.it
Internet:	www.golfcaamata.it
Ansprechpartner:	Gianni Bregolin
Öffnungszeiten:	Sommer: 8.30 – 19.00 Uhr Winter: 9.00 – 17.00 Uhr Der Club ist ganzjährig jeden Tag (kein Ruhetag) geöffnet.
Spielbahnen:	18
Green Fee:	75,00 € (werktags), 85,00 € (Wochenende und Feiertage), siehe auch Homepage
Handicap:	–
Teilnahmebed.:	–

Golf Club Ca' Amata
CASTELFRANCO - RIESE PIO X

A.S.D. Golf Club Ca' Amata

30
1

223

Anfahrt: Autobahn „Pedemontana" Venedig, Ausfahrt Altivole.

Golf in der romantischen Atmosphäre des 18. Jahrhunderts.

Der Golfplatz befindet sich innerhalb der Parkanlage der Villa Ca' Amata. Die Villa ist eines der schönsten Beispiele der venezianischen Architektur des 18. Jahrhunderts und steht – ebenso wie der gesamte Parkbereich – unter Denkmalschutz. Besondere Sorgfalt bei der Anlage des Platzes galt der Bepflanzung, die den bezaubernden Gesamteindruck der Villa unterstützt. Der große Wasserreichtum der Region erlaubte der Anlage ein reizvolles Teich- und Kanalsystem, in das 11 der 18 Löcher einbezogen sind. Großzügige Fairways, Grüns, die zum Teil sehr groß und mit erheblichen Höhenunterschieden sehr technisch sind, machen den Parcours zu einem anspruchsvollen Platz auch für die besten Golfspieler.

Strüver-Fazit: Auf dieser Anlage stechen besonders die langen Par 4 Bahnen hervor. Einige Wasserhindernisse sind ziemlich trickreich angelegt.

Name:	Golf Club Colli Berici SRL SSD
Adresse:	Strada Monti Comunali I-36040 Brendola (VI)
Telefon:	+39-0444-60 17 80
E-Mail:	info@golfclubcolliberici.it
Internet:	www.golfclubcolliberici.it
Ansprechpartner:	Simona Passamonti
Öffnungszeiten:	Hauptsaison: 8.30 – 20.30 Uhr Nebensaison: 8.30 – 17.30 Uhr
Spielbahnen:	18
Green Fee:	60,00 € (werktags) 75,00 € (Wochenende und Feiertage)
Handicap:	–
Teilnahmebed.:	Voucher gelten Di – Fr (auch an Feiertagen)
Sonstiges:	Kooperierende Hotels finden Sie auf unser Homepage: www.golfclubcolliberici.it

Italien

Golf Club Colli Berici

GOLF CLUB
COLLI BERICI

In zauberhafter Natur mitten in den Hügeln von Berici.

224

30
1

Der vom Architekten Marco Croze entworfene und 1988 eröffnete 18-Loch-Kurs befindet sich auf einer durchschnittlichen Höhe von etwa 300 m und ist über die Autobahnausfahrt Montecchio Maggiore und von der Altstadt von Vicenza in wenigen Minuten mit dem Auto zu erreichen. Die ersten neun Löcher befinden sich auf einer natürlichen Terrasse mit herrlichem Blick über die Ebene rund um Vicenza. Genießen Sie die Aussicht auf die Dolomiten, während Sie mit Präzision und Strategie der Distanz des technisch anspruchsvollen Kurses mit seinen lebendigen Höhenunterschieden folgen.

Strüver-Fazit: Sehr spannende Anfahrt, aber dann spielen Sie über den Dächern von Vicenza. Das neue und moderne Clubhaus mit Pool bildet den Mittelpunkt der Golfanlage.

Anfahrt: Navigationsgerät: über Selva Alta, Altavilla Vicentina

Italien

Name:	Golf Club Frassanelle
Adresse:	Via Rialto, 5A I-35030 Rovolon (PD)
Telefon:	+39-049-991 07 22
E-Mail:	info@golffrassanelle.it
Internet:	www.golffrassanelle.it
Ansprechpartner:	Sekretariat
Öffnungszeiten:	Rezeption 8.30 – 17.00 Uhr
Spielbahnen:	18
Green Fee:	Nebensaison 75,00 € (werktags) Hauptsaison 85,00 € (werktags)
Teilnahmebed.:	Voucher gelten Mo – Fr (nicht an Feiertagen) ab 12.00 Uhr nur nach Voranmeldung in allen Monaten (außer April und Oktober)

GOLF CLUB FRASSANELLE

Golf Club Frassanelle

225

Der einzige Golfplatz Italiens mit einem computergesteuerten automatischen Bewässerungssystem.

Die Bahnen des 18-Loch-Platzes des Golf Clubs Frassanelle schlängeln sich durch eine traumhafte Parkanlage, die im 19. Jahrhundert angelegt wurde. Der von Marco Croze geplante Kurs hält jede Menge Abwechslungen bereit: Die Greens ziehen sich durch offene Flächen und Wälder vorbei an Seen, Bächen und Lichtungen.
Der englische Charakter prägt aber nicht nur die Umgebung, sondern auch das Clubhaus. Hier finden Sie neben einem Restaurant und Proshop auch Saunen, Solarium und allen Komfort für einen erholsamen Aufenthalt.

Strüver-Fazit: Das Signature Hole ist Loch 15, ein Par 3 das frontal über einen großen See angespielt wird. Es wurde bereits mit dem italienischen Golf „Oscar" ausgezeichnet.

Anfahrt: Frassanelle liegt 20 km von Padua entfernt. A4 (Mailand – Venezia) bis Ausfahrt Grisignano, dann in Richtung Montegalda, Cervarese und Fossona. Weiter in Richtung Bastia und kurz vor Bastia links zum Golf Club abbiegen. A13 (Bologna – Venezia) bis Ausfahrt Terme Euganee, dann in Richtung Abano Terme, Bresseo. Weiter in Richtung Montemerlo und kurz vor Montemerlo links Richtung Golf Club halten.

Italien

Name:	Golf della Montecchia
Adresse:	Via Montecchia, 12 I-35030 Selvazzano Dentro (PD)
Telefon:	+39-049-80 55 550
E-Mail:	info@golfmontecchia.it
Internet:	www.golfmontecchia.it
Ansprechpartner:	Sekretariat
Öffnungszeiten:	Rezeption 8.30 – 17.30 Uhr
Spielbahnen:	27
Green Fee:	75,00 € (Nebensaison) 85,00 € (Hauptsaison)
Handicap:	–
Teilnahmebed.:	Voucher gelten Mo – Fr (nicht an Feiertagen) ab 12.00 Uhr nur nach Voranmeldung das ganze Jahr (nicht im April und Oktober)

Golf della Montecchia

Golf della Montecchia ist einer der wenigen 27-Loch-Plätze des Triveneto und liegt nur wenige Kilometer von Padua entfernt.

226

Der überwiegend flache Kurs fordert Geschick und Konzentration aufgrund der unterschiedlichen Hindernisse – darunter einige knifflige Wasserhindernisse. Eine weitere Besonderheit des Platzes ist das innovative Bewässerungssystem, das ermöglicht, den Platz ganzjährig zu bespielen. Für diejenigen, die ihr Spiel verbessern möchten, bietet Montecchia eine Golfakademie mit SAM PuttLab und TrackMan. Im Clubhaus finden Sie neben Pro Shop, Sauna, Pool und Solarium auch zwei einladende Restaurants, die sich auf das Genie und die Qualität der Zutaten konzentrieren. Traditionelle und Gourmetgerichte, alles mit lokalen, raffinierten Produkten und umweltfreundlichen Produktionen.

Strüver-Fazit: Sehr großzügige Anlage, nur leicht onduliert – auch für Anfänger geeignet. Lange Wege und Bahnen, viele Wasserhindernisse und ein fantastisches Clubhaus!

Anfahrt: GPS: 11°45°50° Ost, 45°23°15° Nord

Name: Golf Club Padova A.S.D.
Adresse: Via Noiera 57
I-35030 Galzignano Terme (PO)
Telefon: +39-049 91 30 078
E-Mail: info@golfpadova.it
Internet: www.golfclubpadova.it
Ansprechpartner: Wilma Sturaro
Öffnungszeiten: 8.00 – 18.00 Uhr
Spielbahnen: 27
Green Fee: 65,00 – 77,00 € (werktags),
77,00 – 89,00 € (Wochenende und Feiertage)
Teilnahmebed.: –

Golf Club Padova

Golf Club Padova A.S.D.

30
1

227

Anfahrt: A13 Padova – Bologna, Ausfahrt Terme Euganee, 7 km auf der Provinzstraße in Richtung Galzignano Terme

Der 27-Loch-Platz, der vom englischen Architekten John D. Harris entworfen wurde, liegt am Fuße der Euganeischen Hügel und grenzt an die Villa Barbarigo aus dem 17. Jahrhundert.

Die ersten 18 Löcher vermitteln auf den ersten Blick technische und landschaftliche Harmonie. Der Platz ist ein wahrer botanischer Garten mit 8.000 Bäumen und Sträuchern, die nach landschaftlichen und technischen Kriterien ausgewählt wurden. Auf diese Weise wird ein einzigartiger Pfad sichtbar, der sich zwischen Wasser- und strategisch verteilten Sandhindernissen windet. 2003 wurde der Platz um weitere 9 Löcher erweitert. In den letzten dreißig Jahren hat der Verein die wichtigsten Profi- und Amateurmeisterschaften sowie die International Open ausgerichtet und damit seine Wettbewerbsfähigkeit unter Beweis gestellt. Der Golf Club Padova zählt ständig zu den Top 20 der italienischen Golfplätze.

Strüver-Fazit: Ein schöner und ebener 27-Loch-Parkland-Course, beeindruckend!

Name: Golf Club Terme di Galzignano
Adresse: Viale delle Terme, 82
I-35030 Galzignano Terme
Telefon: +39-049-6456168
E-Mail: info@golfgalzignano.it
Internet: www.golfgalzignano.it
Ansprechpartner: Matteo Turetta
Öffnungszeiten: 8.30 – 19.30 Uhr (Sommer),
9.00 – 17.00 Uhr (Winter)
Spielbahnen: 9
Green Fee: 18 Loch werktags:
50,00 € (Nebensaison), 55,00 € (Hauptsaison)
18 Loch Wochenende und Feiertage:
55,00 € (Nebensaison), 60,00 € (Hauptsaison)
Handicap: –
Teilnahmebed.: Voucher gelten Mo – Fr (nicht an Feiertagen und nicht in den Monaten April und Oktober)

Italien

Golf Club Terme di Galzignano

TERME DI GALZIGNANO
Golf Club

Ein Park wird Golfplatz: In unserem einzigartigen 9-Loch-Parcours inmitten einer weichen, hügeligen Landschaft herrscht absolute Ruhe.

Eine natürliche Komfort- und Entspannungsoase im Herzen des Veneto. Das Galzignano Resort Terme & Golf liegt nur wenige Kilometer von Venedig entfernt, zu dem der Golfclub Terme di Galzignano gehört. Der Golfplatz – der vierte in den bezaubernden Euganeischen Hügeln – wurde 1999 eröffnet und von Architekten Marco Croze entworfen.
Seine 9 Löcher erstrecken sich über 2.048 m Länge und weisen ein ungewöhnliches Design auf. Die Wasserhindernisse begeistern und machen diesen Parcours zur spannenden Erfahrung, wie zum Beispiel Loch 4, wo sich der Abschlag mitten im Teich befindet.

Strüver-Fazit: Die Hotels des Galzignano Resort Terme & Golf sind ein idealer Ausgangspunkt für Golftouren in der Region. Schön zu gehender Platz. Entspannung pur!

228

30
1

Anfahrt: A13 (Padova – Bologna), Ausfahrt Terme Euganee, der Straße folgen bis zu Galzignano Terme innerhalb des Radisson Blu Spa & Golf Resort Padova.

Italien

Name:	Golf Club Villa Condulmer Associazione Sportiva Dilettantistica
Adresse:	Via delle Croce 3 I-31021 Zerman di Mogliano V.to (TV)
Telefon:	+39-041-45 70 62
Fax:	+39-041-45 72 02
E-Mail:	info@golfvillacondulmer.com
Internet:	www.golfvillacondulmer.com
Ansprechpartner:	Andrea Cester
Öffnungszeiten:	9.00 – 18.30 Uhr
Spielbahnen:	18 + 9
Green Fee:	70,00 € (werktags) 80,00 € (Wochenende und Feiertage)
Handicap:	–
Teilnahmebed.:	Voucher gelten von Di – So nur mit vorheriger Reservierung

GOLF CLUB VILLA CONDULMER

Golf Club Villa Condulmer

30
1

229

Anfahrt: A4, Ausfahrt Preganziol (TV), Richtung Mogliano Veneto, nach 3 km Golfplatz. Nahegelegene Flughäfen: Treviso 14 km, Venedig 15 km

Der 18-Loch-Platz befindet sich im Park einer herrlichen Villa aus dem 18. Jahrhundert und wurde auf einem flachen Gelände im venetischen Hinterland angelegt.

Er besticht mit seinem perfekten, sachkundig angelegten Parcours in herrschaftlicher Atmosphäre. Die ersten neun Löcher wurden von John Harris entworfen und 1960 zum Spielen freigegeben. Die benötigte Länge wurde durch die Fähigkeiten des Architekten Marco Croze erreicht und 1970 eingeweiht. Viele Wasserhindernisse beeinflussen das Spiel und fordern selbst erfahrene Golfer. Außerdem steht ein Executive-Course-Par-29 zur Verfügung. Das Restaurant im Clubhaus lädt nach einem Tag auf dem Platz mit hervorragender venezianischer Küche und lokalen Weinen zum Entspannen ein.

Strüver-Fazit: Sehr eleganter Club mit einem abwechslungsreichen Parkland Course.

Name:	Pra' delle Torri Golf Caorle
Adresse:	Viale Altanea 201
	I-30021 Caorle (VE)
Telefon/WhatsApp:	+39-04 21-299 570
E-Mail:	info@golfcaorle.it
Internet:	www.golfcaorle.it
Ansprechpartner:	Sekretariat
Öffnungszeiten:	Oktober – März: 9.00 – 17.00 Uhr
April – September:	8.00 – 19.00 Uhr
Spielbahnen:	18
Green Fee:	Nebensaison: 69,00 € (werktags)
	79,00 € (Sa, So und Feiertage)
Mittelsaison:	75,00 € (werktags)
	85,00 € (Sa, So und Feiertage)
Hauptsaison:	85,00 € (Mo – So und Feiertage)
Handicap:	54
Teilnahmebed.:	Voucher gelten Mo – So
Sonstiges:	Softspikes erforderlich. Hunde nicht erlaubt.

Pra' delle Torri Golf Caorle

Der Golf Club Pra' delle Torri liegt nur 7 km von Caorle und 15 km von Lido de Jesolo entfernt.

230

Es handelt sich um einen traumhaften 18-Loch-Sea-Course. Die ersten 9 Löcher grenzen direkt an den Strand und faszinieren mit einem bezaubernden Par 3 mit Blick aufs Meer. Es ist eine entspannende Golfbahn, die bei einer Brise Wind zu einem äußerst technischen und spannenden Spiel führen kann. Die Anlage ist für Anfänger sehr geeignet, jedoch kann sie bei Wind und aufgrund der gut ausgelegten Flaggenstöcke auch für die Experten unter den Golfspielern schwierig werden. Der Platz liegt direkt am Ferienzentrum von Pra' delle Torri und bietet ein touristisches Umfeld. Wir informieren Sie, dass Duschen und Umkleidekabinen geöffnet sind. Badetücher sind nicht verfügbar. Wir erinnern Sie daran, Ihr eigenes Badetuch, Duschgel und Haartrockner mitzubringen. Vielen Dank.

Strüver-Fazit: Die Spielbahnen des Sea-Courses sind eng und anspruchsvoll, variables Design erschwert vor allem an windigen Tagen ein präzises Spiel.

Anfahrt: A4 Venedig-Trieste, Ausfahrt San Stino di Livenza und der Beschilderung nach Caorle folgen. Vor der Einfahrtsbrücke nach Caorle, rechts abbiegen in Richtung Porto Santa Margherita/Duna Verde/Venezia und immer weiter nach Duna Verde – Pra' delle Torri für etwa 8 km weiterfahren. Der Golfclub befindet sich auf der linken Seite der Straße.

Italien

Name:	Golf Jesolo
Adresse:	Via St. Andrews, 2 (Eingang durch Via Grassetto) I-30016 Jesolo (VE)
Telefon:	+39-04 21-37 28 62
E-Mail:	segreteria@golfclubjesolo.it
Internet:	www.golfjesolo.it
Ansprechpartner:	Chiara Bardella
Öffnungszeiten:	Sommer: 7.30 – 19.00 Uhr Winter: 9.00 – 16.30 Uhr
Spielbahnen:	18
Green Fee:	70,00 € (werktags) 85,00 € (Wochenende und Feiertage)
Handicap:	54
Teilnahmebed.:	Voucher gelten Mo – So das ganze Jahr über (max. 2 Gutscheine)
Sonstiges:	Unter www.golfjesolo.it finden Sie unsere kooperierenden Hotels mit ermäßigten Preisen

GOLFCLUB JESOLO VENEZIA

Golf Jesolo

231

Anfahrt: Von Mailand oder Brenner: A4, danach auf die Umgehungsstraße Mestre, Abfahrt Flughafen Tessera-Jesolo, dann Richtung Lido West. Von Tarvisio, Udine, Trieste: A4, Abfahrt Noventa di Piave, Richtung Lido West.

Das Areal von Golf Jesolo ist ein wahres Naturparadies und nur wenige Schritte vom Strand Lido di Jesolo entfernt, zu dem ein Radweg führt.

Auf ca. 900.000 qm wurde ein Course erschaffen, der dem Club einen Spitzenplatz unter den Golfanlagen in Italien garantiert. Der 18-Loch-Platz eignet sich mit seinen großzügigen Greens und sehr weiten Fairways für erfahrene Golfer wie für weniger erfahrene Sportler gleichermaßen. Zahlreiche Wasserhindernisse und Sanddünen bereichern die wundervolle, weitläufige Naturlandschaft. Putting Green, Pitching Green und eine Driving Range mit überdachten Buchten runden das Angebot ab.

Strüver-Fazit: Gut gepflegter Platz, der ganzjährig bespielbar ist aufgrund des sandigen Bodens.

Italien

Name: Circolo Golf Venezia
Adresse: Strada Vecchia 1, Alberoni
I-30126 Venezia
Telefon: +39-041 73 13 33
E-Mail: info@circologolfvenezia.it
Internet: www.circologolfvenezia.it
Ansprechpartner: Mariapaola Prosdocimi
Öffnungszeiten: Sommer 8.30 – 19.00 Uhr
Winter 9.00 – 17.30 Uhr
Spielbahnen: 18
Green Fee: 80,00 € (werktags),
95,00 € (Wochenende und Feiertage)
Teilnahmebed.: Voucher gelten von Februar bis Dezember
Di – So (Mo geschlossen).
Reservierung erforderlich.

Circolo Golf Venezia

Der 1928 gegründete Platz liegt auf der Lido Insel nur wenige Minuten von Venedig entfernt und verläuft zwischen der Adria und der Lagune von Venedig durch Pinienhaine und Sanddünen in unmittelbarer Nähe zu den weltberühmten Stränden, dem Markusplatz und dem Dogenpalast.

232

30
1

Der Venedig Golf Club wurde vom schottischen Golfplatzarchitekten Cruikshank entworfen und ähnelt in Teilen den schottischen Linksplätzen, auf denen Sand und Wind großen Einfluß haben. Einige der Abschläge befinden sich auf historischen Wällen und bieten faszinierende Aussichten. Der Circolo Golf Venezia war Gastgeber zahlreicher großer Turniere wie zum Beispiel der International Open of Italy in 1955, 1960 und 1974, der Vagliano Trophy in den Jahren 1989 und 2004 sowie der International Italian Senior Open in 2004, 2005, 2006 und 2007.

Anfahrt: siehe Homepage

Strüver-Fazit: Altehrwürdiger Parklandcourse auf einer vorgelagerten Insel von Venedig. Spannende Anreise, aber ein „Muss" für Italienreisende.

Italien

Name:	Albarella Golf Links
Adresse:	Via Po di Levante 4 I-45010 Rosolina (RO)
Telefon:	+39-0426-330124
E-Mail:	info@golfalbarella.it
Internet:	www.golfalbarella.it
Ansprechpartner:	Rezeption
Öffnungszeiten:	8.30 – 18.30 Uhr (Rezeption), 7.00 – 21.00 Uhr (Platz)
Spielbahnen:	18
Green Fee:	69,00 € (werktags) 79,00 € (Sa, So und Feiertage)
Handicap:	–
Teilnahmebed.:	Voucher gelten Mo – So
Sonstiges:	Hunde sind auf dem Platz erlaubt

Albarella

Albarella Golf Links

30
1

233

Der Stil eines klassischen britischen Linksplatzes mit der einzigartigen Kulisse der Lagune von Venedig.

Anfahrt: A4 von Mailand und A22 vom Brenner, Ausfahrt Verona Süd (empfohlen), dann die Transpolesana Superstrada bis nach Rovigo, weiter nach Adria, Loreo, Rosolina, 12 km der Straße bis Albarella folgen. Alternative Route: Ausfahrt Padova Est, SS Romea Richtung Ravenna, Chioggia, Rosolina, dann wie oben. Bologna: A13 Ausfahrt Rovigo, weiter nach Adria, Loreo, Rosolina, dann wie oben.

Der Golfplatz von Albarella ist der einzige, der diese beiden Eigenschaften zusammenbringt. Der von dem englischen Architekten Harris erbaute Links-Course schlängelt sich mit seinen 18 Löchern durch eine atemberaubende Umgebung und ist zu einem festen Reiseziel anspruchsvoller Gäste aus aller Welt geworden. Die Anlage mit einer Fläche von 70 ha erstreckt sich auf eine Länge von insgesamt 6.130 Metern. Darauf befindet sich eine Reihe von Wasser- und Sandhindernissen, die die Spieler mit Dünen, Seen und wilden Olivenhainen herausfordern.

Strüver-Fazit: Der auf einer Ferieninsel gelegene Golfplatz spielt sich flach, gelegentlich mit Wind, aber mit Blick auf die Lagune.

Name: Valtellina Golf Club
Adresse: Via Valeriana 29/A
I-23010 Caiolo (SO)
Telefon: +39-03 42-35 40 09
E-Mail: info@valtellinagolf.com
Internet: https://valtellinagolf.com
Ansprechpartner: Svetlana Mashkovtseva
Öffnungszeiten: 8.00 – 18.00 Uhr (März – Oktober)
Spielbahnen: 18
Green Fee: 60,00 € (werktags)
75,00 € (Wochenende und Feiertage)
Handicap: 54
Teilnahmebed.: Voucher gelten Mo – So das ganze Jahr über (max. 2 Gutscheine)

Valtellina Golf Club

Valtellina Golf Club

Valtellina Golf – die Perle der Alpen.

234

Der Valtellina Golf Club wurde Mitte der 90er Jahre vom Designer Fulvio Bani unter der Leitung des Architekten Fernando Grattirola entworfen und nahm im Mai 1999 offiziell seine Tätigkeit auf. Der Club hat stark zur Verbreitung des Golfsports in der Provinz Sondrio beigetragen und jedes Jahr werden neue Spieler hinzugewonnen.
Valtellina Golf ist nicht nur ein einladender Club, in dem man Golf spielen und in Gesellschaft von Freunden bleiben kann, Valtellina Golf hat das touristische Angebot des Tals sofort bereichert und die Umwelt- und Landschaftsmerkmale eines naturalistischen Kontexts von seltener Schönheit verbessert: nur einen Steinwurf entfernt von Sondrio, am Ufer des Flusses Adda, umgeben von den terrassierten Weinbergen der Rätischen Alpen und von den üppigen Wäldern.

Anfahrt: siehe Homepage: https://valtellinagolf.com/en/contatti-2/

Strüver-Fazit: Seit 1999 kann man den modern geschnittenen Kurs mit Berg- und Waldpanorama spielen. Weitläufige Fairways und einige Teiche sind zu bespielen.

Italien

Name: Villa Paradiso Golf Club
Adresse: Via Villa Paradiso 12/A
I-20872 Cornate d'Adda (MB)
Telefon: +39- 039- 68 87 12 4
E-Mail: segreteria@villaparadisogolf.it
Internet: www.villaparadisogolf.it
Ansprechpartner: Vanessa Vanalli
Öffnungszeiten: 8.30–19.30 Uhr (Montag geschlossen)
Spielbahnen: 18 + 9 Executive
Green Fee: siehe Homepage
Handicap: –
Teilnahmebed.: Voucher gelten nur nach vorheriger Startzeitenreservierung via E-Mail

VILLA PARADISO
Golf Club

Villa Paradiso Golf Club

235

Anfahrt: Von Mailand oder Bergamo: A4 MI – VE, Ausfahrt Trezzo sull'Adda, am Kreisverkehr nach Vimercate abbiegen, nach der Total-Tankstelle rechts abbiegen, ausgeschildert nach Colnago. Von Monza/Vimervate: Provinzstraße 2 – Vimercate/Trezzo. Von Lecco/Merate: Provincial Road 55 – Verderio/Cornate d'Adda.

Eingebettet in die herrliche Umgebung des Naturparks Adda liegt der Golf Club nur 20 Minuten von Milano und Bergamo entfernt.

Der 18-Loch-Platz wurde vom Architekten Franco Piras als echter Meisterschaftsplatz mit einer Länge von 6.583 Metern (Par 72) entworfen. Die Villa Paradiso bietet einen der schönsten Golfplätze Italiens: einen modernen, technischen, langen und gleichzeitig unterhaltsamen Platz für alle Golfer. Der 9-Loch-Platz (Blue Course) ist ideal für Anfänger, aber auch interessant für gute Spieler, die ihr kurzes Spiel trainieren möchten. Alle Löcher unterscheiden sich voneinander, da die Grüns von Bunkern gut verteidigt werden und sowohl bergab (Löcher 3/5/7/8) als auch bergauf (Löcher 4/6) gespielt werden können.

Strüver-Fazit: Flacher und lang zu spielender Platz, umgeben von Wald und in einem Flusstal gelegen. Es gibt einige schwierige Wasserhindernisse.

Italien

Name:	Golf Club Bergamo „L'Albenza"
Adresse:	Via Longoni, 12 I-24030 Almenno San Bartolomeo (BG)
Telefon, Fax:	+39-035-64 00 28, +39-035-64 30 66
E-Mail:	segreteria@golfbergamo.club
Internet:	www.golfbergamo.club
Ansprechpartner:	Paolo Besagno
Öffnungszeiten:	Sommer: 8.00 – 19.00 Uhr Winter: 8.00 – 18.00 Uhr
Spielbahnen:	36
Green Fee:	75,00 € (werktags) 105,00 € (Wochenende und Feiertage)
Handicap:	–
Teilnahmebed.:	Voucher gelten Di, Mi, Do und Fr. Startzeitenreservierung ist erforderlich.
Sonstiges:	Partnerhotels unter www.golfbergamo.club

Golf Club Bergamo „L'Albenza"

Willkommen in Albenza – seit 1961 eine natürlich geteilte Leidenschaft…

236

Der Golf Club Bergamo „L'Albenza" wurde am 1. März 1961 eingeweiht. Er wurde nach einem Projekt des bekannten englischen Studios Cotton & Sutton erbaut und verfügt über einen herrlichen Platz. Die 27 technisch anspruchsvollen Löcher sind in drei Plätze unterteilt (Blau, Gelb und Rot). Eingebettet in eine bezaubernde Landschaft, umgeben von sanften Hügeln und reich an jahrhundertealter Vegetation ist der Platz ein Erbe zum Leben und Teilen mit denen, die dank des Golfspiels das Vergnügen und die Emotionen einzigartiger Momente genießen möchten. Tatsächlich ist es unmöglich, sich nicht auf die Stille, die Farben und die unbezahlbaren Einblicke in die Natur einzulassen, die jedes Grün begleiten.

Strüver-Fazit: Der altehrwürdige Top-Club feierte 2021 sein 60-jähriges Bestehen. Heimat meines früheren Kollegen Costantino Rocca.

Anfahrt: A4 (Mailand – Venedig) – Ausfahrt Dalmine. Nehmen Sie die SS 342 in Richtung Lecco/Como und fahren Sie weiter bis Mapello. Biegen Sie dann nach 1 km rechts auf die SP 175 ab und folgen Sie den Schildern zum Club.

Italien

Name:	A.S.D. Franciacorta Golf Club
Adresse:	Via Provinciale, 34/B I-25040 Nigoline di Corte Franca (BS)
Telefon:	+39-030-984167
E-Mail:	segreteria@franciacortagolfclub.it
Internet:	www.franciacortagolfclub.it
Ansprechpartner:	Sekretariat
Öffnungszeiten:	Sommer: 8.00 – 19.00 Uhr Winter: 8.30 – 18.00 Uhr
Spielbahnen:	27
Green Fee:	9 Loch: 30,00 € 18 Loch: 60,00 €
Handicap:	54
Teilnahmebed.:	Voucher gelten Mo – Fr (außer Feiertagen) ab 13.00 Uhr. Nicht im April, Mai, September und Oktober

A.S.D. Franciacorta Golf Club

30
1

237

Anfahrt: A4 (Mailand – Venezia), A35: Ausfahrt Rovato. Weiter in Richtung Valcamonica und Lago d'Iseo, nach ca. 7 km links in die Via Provinciale SP49.

Der Wein-Golf-Kurs.

Der Golfplatz liegt ca. 35 Minuten vom Gardasee und ca. 5 Minuten vom Iseosee entfernt und besticht durch seine wunderbar in das hügelige Gelände eingebetteten Fairways. Inmitten eines ehemaligen Weinbaugebietes umgeben von kleinen Seen, Bächen und alten Bauernhöfen wird Golfspielen zum Naturerlebnis. Optimale Spielbedingungen bietet der 27-Loch-Golfplatz mit seinen drei 9-Loch-Golf-Courses „Brut“, „Saten“ und „Rosé“. Wer einen Golfurlaub am Gardasee plant, sollte den Franciacorta Golf Club unbedingt mit einbeziehen. Die Region Franciacorta ist berühmt für tolle Weine und vor allem für die nach Champagnerart hergestellten „Frizzanti“. Nach der Golfrunde kann man im Clubrestaurant einen guten Wein aus dem hauseigenen Weinkeller genießen.

Strüver-Fazit: Zahlreiche Wasserhindernisse und Bunker sowie einmalig schöne alte Bäume entlang einzelner Bahnen kennzeichnen diesen designten Golfplatz der „Wein“-liebhaber.

Name: Gardagolf Country Club
Adresse: Via Angelo Omodeo 2
I-25080 Soiano del Lago (BS)
Telefon, Fax: +39-0365-674707, +39-0365-674788
E-Mail: booking@gardagolf.it
Internet: www.gardagolf.it
Ansprechpartner: Mauro Pauzzi
Öffnungszeiten: Hauptsaison: 8.00 – 18.30 Uhr
Nebensaison: 8.00 – 17.30 Uhr
Spielbahnen: 27
Green Fee: siehe Homepage
Teilnahmebed.: Voucher gelten Mo – Fr vom 2. November bis 28. Februar (nicht an Wochenenden), im Juli und August ab 15.00 Uhr (nicht am Sa/So und italienischen Feiertagen für Haupt- und Nebensaison)

Italien

Gardagolf Country Club

GARDAGOLF COUNTRY CLUB

SUSTAINABILITY AWARD 2019 RESOURCE EFFICIENCY

27-Loch-Meisterschaftsplatz direkt am Gardasee.

238

Experten halten den Gardagolf Country Club für einen der besten Golfplätze, der in den letzten dreißig Jahren gebaut wurde. Der 110 Hektar große Golfplatz wurde von britischen Architekten Cotton, Pennick, Stahl & Partners entworfen und verfügt über 27 Löcher. Bei dem außergewöhnlich schönen Panorama zwischen Zypressen, Olivenbäumen, jahrhundertealten Eichen, Pinien und Steineichen gerät man schnell in Versuchung, die Landschaft zu bewundern. Aber Vorsicht, der Kurs ist sehr anspruchsvoll und erfordert volle Konzentration.
Unter anderem finden Sie hier eines der „500 schönsten Löcher der Welt" (Golf Magazine): Loch 2 auf dem Red Course. Ein Par 3, welches von erhöhter Postition beginnt und dessen Grün von einem See und großen Blumenbeeten verteidigt wird.

Strüver-Fazit: Technisch anspruchsvoller Platz, auf dem bereits drei Italian Open, das letzte Mal 2018, ausgetragen wurden.

Anfahrt: A4, Ausfahrt Desenzano D/G, im Kreisverkehr Richtung Manerba del Garda, folgen Sie den Schildern bis Soiano.

Italien

Name:	Arzaga Golf Club
Adresse:	Via Arzaga, 1 I-25080 Calvagese della Riviera – Lago di Garda
Telefon:	+39-030-68 06 266
E-Mail:	golf@arzagagolf.it
Internet:	www.arzagagolf.it
Ansprechpartner:	Sekretariat
Öffnungszeiten:	saisonabhängig siehe Homepage
Spielbahnen:	27
Green Fee:	90,00 € (werktags) 110,00 € (Wochenende und Feiertage) Die aktuellen Preise finden Sie auf der Homepage
Teilnahmebed.:	Voucher gelten Mo – Fr nach Anmeldung (ausgenommen Bankfeiertag)

ARZAGA GOLF

Arzaga Golf Club

239

Der Arzaga Golf Club befindet sich nur wenige Minuten vom Gardasee, 30 Minuten von Verona, der Franciacorta Weinregion und den Alpen entfernt. Das milde Klima des Gardasees ermöglicht das Golfspielen fast das ganze Jahr über.

Der 18-Loch-Golfplatz „Jack Nicklaus II“ ist ein wahrer Hinderniskurs geprägt von breiten Fairways – ideal für lange Schläge mit Teichen, tiefen Grasbunkern und Bäumen sowie großen Greens. Unvergesslich ist Loch 18 – das „Signature Hole“. Auf dem 9 Loch-Platz „Gary Player“ erwarten Sie höher gelegene Greens, tiefe Bunker und eine Heidelandschaft, wie sie in Schottland und England anzutreffen sind und erfordern dadurch eine strategische Spielweise. Sowohl Anfänger als auch ehrgeizige Golfspieler genießen hier „ein schönes Spiel!“

Strüver-Fazit: Loch 1 des Gary-Player-Platzes ist eines der spektakulärsten Löcher Europas mit Schloss Drugolo als Ziellinie.

Anfahrt: A4 Mailand – Venedig, Abfahrt Desenzano del Garda, Kreisverkehr Richtung Brescia für 3 km folgen, vor dem Tunnel rechts Richtung Padenghe/Brescia, nach ca. 5 km im Kreisverkehr Richtung Brescia-Bedizzole, nach 2 km rechts Wegweiser „Palazzo Arzaga“. GPS: N45° 30.660‘ E010° 28.711‘

Italien

Name:	Chervò Golf Hotel Spa & Resort San Vigilio
Adresse:	Località San Vigilio, 1 I-25010 Pozzolengo (BS)
Telefon, Fax:	+39-030-91 80 1, +39-030-91 80 99 9
E-Mail:	hotel@chervogolfsanvigilio.it
Internet:	www.chervogolfsanvigilio.it
Ansprechpartner:	Sekretariat Golf
Öffnungszeiten:	8.00 – 19.30 Uhr
Spielbahnen:	36
Green Fee:	18 Loch: 64,00 € – 85,00 € (werktags), 75,00 € – 105,00 € (Wochenende u. Feiertage)
Teilnahmebed.:	Voucher gelten jeden Tag. Vom 10. März bis 5. Nov. 2023 ab 14.00 Uhr, vom 6. Nov. 2023 bis 1. März 2024 ab 13.00 Uhr, vom 2. März bis 30. Juni 2024 ab 14.00 Uhr.
Sonstiges:	10% Rabatt in ProShop auf Marke Chervò 15% Rabatt auf Direktbuchungen im Hotel, nicht mit anderen Angeboten kombinierbar.

HOTELS
Hotels auf dem Golfplatz

77° OPEN
D'ITALIA
OFFICIAL GOLF COURSE

Chervò Golf Hotel & Spa Resort San Vigilio

WORLD GOLF AWARDS WINNER 2020 – ITALY'S BEST GOLF HOTEL 2014 - 2018 - 2019 - 2020

WORLD GOLF AWARDS WINNER 2021 – Italy's Best Golf Course

30
1

240

Zwischen den Provinzen Brescia und Verona liegt südlich des Gardasees das Chervò Golf Hotel Spa & Resort San Vigilio, Gastgeber der Italian Open 2020, inmitten wunderschöner Landschaften.

Die Spieler erwartet eine gepflegte 27-Loch-Golfanlage sowie weitere 9 Executive-Löcher, die eigens für Anfänger angelegt wurden, alle vom Architekten Kurt Rossknecht entworfen. Mit einer maximalen Länge von 6.775 m von den Tees „Gold Championship" und einer Länge von 5.070 m von den Tees „Ladies" stellt dieser Parcours eine echte Herausforderung für erfahrene Golfer dar, bietet aber auch Anfängern höchstes Vergnügen. Verschiedene Wasserhindernisse, strategisch platzierte Bunker, gepflegte Fairways, breite Roughs und die Möglichkeit, die 18-Loch-Runde variabel zu kombinieren, sorgen für stets neue Unterhaltung. Außerdem bietet die großzügige Driving Range mit 26 Abschlagplätzen perfekte Übungsmöglichkeiten.

Anfahrt: A4, Ausfahrt Sirmione (B 5), Richtung Pozzolengo, nach 3,5 km dann links abbiegen. Bahnof: Desenzano del Garda und Peschiera del Garda.
Flugafen: Verona Catullo, Venezia Marco Polo, Milano Linate, Milano Malpensa.

Strüver-Fazit: Toller Resort Golfplatz, der an das Kloster von San Vigilio angrenzt. Sehr üppig gestaltetes Clubhaus, Hotel und Apartments.

Italien

Name: Golf Club „Le Vigne" Villafranca
Adresse: Loc. Casella 34 – Fraz. Pozzomoretto
I-37069 Villafranca (VR)
Telefon: +39-045-63 05 572
E-Mail: info@golfvillafranca.it
Internet: www.golfvillafranca.it
Ansprechpartner: Luca Adami
Öffnungszeiten 8.00 – 20.00 Uhr
Spielbahnen: 18
Green Fee: 60,00 € (werktags)
80,00 € (Wochenende und Feiertage)
Handicap: –
Teilnahmebed.: –
Sonstiges: Golf Cart bei 18 Loch: 20,00 €

Golf Club „Le Vigne" Villafranca

Der Golf Club „Le Vigne" Villafranca entstand Anfang der 90er Jahre am Fuße des Custoza Hügels, einem Schauplatz historischer Schlachten.

241

In dieser wunderschönen Natur erfreut sich dieser Golfplatz einer stets wachsenden Zahl von Mitgliedern, die von der überaus familiären Atmosphäre des Clubs fasziniert sind. Der Parcours, vom früheren Präsidenten des Clubs Ferruccio Corrado Bertolini geplant, zählt zur Zeit 18 Löcher. Weitere 9 geplante Spielbahnen werden ihn zu einem der wichtigsten Golfplätze der Veroneser Gegend machen. Die Nähe des Gardasees und das milde Klima garantieren das ganze Jahr hindurch die Bespielbarkeit des Platzes. Das neue Restaurant und die kürzlich gestalteten Gästezimmer gewähren Ihnen den Genuss echter und erlesener Entspannung.

Strüver-Fazit: Hoher, alter Baumbestand umsäumt die einzelnen Bahnen. Das Gutshaus lädt nach der Golfrunde ein.

Anfahrt: A4 Richtung Venedig, Ausfahrt Sommacampagna, fahren Sie in Richtung Villafranca. Nach 3 km Richtung Pozzomoretto fahren.

Name:	Golf Club Verona A.S.D.
Adresse:	Loc. Ca' del Sale 15 I-37066 Sommacampagna (VR)
Telefon:	+39-045-51 00 60
E-Mail:	info@golfclubverona.com
Internet:	www.golfclubverona.com
Ansprechpartner:	Norcia Alida
Öffnungszeiten:	8.00 – 18.00 Uhr
Spielbahnen:	18
Green Fee:	siehe Homepage
Handicap:	–
Teilnahmebed.:	Voucher gelten Mo – Fr ab 14.00 Uhr

GOLF CLUB VERONA
dal 1963

Golf Club Verona

242

Anfahrt: A4 Milano – Venezia, Ausfahrt Casello di Sommacampagna, biegen Sie rechts ab Richtung Abitato, dann Richtung Custoza (ca. 2 km).

Eingebettet in die Weinberge, die westlich von Verona die Hügel von Custoza einrahmen, bietet sich der Golf Club Verona im traditionellen Golftourismus Nordeuropas als ganz besonderes Wahlreiseziel an.

Der Parcours erstreckt sich über eine tückische Hügellandschaft und bietet technisch anspruchsvolle Bahnen in dicht bewachsenen Abschnitten. Heute ist der Golf Club Verona, mit seinem schönen Golfplatz, seinem Clubhaus, seiner Geschichte und dank des Engagements des Personals, zu einem der berühmtesten Vereine in ganz Europa geworden. Der Golfclub setzte von Anfang an auf Umweltschutz und hat den Platz so naturbelassen wie möglich gestaltet. Im Jahr 2002 hat er die begehrte „Grüne Fahne" als Anerkennung für das Engagement im Umweltschutz erhalten.

Strüver-Fazit: Satte Fairways und perfekte Grüns, kaum Wasserhindernisse. Allein vor dem Grün der Bahn 16 erwarten Sie aber acht Bunker.

Name: A. S. D. Golf Club Biella „Le Betulle"
Adresse: Regione Valcarrozza 2
I-13887 Magnano (BI)
Telefon, Fax: +39-015-679151, +39-015-679276
E-Mail: reservations@golfclubbiella.it
Internet: www.golfclubbiella.it
Ansprechpartner: Riccardo Valzorio
Öffnungszeiten: 8.30 – 18.30 Uhr
Spielbahnen: 18
Green Fee: 85,00 € (werktags),
125,00 € (Wochenende und Feiertage)
Teilnahmebed.: werktags (außer Feiertage)

A. S. D. Golf Club Biella „Le Betulle"

Einer der traditionsreichsten Clubs Italiens wurde bereits im Jahr 1958 erbaut und gilt als „Geheimtipp".

243

Die Weite des Piemont, der Blick auf die im Norden liegenden Berge und die großzügige Konzeption der Fairways garantieren unvergessliche Runden auf dem Platz. Die erfahrenen Golfer sind sich einig, dass dieser anspruchsvolle Championship Course (6.497 m, Par 73) zu den schönsten Europas gehört. Angrenzend an das Clubhaus befinden sich die sechzehn Gästezimmer, alle mit Balkon oder Gartensitzplatz und Blick auf das 9. Green. Die vielen Stammgäste schätzen die ausgezeichnete Küche, die erlesenen Weine und die Gemütlichkeit am Cheminée Des öfteren wird erwähnt, dass nur wenige Clubs eine so freundliche und familiäre Atmosphäre bieten können.

Strüver-Fazit: Regelmäßig unter den Top-5-Plätzen Italiens, ist dieser Parklandcourse ein Muss für Piemont Urlauber.

Anfahrt: A4 aus Mailand/Turin kommend, nach Mautstelle Santhià Richtung Aosta bis Mautstelle Albiano. A5 aus Aosta/Turin kommend, Abzweigung Ivrea-Santhià, dem Straßenverlauf bis zur Mautstelle Albiano folgen. Nach Mautstelle der Landstraße 80 bis Kreisverkehr in Bollengo folgen, Nationalstraße 338 Richtung Magnano-Biella, weiter auf 338 Richtung Biella, diese führt zur Einfahrt des Golfclubs.

Name:	Golf Club Cavaglià
Adresse:	Via Santhià 75 I-13881 Cavaglià (BI)
Telefon, Fax:	+39-0161-966 771, +39-0161-966 620
E-Mail:	segreteria@golfclubcavaglia.it
Internet:	www.golfclubcavaglia.it
Ansprechpartner:	Paolo Schellino
Öffnungszeiten:	8.00 – 20.00 Uhr
Spielbahnen:	18
Green Fee:	55,00 € (werktags), 75,00 € (Wochenende und Feiertage)
Teilnahmebed.:	Voucher gelten Mo – So

Golf Club Cavaglià

244

Der Golf Club Cavaglià liegt auf halber Strecke von Mailand und Turin im Piemont.

Der vom italienischen Architekten Giorgio Ferraris entworfene 18-Loch-Golfplatz befindet sich in leicht hügeligem Gelände und ist angenehm und schnell zu spielen. Das Übungsgelände verfügt über eine Driving Range mit 20 Buchten, einem Pitching Green und einem großen Putting Green. Der Country Club bietet außerdem einen Tennisplatz und einen Außenpool. Das wunderbare Restaurant mit herrlichem Blick auf den Golfplatz befindet sich im Clubhaus im New England-Stil.

Strüver-Fazit: Seit 2015 spielt man hier auf 18 Loch. Der Parklandcourse hat gut verteidigte Grüns und das großzügige Clubhaus wartet nach der Runde.

Anfahrt: Autobahn A4 Turin – Mailand, Ausfahrt Santhià, 1 km Richtung Biella

Italien

Name: Golf Club Ambrosiano SSDRL
Adresse: Cascina Bertacca snc
I-20080 Bubbiano (MI)
Telefon: +39-02-90 84 08 20
E-Mail: segreteria@golfclubambrosiano.com
Internet: www.golfclubambrosiano.com
Ansprechpartner: Davide Santagostino
Öffnungszeiten: 9.00– 18.00 Uhr
Spielbahnen: 18
Green Fee: 50,00 € (werktags)
70,00 € (Wochenende und Feiertage)
Handicap: –
Teilnahmebed.: Voucher gelten jeden Tag
Sonstiges: Hunde sind angeleint erlaubt

Golf Club Ambrosiano

Der Ambrosiano Golf Club liegt nur wenige Kilometer vom Zentrum Mailands entfernt.

245

Der Golf Club wurde 1994 eröffnet. Der vom amerikanischen Studio Cornish & Silva entworfene Platz ist ein 18-Loch-Platz, 6.281 Meter lang, Par 72, S.S. 72, von hohem technischen Niveau, mit nicht weniger als 10 Seen für ein lebendiges und angenehmes Spiel, das für Spieler aller Spielstärken geeignet ist.
Er ist ganzjährig geöffnet und verfügt über ein Bar-Restaurant, eine Driving Range, ein Putting Green und Pitch Green, ein Schwimmbad und einen Fitnessraum sowie einen Golfwagen- und Elektrotrolley-Verleih.

Strüver-Fazit: Hier erwarten Sie einige Seen sowie Grüns, die schwer zu lesen sind. Top Küche und nur 25 Minuten vom Zentrum Mailands entfernt.

Anfahrt: Von Mailand Autobahn Mailand – Genua, Ausfahrt Binasco (8 km zum Golfplatz). Siehe auch Homepage

Italien

Name:	Royal Park Golf & Country Club I Roveri S.S.D. a R.L.
Adresse:	Rotta Cerbiatta, 24 I-10070 Fiano (TO)
Telefon:	+39-011-92 35 500
E-Mail:	booking@royalparkgolf.it
Internet:	www.royalparkgolf.it
Ansprechpartner:	Elisa Caracchi
Öffnungszeiten:	8.30 – 18.00 Uhr
Spielbahnen:	36
Green Fee:	Hauptsaison: 110,00 € (werktags), 160,00 € (Wochenende und Feiertage) Nebensaison: 90,00 € (werktags), 130,00 € (Wochenende und Feiertage) Stand: 2021, Änderungen vorbehalten
Teilnahmebed.:	Voucher gelten nicht an Aktionstagen

Royal Park I Roveri

246

Anfahrt: Aus Norden kommend: A5, A55, Ausfahrt Borgaro Richtung Borgaro/Torino/Venaria Reale Nord, der Strada Provinciale 501 Richtung Lanzo, der Beschilderung Robassomero folgen. Vom Flughafen Caselle kommend: SP02 Richtung Ciriè, nach 5,5 km 4. Ausfahrt Richtung Robassomero auf SP18, nach 5 km, SP01 über Lanzo) Richtung Torino, nach 50 m rechts abbiegen auf Via Lanzo 1.

Royal Park I Roveri ist die prestigeträchtige Golfanlage, die sich mit ihren 36 Löchern über dem Regionalpark von „La Mandria" (ursprünglich ein königliches Anwesen) ausbreitet, nur wenige Schritte von der spektakulären königlichen „Reggia" und 15 Kilometer von Turin entfernt liegt.

Das von Turiner Alpen umgebene Gelände wurde von der Familie Agnelli gegründet und ist heute eine renommierte Spitzengolfanlage. Der Originalkurs ALLIANZ BY TRENT JONES wurde 1971 vom berühmten Architekt Robert Trent Jones Senior entworfen. Kürzlich wurde von Michael Hurdzan und Dana Fry der zweite Kurs ALLIANZ BANK BY HURDZAN FRY mit 18 Löchern präsentiert. Die Anlage war Austragungsort für nationale und internationale Turniere, u. a. schon viermal die „Italian Open", die „European Amateur Championship" und die „Challenge Tour".

Strüver-Fazit: Unbedingt spielen. Ausgezeichnetes Layout. Durch die verschiedenen Tees ist der Platz für jedermann spielbar, von den Championship Tees jedoch eine richtige „Challenge".

Italien

Name:	Golf Club Margara
Adresse:	Località Margara 7 I-15043 Fubine (AL)
Telefon:	+39-01 31-77 85 55
E-Mail:	margara@golfmargara.com
Internet:	www.golfmargara.it
Öffnungszeiten:	8.00 – 18.30 Uhr
Spielbahnen:	36
Green Fee:	50,00 – 60,00 € (werktags) 80,00 – 90,00 € (Wochenende und Feiertage)
Handicap:	–
Teilnahmebed.:	–

Golf Club Margara

Mit seinen 36 Löchern folgt der hügelige Kurs den Konturen der Berge von Monferrato, deren Hänge in weite Bergtäler übergehen.

247

Auf dem von hohen Bäumen umgebenen Platz Glauco Lolli Ghetti können Sie entlang wunderschöner Eichen, Weiden und Ahornbäume spielen: spektakuläre breite Fairways, die sich nach einem harmonischen Design an den sanften Hängen der Hügel von Monferrato entwickeln. Im Vergleich zum Platz Glauco Lolli Ghetti bietet der Golfplatz La Guazetta eine modernere Architektur. Der Platz wechselt zwischen großen, ausgestreckten und eher technischen Löchern, bei denen die Strategie durch breite Wasserflächen vorgegeben ist.

Strüver-Fazit: 1970 gegründet, bietet die Anlage heute zwei unterschiedlich designte 18-Loch-Plätze.

Anfahrt: A21, Richtung Turin, Ausfahrt Felizzano-Quattordio. Der Golf Club Margara liegt nur wenige Kilometer von der Autobahnausfahrt entfernt. Folgen Sie der Beschilderung.

Italien

Name:	Golf Club Villa Carolina
Adresse:	Localita Villa Carolina 32 I-15060 Capriata d'Orba
Telefon:	+39-01 43 46 73 55
E-Mail:	info@golfclubvillacarolina.com
Internet:	www.golfclubvillacarolina.com
Ansprechpartner:	Tataru Dragos
Öffnungszeiten:	8.30 – 18.00 Uhr (November – März montags Ruhetag)
Spielbahnen:	36
Green Fee:	45,00 € (werktags) 80,00 € (Wochenende und Feiertage)
Teilnahmebed.:	Voucher gelten Mo – So

Golf Club Villa Carolina

30
1

248

Anfahrt: A7 Mailand – Genua, Ausfahrt Serravalle, Richtung Ovada.
A26 Voltri – Sempione, Ausfahrt Ovada, Richtung Novi Ligure.

Zwischen den Hügeln von Monferrato befindet sich die Villa Carolina inmitten eines alten Parks, der seit zweihundert Jahren seinen Charme und die magischen Farben der Natur bewahrt.

Der Golfplatz La Marchesa wurde von Cornish & Silva Golfcourse Architects Inc., USA, entworfen und befindet sich auf einer Fläche von über 110 Hektar inmitten der spektakulären grünen Wälder und des Flusses Albedosa. Die 18 Bahnen befinden sich auf einer ebenen Fläche und die Löcher 10, 11, 12 bilden das Amen Corner des Platzes. Der Paradise Course wurde vom Architekten Graham Cooke entworfen.
Die ersten 9 Löcher wurden 2006 eingeweiht und 2014 die zweiten 9 Löchern fertiggestellt. Der Platz erfordert große Genauigkeit. Beide Kurse waren 2017 und 2018 die Heimat von European Tour Pro-Am.

Strüver-Fazit: Zwei sehr interessante 18-Loch-Plätze mit gediegenem Clubhaus. 2016 fand hier die italienische PGA Championship statt.

Name: Golf Colline del Gavi
Adresse: Località Fara Nuova, 7
I-15060 Tassarolo (AL)
Telefon: +39- 01 43- 34 22 64
E-Mail: info@golfcollinedelgavi.com
Internet: www.golfcollinedelgavi.com
Öffnungszeiten: –
Spielbahnen: 18
Green Fee: 50,00 € (werktags)
80,00 € (Wochenende und Feiertage)
Handicap: –
Teilnahmebed.: Ermäßigung bei vollem Green Fee
Sonstiges: 10% Rabatt auf Übernachtungen

Golf Colline del Gavi

GOLF
Colline del Gavi

Die Weinregion Gavi beherbergt die idyllisch gelegenen Bahnen von Golf Colline del Gavi – ein Paradies inmitten der Natur.

Die Spielbahnen des 18-Loch-Meisterschaftsplatzes sind unterhaltsam und stellen die Fähigkeiten der Spieler unter Beweis. Natürliche Hindernisse wie Bäume und Wasserflächen sorgen dafür, dass jedes Loch anders ist und ständig neue Strategien erforderlich macht. Hinzu kommen die Höhenunterschiede auf dem Platz, die viel Ausdauer erfordern. Loch 1 des 9-Loch-Executive-Platzes ist vielleicht das bekannteste, da es vermutlich das schwierigste Par 3 Italiens ist.
Seit dem 1. Juli 2022 hat der Platz 27 Meisterschaftslöcher. Die alten Executive-Löcher werden zum neuen Old Course.
Das neue Clubhaus und die Cascina Spinola sind Treffpunkt für alle Spieler. Hier verbringen Sie eine angenehme Zeit bei einem Glas Wein und feinen Gerichten.

Strüver-Fazit: Ein abwechslungsreicher Course der genaue Platzkenntnisse erfordert.

249

30
1

Anfahrt: A26 Ausfahrt Novi Ligure in Richtung Tassarolo oder Ausfahrt Serravalle Scrivia und folgen Sie den Schildern nach Novi Ligure und Tassarolo. Navigations-Adresse: „Tassarolo, Località Fara Nuova 7".

Italien

Name:	Modena Golf & Country Club Associazione Sportiva Dilettantistica
Adresse:	Via Castelnuovo Rangone, 4 I-41043 Colombaro di Formigine (MO)
Telefon, Fax:	+39-059-55 34 82, +39-059-55 36 96
E-Mail:	segreteria@modenagolf.it
Internet:	www.modenagolf.it
Ansprechpartner:	Davide Colombarini
Öffnungszeiten:	ab 8.00 Uhr bis Sonnenuntergang, dienstags geschlossen (ausgenommen Feiertage)
Spielbahnen:	18
Green Fee:	100,00 € (werktags) 110,00 € (Wochenende und Feiertage)
Teilnahmebed.:	Voucher gelten nur mit vorheriger Reservierung

MODENA GOLF & COUNTRY CLUB

Modena Golf & Country Club

30
1

250

Anfahrt: A1 (Mailand – Bologna), Ausfahrt Modena Süd, nach rechts abbiegen, dann bis zur ersten Ampel, nach links abbiegen, dann immer geradeaus bis Colombaro (den Schildern folgen).

Der Modena Golf & Country Club liegt strategisch günstig, um ihn aus allen Richtungen schnell und einfach zu erreichen: Modena, Sassuolo, Vignola, Carpi sowie andere wichtige Städte befinden sich in der Umgebung.

Das Gelände ist über 100 ha groß und wurde auf Entwurf des deutschen Meisters Bernhard Langer angelegt. Aufgrund seiner Baueigenschaften gehört der Platz zu den besten Italiens. Die großen Greens und Tees, die Länge der Fairways und die fünf Kunstseen ergeben einen geeigneten Parcours für ein Spiel mit Freunden aber auch für Wettspiele auf hohem Niveau, wie zum Beispiel die Italian Open. Der Executive Parcours, die große Driving Range und zwei Tennisplätze vervollständigen die Sportanlage.

Strüver-Fazit: Typisches Design aus Bernhard Langers Feder. Die Open d'Italia feierte ihr 50-jähriges Jubiläum auf diesem Platz.

Italien

Name:	Golf Club Le Fonti A.S.D.
Adresse:	Viale Terme, 1800 I-40024 Castel San Pietro Terme (BO)
Telefon:	+39-05 16 95 19 58
E-Mail:	booking@golfclublefonti.it
Internet:	www.golfclublefonti.it
Ansprechpartner:	Simone Gribaudi
Öffnungszeiten:	8.00 – 19.00 Uhr
Spielbahnen:	18
Green Fee:	58,00 € (werktags) 68,00 € (Wochenende und Feiertage)
Handicap:	–
Teilnahmebed.:	Voucher gelten Mo – So, immer mit vorheriger Anmeldung

Golf Club Le Fonti

Der Golf Club Le Fonti entstand 1999 nach einem Entwurf des Architekten Ivano Serrantoni, der auch heute noch dem Sportverein vorsitzt.

251

30
1

Die 18 Loch-Anlage erstreckt sich über ein Gebiet im Sillaro-Tal, dort, wo das Tal in die Po-Ebene übergeht. Der leicht hügelige Parcours ist ganzjährig bespielbar und dank der vielen Tee-Möglichkeiten für Amateure sehr attraktiv und für Profis wiederum sehr anspruchsvoll.
Mit im Angebot des Clubs sind ein Freiluftpool und ein Fitnessraum.
Zu dem Golfplatz mit 18 Loch gehören eine Driving Range mit teilweise überdachten Abschlägen, Pitching-, Chipping- und Putting-Green, Caddy-Räume, E-Carts, Leih-Tolleys und exklusive Leih-Schläger.
Neben dem Platz liegt die Terme di Castel San Pietro und die alte Fonte Fegatella, die bereits seit dem Mittelalter für ihre heilsame Wirkung bei Lebererkrankungen berühmt ist.

Anfahrt: siehe Homepage
https://www.golfclublefonti.it/de/kontakt/

Strüver-Fazit: Wunderschön gelegen, begleitet von Wasser, großen flachen Grüns und Grünbunker, die zum Teil mit Holz beplankt sind.

Italien

Name:	Rimini Verucchio Golf Club
Adresse:	Via Molino Bianco 109 I-47826 Villa Verucchio (RN)
Telefon:	+39-05 41-67 81 22
E-Mail:	info@riminiverucchiogolf.com
Internet:	www.riminiverucchiogolf.com
Ansprechpartner:	Lamberto Di Giacinto
Öffnungszeiten:	siehe Homepage
Spielbahnen:	18 + 7 Executive
Green Fee:	55,00 € (werktags) 60,00 € (Wochenende und Feiertage)
Handicap:	–
Teilnahmebed.:	Voucher gelten Mo – So. Nicht mit anderen Rabatten/Aktionen kombinierbar.
Sonstiges:	Unter www.riminiverucchiogolf.com finden Sie unsere kooperierenden Hotels.

Rimini - Verucchio Golf Club

Rimini Verucchio Golf Club

252

Anfahrt: A14 Bologna – Ancona, Ausf. Rimini Nord, Richtung Santarcangelo, nach Überführung über das Rondell Hinweisen nach Verucchio folgen. Nach der Brücke über den Marecchia-Fluss nach ca. 1 km an der Ampel rechts abbiegen. Im Ort Villa Verucchio am ersten Rondell nach rechts in Via Tenuta; am Ende der Straße finden Sie den Golfclub (etwa 10 Min. von der Autobahnausfahrt entfernt).

Der von dem berühmten amerikanischen Architekten Brian M. Silva entworfene Golfplatz erstreckt sich über den grünen Park des Marecchia-Tals.

Ringsherum bietet sich eine atemberaubende Sicht auf die historischen Mittelalter-Orte Verucchio, Torriana und San Leo sowie im Hintergrund auf die Burgen von San Marino und den Berg Carpegna. Der wundervolle von amerikanischen Modellen inspirierte Park ist nur wenige Kilometer von Rimini und dem internationalen Flughafen entfernt. Mit 18-Meisterschafts- und 7-Executive-Löchern für Anfänger eignet sich der Platz für Spieler aller Klassen. Die sanft welligen Fairways sind mit Bunkern und zahlreichen kleinen Seen überstreut, was das Spiel noch interessanter und anspruchsvoller macht. Allen Golfern steht die einzigartige Golf Academy, ein fast vollständig bewässerter und gut beleuchteter Übungsplatz mit 100 Abschlagplätzen (davon 25 überdacht) und Richtungs-Greens zur Verfügung.

Strüver-Fazit: Sehr schnelle und ondulierte Grüns. Hoher Spaßfaktor.

Voucher System

Mit dem Guide for Free Golf haben Sie die Möglichkeit, mit den Vouchern im Anhang zu zweit für ein Green Fee zu spielen. Sie können pro Golfclub im Guide for Free Golf zweimal zu zweit „2 for 1" oder einmal zu viert „4 for 2" spielen.

Bei ausgewählten Clubs können Sie jeweils auch einen Voucher als Einzelspieler mit 30% Nachlass auf das Green Fee einlösen. Diese Clubs haben das Logo im Eintrag.

Mit dieser Ausgabe erhalten Sie 80 durchnummerierte Voucher, die Sie einfach von 1 beginnend bei den jeweiligen Golfclubs abgeben. Die Golfclubs kontrollieren dann, ob Sie bereits Ihr Kontingent im jeweiligen Golfclub verspielt haben. Bitte füllen Sie die Voucher gut leserlich aus. Sie haben die Möglichkeit sich online bei uns unter www.leisurebreaks.de unter „My Guide" selbst zu registrieren. Dann erhalten Sie von den Golfclubs eine Bestätigung per E-Mail mit Auflistung Ihrer bisherigen Spielhistorie, sofern diese die Voucher online entwerten.

Um sich online registrieren zu können, benötigen Sie Ihre Seriennummer von der Titelseite sowie einen Registrierungscode, den Sie beim Check-In bei den Golfclubs oder direkt bei LeisureBREAKS erfragen können, solange Sie noch nicht registriert sind.

Sollten Sie in der glücklichen Lage sein, dass Sie alle 80 Voucher verspielt haben, dann können Sie natürlich weiter mit dem Guide for Free Golf spielen! Sie erhalten dann zusätzliche Voucher bei den teilnehmenden Golfclubs.

Wir wünschen Ihnen ein schönes Spiel!

Ihr LeisureBREAKS Team

3

20. Guide for Free Golf

LeisureBREAKS GmbH

Name, Vorname

Straße, Hausnummer

PLZ, Ort

Heimatclub

Handicap

E-Mail

Guide-Nummer

Mit der Anmeldung erkenne ich die umseitigen Teilnahmebedingungen an.

Datum

Unterschrift

4

20. Guide for Free Golf

LeisureBREAKS GmbH

Name, Vorname

Straße, Hausnummer

PLZ, Ort

Heimatclub

Handicap

E-Mail

Guide-Nummer

Mit der Anmeldung erkenne ich die umseitigen Teilnahmebedingungen an.

Datum

Unterschrift

Inahmebedingungen

ree-Golf-Voucher können nur von mindestens zwei Personen genutzt werden. Es gibt eine Ermäßigung für Einzelspieler, außer dies ist explizit durch das Logo 30/1 im Eintrag les Clubs vermerkt. Die Voucher gelten nur für 18 Loch. Pro Golfanlage dürfen Sie maximal 2 Voucher einlösen.

Free-Golf-Voucher können ausschließlich von Personen mit Green Fee-Berechtigung eingelöst werden. I. d. R. ist dazu ein Mindesthandicap (variiert nach Platz bzw. Anlage) sowie eine Mitgliedschaft bei einem Golfclub erforderlich.

Bitte weisen Sie bei Ihrer Anmeldung darauf hin, dass Sie mit dem Guide for Free Golf spielen möchten und bringen Sie das Buch beim Einchecken am Golfplatz mit. Nur dann kann Ihnen das zweite, kostenfreie Green Fee oder der 30% Nachlass für Einzelspieler gewährt werden.

- Die beteiligten Golfanlagen gewähren Ihnen pro Voucher den Erlass des 2. Green Fees. Es können also pro Voucher jeweils 2 Personen für 1 Green Fee spielen (4 Personen benötigen 2 Voucher) oder eine Person mit 30% Nachlass. Bezahlt wird der normale Green Fee-Preis eines Erwachsenen am entsprechenden Spieltag.
- Bereits herausgetrennte bzw. lose Voucher sind nicht veräußerbar bzw. übertragbar; sie berechtigen insbesondere nicht zum Erlass des zweiten Green Fees. Zuwiderhandlungen werden zivilrechtlich verfolgt.
- Haben Sie bitte Verständnis, dass die Voucher bei Sonderveranstaltungen (Turniertagen, Tagen der offenen Tür oder sonstigen Promotion-Aktionen) nicht eingelöst werden können. Bitte erkundigen Sie sich vorab bei Ihrer Anmeldung bei den jeweiligen Golfanlagen. Die Barauszahlung des zweiten Green Fees ist nicht möglich.
- Es gelten die Teilnahme- und Spielbedingungen, die Hausordnung der angeschlossenen Golfclubs sowie die vor Ort ausgewiesenen aktuellen Green Fee-Preise.
- Das Kombinieren mit anderen Rabatten (z. B. Golf Fee Card etc.) oder gegenseitiges Einladen mit zwei oder mehreren Free-Golf-Voucher ist nicht möglich. Bei unterschiedlichen Green Fee-Gebühren (z. B. bei Ermäßigung von Jugendlichen) ist immer der günstigere Tarif kostenfrei.
- Alle Inserenten haben sich dem Herausgeber gegenüber verpflichtet, die Free-Golf-Voucher zu den jeweils angegebenen Teilnahmebedingungen einzulösen. Der Herausgeber übernimmt jedoch keine Haftung dafür, wenn ein Free-Golf-Voucher vom Inserenten nicht eingelöst wird oder nicht eingelöst werden kann. Dies gilt insbesondere bei Insolvenz oder Besitzerwechsel.
- Es haftet ausschließlich der Inserent (= Golfanlage bzw. Betreiber der Golfanlage) für evtl. Meinungsunterschiede und Schadensersatzansprüche.
- Der Herausgeber gibt sich große Mühe bei der Umsetzung der Inserate. Er haftet aber nicht für Satz-, Druck- oder Produktionsfehler. Die Daten für den LeisureBREAKS Guide for Free Golf wurden nach bestem Wissen erarbeitet. Der Herausgeber übernimmt keine Gewähr für deren Vollständigkeit und Richtigkeit. Alle Rechte, insbesondere das Recht der Vervielfältigung und Verbreitung sowie der Übersetzung vorbehalten. Kein Teil des Werkes darf in irgendeiner Form (durch Fotokopie, Mikrofilm oder ein anderes Verfahren) ohne schriftliche Genehmigung des Herausgebers reproduziert oder unter Verwendung elektronischer Systeme gespeichert, verarbeitet, vervielfältigt oder verbreitet werden.
- Die Bearbeitung der Anmeldung erfolgt mittels EDV. Mit Ihrer Unterschrift geben Sie Ihre Einwilligung, dass wir Sie kontaktieren und auch über weitere Aktionen informieren. Die Einwilligung kann jederzeit widerrufen werden.

Gültig bis 30.06.2024

Teilnahmebedingungen

- Free-Golf-Voucher können nur von mindestens zwei Personen genutzt werden. Es gibt keine Ermäßigung für Einzelspieler, außer dies ist explizit durch das Logo 30/1 im Eintrag des Clubs vermerkt. Die Voucher gelten nur für 18 Loch. Pro Golfanlage dürfen Sie maximal 2 Voucher einlösen.
- Free-Golf-Voucher können ausschließlich von Personen mit Green Fee-Berechtigung eingelöst werden. I. d. R. ist dazu ein Mindesthandicap (variiert nach Platz bzw. Anlage) sowie eine Mitgliedschaft bei einem Golfclub erforderlich.
- Bitte weisen Sie bei Ihrer Anmeldung darauf hin, dass Sie mit dem Guide for Free Golf spielen möchten und bringen Sie das Buch beim Einchecken am Golfplatz mit. Nur dann kann Ihnen das zweite, kostenfreie Green Fee oder der 30% Nachlass für Einzelspieler gewährt werden.
- Die beteiligten Golfanlagen gewähren Ihnen pro Voucher den Erlass des 2. Green Fees. Es können also pro Voucher jeweils 2 Personen für 1 Green Fee spielen (4 Personen benötigen 2 Voucher) oder eine Person mit 30% Nachlass. Bezahlt wird der normale Green Fee-Preis eines Erwachsenen am entsprechenden Spieltag.
- Bereits herausgetrennte bzw. lose Voucher sind nicht veräußerbar bzw. übertragbar; sie berechtigen insbesondere nicht zum Erlass des zweiten Green Fees. Zuwiderhandlungen werden zivilrechtlich verfolgt.
- Haben Sie bitte Verständnis, dass die Voucher bei Sonderveranstaltungen (Turniertagen, Tagen der offenen Tür oder sonstigen Promotion-Aktionen) nicht eingelöst werden können. Bitte erkundigen Sie sich vorab bei Ihrer Anmeldung bei den jeweiligen Golfanlagen. Die Barauszahlung des zweiten Green Fees ist nicht möglich.
- Es gelten die Teilnahme- und Spielbedingungen, die Hausordnung der angeschlossenen Golfclubs sowie die vor Ort ausgewiesenen aktuellen Green Fee-Preise.
- Das Kombinieren mit anderen Rabatten (z. B. Golf Fee Card etc.) oder gegenseitiges Einladen mit zwei oder mehreren Free-Golf-Voucher ist nicht möglich. Bei unterschiedlichen Green Fee-Gebühren (z. B. bei Ermäßigung von Jugendlichen) ist immer der günstigere Tarif kostenfrei.
- Alle Inserenten haben sich dem Herausgeber gegenüber verpflichtet, die Free-Golf-Voucher zu den jeweils angegebenen Teilnahmebedingungen einzulösen. Der Herausgeber übernimmt jedoch keine Haftung dafür, wenn ein Free-Golf-Voucher vom Inserenten nicht eingelöst wird oder nicht eingelöst werden kann. Dies gilt insbesondere bei Insolvenz oder Besitzerwechsel.
- Es haftet ausschließlich der Inserent (= Golfanlage bzw. Betreiber der Golfanlage) für evtl. Meinungsunterschiede und Schadensersatzansprüche.
- Der Herausgeber gibt sich große Mühe bei der Umsetzung der Inserate. Er haftet aber nicht für Satz-, Druck- oder Produktionsfehler. Die Daten für den LeisureBREAKS Guide for Free Golf wurden nach bestem Wissen erarbeitet. Der Herausgeber übernimmt keine Gewähr für deren Vollständigkeit und Richtigkeit. Alle Rechte, insbesondere das Recht der Vervielfältigung und Verbreitung sowie der Übersetzung vorbehalten. Kein Teil des Werkes darf in irgendeiner Form (durch Fotokopie, Mikrofilm oder ein anderes Verfahren) ohne schriftliche Genehmigung des Herausgebers reproduziert oder unter Verwendung elektronischer Systeme gespeichert, verarbeitet, vervielfältigt oder verbreitet werden.
- Die Bearbeitung der Anmeldung erfolgt mittels EDV. Mit Ihrer Unterschrift geben Sie Ihre Einwilligung, dass wir Sie kontaktieren und auch über weitere Aktionen informieren. Die Einwilligung kann jederzeit widerrufen werden.

Gültig bis 30.06.2024

5

20. Guide for Free Golf

LeisureBREAKS GmbH

Name, Vorname

Straße, Hausnummer

PLZ, Ort

Heimatclub | Handicap

E-Mail

Guide-Nummer

Mit der Anmeldung erkenne ich die umseitigen Teilnahmebedingungen an.

Datum

Unterschrift

6

20. Guide for Free Golf

LeisureBREAKS GmbH

Name, Vorname

Straße, Hausnummer

PLZ, Ort

Heimatclub | Handicap

E-Mail

Guide-Nummer

Mit der Anmeldung erkenne ich die umseitigen Teilnahmebedingungen an.

Datum

Unterschrift

7

20. Guide for Free Golf

LeisureBREAKS GmbH

Name, Vorname

Straße, Hausnummer

PLZ, Ort

Heimatclub | Handicap

E-Mail

Guide-Nummer

Mit der Anmeldung erkenne ich die umseitigen Teilnahmebedingungen an.

Datum

Unterschrift

8

20. Guide for Free Golf

LeisureBREAKS GmbH

Name, Vorname

Straße, Hausnummer

PLZ, Ort

Heimatclub | Handicap

E-Mail

Guide-Nummer

Mit der Anmeldung erkenne ich die umseitigen Teilnahmebedingungen an.

Datum

Unterschrift

Teilnahmebedingungen

- Free-Golf-Voucher können nur von mindestens zwei Personen genutzt werden. Es gibt keine Ermäßigung für Einzelspieler, außer dies ist explizit durch das Logo 30/1 im Eintrag des Clubs vermerkt. Die Voucher gelten nur für 18 Loch. Pro Golfanlage dürfen Sie maximal 2 Voucher einlösen.
- Free-Golf-Voucher können ausschließlich von Personen mit Green Fee-Berechtigung eingelöst werden. I. d. R. ist dazu ein Mindesthandicap (variiert nach Platz bzw. Anlage) sowie eine Mitgliedschaft bei einem Golfclub erforderlich.
- Bitte weisen Sie bei Ihrer Anmeldung darauf hin, dass Sie mit dem Guide for Free Golf spielen möchten und bringen Sie das Buch beim Einchecken am Golfplatz mit. Nur dann kann Ihnen das zweite, kostenfreie Green Fee oder der 30% Nachlass für Einzelspieler gewährt werden.
- Die beteiligten Golfanlagen gewähren Ihnen pro Voucher den Erlass des 2. Green Fees. Es können also pro Voucher jeweils 2 Personen für 1 Green Fee spielen (4 Personen benötigen 2 Voucher) oder eine Person mit 30% Nachlass. Bezahlt wird der normale Green Fee-Preis eines Erwachsenen am entsprechenden Spieltag.
- Bereits herausgetrennte bzw. lose Voucher sind nicht veräußerbar bzw. übertragbar; sie berechtigen insbesondere nicht zum Erlass des zweiten Green Fees. Zuwiderhandlungen werden zivilrechtlich verfolgt.
- Haben Sie bitte Verständnis, dass die Voucher bei Sonderveranstaltungen (Turniertagen, Tagen der offenen Tür oder sonstigen Promotion-Aktionen) nicht eingelöst werden können. Bitte erkundigen Sie sich vorab bei Ihrer Anmeldung bei den jeweiligen Golfanlagen. Die Barauszahlung des zweiten Green Fees ist nicht möglich.
- Es gelten die Teilnahme- und Spielbedingungen, die Hausordnung der angeschlossenen Golfclubs sowie die vor Ort ausgewiesenen aktuellen Green Fee-Preise.
- Das Kombinieren mit anderen Rabatten (z. B. Golf Fee Card etc.) oder gegenseitiges Einladen mit zwei oder mehreren Free-Golf-Voucher ist nicht möglich. Bei unterschiedlichen Green Fee-Gebühren (z. B. bei Ermäßigung von Jugendlichen) ist immer der günstigere Tarif kostenfrei.
- Alle Inserenten haben sich dem Herausgeber gegenüber verpflichtet, die Free-Golf-Voucher zu den jeweils angegebenen Teilnahmebedingungen einzulösen. Der Herausgeber übernimmt jedoch keine Haftung dafür, wenn ein Free-Golf-Voucher vom Inserenten nicht eingelöst wird oder nicht eingelöst werden kann. Dies gilt insbesondere bei Insolvenz oder Besitzerwechsel.
- Es haftet ausschließlich der Inserent (= Golfanlage bzw. Betreiber der Golfanlage) für evtl. Meinungsunterschiede und Schadensersatzansprüche.
- Der Herausgeber gibt sich große Mühe bei der Umsetzung der Inserate. Er haftet aber nicht für Satz-, Druck- oder Produktionsfehler. Die Daten für den LeisureBREAKS Guide for Free Golf wurden nach bestem Wissen erarbeitet. Der Herausgeber übernimmt keine Gewähr für deren Vollständigkeit und Richtigkeit. Alle Rechte, insbesondere das Recht der Vervielfältigung und Verbreitung sowie der Übersetzung vorbehalten. Kein Teil des Werkes darf in irgendeiner Form (durch Fotokopie, Mikrofilm oder ein anderes Verfahren) ohne schriftliche Genehmigung des Herausgebers reproduziert oder unter Verwendung elektronischer Systeme gespeichert, verarbeitet, vervielfältigt oder verbreitet werden.
- Die Bearbeitung der Anmeldung erfolgt mittels EDV. Mit Ihrer Unterschrift geben Sie Ihre Einwilligung, dass wir Sie kontaktieren und auch über weitere Aktionen informieren. Die Einwilligung kann jederzeit widerrufen werden.

Gültig bis 30.06.2024

Teilnahmebedingungen

- Free-Golf-Voucher können nur von mindestens zwei Personen genutzt werden. Es gibt keine Ermäßigung für Einzelspieler, außer dies ist explizit durch das Logo 30/1 im Eintrag des Clubs vermerkt. Die Voucher gelten nur für 18 Loch. Pro Golfanlage dürfen Sie maximal 2 Voucher einlösen.
- Free-Golf-Voucher können ausschließlich von Personen mit Green Fee-Berechtigung eingelöst werden. I. d. R. ist dazu ein Mindesthandicap (variiert nach Platz bzw. Anlage) sowie eine Mitgliedschaft bei einem Golfclub erforderlich.
- Bitte weisen Sie bei Ihrer Anmeldung darauf hin, dass Sie mit dem Guide for Free Golf spielen möchten und bringen Sie das Buch beim Einchecken am Golfplatz mit. Nur dann kann Ihnen das zweite, kostenfreie Green Fee oder der 30% Nachlass für Einzelspieler gewährt werden.
- Die beteiligten Golfanlagen gewähren Ihnen pro Voucher den Erlass des 2. Green Fees. Es können also pro Voucher jeweils 2 Personen für 1 Green Fee spielen (4 Personen benötigen 2 Voucher) oder eine Person mit 30% Nachlass. Bezahlt wird der normale Green Fee-Preis eines Erwachsenen am entsprechenden Spieltag.
- Bereits herausgetrennte bzw. lose Voucher sind nicht veräußerbar bzw. übertragbar; sie berechtigen insbesondere nicht zum Erlass des zweiten Green Fees. Zuwiderhandlungen werden zivilrechtlich verfolgt.
- Haben Sie bitte Verständnis, dass die Voucher bei Sonderveranstaltungen (Turniertagen, Tagen der offenen Tür oder sonstigen Promotion-Aktionen) nicht eingelöst werden können. Bitte erkundigen Sie sich vorab bei Ihrer Anmeldung bei den jeweiligen Golfanlagen. Die Barauszahlung des zweiten Green Fees ist nicht möglich.
- Es gelten die Teilnahme- und Spielbedingungen, die Hausordnung der angeschlossenen Golfclubs sowie die vor Ort ausgewiesenen aktuellen Green Fee-Preise.
- Das Kombinieren mit anderen Rabatten (z. B. Golf Fee Card etc.) oder gegenseitiges Einladen mit zwei oder mehreren Free-Golf-Voucher ist nicht möglich. Bei unterschiedlichen Green Fee-Gebühren (z. B. bei Ermäßigung von Jugendlichen) ist immer der günstigere Tarif kostenfrei.
- Alle Inserenten haben sich dem Herausgeber gegenüber verpflichtet, die Free-Golf-Voucher zu den jeweils angegebenen Teilnahmebedingungen einzulösen. Der Herausgeber übernimmt jedoch keine Haftung dafür, wenn ein Free-Golf-Voucher vom Inserenten nicht eingelöst wird oder nicht eingelöst werden kann. Dies gilt insbesondere bei Insolvenz oder Besitzerwechsel.
- Es haftet ausschließlich der Inserent (= Golfanlage bzw. Betreiber der Golfanlage) für evtl. Meinungsunterschiede und Schadensersatzansprüche.
- Der Herausgeber gibt sich große Mühe bei der Umsetzung der Inserate. Er haftet aber nicht für Satz-, Druck- oder Produktionsfehler. Die Daten für den LeisureBREAKS Guide for Free Golf wurden nach bestem Wissen erarbeitet. Der Herausgeber übernimmt keine Gewähr für deren Vollständigkeit und Richtigkeit. Alle Rechte, insbesondere das Recht der Vervielfältigung und Verbreitung sowie der Übersetzung vorbehalten. Kein Teil des Werkes darf in irgendeiner Form (durch Fotokopie, Mikrofilm oder ein anderes Verfahren) ohne schriftliche Genehmigung des Herausgebers reproduziert oder unter Verwendung elektronischer Systeme gespeichert, verarbeitet, vervielfältigt oder verbreitet werden.
- Die Bearbeitung der Anmeldung erfolgt mittels EDV. Mit Ihrer Unterschrift geben Sie Ihre Einwilligung, dass wir Sie kontaktieren und auch über weitere Aktionen informieren. Die Einwilligung kann jederzeit widerrufen werden.

Gültig bis 30.06.2024

Teilnahmebedingungen

- Free-Golf-Voucher können nur von mindestens zwei Personen genutzt werden. Es gibt keine Ermäßigung für Einzelspieler, außer dies ist explizit durch das Logo 30/1 im Eintrag des Clubs vermerkt. Die Voucher gelten nur für 18 Loch. Pro Golfanlage dürfen Sie maximal 2 Voucher einlösen.
- Free-Golf-Voucher können ausschließlich von Personen mit Green Fee-Berechtigung eingelöst werden. I. d. R. ist dazu ein Mindesthandicap (variiert nach Platz bzw. Anlage) sowie eine Mitgliedschaft bei einem Golfclub erforderlich.
- Bitte weisen Sie bei Ihrer Anmeldung darauf hin, dass Sie mit dem Guide for Free Golf spielen möchten und bringen Sie das Buch beim Einchecken am Golfplatz mit. Nur dann kann Ihnen das zweite, kostenfreie Green Fee oder der 30% Nachlass für Einzelspieler gewährt werden.
- Die beteiligten Golfanlagen gewähren Ihnen pro Voucher den Erlass des 2. Green Fees. Es können also pro Voucher jeweils 2 Personen für 1 Green Fee spielen (4 Personen benötigen 2 Voucher) oder eine Person mit 30% Nachlass. Bezahlt wird der normale Green Fee-Preis eines Erwachsenen am entsprechenden Spieltag.
- Bereits herausgetrennte bzw. lose Voucher sind nicht veräußerbar bzw. übertragbar; sie berechtigen insbesondere nicht zum Erlass des zweiten Green Fees. Zuwiderhandlungen werden zivilrechtlich verfolgt.
- Haben Sie bitte Verständnis, dass die Voucher bei Sonderveranstaltungen (Turniertagen, Tagen der offenen Tür oder sonstigen Promotion-Aktionen) nicht eingelöst werden können. Bitte erkundigen Sie sich vorab bei Ihrer Anmeldung bei den jeweiligen Golfanlagen. Die Barauszahlung des zweiten Green Fees ist nicht möglich.
- Es gelten die Teilnahme- und Spielbedingungen, die Hausordnung der angeschlossenen Golfclubs sowie die vor Ort ausgewiesenen aktuellen Green Fee-Preise.
- Das Kombinieren mit anderen Rabatten (z. B. Golf Fee Card etc.) oder gegenseitiges Einladen mit zwei oder mehreren Free-Golf-Voucher ist nicht möglich. Bei unterschiedlichen Green Fee-Gebühren (z. B. bei Ermäßigung von Jugendlichen) ist immer der günstigere Tarif kostenfrei.
- Alle Inserenten haben sich dem Herausgeber gegenüber verpflichtet, die Free-Golf-Voucher zu den jeweils angegebenen Teilnahmebedingungen einzulösen. Der Herausgeber übernimmt jedoch keine Haftung dafür, wenn ein Free-Golf-Voucher vom Inserenten nicht eingelöst wird oder nicht eingelöst werden kann. Dies gilt insbesondere bei Insolvenz oder Besitzerwechsel.
- Es haftet ausschließlich der Inserent (= Golfanlage bzw. Betreiber der Golfanlage) für evtl. Meinungsunterschiede und Schadensersatzansprüche.
- Der Herausgeber gibt sich große Mühe bei der Umsetzung der Inserate. Er haftet aber nicht für Satz-, Druck- oder Produktionsfehler. Die Daten für den LeisureBREAKS Guide for Free Golf wurden nach bestem Wissen erarbeitet. Der Herausgeber übernimmt keine Gewähr für deren Vollständigkeit und Richtigkeit. Alle Rechte, insbesondere das Recht der Vervielfältigung und Verbreitung sowie der Übersetzung vorbehalten. Kein Teil des Werkes darf in irgendeiner Form (durch Fotokopie, Mikrofilm oder ein anderes Verfahren) ohne schriftliche Genehmigung des Herausgebers reproduziert oder unter Verwendung elektronischer Systeme gespeichert, verarbeitet, vervielfältigt oder verbreitet werden.
- Die Bearbeitung der Anmeldung erfolgt mittels EDV. Mit Ihrer Unterschrift geben Sie Ihre Einwilligung, dass wir Sie kontaktieren und auch über weitere Aktionen informieren. Die Einwilligung kann jederzeit widerrufen werden.

Gültig bis 30.06.2024

Teilnahmebedingungen

- Free-Golf-Voucher können nur von mindestens zwei Personen genutzt werden. Es gibt keine Ermäßigung für Einzelspieler, außer dies ist explizit durch das Logo 30/1 im Eintrag des Clubs vermerkt. Die Voucher gelten nur für 18 Loch. Pro Golfanlage dürfen Sie maximal 2 Voucher einlösen.
- Free-Golf-Voucher können ausschließlich von Personen mit Green Fee-Berechtigung eingelöst werden. I. d. R. ist dazu ein Mindesthandicap (variiert nach Platz bzw. Anlage) sowie eine Mitgliedschaft bei einem Golfclub erforderlich.
- Bitte weisen Sie bei Ihrer Anmeldung darauf hin, dass Sie mit dem Guide for Free Golf spielen möchten und bringen Sie das Buch beim Einchecken am Golfplatz mit. Nur dann kann Ihnen das zweite, kostenfreie Green Fee oder der 30% Nachlass für Einzelspieler gewährt werden.
- Die beteiligten Golfanlagen gewähren Ihnen pro Voucher den Erlass des 2. Green Fees. Es können also pro Voucher jeweils 2 Personen für 1 Green Fee spielen (4 Personen benötigen 2 Voucher) oder eine Person mit 30% Nachlass. Bezahlt wird der normale Green Fee-Preis eines Erwachsenen am entsprechenden Spieltag.
- Bereits herausgetrennte bzw. lose Voucher sind nicht veräußerbar bzw. übertragbar; sie berechtigen insbesondere nicht zum Erlass des zweiten Green Fees. Zuwiderhandlungen werden zivilrechtlich verfolgt.
- Haben Sie bitte Verständnis, dass die Voucher bei Sonderveranstaltungen (Turniertagen, Tagen der offenen Tür oder sonstigen Promotion-Aktionen) nicht eingelöst werden können. Bitte erkundigen Sie sich vorab bei Ihrer Anmeldung bei den jeweiligen Golfanlagen. Die Barauszahlung des zweiten Green Fees ist nicht möglich.
- Es gelten die Teilnahme- und Spielbedingungen, die Hausordnung der angeschlossenen Golfclubs sowie die vor Ort ausgewiesenen aktuellen Green Fee-Preise.
- Das Kombinieren mit anderen Rabatten (z. B. Golf Fee Card etc.) oder gegenseitiges Einladen mit zwei oder mehreren Free-Golf-Voucher ist nicht möglich. Bei unterschiedlichen Green Fee-Gebühren (z. B. bei Ermäßigung von Jugendlichen) ist immer der günstigere Tarif kostenfrei.
- Alle Inserenten haben sich dem Herausgeber gegenüber verpflichtet, die Free-Golf-Voucher zu den jeweils angegebenen Teilnahmebedingungen einzulösen. Der Herausgeber übernimmt jedoch keine Haftung dafür, wenn ein Free-Golf-Voucher vom Inserenten nicht eingelöst wird oder nicht eingelöst werden kann. Dies gilt insbesondere bei Insolvenz oder Besitzerwechsel.
- Es haftet ausschließlich der Inserent (= Golfanlage bzw. Betreiber der Golfanlage) für evtl. Meinungsunterschiede und Schadensersatzansprüche.
- Der Herausgeber gibt sich große Mühe bei der Umsetzung der Inserate. Er haftet aber nicht für Satz-, Druck- oder Produktionsfehler. Die Daten für den LeisureBREAKS Guide for Free Golf wurden nach bestem Wissen erarbeitet. Der Herausgeber übernimmt keine Gewähr für deren Vollständigkeit und Richtigkeit. Alle Rechte, insbesondere das Recht der Vervielfältigung und Verbreitung sowie der Übersetzung vorbehalten. Kein Teil des Werkes darf in irgendeiner Form (durch Fotokopie, Mikrofilm oder ein anderes Verfahren) ohne schriftliche Genehmigung des Herausgebers reproduziert oder unter Verwendung elektronischer Systeme gespeichert, verarbeitet, vervielfältigt oder verbreitet werden.
- Die Bearbeitung der Anmeldung erfolgt mittels EDV. Mit Ihrer Unterschrift geben Sie Ihre Einwilligung, dass wir Sie kontaktieren und auch über weitere Aktionen informieren. Die Einwilligung kann jederzeit widerrufen werden.

Gültig bis 30.06.2024

9

20. Guide for Free Golf

LeisureBREAKS GmbH

Name, Vorname

Straße, Hausnummer

PLZ, Ort

Heimatclub

Handicap

E-Mail

Guide-Nummer

Mit der Anmeldung erkenne ich die umseitigen Teilnahmebedingungen an.

Datum

Unterschrift

10

20. Guide for Free Golf

LeisureBREAKS GmbH

Name, Vorname

Straße, Hausnummer

PLZ, Ort

Heimatclub

Handicap

E-Mail

Guide-Nummer

Mit der Anmeldung erkenne ich die umseitigen Teilnahmebedingungen an.

Datum

Unterschrift

11

20. Guide for Free Golf

LeisureBREAKS GmbH

Name, Vorname

Straße, Hausnummer

PLZ, Ort

Heimatclub

Handicap

E-Mail

Guide-Nummer

Mit der Anmeldung erkenne ich die umseitigen Teilnahmebedingungen an.

Datum

Unterschrift

12

20. Guide for Free Golf

LeisureBREAKS GmbH

Name, Vorname

Straße, Hausnummer

PLZ, Ort

Heimatclub

Handicap

E-Mail

Guide-Nummer

Mit der Anmeldung erkenne ich die umseitigen Teilnahmebedingungen an.

Datum

Unterschrift

Teilnahmebedingungen

- Free-Golf-Voucher können nur von mindestens zwei Personen genutzt werden. Es gibt keine Ermäßigung für Einzelspieler, außer dies ist explizit durch das Logo 30/1 im Eintrag des Clubs vermerkt. Die Voucher gelten nur für 18 Loch. Pro Golfanlage dürfen Sie maximal 2 Voucher einlösen.
- Free-Golf-Voucher können ausschließlich von Personen mit Green Fee-Berechtigung eingelöst werden. I. d. R. ist dazu ein Mindesthandicap (variiert nach Platz bzw. Anlage) sowie eine Mitgliedschaft bei einem Golfclub erforderlich.
- Bitte weisen Sie bei Ihrer Anmeldung darauf hin, dass Sie mit dem Guide for Free Golf spielen möchten und bringen Sie das Buch beim Einchecken am Golfplatz mit. Nur dann kann Ihnen das zweite, kostenfreie Green Fee oder der 30% Nachlass für Einzelspieler gewährt werden.
- Die beteiligten Golfanlagen gewähren Ihnen pro Voucher den Erlass des 2. Green Fees. Es können also pro Voucher jeweils 2 Personen für 1 Green Fee spielen (4 Personen benötigen 2 Voucher) oder eine Person mit 30% Nachlass. Bezahlt wird der normale Green Fee-Preis eines Erwachsenen am entsprechenden Spieltag.
- Bereits herausgetrennte bzw. lose Voucher sind nicht veräußerbar bzw. übertragbar; sie berechtigen insbesondere nicht zum Erlass des zweiten Green Fees. Zuwiderhandlungen werden zivilrechtlich verfolgt.
- Haben Sie bitte Verständnis, dass die Voucher bei Sonderveranstaltungen (Turniertagen, Tagen der offenen Tür oder sonstigen Promotion-Aktionen) nicht eingelöst werden können. Bitte erkundigen Sie sich vorab bei Ihrer Anmeldung bei den jeweiligen Golfanlagen. Die Barauszahlung des zweiten Green Fees ist nicht möglich.
- Es gelten die Teilnahme- und Spielbedingungen, die Hausordnung der angeschlossenen Golfclubs sowie die vor Ort ausgewiesenen aktuellen Green Fee-Preise.
- Das Kombinieren mit anderen Rabatten (z. B. Golf Fee Card etc.) oder gegenseitiges Einladen mit zwei oder mehreren Free-Golf-Voucher ist nicht möglich. Bei unterschiedlichen Green Fee-Gebühren (z. B. bei Ermäßigung von Jugendlichen) ist immer der günstigere Tarif kostenfrei.
- Alle Inserenten haben sich dem Herausgeber gegenüber verpflichtet, die Free-Golf-Voucher zu den jeweils angegebenen Teilnahmebedingungen einzulösen. Der Herausgeber übernimmt jedoch keine Haftung dafür, wenn ein Free-Golf-Voucher vom Inserenten nicht eingelöst wird oder nicht eingelöst werden kann. Dies gilt insbesondere bei Insolvenz oder Besitzerwechsel.
- Es haftet ausschließlich der Inserent (= Golfanlage bzw. Betreiber der Golfanlage) für evtl. Meinungsunterschiede und Schadensersatzansprüche.
- Der Herausgeber gibt sich große Mühe bei der Umsetzung der Inserate. Er haftet aber nicht für Satz-, Druck- oder Produktionsfehler. Die Daten für den LeisureBREAKS Guide for Free Golf wurden nach bestem Wissen erarbeitet. Der Herausgeber übernimmt keine Gewähr für deren Vollständigkeit und Richtigkeit. Alle Rechte, insbesondere das Recht der Vervielfältigung und Verbreitung sowie der Übersetzung vorbehalten. Kein Teil des Werkes darf in irgendeiner Form (durch Fotokopie, Mikrofilm oder ein anderes Verfahren) ohne schriftliche Genehmigung des Herausgebers reproduziert oder unter Verwendung elektronischer Systeme gespeichert, verarbeitet, vervielfältigt oder verbreitet werden.
- Die Bearbeitung der Anmeldung erfolgt mittels EDV. Mit Ihrer Unterschrift geben Sie Ihre Einwilligung, dass wir Sie kontaktieren und auch über weitere Aktionen informieren. Die Einwilligung kann jederzeit widerrufen werden.

Gültig bis 30.06.2024

Teilnahmebedingungen

- Free-Golf-Voucher können nur von mindestens zwei Personen genutzt werden. Es gibt keine Ermäßigung für Einzelspieler, außer dies ist explizit durch das Logo 30/1 im Eintrag des Clubs vermerkt. Die Voucher gelten nur für 18 Loch. Pro Golfanlage dürfen Sie maximal 2 Voucher einlösen.
- Free-Golf-Voucher können ausschließlich von Personen mit Green Fee-Berechtigung eingelöst werden. I. d. R. ist dazu ein Mindesthandicap (variiert nach Platz bzw. Anlage) sowie eine Mitgliedschaft bei einem Golfclub erforderlich.
- Bitte weisen Sie bei Ihrer Anmeldung darauf hin, dass Sie mit dem Guide for Free Golf spielen möchten und bringen Sie das Buch beim Einchecken am Golfplatz mit. Nur dann kann Ihnen das zweite, kostenfreie Green Fee oder der 30% Nachlass für Einzelspieler gewährt werden.
- Die beteiligten Golfanlagen gewähren Ihnen pro Voucher den Erlass des 2. Green Fees. Es können also pro Voucher jeweils 2 Personen für 1 Green Fee spielen (4 Personen benötigen 2 Voucher) oder eine Person mit 30% Nachlass. Bezahlt wird der normale Green Fee-Preis eines Erwachsenen am entsprechenden Spieltag.
- Bereits herausgetrennte bzw. lose Voucher sind nicht veräußerbar bzw. übertragbar; sie berechtigen insbesondere nicht zum Erlass des zweiten Green Fees. Zuwiderhandlungen werden zivilrechtlich verfolgt.
- Haben Sie bitte Verständnis, dass die Voucher bei Sonderveranstaltungen (Turniertagen, Tagen der offenen Tür oder sonstigen Promotion-Aktionen) nicht eingelöst werden können. Bitte erkundigen Sie sich vorab bei Ihrer Anmeldung bei den jeweiligen Golfanlagen. Die Barauszahlung des zweiten Green Fees ist nicht möglich.
- Es gelten die Teilnahme- und Spielbedingungen, die Hausordnung der angeschlossenen Golfclubs sowie die vor Ort ausgewiesenen aktuellen Green Fee-Preise.
- Das Kombinieren mit anderen Rabatten (z. B. Golf Fee Card etc.) oder gegenseitiges Einladen mit zwei oder mehreren Free-Golf-Voucher ist nicht möglich. Bei unterschiedlichen Green Fee-Gebühren (z. B. bei Ermäßigung von Jugendlichen) ist immer der günstigere Tarif kostenfrei.
- Alle Inserenten haben sich dem Herausgeber gegenüber verpflichtet, die Free-Golf-Voucher zu den jeweils angegebenen Teilnahmebedingungen einzulösen. Der Herausgeber übernimmt jedoch keine Haftung dafür, wenn ein Free-Golf-Voucher vom Inserenten nicht eingelöst wird oder nicht eingelöst werden kann. Dies gilt insbesondere bei Insolvenz oder Besitzerwechsel.
- Es haftet ausschließlich der Inserent (= Golfanlage bzw. Betreiber der Golfanlage) für evtl. Meinungsunterschiede und Schadensersatzansprüche.
- Der Herausgeber gibt sich große Mühe bei der Umsetzung der Inserate. Er haftet aber nicht für Satz-, Druck- oder Produktionsfehler. Die Daten für den LeisureBREAKS Guide for Free Golf wurden nach bestem Wissen erarbeitet. Der Herausgeber übernimmt keine Gewähr für deren Vollständigkeit und Richtigkeit. Alle Rechte, insbesondere das Recht der Vervielfältigung und Verbreitung sowie der Übersetzung vorbehalten. Kein Teil des Werkes darf in irgendeiner Form (durch Fotokopie, Mikrofilm oder ein anderes Verfahren) ohne schriftliche Genehmigung des Herausgebers reproduziert oder unter Verwendung elektronischer Systeme gespeichert, verarbeitet, vervielfältigt oder verbreitet werden.
- Die Bearbeitung der Anmeldung erfolgt mittels EDV. Mit Ihrer Unterschrift geben Sie Ihre Einwilligung, dass wir Sie kontaktieren und auch über weitere Aktionen informieren. Die Einwilligung kann jederzeit widerrufen werden.

Gültig bis 30.06.2024

Teilnahmebedingungen

- Free-Golf-Voucher können nur von mindestens zwei Personen genutzt werden. Es gibt keine Ermäßigung für Einzelspieler, außer dies ist explizit durch das Logo 30/1 im Eintrag des Clubs vermerkt. Die Voucher gelten nur für 18 Loch. Pro Golfanlage dürfen Sie maximal 2 Voucher einlösen.
- Free-Golf-Voucher können ausschließlich von Personen mit Green Fee-Berechtigung eingelöst werden. I. d. R. ist dazu ein Mindesthandicap (variiert nach Platz bzw. Anlage) sowie eine Mitgliedschaft bei einem Golfclub erforderlich.
- Bitte weisen Sie bei Ihrer Anmeldung darauf hin, dass Sie mit dem Guide for Free Golf spielen möchten und bringen Sie das Buch beim Einchecken am Golfplatz mit. Nur dann kann Ihnen das zweite, kostenfreie Green Fee oder der 30% Nachlass für Einzelspieler gewährt werden.
- Die beteiligten Golfanlagen gewähren Ihnen pro Voucher den Erlass des 2. Green Fees. Es können also pro Voucher jeweils 2 Personen für 1 Green Fee spielen (4 Personen benötigen 2 Voucher) oder eine Person mit 30% Nachlass. Bezahlt wird der normale Green Fee-Preis eines Erwachsenen am entsprechenden Spieltag.
- Bereits herausgetrennte bzw. lose Voucher sind nicht veräußerbar bzw. übertragbar; sie berechtigen insbesondere nicht zum Erlass des zweiten Green Fees. Zuwiderhandlungen werden zivilrechtlich verfolgt.
- Haben Sie bitte Verständnis, dass die Voucher bei Sonderveranstaltungen (Turniertagen, Tagen der offenen Tür oder sonstigen Promotion-Aktionen) nicht eingelöst werden können. Bitte erkundigen Sie sich vorab bei Ihrer Anmeldung bei den jeweiligen Golfanlagen. Die Barauszahlung des zweiten Green Fees ist nicht möglich.
- Es gelten die Teilnahme- und Spielbedingungen, die Hausordnung der angeschlossenen Golfclubs sowie die vor Ort ausgewiesenen aktuellen Green Fee-Preise.
- Das Kombinieren mit anderen Rabatten (z. B. Golf Fee Card etc.) oder gegenseitiges Einladen mit zwei oder mehreren Free-Golf-Voucher ist nicht möglich. Bei unterschiedlichen Green Fee-Gebühren (z. B. bei Ermäßigung von Jugendlichen) ist immer der günstigere Tarif kostenfrei.
- Alle Inserenten haben sich dem Herausgeber gegenüber verpflichtet, die Free-Golf-Voucher zu den jeweils angegebenen Teilnahmebedingungen einzulösen. Der Herausgeber übernimmt jedoch keine Haftung dafür, wenn ein Free-Golf-Voucher vom Inserenten nicht eingelöst wird oder nicht eingelöst werden kann. Dies gilt insbesondere bei Insolvenz oder Besitzerwechsel.
- Es haftet ausschließlich der Inserent (= Golfanlage bzw. Betreiber der Golfanlage) für evtl. Meinungsunterschiede und Schadensersatzansprüche.
- Der Herausgeber gibt sich große Mühe bei der Umsetzung der Inserate. Er haftet aber nicht für Satz-, Druck- oder Produktionsfehler. Die Daten für den LeisureBREAKS Guide for Free Golf wurden nach bestem Wissen erarbeitet. Der Herausgeber übernimmt keine Gewähr für deren Vollständigkeit und Richtigkeit. Alle Rechte, insbesondere das Recht der Vervielfältigung und Verbreitung sowie der Übersetzung vorbehalten. Kein Teil des Werkes darf in irgendeiner Form (durch Fotokopie, Mikrofilm oder ein anderes Verfahren) ohne schriftliche Genehmigung des Herausgebers reproduziert oder unter Verwendung elektronischer Systeme gespeichert, verarbeitet, vervielfältigt oder verbreitet werden.
- Die Bearbeitung der Anmeldung erfolgt mittels EDV. Mit Ihrer Unterschrift geben Sie Ihre Einwilligung, dass wir Sie kontaktieren und auch über weitere Aktionen informieren. Die Einwilligung kann jederzeit widerrufen werden.

Gültig bis 30.06.2024

Teilnahmebedingungen

- Free-Golf-Voucher können nur von mindestens zwei Personen genutzt werden. Es gibt keine Ermäßigung für Einzelspieler, außer dies ist explizit durch das Logo 30/1 im Eintrag des Clubs vermerkt. Die Voucher gelten nur für 18 Loch. Pro Golfanlage dürfen Sie maximal 2 Voucher einlösen.
- Free-Golf-Voucher können ausschließlich von Personen mit Green Fee-Berechtigung eingelöst werden. I. d. R. ist dazu ein Mindesthandicap (variiert nach Platz bzw. Anlage) sowie eine Mitgliedschaft bei einem Golfclub erforderlich.
- Bitte weisen Sie bei Ihrer Anmeldung darauf hin, dass Sie mit dem Guide for Free Golf spielen möchten und bringen Sie das Buch beim Einchecken am Golfplatz mit. Nur dann kann Ihnen das zweite, kostenfreie Green Fee oder der 30% Nachlass für Einzelspieler gewährt werden.
- Die beteiligten Golfanlagen gewähren Ihnen pro Voucher den Erlass des 2. Green Fees. Es können also pro Voucher jeweils 2 Personen für 1 Green Fee spielen (4 Personen benötigen 2 Voucher) oder eine Person mit 30% Nachlass. Bezahlt wird der normale Green Fee-Preis eines Erwachsenen am entsprechenden Spieltag.
- Bereits herausgetrennte bzw. lose Voucher sind nicht veräußerbar bzw. übertragbar; sie berechtigen insbesondere nicht zum Erlass des zweiten Green Fees. Zuwiderhandlungen werden zivilrechtlich verfolgt.
- Haben Sie bitte Verständnis, dass die Voucher bei Sonderveranstaltungen (Turniertagen, Tagen der offenen Tür oder sonstigen Promotion-Aktionen) nicht eingelöst werden können. Bitte erkundigen Sie sich vorab bei Ihrer Anmeldung bei den jeweiligen Golfanlagen. Die Barauszahlung des zweiten Green Fees ist nicht möglich.
- Es gelten die Teilnahme- und Spielbedingungen, die Hausordnung der angeschlossenen Golfclubs sowie die vor Ort ausgewiesenen aktuellen Green Fee-Preise.
- Das Kombinieren mit anderen Rabatten (z. B. Golf Fee Card etc.) oder gegenseitiges Einladen mit zwei oder mehreren Free-Golf-Voucher ist nicht möglich. Bei unterschiedlichen Green Fee-Gebühren (z. B. bei Ermäßigung von Jugendlichen) ist immer der günstigere Tarif kostenfrei.
- Alle Inserenten haben sich dem Herausgeber gegenüber verpflichtet, die Free-Golf-Voucher zu den jeweils angegebenen Teilnahmebedingungen einzulösen. Der Herausgeber übernimmt jedoch keine Haftung dafür, wenn ein Free-Golf-Voucher vom Inserenten nicht eingelöst wird oder nicht eingelöst werden kann. Dies gilt insbesondere bei Insolvenz oder Besitzerwechsel.
- Es haftet ausschließlich der Inserent (= Golfanlage bzw. Betreiber der Golfanlage) für evtl. Meinungsunterschiede und Schadensersatzansprüche.
- Der Herausgeber gibt sich große Mühe bei der Umsetzung der Inserate. Er haftet aber nicht für Satz-, Druck- oder Produktionsfehler. Die Daten für den LeisureBREAKS Guide for Free Golf wurden nach bestem Wissen erarbeitet. Der Herausgeber übernimmt keine Gewähr für deren Vollständigkeit und Richtigkeit. Alle Rechte, insbesondere das Recht der Vervielfältigung und Verbreitung sowie der Übersetzung vorbehalten. Kein Teil des Werkes darf in irgendeiner Form (durch Fotokopie, Mikrofilm oder ein anderes Verfahren) ohne schriftliche Genehmigung des Herausgebers reproduziert oder unter Verwendung elektronischer Systeme gespeichert, verarbeitet, vervielfältigt oder verbreitet werden.
- Die Bearbeitung der Anmeldung erfolgt mittels EDV. Mit Ihrer Unterschrift geben Sie Ihre Einwilligung, dass wir Sie kontaktieren und auch über weitere Aktionen informieren. Die Einwilligung kann jederzeit widerrufen werden.

Gültig bis 30.06.2024

13

20. Guide for Free Golf

LeisureBREAKS GmbH

Name, Vorname

Straße, Hausnummer

PLZ, Ort

Heimatclub

Handicap

E-Mail

Guide-Nummer

Mit der Anmeldung erkenne ich die umseitigen Teilnahmebedingungen an.

Datum

Unterschrift

14

20. Guide for Free Golf

LeisureBREAKS GmbH

Name, Vorname

Straße, Hausnummer

PLZ, Ort

Heimatclub

Handicap

E-Mail

Guide-Nummer

Mit der Anmeldung erkenne ich die umseitigen Teilnahmebedingungen an.

Datum

Unterschrift

15

20. Guide for Free Golf

LeisureBREAKS GmbH

Name, Vorname

Straße, Hausnummer

PLZ, Ort

Heimatclub

Handicap

E-Mail

Guide-Nummer

Mit der Anmeldung erkenne ich die umseitigen Teilnahmebedingungen an.

Datum

Unterschrift

16

20. Guide for Free Golf

LeisureBREAKS GmbH

Name, Vorname

Straße, Hausnummer

PLZ, Ort

Heimatclub

Handicap

E-Mail

Guide-Nummer

Mit der Anmeldung erkenne ich die umseitigen Teilnahmebedingungen an.

Datum

Unterschrift

Teilnahmebedingungen

- Free-Golf-Voucher können nur von mindestens zwei Personen genutzt werden. Es gibt keine Ermäßigung für Einzelspieler, außer dies ist explizit durch das Logo 30/1 im Eintrag des Clubs vermerkt. Die Voucher gelten nur für 18 Loch. Pro Golfanlage dürfen Sie maximal 2 Voucher einlösen.
- Free-Golf-Voucher können ausschließlich von Personen mit Green Fee-Berechtigung eingelöst werden. I. d. R. ist dazu ein Mindesthandicap (variiert nach Platz bzw. Anlage) sowie eine Mitgliedschaft bei einem Golfclub erforderlich.
- Bitte weisen Sie bei Ihrer Anmeldung darauf hin, dass Sie mit dem Guide for Free Golf spielen möchten und bringen Sie das Buch beim Einchecken am Golfplatz mit. Nur dann kann Ihnen das zweite, kostenfreie Green Fee oder der 30% Nachlass für Einzelspieler gewährt werden.
- Die beteiligten Golfanlagen gewähren Ihnen pro Voucher den Erlass des 2. Green Fees. Es können also pro Voucher jeweils 2 Personen für 1 Green Fee spielen (4 Personen benötigen 2 Voucher) oder eine Person mit 30% Nachlass. Bezahlt wird der normale Green Fee-Preis eines Erwachsenen am entsprechenden Spieltag.
- Bereits herausgetrennte bzw. lose Voucher sind nicht veräußerbar bzw. übertragbar; sie berechtigen insbesondere nicht zum Erlass des zweiten Green Fees. Zuwiderhandlungen werden zivilrechtlich verfolgt.
- Haben Sie bitte Verständnis, dass die Voucher bei Sonderveranstaltungen (Turniertagen, Tagen der offenen Tür oder sonstigen Promotion-Aktionen) nicht eingelöst werden können. Bitte erkundigen Sie sich vorab bei Ihrer Anmeldung bei den jeweiligen Golfanlagen. Die Barauszahlung des zweiten Green Fees ist nicht möglich.
- Es gelten die Teilnahme- und Spielbedingungen, die Hausordnung der angeschlossenen Golfclubs sowie die vor Ort ausgewiesenen aktuellen Green Fee-Preise.
- Das Kombinieren mit anderen Rabatten (z. B. Golf Fee Card etc.) oder gegenseitiges Einladen mit zwei oder mehreren Free-Golf-Voucher ist nicht möglich. Bei unterschiedlichen Green Fee-Gebühren (z. B. bei Ermäßigung von Jugendlichen) ist immer der günstigere Tarif kostenfrei.
- Alle Inserenten haben sich dem Herausgeber gegenüber verpflichtet, die Free-Golf-Voucher zu den jeweils angegebenen Teilnahmebedingungen einzulösen. Der Herausgeber übernimmt jedoch keine Haftung dafür, wenn ein Free-Golf-Voucher vom Inserenten nicht eingelöst wird oder nicht eingelöst werden kann. Dies gilt insbesondere bei Insolvenz oder Besitzerwechsel.
- Es haftet ausschließlich der Inserent (= Golfanlage bzw. Betreiber der Golfanlage) für evtl. Meinungsunterschiede und Schadensersatzansprüche.
- Der Herausgeber gibt sich große Mühe bei der Umsetzung der Inserate. Er haftet aber nicht für Satz-, Druck- oder Produktionsfehler. Die Daten für den LeisureBREAKS Guide for Free Golf wurden nach bestem Wissen erarbeitet. Der Herausgeber übernimmt keine Gewähr für deren Vollständigkeit und Richtigkeit. Alle Rechte, insbesondere das Recht der Vervielfältigung und Verbreitung sowie der Übersetzung vorbehalten. Kein Teil des Werkes darf in irgendeiner Form (durch Fotokopie, Mikrofilm oder ein anderes Verfahren) ohne schriftliche Genehmigung des Herausgebers reproduziert oder unter Verwendung elektronischer Systeme gespeichert, verarbeitet, vervielfältigt oder verbreitet werden.
- Die Bearbeitung der Anmeldung erfolgt mittels EDV. Mit Ihrer Unterschrift geben Sie Ihre Einwilligung, dass wir Sie kontaktieren und auch über weitere Aktionen informieren. Die Einwilligung kann jederzeit widerrufen werden.

Gültig bis 30.06.2024

Teilnahmebedingungen

- Free-Golf-Voucher können nur von mindestens zwei Personen genutzt werden. Es gibt keine Ermäßigung für Einzelspieler, außer dies ist explizit durch das Logo 30/1 im Eintrag des Clubs vermerkt. Die Voucher gelten nur für 18 Loch. Pro Golfanlage dürfen Sie maximal 2 Voucher einlösen.
- Free-Golf-Voucher können ausschließlich von Personen mit Green Fee-Berechtigung eingelöst werden. I. d. R. ist dazu ein Mindesthandicap (variiert nach Platz bzw. Anlage) sowie eine Mitgliedschaft bei einem Golfclub erforderlich.
- Bitte weisen Sie bei Ihrer Anmeldung darauf hin, dass Sie mit dem Guide for Free Golf spielen möchten und bringen Sie das Buch beim Einchecken am Golfplatz mit. Nur dann kann Ihnen das zweite, kostenfreie Green Fee oder der 30% Nachlass für Einzelspieler gewährt werden.
- Die beteiligten Golfanlagen gewähren Ihnen pro Voucher den Erlass des 2. Green Fees. Es können also pro Voucher jeweils 2 Personen für 1 Green Fee spielen (4 Personen benötigen 2 Voucher) oder eine Person mit 30% Nachlass. Bezahlt wird der normale Green Fee-Preis eines Erwachsenen am entsprechenden Spieltag.
- Bereits herausgetrennte bzw. lose Voucher sind nicht veräußerbar bzw. übertragbar; sie berechtigen insbesondere nicht zum Erlass des zweiten Green Fees. Zuwiderhandlungen werden zivilrechtlich verfolgt.
- Haben Sie bitte Verständnis, dass die Voucher bei Sonderveranstaltungen (Turniertagen, Tagen der offenen Tür oder sonstigen Promotion-Aktionen) nicht eingelöst werden können. Bitte erkundigen Sie sich vorab bei Ihrer Anmeldung bei den jeweiligen Golfanlagen. Die Barauszahlung des zweiten Green Fees ist nicht möglich.
- Es gelten die Teilnahme- und Spielbedingungen, die Hausordnung der angeschlossenen Golfclubs sowie die vor Ort ausgewiesenen aktuellen Green Fee-Preise.
- Das Kombinieren mit anderen Rabatten (z. B. Golf Fee Card etc.) oder gegenseitiges Einladen mit zwei oder mehreren Free-Golf-Voucher ist nicht möglich. Bei unterschiedlichen Green Fee-Gebühren (z. B. bei Ermäßigung von Jugendlichen) ist immer der günstigere Tarif kostenfrei.
- Alle Inserenten haben sich dem Herausgeber gegenüber verpflichtet, die Free-Golf-Voucher zu den jeweils angegebenen Teilnahmebedingungen einzulösen. Der Herausgeber übernimmt jedoch keine Haftung dafür, wenn ein Free-Golf-Voucher vom Inserenten nicht eingelöst wird oder nicht eingelöst werden kann. Dies gilt insbesondere bei Insolvenz oder Besitzerwechsel.
- Es haftet ausschließlich der Inserent (= Golfanlage bzw. Betreiber der Golfanlage) für evtl. Meinungsunterschiede und Schadensersatzansprüche.
- Der Herausgeber gibt sich große Mühe bei der Umsetzung der Inserate. Er haftet aber nicht für Satz-, Druck- oder Produktionsfehler. Die Daten für den LeisureBREAKS Guide for Free Golf wurden nach bestem Wissen erarbeitet. Der Herausgeber übernimmt keine Gewähr für deren Vollständigkeit und Richtigkeit. Alle Rechte, insbesondere das Recht der Vervielfältigung und Verbreitung sowie der Übersetzung vorbehalten. Kein Teil des Werkes darf in irgendeiner Form (durch Fotokopie, Mikrofilm oder ein anderes Verfahren) ohne schriftliche Genehmigung des Herausgebers reproduziert oder unter Verwendung elektronischer Systeme gespeichert, verarbeitet, vervielfältigt oder verbreitet werden.
- Die Bearbeitung der Anmeldung erfolgt mittels EDV. Mit Ihrer Unterschrift geben Sie Ihre Einwilligung, dass wir Sie kontaktieren und auch über weitere Aktionen informieren. Die Einwilligung kann jederzeit widerrufen werden.

Gültig bis 30.06.2024

Teilnahmebedingungen

- Free-Golf-Voucher können nur von mindestens zwei Personen genutzt werden. Es gibt keine Ermäßigung für Einzelspieler, außer dies ist explizit durch das Logo 30/1 im Eintrag des Clubs vermerkt. Die Voucher gelten nur für 18 Loch. Pro Golfanlage dürfen Sie maximal 2 Voucher einlösen.
- Free-Golf-Voucher können ausschließlich von Personen mit Green Fee-Berechtigung eingelöst werden. I. d. R. ist dazu ein Mindesthandicap (variiert nach Platz bzw. Anlage) sowie eine Mitgliedschaft bei einem Golfclub erforderlich.
- Bitte weisen Sie bei Ihrer Anmeldung darauf hin, dass Sie mit dem Guide for Free Golf spielen möchten und bringen Sie das Buch beim Einchecken am Golfplatz mit. Nur dann kann Ihnen das zweite, kostenfreie Green Fee oder der 30% Nachlass für Einzelspieler gewährt werden.
- Die beteiligten Golfanlagen gewähren Ihnen pro Voucher den Erlass des 2. Green Fees. Es können also pro Voucher jeweils 2 Personen für 1 Green Fee spielen (4 Personen benötigen 2 Voucher) oder eine Person mit 30% Nachlass. Bezahlt wird der normale Green Fee-Preis eines Erwachsenen am entsprechenden Spieltag.
- Bereits herausgetrennte bzw. lose Voucher sind nicht veräußerbar bzw. übertragbar; sie berechtigen insbesondere nicht zum Erlass des zweiten Green Fees. Zuwiderhandlungen werden zivilrechtlich verfolgt.
- Haben Sie bitte Verständnis, dass die Voucher bei Sonderveranstaltungen (Turniertagen, Tagen der offenen Tür oder sonstigen Promotion-Aktionen) nicht eingelöst werden können. Bitte erkundigen Sie sich vorab bei Ihrer Anmeldung bei den jeweiligen Golfanlagen. Die Barauszahlung des zweiten Green Fees ist nicht möglich.
- Es gelten die Teilnahme- und Spielbedingungen, die Hausordnung der angeschlossenen Golfclubs sowie die vor Ort ausgewiesenen aktuellen Green Fee-Preise.
- Das Kombinieren mit anderen Rabatten (z. B. Golf Fee Card etc.) oder gegenseitiges Einladen mit zwei oder mehreren Free-Golf-Voucher ist nicht möglich. Bei unterschiedlichen Green Fee-Gebühren (z. B. bei Ermäßigung von Jugendlichen) ist immer der günstigere Tarif kostenfrei.
- Alle Inserenten haben sich dem Herausgeber gegenüber verpflichtet, die Free-Golf-Voucher zu den jeweils angegebenen Teilnahmebedingungen einzulösen. Der Herausgeber übernimmt jedoch keine Haftung dafür, wenn ein Free-Golf-Voucher vom Inserenten nicht eingelöst wird oder nicht eingelöst werden kann. Dies gilt insbesondere bei Insolvenz oder Besitzerwechsel.
- Es haftet ausschließlich der Inserent (= Golfanlage bzw. Betreiber der Golfanlage) für evtl. Meinungsunterschiede und Schadensersatzansprüche.
- Der Herausgeber gibt sich große Mühe bei der Umsetzung der Inserate. Er haftet aber nicht für Satz-, Druck- oder Produktionsfehler. Die Daten für den LeisureBREAKS Guide for Free Golf wurden nach bestem Wissen erarbeitet. Der Herausgeber übernimmt keine Gewähr für deren Vollständigkeit und Richtigkeit. Alle Rechte, insbesondere das Recht der Vervielfältigung und Verbreitung sowie der Übersetzung vorbehalten. Kein Teil des Werkes darf in irgendeiner Form (durch Fotokopie, Mikrofilm oder ein anderes Verfahren) ohne schriftliche Genehmigung des Herausgebers reproduziert oder unter Verwendung elektronischer Systeme gespeichert, verarbeitet, vervielfältigt oder verbreitet werden.
- Die Bearbeitung der Anmeldung erfolgt mittels EDV. Mit Ihrer Unterschrift geben Sie Ihre Einwilligung, dass wir Sie kontaktieren und auch über weitere Aktionen informieren. Die Einwilligung kann jederzeit widerrufen werden.

Gültig bis 30.06.2024

Teilnahmebedingungen

- Free-Golf-Voucher können nur von mindestens zwei Personen genutzt werden. Es gibt keine Ermäßigung für Einzelspieler, außer dies ist explizit durch das Logo 30/1 im Eintrag des Clubs vermerkt. Die Voucher gelten nur für 18 Loch. Pro Golfanlage dürfen Sie maximal 2 Voucher einlösen.
- Free-Golf-Voucher können ausschließlich von Personen mit Green Fee-Berechtigung eingelöst werden. I. d. R. ist dazu ein Mindesthandicap (variiert nach Platz bzw. Anlage) sowie eine Mitgliedschaft bei einem Golfclub erforderlich.
- Bitte weisen Sie bei Ihrer Anmeldung darauf hin, dass Sie mit dem Guide for Free Golf spielen möchten und bringen Sie das Buch beim Einchecken am Golfplatz mit. Nur dann kann Ihnen das zweite, kostenfreie Green Fee oder der 30% Nachlass für Einzelspieler gewährt werden.
- Die beteiligten Golfanlagen gewähren Ihnen pro Voucher den Erlass des 2. Green Fees. Es können also pro Voucher jeweils 2 Personen für 1 Green Fee spielen (4 Personen benötigen 2 Voucher) oder eine Person mit 30% Nachlass. Bezahlt wird der normale Green Fee-Preis eines Erwachsenen am entsprechenden Spieltag.
- Bereits herausgetrennte bzw. lose Voucher sind nicht veräußerbar bzw. übertragbar; sie berechtigen insbesondere nicht zum Erlass des zweiten Green Fees. Zuwiderhandlungen werden zivilrechtlich verfolgt.
- Haben Sie bitte Verständnis, dass die Voucher bei Sonderveranstaltungen (Turniertagen, Tagen der offenen Tür oder sonstigen Promotion-Aktionen) nicht eingelöst werden können. Bitte erkundigen Sie sich vorab bei Ihrer Anmeldung bei den jeweiligen Golfanlagen. Die Barauszahlung des zweiten Green Fees ist nicht möglich.
- Es gelten die Teilnahme- und Spielbedingungen, die Hausordnung der angeschlossenen Golfclubs sowie die vor Ort ausgewiesenen aktuellen Green Fee-Preise.
- Das Kombinieren mit anderen Rabatten (z. B. Golf Fee Card etc.) oder gegenseitiges Einladen mit zwei oder mehreren Free-Golf-Voucher ist nicht möglich. Bei unterschiedlichen Green Fee-Gebühren (z. B. bei Ermäßigung von Jugendlichen) ist immer der günstigere Tarif kostenfrei.
- Alle Inserenten haben sich dem Herausgeber gegenüber verpflichtet, die Free-Golf-Voucher zu den jeweils angegebenen Teilnahmebedingungen einzulösen. Der Herausgeber übernimmt jedoch keine Haftung dafür, wenn ein Free-Golf-Voucher vom Inserenten nicht eingelöst wird oder nicht eingelöst werden kann. Dies gilt insbesondere bei Insolvenz oder Besitzerwechsel.
- Es haftet ausschließlich der Inserent (= Golfanlage bzw. Betreiber der Golfanlage) für evtl. Meinungsunterschiede und Schadensersatzansprüche.
- Der Herausgeber gibt sich große Mühe bei der Umsetzung der Inserate. Er haftet aber nicht für Satz-, Druck- oder Produktionsfehler. Die Daten für den LeisureBREAKS Guide for Free Golf wurden nach bestem Wissen erarbeitet. Der Herausgeber übernimmt keine Gewähr für deren Vollständigkeit und Richtigkeit. Alle Rechte, insbesondere das Recht der Vervielfältigung und Verbreitung sowie der Übersetzung vorbehalten. Kein Teil des Werkes darf in irgendeiner Form (durch Fotokopie, Mikrofilm oder ein anderes Verfahren) ohne schriftliche Genehmigung des Herausgebers reproduziert oder unter Verwendung elektronischer Systeme gespeichert, verarbeitet, vervielfältigt oder verbreitet werden.
- Die Bearbeitung der Anmeldung erfolgt mittels EDV. Mit Ihrer Unterschrift geben Sie Ihre Einwilligung, dass wir Sie kontaktieren und auch über weitere Aktionen informieren. Die Einwilligung kann jederzeit widerrufen werden.

Gültig bis 30.06.2024

17

20. Guide for Free Golf

LeisureBREAKS GmbH

Name, Vorname

Straße, Hausnummer

PLZ, Ort

Heimatclub

Handicap

E-Mail

Guide-Nummer

Mit der Anmeldung erkenne ich die umseitigen Teilnahmebedingungen an.

Datum

Unterschrift

18

20. Guide for Free Golf

LeisureBREAKS GmbH

Name, Vorname

Straße, Hausnummer

PLZ, Ort

Heimatclub

Handicap

E-Mail

Guide-Nummer

Mit der Anmeldung erkenne ich die umseitigen Teilnahmebedingungen an.

Datum

Unterschrift

19

20. Guide for Free Golf

LeisureBREAKS GmbH

Name, Vorname

Straße, Hausnummer

PLZ, Ort

Heimatclub

Handicap

E-Mail

Guide-Nummer

Mit der Anmeldung erkenne ich die umseitigen Teilnahmebedingungen an.

Datum

Unterschrift

20

20. Guide for Free Golf

LeisureBREAKS GmbH

Name, Vorname

Straße, Hausnummer

PLZ, Ort

Heimatclub

Handicap

E-Mail

Guide-Nummer

Mit der Anmeldung erkenne ich die umseitigen Teilnahmebedingungen an.

Datum

Unterschrift

Teilnahmebedingungen

- Free-Golf-Voucher können nur von mindestens zwei Personen genutzt werden. Es gibt keine Ermäßigung für Einzelspieler, außer dies ist explizit durch das Logo 30/1 im Eintrag des Clubs vermerkt. Die Voucher gelten nur für 18 Loch. Pro Golfanlage dürfen Sie maximal 2 Voucher einlösen.
- Free-Golf-Voucher können ausschließlich von Personen mit Green Fee-Berechtigung eingelöst werden. I. d. R. ist dazu ein Mindesthandicap (variiert nach Platz bzw. Anlage) sowie eine Mitgliedschaft bei einem Golfclub erforderlich.
- Bitte weisen Sie bei Ihrer Anmeldung darauf hin, dass Sie mit dem Guide for Free Golf spielen möchten und bringen Sie das Buch beim Einchecken am Golfplatz mit. Nur dann kann Ihnen das zweite, kostenfreie Green Fee oder der 30% Nachlass für Einzelspieler gewährt werden.
- Die beteiligten Golfanlagen gewähren Ihnen pro Voucher den Erlass des 2. Green Fees. Es können also pro Voucher jeweils 2 Personen für 1 Green Fee spielen (4 Personen benötigen 2 Voucher) oder eine Person mit 30% Nachlass. Bezahlt wird der normale Green Fee-Preis eines Erwachsenen am entsprechenden Spieltag.
- Bereits herausgetrennte bzw. lose Voucher sind nicht veräußerbar bzw. übertragbar; sie berechtigen insbesondere nicht zum Erlass des zweiten Green Fees. Zuwiderhandlungen werden zivilrechtlich verfolgt.
- Haben Sie bitte Verständnis, dass die Voucher bei Sonderveranstaltungen (Turniertagen, Tagen der offenen Tür oder sonstigen Promotion-Aktionen) nicht eingelöst werden können. Bitte erkundigen Sie sich vorab bei Ihrer Anmeldung bei den jeweiligen Golfanlagen. Die Barauszahlung des zweiten Green Fees ist nicht möglich.
- Es gelten die Teilnahme- und Spielbedingungen, die Hausordnung der angeschlossenen Golfclubs sowie die vor Ort ausgewiesenen aktuellen Green Fee-Preise.
- Das Kombinieren mit anderen Rabatten (z. B. Golf Fee Card etc.) oder gegenseitiges Einladen mit zwei oder mehreren Free-Golf-Voucher ist nicht möglich. Bei unterschiedlichen Green Fee-Gebühren (z. B. bei Ermäßigung von Jugendlichen) ist immer der günstigere Tarif kostenfrei.
- Alle Inserenten haben sich dem Herausgeber gegenüber verpflichtet, die Free-Golf-Voucher zu den jeweils angegebenen Teilnahmebedingungen einzulösen. Der Herausgeber übernimmt jedoch keine Haftung dafür, wenn ein Free-Golf-Voucher vom Inserenten nicht eingelöst wird oder nicht eingelöst werden kann. Dies gilt insbesondere bei Insolvenz oder Besitzerwechsel.
- Es haftet ausschließlich der Inserent (= Golfanlage bzw. Betreiber der Golfanlage) für evtl. Meinungsunterschiede und Schadensersatzansprüche.
- Der Herausgeber gibt sich große Mühe bei der Umsetzung der Inserate. Er haftet aber nicht für Satz-, Druck- oder Produktionsfehler. Die Daten für den LeisureBREAKS Guide for Free Golf wurden nach bestem Wissen erarbeitet. Der Herausgeber übernimmt keine Gewähr für deren Vollständigkeit und Richtigkeit. Alle Rechte, insbesondere das Recht der Vervielfältigung und Verbreitung sowie der Übersetzung vorbehalten. Kein Teil des Werkes darf in irgendeiner Form (durch Fotokopie, Mikrofilm oder ein anderes Verfahren) ohne schriftliche Genehmigung des Herausgebers reproduziert oder unter Verwendung elektronischer Systeme gespeichert, verarbeitet, vervielfältigt oder verbreitet werden.
- Die Bearbeitung der Anmeldung erfolgt mittels EDV. Mit Ihrer Unterschrift geben Sie Ihre Einwilligung, dass wir Sie kontaktieren und auch über weitere Aktionen informieren. Die Einwilligung kann jederzeit widerrufen werden.

Gültig bis 30.06.2024

Teilnahmebedingungen

- Free-Golf-Voucher können nur von mindestens zwei Personen genutzt werden. Es gibt keine Ermäßigung für Einzelspieler, außer dies ist explizit durch das Logo 30/1 im Eintrag des Clubs vermerkt. Die Voucher gelten nur für 18 Loch. Pro Golfanlage dürfen Sie maximal 2 Voucher einlösen.
- Free-Golf-Voucher können ausschließlich von Personen mit Green Fee-Berechtigung eingelöst werden. I. d. R. ist dazu ein Mindesthandicap (variiert nach Platz bzw. Anlage) sowie eine Mitgliedschaft bei einem Golfclub erforderlich.
- Bitte weisen Sie bei Ihrer Anmeldung darauf hin, dass Sie mit dem Guide for Free Golf spielen möchten und bringen Sie das Buch beim Einchecken am Golfplatz mit. Nur dann kann Ihnen das zweite, kostenfreie Green Fee oder der 30% Nachlass für Einzelspieler gewährt werden.
- Die beteiligten Golfanlagen gewähren Ihnen pro Voucher den Erlass des 2. Green Fees. Es können also pro Voucher jeweils 2 Personen für 1 Green Fee spielen (4 Personen benötigen 2 Voucher) oder eine Person mit 30% Nachlass. Bezahlt wird der normale Green Fee-Preis eines Erwachsenen am entsprechenden Spieltag.
- Bereits herausgetrennte bzw. lose Voucher sind nicht veräußerbar bzw. übertragbar; sie berechtigen insbesondere nicht zum Erlass des zweiten Green Fees. Zuwiderhandlungen werden zivilrechtlich verfolgt.
- Haben Sie bitte Verständnis, dass die Voucher bei Sonderveranstaltungen (Turniertagen, Tagen der offenen Tür oder sonstigen Promotion-Aktionen) nicht eingelöst werden können. Bitte erkundigen Sie sich vorab bei Ihrer Anmeldung bei den jeweiligen Golfanlagen. Die Barauszahlung des zweiten Green Fees ist nicht möglich.
- Es gelten die Teilnahme- und Spielbedingungen, die Hausordnung der angeschlossenen Golfclubs sowie die vor Ort ausgewiesenen aktuellen Green Fee-Preise.
- Das Kombinieren mit anderen Rabatten (z. B. Golf Fee Card etc.) oder gegenseitiges Einladen mit zwei oder mehreren Free-Golf-Voucher ist nicht möglich. Bei unterschiedlichen Green Fee-Gebühren (z. B. bei Ermäßigung von Jugendlichen) ist immer der günstigere Tarif kostenfrei.
- Alle Inserenten haben sich dem Herausgeber gegenüber verpflichtet, die Free-Golf-Voucher zu den jeweils angegebenen Teilnahmebedingungen einzulösen. Der Herausgeber übernimmt jedoch keine Haftung dafür, wenn ein Free-Golf-Voucher vom Inserenten nicht eingelöst wird oder nicht eingelöst werden kann. Dies gilt insbesondere bei Insolvenz oder Besitzerwechsel.
- Es haftet ausschließlich der Inserent (= Golfanlage bzw. Betreiber der Golfanlage) für evtl. Meinungsunterschiede und Schadensersatzansprüche.
- Der Herausgeber gibt sich große Mühe bei der Umsetzung der Inserate. Er haftet aber nicht für Satz-, Druck- oder Produktionsfehler. Die Daten für den LeisureBREAKS Guide for Free Golf wurden nach bestem Wissen erarbeitet. Der Herausgeber übernimmt keine Gewähr für deren Vollständigkeit und Richtigkeit. Alle Rechte, insbesondere das Recht der Vervielfältigung und Verbreitung sowie der Übersetzung vorbehalten. Kein Teil des Werkes darf in irgendeiner Form (durch Fotokopie, Mikrofilm oder ein anderes Verfahren) ohne schriftliche Genehmigung des Herausgebers reproduziert oder unter Verwendung elektronischer Systeme gespeichert, verarbeitet, vervielfältigt oder verbreitet werden.
- Die Bearbeitung der Anmeldung erfolgt mittels EDV. Mit Ihrer Unterschrift geben Sie Ihre Einwilligung, dass wir Sie kontaktieren und auch über weitere Aktionen informieren. Die Einwilligung kann jederzeit widerrufen werden.

Gültig bis 30.06.2024

Teilnahmebedingungen

- Free-Golf-Voucher können nur von mindestens zwei Personen genutzt werden. Es gibt keine Ermäßigung für Einzelspieler, außer dies ist explizit durch das Logo 30/1 im Eintrag des Clubs vermerkt. Die Voucher gelten nur für 18 Loch. Pro Golfanlage dürfen Sie maximal 2 Voucher einlösen.
- Free-Golf-Voucher können ausschließlich von Personen mit Green Fee-Berechtigung eingelöst werden. I. d. R. ist dazu ein Mindesthandicap (variiert nach Platz bzw. Anlage) sowie eine Mitgliedschaft bei einem Golfclub erforderlich.
- Bitte weisen Sie bei Ihrer Anmeldung darauf hin, dass Sie mit dem Guide for Free Golf spielen möchten und bringen Sie das Buch beim Einchecken am Golfplatz mit. Nur dann kann Ihnen das zweite, kostenfreie Green Fee oder der 30% Nachlass für Einzelspieler gewährt werden.
- Die beteiligten Golfanlagen gewähren Ihnen pro Voucher den Erlass des 2. Green Fees. Es können also pro Voucher jeweils 2 Personen für 1 Green Fee spielen (4 Personen benötigen 2 Voucher) oder eine Person mit 30% Nachlass. Bezahlt wird der normale Green Fee-Preis eines Erwachsenen am entsprechenden Spieltag.
- Bereits herausgetrennte bzw. lose Voucher sind nicht veräußerbar bzw. übertragbar; sie berechtigen insbesondere nicht zum Erlass des zweiten Green Fees. Zuwiderhandlungen werden zivilrechtlich verfolgt.
- Haben Sie bitte Verständnis, dass die Voucher bei Sonderveranstaltungen (Turniertagen, Tagen der offenen Tür oder sonstigen Promotion-Aktionen) nicht eingelöst werden können. Bitte erkundigen Sie sich vorab bei Ihrer Anmeldung bei den jeweiligen Golfanlagen. Die Barauszahlung des zweiten Green Fees ist nicht möglich.
- Es gelten die Teilnahme- und Spielbedingungen, die Hausordnung der angeschlossenen Golfclubs sowie die vor Ort ausgewiesenen aktuellen Green Fee-Preise.
- Das Kombinieren mit anderen Rabatten (z. B. Golf Fee Card etc.) oder gegenseitiges Einladen mit zwei oder mehreren Free-Golf-Voucher ist nicht möglich. Bei unterschiedlichen Green Fee-Gebühren (z. B. bei Ermäßigung von Jugendlichen) ist immer der günstigere Tarif kostenfrei.
- Alle Inserenten haben sich dem Herausgeber gegenüber verpflichtet, die Free-Golf-Voucher zu den jeweils angegebenen Teilnahmebedingungen einzulösen. Der Herausgeber übernimmt jedoch keine Haftung dafür, wenn ein Free-Golf-Voucher vom Inserenten nicht eingelöst wird oder nicht eingelöst werden kann. Dies gilt insbesondere bei Insolvenz oder Besitzerwechsel.
- Es haftet ausschließlich der Inserent (= Golfanlage bzw. Betreiber der Golfanlage) für evtl. Meinungsunterschiede und Schadensersatzansprüche.
- Der Herausgeber gibt sich große Mühe bei der Umsetzung der Inserate. Er haftet aber nicht für Satz-, Druck- oder Produktionsfehler. Die Daten für den LeisureBREAKS Guide for Free Golf wurden nach bestem Wissen erarbeitet. Der Herausgeber übernimmt keine Gewähr für deren Vollständigkeit und Richtigkeit. Alle Rechte, insbesondere das Recht der Vervielfältigung und Verbreitung sowie der Übersetzung vorbehalten. Kein Teil des Werkes darf in irgendeiner Form (durch Fotokopie, Mikrofilm oder ein anderes Verfahren) ohne schriftliche Genehmigung des Herausgebers reproduziert oder unter Verwendung elektronischer Systeme gespeichert, verarbeitet, vervielfältigt oder verbreitet werden.
- Die Bearbeitung der Anmeldung erfolgt mittels EDV. Mit Ihrer Unterschrift geben Sie Ihre Einwilligung, dass wir Sie kontaktieren und auch über weitere Aktionen informieren. Die Einwilligung kann jederzeit widerrufen werden.

Gültig bis 30.06.2024

Teilnahmebedingungen

- Free-Golf-Voucher können nur von mindestens zwei Personen genutzt werden. Es gibt keine Ermäßigung für Einzelspieler, außer dies ist explizit durch das Logo 30/1 im Eintrag des Clubs vermerkt. Die Voucher gelten nur für 18 Loch. Pro Golfanlage dürfen Sie maximal 2 Voucher einlösen.
- Free-Golf-Voucher können ausschließlich von Personen mit Green Fee-Berechtigung eingelöst werden. I. d. R. ist dazu ein Mindesthandicap (variiert nach Platz bzw. Anlage) sowie eine Mitgliedschaft bei einem Golfclub erforderlich.
- Bitte weisen Sie bei Ihrer Anmeldung darauf hin, dass Sie mit dem Guide for Free Golf spielen möchten und bringen Sie das Buch beim Einchecken am Golfplatz mit. Nur dann kann Ihnen das zweite, kostenfreie Green Fee oder der 30% Nachlass für Einzelspieler gewährt werden.
- Die beteiligten Golfanlagen gewähren Ihnen pro Voucher den Erlass des 2. Green Fees. Es können also pro Voucher jeweils 2 Personen für 1 Green Fee spielen (4 Personen benötigen 2 Voucher) oder eine Person mit 30% Nachlass. Bezahlt wird der normale Green Fee-Preis eines Erwachsenen am entsprechenden Spieltag.
- Bereits herausgetrennte bzw. lose Voucher sind nicht veräußerbar bzw. übertragbar; sie berechtigen insbesondere nicht zum Erlass des zweiten Green Fees. Zuwiderhandlungen werden zivilrechtlich verfolgt.
- Haben Sie bitte Verständnis, dass die Voucher bei Sonderveranstaltungen (Turniertagen, Tagen der offenen Tür oder sonstigen Promotion-Aktionen) nicht eingelöst werden können. Bitte erkundigen Sie sich vorab bei Ihrer Anmeldung bei den jeweiligen Golfanlagen. Die Barauszahlung des zweiten Green Fees ist nicht möglich.
- Es gelten die Teilnahme- und Spielbedingungen, die Hausordnung der angeschlossenen Golfclubs sowie die vor Ort ausgewiesenen aktuellen Green Fee-Preise.
- Das Kombinieren mit anderen Rabatten (z. B. Golf Fee Card etc.) oder gegenseitiges Einladen mit zwei oder mehreren Free-Golf-Voucher ist nicht möglich. Bei unterschiedlichen Green Fee-Gebühren (z. B. bei Ermäßigung von Jugendlichen) ist immer der günstigere Tarif kostenfrei.
- Alle Inserenten haben sich dem Herausgeber gegenüber verpflichtet, die Free-Golf-Voucher zu den jeweils angegebenen Teilnahmebedingungen einzulösen. Der Herausgeber übernimmt jedoch keine Haftung dafür, wenn ein Free-Golf-Voucher vom Inserenten nicht eingelöst wird oder nicht eingelöst werden kann. Dies gilt insbesondere bei Insolvenz oder Besitzerwechsel.
- Es haftet ausschließlich der Inserent (= Golfanlage bzw. Betreiber der Golfanlage) für evtl. Meinungsunterschiede und Schadensersatzansprüche.
- Der Herausgeber gibt sich große Mühe bei der Umsetzung der Inserate. Er haftet aber nicht für Satz-, Druck- oder Produktionsfehler. Die Daten für den LeisureBREAKS Guide for Free Golf wurden nach bestem Wissen erarbeitet. Der Herausgeber übernimmt keine Gewähr für deren Vollständigkeit und Richtigkeit. Alle Rechte, insbesondere das Recht der Vervielfältigung und Verbreitung sowie der Übersetzung vorbehalten. Kein Teil des Werkes darf in irgendeiner Form (durch Fotokopie, Mikrofilm oder ein anderes Verfahren) ohne schriftliche Genehmigung des Herausgebers reproduziert oder unter Verwendung elektronischer Systeme gespeichert, verarbeitet, vervielfältigt oder verbreitet werden.
- Die Bearbeitung der Anmeldung erfolgt mittels EDV. Mit Ihrer Unterschrift geben Sie Ihre Einwilligung, dass wir Sie kontaktieren und auch über weitere Aktionen informieren. Die Einwilligung kann jederzeit widerrufen werden.

Gültig bis 30.06.2024

20. Guide for Free Golf

LeisureBREAKS GmbH

Name, Vorname

Straße, Hausnummer

PLZ, Ort

Heimatclub

Handicap

E-Mail

Guide-Nummer

Mit der Anmeldung erkenne ich die umseitigen Teilnahmebedingungen an.

Datum

Unterschrift

22

20. Guide for Free Golf

LeisureBREAKS GmbH

Name, Vorname

Straße, Hausnummer

PLZ, Ort

Heimatclub

Handicap

E-Mail

Guide-Nummer

Mit der Anmeldung erkenne ich die umseitigen Teilnahmebedingungen an.

Datum

Unterschrift

23

20. Guide for Free Golf

LeisureBREAKS GmbH

Name, Vorname

Straße, Hausnummer

PLZ, Ort

Heimatclub

Handicap

E-Mail

Guide-Nummer

Mit der Anmeldung erkenne ich die umseitigen Teilnahmebedingungen an.

Datum

Unterschrift

24

20. Guide for Free Golf

LeisureBREAKS GmbH

Name, Vorname

Straße, Hausnummer

PLZ, Ort

Heimatclub

Handicap

E-Mail

Guide-Nummer

Mit der Anmeldung erkenne ich die umseitigen Teilnahmebedingungen an.

Datum

Unterschrift

Teilnahmebedingungen

- Free-Golf-Voucher können nur von mindestens zwei Personen genutzt werden. Es gibt keine Ermäßigung für Einzelspieler, außer dies ist explizit durch das Logo 30/1 im Eintrag des Clubs vermerkt. Die Voucher gelten nur für 18 Loch. Pro Golfanlage dürfen Sie maximal 2 Voucher einlösen.
- Free-Golf-Voucher können ausschließlich von Personen mit Green Fee-Berechtigung eingelöst werden. I. d. R. ist dazu ein Mindesthandicap (variiert nach Platz bzw. Anlage) sowie eine Mitgliedschaft bei einem Golfclub erforderlich.
- Bitte weisen Sie bei Ihrer Anmeldung darauf hin, dass Sie mit dem Guide for Free Golf spielen möchten und bringen Sie das Buch beim Einchecken am Golfplatz mit. Nur dann kann Ihnen das zweite, kostenfreie Green Fee oder der 30% Nachlass für Einzelspieler gewährt werden.
- Die beteiligten Golfanlagen gewähren Ihnen pro Voucher den Erlass des 2. Green Fees. Es können also pro Voucher jeweils 2 Personen für 1 Green Fee spielen (4 Personen benötigen 2 Voucher) oder eine Person mit 30% Nachlass. Bezahlt wird der normale Green Fee-Preis eines Erwachsenen am entsprechenden Spieltag.
- Bereits herausgetrennte bzw. lose Voucher sind nicht veräußerbar bzw. übertragbar; sie berechtigen insbesondere nicht zum Erlass des zweiten Green Fees. Zuwiderhandlungen werden zivilrechtlich verfolgt.
- Haben Sie bitte Verständnis, dass die Voucher bei Sonderveranstaltungen (Turniertagen, Tagen der offenen Tür oder sonstigen Promotion-Aktionen) nicht eingelöst werden können. Bitte erkundigen Sie sich vorab bei Ihrer Anmeldung bei den jeweiligen Golfanlagen. Die Barauszahlung des zweiten Green Fees ist nicht möglich.
- Es gelten die Teilnahme- und Spielbedingungen, die Hausordnung der angeschlossenen Golfclubs sowie die vor Ort ausgewiesenen aktuellen Green Fee-Preise.
- Das Kombinieren mit anderen Rabatten (z. B. Golf Fee Card etc.) oder gegenseitiges Einladen mit zwei oder mehreren Free-Golf-Voucher ist nicht möglich. Bei unterschiedlichen Green Fee-Gebühren (z. B. bei Ermäßigung von Jugendlichen) ist immer der günstigere Tarif kostenfrei.
- Alle Inserenten haben sich dem Herausgeber gegenüber verpflichtet, die Free-Golf-Voucher zu den jeweils angegebenen Teilnahmebedingungen einzulösen. Der Herausgeber übernimmt jedoch keine Haftung dafür, wenn ein Free-Golf-Voucher vom Inserenten nicht eingelöst wird oder nicht eingelöst werden kann. Dies gilt insbesondere bei Insolvenz oder Besitzerwechsel.
- Es haftet ausschließlich der Inserent (= Golfanlage bzw. Betreiber der Golfanlage) für evtl. Meinungsunterschiede und Schadensersatzansprüche.
- Der Herausgeber gibt sich große Mühe bei der Umsetzung der Inserate. Er haftet aber nicht für Satz-, Druck- oder Produktionsfehler. Die Daten für den LeisureBREAKS Guide for Free Golf wurden nach bestem Wissen erarbeitet. Der Herausgeber übernimmt keine Gewähr für deren Vollständigkeit und Richtigkeit. Alle Rechte, insbesondere das Recht der Vervielfältigung und Verbreitung sowie der Übersetzung vorbehalten. Kein Teil des Werkes darf in irgendeiner Form (durch Fotokopie, Mikrofilm oder ein anderes Verfahren) ohne schriftliche Genehmigung des Herausgebers reproduziert oder unter Verwendung elektronischer Systeme gespeichert, verarbeitet, vervielfältigt oder verbreitet werden.
- Die Bearbeitung der Anmeldung erfolgt mittels EDV. Mit Ihrer Unterschrift geben Sie Ihre Einwilligung, dass wir Sie kontaktieren und auch über weitere Aktionen informieren. Die Einwilligung kann jederzeit widerrufen werden.

Gültig bis 30.06.2024

Teilnahmebedingungen

- Free-Golf-Voucher können nur von mindestens zwei Personen genutzt werden. Es gibt keine Ermäßigung für Einzelspieler, außer dies ist explizit durch das Logo 30/1 im Eintrag des Clubs vermerkt. Die Voucher gelten nur für 18 Loch. Pro Golfanlage dürfen Sie maximal 2 Voucher einlösen.
- Free-Golf-Voucher können ausschließlich von Personen mit Green Fee-Berechtigung eingelöst werden. I. d. R. ist dazu ein Mindesthandicap (variiert nach Platz bzw. Anlage) sowie eine Mitgliedschaft bei einem Golfclub erforderlich.
- Bitte weisen Sie bei Ihrer Anmeldung darauf hin, dass Sie mit dem Guide for Free Golf spielen möchten und bringen Sie das Buch beim Einchecken am Golfplatz mit. Nur dann kann Ihnen das zweite, kostenfreie Green Fee oder der 30% Nachlass für Einzelspieler gewährt werden.
- Die beteiligten Golfanlagen gewähren Ihnen pro Voucher den Erlass des 2. Green Fees. Es können also pro Voucher jeweils 2 Personen für 1 Green Fee spielen (4 Personen benötigen 2 Voucher) oder eine Person mit 30% Nachlass. Bezahlt wird der normale Green Fee-Preis eines Erwachsenen am entsprechenden Spieltag.
- Bereits herausgetrennte bzw. lose Voucher sind nicht veräußerbar bzw. übertragbar; sie berechtigen insbesondere nicht zum Erlass des zweiten Green Fees. Zuwiderhandlungen werden zivilrechtlich verfolgt.
- Haben Sie bitte Verständnis, dass die Voucher bei Sonderveranstaltungen (Turniertagen, Tagen der offenen Tür oder sonstigen Promotion-Aktionen) nicht eingelöst werden können. Bitte erkundigen Sie sich vorab bei Ihrer Anmeldung bei den jeweiligen Golfanlagen. Die Barauszahlung des zweiten Green Fees ist nicht möglich.
- Es gelten die Teilnahme- und Spielbedingungen, die Hausordnung der angeschlossenen Golfclubs sowie die vor Ort ausgewiesenen aktuellen Green Fee-Preise.
- Das Kombinieren mit anderen Rabatten (z. B. Golf Fee Card etc.) oder gegenseitiges Einladen mit zwei oder mehreren Free-Golf-Voucher ist nicht möglich. Bei unterschiedlichen Green Fee-Gebühren (z. B. bei Ermäßigung von Jugendlichen) ist immer der günstigere Tarif kostenfrei.
- Alle Inserenten haben sich dem Herausgeber gegenüber verpflichtet, die Free-Golf-Voucher zu den jeweils angegebenen Teilnahmebedingungen einzulösen. Der Herausgeber übernimmt jedoch keine Haftung dafür, wenn ein Free-Golf-Voucher vom Inserenten nicht eingelöst wird oder nicht eingelöst werden kann. Dies gilt insbesondere bei Insolvenz oder Besitzerwechsel.
- Es haftet ausschließlich der Inserent (= Golfanlage bzw. Betreiber der Golfanlage) für evtl. Meinungsunterschiede und Schadensersatzansprüche.
- Der Herausgeber gibt sich große Mühe bei der Umsetzung der Inserate. Er haftet aber nicht für Satz-, Druck- oder Produktionsfehler. Die Daten für den LeisureBREAKS Guide for Free Golf wurden nach bestem Wissen erarbeitet. Der Herausgeber übernimmt keine Gewähr für deren Vollständigkeit und Richtigkeit. Alle Rechte, insbesondere das Recht der Vervielfältigung und Verbreitung sowie der Übersetzung vorbehalten. Kein Teil des Werkes darf in irgendeiner Form (durch Fotokopie, Mikrofilm oder ein anderes Verfahren) ohne schriftliche Genehmigung des Herausgebers reproduziert oder unter Verwendung elektronischer Systeme gespeichert, verarbeitet, vervielfältigt oder verbreitet werden.
- Die Bearbeitung der Anmeldung erfolgt mittels EDV. Mit Ihrer Unterschrift geben Sie Ihre Einwilligung, dass wir Sie kontaktieren und auch über weitere Aktionen informieren. Die Einwilligung kann jederzeit widerrufen werden.

Gültig bis 30.06.2024

Teilnahmebedingungen

- Free-Golf-Voucher können nur von mindestens zwei Personen genutzt werden. Es gibt keine Ermäßigung für Einzelspieler, außer dies ist explizit durch das Logo 30/1 im Eintrag des Clubs vermerkt. Die Voucher gelten nur für 18 Loch. Pro Golfanlage dürfen Sie maximal 2 Voucher einlösen.
- Free-Golf-Voucher können ausschließlich von Personen mit Green Fee-Berechtigung eingelöst werden. I. d. R. ist dazu ein Mindesthandicap (variiert nach Platz bzw. Anlage) sowie eine Mitgliedschaft bei einem Golfclub erforderlich.
- Bitte weisen Sie bei Ihrer Anmeldung darauf hin, dass Sie mit dem Guide for Free Golf spielen möchten und bringen Sie das Buch beim Einchecken am Golfplatz mit. Nur dann kann Ihnen das zweite, kostenfreie Green Fee oder der 30% Nachlass für Einzelspieler gewährt werden.
- Die beteiligten Golfanlagen gewähren Ihnen pro Voucher den Erlass des 2. Green Fees. Es können also pro Voucher jeweils 2 Personen für 1 Green Fee spielen (4 Personen benötigen 2 Voucher) oder eine Person mit 30% Nachlass. Bezahlt wird der normale Green Fee-Preis eines Erwachsenen am entsprechenden Spieltag.
- Bereits herausgetrennte bzw. lose Voucher sind nicht veräußerbar bzw. übertragbar; sie berechtigen insbesondere nicht zum Erlass des zweiten Green Fees. Zuwiderhandlungen werden zivilrechtlich verfolgt.
- Haben Sie bitte Verständnis, dass die Voucher bei Sonderveranstaltungen (Turniertagen, Tagen der offenen Tür oder sonstigen Promotion-Aktionen) nicht eingelöst werden können. Bitte erkundigen Sie sich vorab bei Ihrer Anmeldung bei den jeweiligen Golfanlagen. Die Barauszahlung des zweiten Green Fees ist nicht möglich.
- Es gelten die Teilnahme- und Spielbedingungen, die Hausordnung der angeschlossenen Golfclubs sowie die vor Ort ausgewiesenen aktuellen Green Fee-Preise.
- Das Kombinieren mit anderen Rabatten (z. B. Golf Fee Card etc.) oder gegenseitiges Einladen mit zwei oder mehreren Free-Golf-Voucher ist nicht möglich. Bei unterschiedlichen Green Fee-Gebühren (z. B. bei Ermäßigung von Jugendlichen) ist immer der günstigere Tarif kostenfrei.
- Alle Inserenten haben sich dem Herausgeber gegenüber verpflichtet, die Free-Golf-Voucher zu den jeweils angegebenen Teilnahmebedingungen einzulösen. Der Herausgeber übernimmt jedoch keine Haftung dafür, wenn ein Free-Golf-Voucher vom Inserenten nicht eingelöst wird oder nicht eingelöst werden kann. Dies gilt insbesondere bei Insolvenz oder Besitzerwechsel.
- Es haftet ausschließlich der Inserent (= Golfanlage bzw. Betreiber der Golfanlage) für evtl. Meinungsunterschiede und Schadensersatzansprüche.
- Der Herausgeber gibt sich große Mühe bei der Umsetzung der Inserate. Er haftet aber nicht für Satz-, Druck- oder Produktionsfehler. Die Daten für den LeisureBREAKS Guide for Free Golf wurden nach bestem Wissen erarbeitet. Der Herausgeber übernimmt keine Gewähr für deren Vollständigkeit und Richtigkeit. Alle Rechte, insbesondere das Recht der Vervielfältigung und Verbreitung sowie der Übersetzung vorbehalten. Kein Teil des Werkes darf in irgendeiner Form (durch Fotokopie, Mikrofilm oder ein anderes Verfahren) ohne schriftliche Genehmigung des Herausgebers reproduziert oder unter Verwendung elektronischer Systeme gespeichert, verarbeitet, vervielfältigt oder verbreitet werden.
- Die Bearbeitung der Anmeldung erfolgt mittels EDV. Mit Ihrer Unterschrift geben Sie Ihre Einwilligung, dass wir Sie kontaktieren und auch über weitere Aktionen informieren. Die Einwilligung kann jederzeit widerrufen werden.

Gültig bis 30.06.2024

Teilnahmebedingungen

- Free-Golf-Voucher können nur von mindestens zwei Personen genutzt werden. Es gibt keine Ermäßigung für Einzelspieler, außer dies ist explizit durch das Logo 30/1 im Eintrag des Clubs vermerkt. Die Voucher gelten nur für 18 Loch. Pro Golfanlage dürfen Sie maximal 2 Voucher einlösen.
- Free-Golf-Voucher können ausschließlich von Personen mit Green Fee-Berechtigung eingelöst werden. I. d. R. ist dazu ein Mindesthandicap (variiert nach Platz bzw. Anlage) sowie eine Mitgliedschaft bei einem Golfclub erforderlich.
- Bitte weisen Sie bei Ihrer Anmeldung darauf hin, dass Sie mit dem Guide for Free Golf spielen möchten und bringen Sie das Buch beim Einchecken am Golfplatz mit. Nur dann kann Ihnen das zweite, kostenfreie Green Fee oder der 30% Nachlass für Einzelspieler gewährt werden.
- Die beteiligten Golfanlagen gewähren Ihnen pro Voucher den Erlass des 2. Green Fees. Es können also pro Voucher jeweils 2 Personen für 1 Green Fee spielen (4 Personen benötigen 2 Voucher) oder eine Person mit 30% Nachlass. Bezahlt wird der normale Green Fee-Preis eines Erwachsenen am entsprechenden Spieltag.
- Bereits herausgetrennte bzw. lose Voucher sind nicht veräußerbar bzw. übertragbar; sie berechtigen insbesondere nicht zum Erlass des zweiten Green Fees. Zuwiderhandlungen werden zivilrechtlich verfolgt.
- Haben Sie bitte Verständnis, dass die Voucher bei Sonderveranstaltungen (Turniertagen, Tagen der offenen Tür oder sonstigen Promotion-Aktionen) nicht eingelöst werden können. Bitte erkundigen Sie sich vorab bei Ihrer Anmeldung bei den jeweiligen Golfanlagen. Die Barauszahlung des zweiten Green Fees ist nicht möglich.
- Es gelten die Teilnahme- und Spielbedingungen, die Hausordnung der angeschlossenen Golfclubs sowie die vor Ort ausgewiesenen aktuellen Green Fee-Preise.
- Das Kombinieren mit anderen Rabatten (z. B. Golf Fee Card etc.) oder gegenseitiges Einladen mit zwei oder mehreren Free-Golf-Voucher ist nicht möglich. Bei unterschiedlichen Green Fee-Gebühren (z. B. bei Ermäßigung von Jugendlichen) ist immer der günstigere Tarif kostenfrei.
- Alle Inserenten haben sich dem Herausgeber gegenüber verpflichtet, die Free-Golf-Voucher zu den jeweils angegebenen Teilnahmebedingungen einzulösen. Der Herausgeber übernimmt jedoch keine Haftung dafür, wenn ein Free-Golf-Voucher vom Inserenten nicht eingelöst wird oder nicht eingelöst werden kann. Dies gilt insbesondere bei Insolvenz oder Besitzerwechsel.
- Es haftet ausschließlich der Inserent (= Golfanlage bzw. Betreiber der Golfanlage) für evtl. Meinungsunterschiede und Schadensersatzansprüche.
- Der Herausgeber gibt sich große Mühe bei der Umsetzung der Inserate. Er haftet aber nicht für Satz-, Druck- oder Produktionsfehler. Die Daten für den LeisureBREAKS Guide for Free Golf wurden nach bestem Wissen erarbeitet. Der Herausgeber übernimmt keine Gewähr für deren Vollständigkeit und Richtigkeit. Alle Rechte, insbesondere das Recht der Vervielfältigung und Verbreitung sowie der Übersetzung vorbehalten. Kein Teil des Werkes darf in irgendeiner Form (durch Fotokopie, Mikrofilm oder ein anderes Verfahren) ohne schriftliche Genehmigung des Herausgebers reproduziert oder unter Verwendung elektronischer Systeme gespeichert, verarbeitet, vervielfältigt oder verbreitet werden.
- Die Bearbeitung der Anmeldung erfolgt mittels EDV. Mit Ihrer Unterschrift geben Sie Ihre Einwilligung, dass wir Sie kontaktieren und auch über weitere Aktionen informieren. Die Einwilligung kann jederzeit widerrufen werden.

Gültig bis 30.06.2024

25

20. Guide for Free Golf

LeisureBREAKS GmbH

Name, Vorname

Straße, Hausnummer

PLZ, Ort

Heimatclub

Handicap

E-Mail

Guide-Nummer

Mit der Anmeldung erkenne ich die umseitigen Teilnahmebedingungen an.

Datum

Unterschrift

26

20. Guide for Free Golf

LeisureBREAKS GmbH

Name, Vorname

Straße, Hausnummer

PLZ, Ort

Heimatclub

Handicap

E-Mail

Guide-Nummer

Mit der Anmeldung erkenne ich die umseitigen Teilnahmebedingungen an.

Datum

Unterschrift

27

20. Guide for Free Golf

LeisureBREAKS GmbH

Name, Vorname

Straße, Hausnummer

PLZ, Ort

Heimatclub

Handicap

E-Mail

Guide-Nummer

Mit der Anmeldung erkenne ich die umseitigen Teilnahmebedingungen an.

Datum

Unterschrift

28

20. Guide for Free Golf

LeisureBREAKS GmbH

Name, Vorname

Straße, Hausnummer

PLZ, Ort

Heimatclub

Handicap

E-Mail

Guide-Nummer

Mit der Anmeldung erkenne ich die umseitigen Teilnahmebedingungen an.

Datum

Unterschrift

Teilnahmebedingungen

- Free-Golf-Voucher können nur von mindestens zwei Personen genutzt werden. Es gibt keine Ermäßigung für Einzelspieler, außer dies ist explizit durch das Logo 30/1 im Eintrag des Clubs vermerkt. Die Voucher gelten nur für 18 Loch. Pro Golfanlage dürfen Sie maximal 2 Voucher einlösen.
- Free-Golf-Voucher können ausschließlich von Personen mit Green Fee-Berechtigung eingelöst werden. I. d. R. ist dazu ein Mindesthandicap (variiert nach Platz bzw. Anlage) sowie eine Mitgliedschaft bei einem Golfclub erforderlich.
- Bitte weisen Sie bei Ihrer Anmeldung darauf hin, dass Sie mit dem Guide for Free Golf spielen möchten und bringen Sie das Buch beim Einchecken am Golfplatz mit. Nur dann kann Ihnen das zweite, kostenfreie Green Fee oder der 30% Nachlass für Einzelspieler gewährt werden.
- Die beteiligten Golfanlagen gewähren Ihnen pro Voucher den Erlass des 2. Green Fees. Es können also pro Voucher jeweils 2 Personen für 1 Green Fee spielen (4 Personen benötigen 2 Voucher) oder eine Person mit 30% Nachlass. Bezahlt wird der normale Green Fee-Preis eines Erwachsenen am entsprechenden Spieltag.
- Bereits herausgetrennte bzw. lose Voucher sind nicht veräußerbar bzw. übertragbar; sie berechtigen insbesondere nicht zum Erlass des zweiten Green Fees. Zuwiderhandlungen werden zivilrechtlich verfolgt.
- Haben Sie bitte Verständnis, dass die Voucher bei Sonderveranstaltungen (Turniertagen, Tagen der offenen Tür oder sonstigen Promotion-Aktionen) nicht eingelöst werden können. Bitte erkundigen Sie sich vorab bei Ihrer Anmeldung bei den jeweiligen Golfanlagen. Die Barauszahlung des zweiten Green Fees ist nicht möglich.
- Es gelten die Teilnahme- und Spielbedingungen, die Hausordnung der angeschlossenen Golfclubs sowie die vor Ort ausgewiesenen aktuellen Green Fee-Preise.
- Das Kombinieren mit anderen Rabatten (z. B. Golf Fee Card etc.) oder gegenseitiges Einladen mit zwei oder mehreren Free-Golf-Voucher ist nicht möglich. Bei unterschiedlichen Green Fee-Gebühren (z. B. bei Ermäßigung von Jugendlichen) ist immer der günstigere Tarif kostenfrei.
- Alle Inserenten haben sich dem Herausgeber gegenüber verpflichtet, die Free-Golf-Voucher zu den jeweils angegebenen Teilnahmebedingungen einzulösen. Der Herausgeber übernimmt jedoch keine Haftung dafür, wenn ein Free-Golf-Voucher vom Inserenten nicht eingelöst wird oder nicht eingelöst werden kann. Dies gilt insbesondere bei Insolvenz oder Besitzerwechsel.
- Es haftet ausschließlich der Inserent (= Golfanlage bzw. Betreiber der Golfanlage) für evtl. Meinungsunterschiede und Schadensersatzansprüche.
- Der Herausgeber gibt sich große Mühe bei der Umsetzung der Inserate. Er haftet aber nicht für Satz-, Druck- oder Produktionsfehler. Die Daten für den LeisureBREAKS Guide for Free Golf wurden nach bestem Wissen erarbeitet. Der Herausgeber übernimmt keine Gewähr für deren Vollständigkeit und Richtigkeit. Alle Rechte, insbesondere das Recht der Vervielfältigung und Verbreitung sowie der Übersetzung vorbehalten. Kein Teil des Werkes darf in irgendeiner Form (durch Fotokopie, Mikrofilm oder ein anderes Verfahren) ohne schriftliche Genehmigung des Herausgebers reproduziert oder unter Verwendung elektronischer Systeme gespeichert, verarbeitet, vervielfältigt oder verbreitet werden.
- Die Bearbeitung der Anmeldung erfolgt mittels EDV. Mit Ihrer Unterschrift geben Sie Ihre Einwilligung, dass wir Sie kontaktieren und auch über weitere Aktionen informieren. Die Einwilligung kann jederzeit widerrufen werden.

Gültig bis 30.06.2024

Teilnahmebedingungen

- Free-Golf-Voucher können nur von mindestens zwei Personen genutzt werden. Es gibt keine Ermäßigung für Einzelspieler, außer dies ist explizit durch das Logo 30/1 im Eintrag des Clubs vermerkt. Die Voucher gelten nur für 18 Loch. Pro Golfanlage dürfen Sie maximal 2 Voucher einlösen.
- Free-Golf-Voucher können ausschließlich von Personen mit Green Fee-Berechtigung eingelöst werden. I. d. R. ist dazu ein Mindesthandicap (variiert nach Platz bzw. Anlage) sowie eine Mitgliedschaft bei einem Golfclub erforderlich.
- Bitte weisen Sie bei Ihrer Anmeldung darauf hin, dass Sie mit dem Guide for Free Golf spielen möchten und bringen Sie das Buch beim Einchecken am Golfplatz mit. Nur dann kann Ihnen das zweite, kostenfreie Green Fee oder der 30% Nachlass für Einzelspieler gewährt werden.
- Die beteiligten Golfanlagen gewähren Ihnen pro Voucher den Erlass des 2. Green Fees. Es können also pro Voucher jeweils 2 Personen für 1 Green Fee spielen (4 Personen benötigen 2 Voucher) oder eine Person mit 30% Nachlass. Bezahlt wird der normale Green Fee-Preis eines Erwachsenen am entsprechenden Spieltag.
- Bereits herausgetrennte bzw. lose Voucher sind nicht veräußerbar bzw. übertragbar; sie berechtigen insbesondere nicht zum Erlass des zweiten Green Fees. Zuwiderhandlungen werden zivilrechtlich verfolgt.
- Haben Sie bitte Verständnis, dass die Voucher bei Sonderveranstaltungen (Turniertagen, Tagen der offenen Tür oder sonstigen Promotion-Aktionen) nicht eingelöst werden können. Bitte erkundigen Sie sich vorab bei Ihrer Anmeldung bei den jeweiligen Golfanlagen. Die Barauszahlung des zweiten Green Fees ist nicht möglich.
- Es gelten die Teilnahme- und Spielbedingungen, die Hausordnung der angeschlossenen Golfclubs sowie die vor Ort ausgewiesenen aktuellen Green Fee-Preise.
- Das Kombinieren mit anderen Rabatten (z. B. Golf Fee Card etc.) oder gegenseitiges Einladen mit zwei oder mehreren Free-Golf-Voucher ist nicht möglich. Bei unterschiedlichen Green Fee-Gebühren (z. B. bei Ermäßigung von Jugendlichen) ist immer der günstigere Tarif kostenfrei.
- Alle Inserenten haben sich dem Herausgeber gegenüber verpflichtet, die Free-Golf-Voucher zu den jeweils angegebenen Teilnahmebedingungen einzulösen. Der Herausgeber übernimmt jedoch keine Haftung dafür, wenn ein Free-Golf-Voucher vom Inserenten nicht eingelöst wird oder nicht eingelöst werden kann. Dies gilt insbesondere bei Insolvenz oder Besitzerwechsel.
- Es haftet ausschließlich der Inserent (= Golfanlage bzw. Betreiber der Golfanlage) für evtl. Meinungsunterschiede und Schadensersatzansprüche.
- Der Herausgeber gibt sich große Mühe bei der Umsetzung der Inserate. Er haftet aber nicht für Satz-, Druck- oder Produktionsfehler. Die Daten für den LeisureBREAKS Guide for Free Golf wurden nach bestem Wissen erarbeitet. Der Herausgeber übernimmt keine Gewähr für deren Vollständigkeit und Richtigkeit. Alle Rechte, insbesondere das Recht der Vervielfältigung und Verbreitung sowie der Übersetzung vorbehalten. Kein Teil des Werkes darf in irgendeiner Form (durch Fotokopie, Mikrofilm oder ein anderes Verfahren) ohne schriftliche Genehmigung des Herausgebers reproduziert oder unter Verwendung elektronischer Systeme gespeichert, verarbeitet, vervielfältigt oder verbreitet werden.
- Die Bearbeitung der Anmeldung erfolgt mittels EDV. Mit Ihrer Unterschrift geben Sie Ihre Einwilligung, dass wir Sie kontaktieren und auch über weitere Aktionen informieren. Die Einwilligung kann jederzeit widerrufen werden.

Gültig bis 30.06.2024

Teilnahmebedingungen

- Free-Golf-Voucher können nur von mindestens zwei Personen genutzt werden. Es gibt keine Ermäßigung für Einzelspieler, außer dies ist explizit durch das Logo 30/1 im Eintrag des Clubs vermerkt. Die Voucher gelten nur für 18 Loch. Pro Golfanlage dürfen Sie maximal 2 Voucher einlösen.
- Free-Golf-Voucher können ausschließlich von Personen mit Green Fee-Berechtigung eingelöst werden. I. d. R. ist dazu ein Mindesthandicap (variiert nach Platz bzw. Anlage) sowie eine Mitgliedschaft bei einem Golfclub erforderlich.
- Bitte weisen Sie bei Ihrer Anmeldung darauf hin, dass Sie mit dem Guide for Free Golf spielen möchten und bringen Sie das Buch beim Einchecken am Golfplatz mit. Nur dann kann Ihnen das zweite, kostenfreie Green Fee oder der 30% Nachlass für Einzelspieler gewährt werden.
- Die beteiligten Golfanlagen gewähren Ihnen pro Voucher den Erlass des 2. Green Fees. Es können also pro Voucher jeweils 2 Personen für 1 Green Fee spielen (4 Personen benötigen 2 Voucher) oder eine Person mit 30% Nachlass. Bezahlt wird der normale Green Fee-Preis eines Erwachsenen am entsprechenden Spieltag.
- Bereits herausgetrennte bzw. lose Voucher sind nicht veräußerbar bzw. übertragbar; sie berechtigen insbesondere nicht zum Erlass des zweiten Green Fees. Zuwiderhandlungen werden zivilrechtlich verfolgt.
- Haben Sie bitte Verständnis, dass die Voucher bei Sonderveranstaltungen (Turniertagen, Tagen der offenen Tür oder sonstigen Promotion-Aktionen) nicht eingelöst werden können. Bitte erkundigen Sie sich vorab bei Ihrer Anmeldung bei den jeweiligen Golfanlagen. Die Barauszahlung des zweiten Green Fees ist nicht möglich.
- Es gelten die Teilnahme- und Spielbedingungen, die Hausordnung der angeschlossenen Golfclubs sowie die vor Ort ausgewiesenen aktuellen Green Fee-Preise.
- Das Kombinieren mit anderen Rabatten (z. B. Golf Fee Card etc.) oder gegenseitiges Einladen mit zwei oder mehreren Free-Golf-Voucher ist nicht möglich. Bei unterschiedlichen Green Fee-Gebühren (z. B. bei Ermäßigung von Jugendlichen) ist immer der günstigere Tarif kostenfrei.
- Alle Inserenten haben sich dem Herausgeber gegenüber verpflichtet, die Free-Golf-Voucher zu den jeweils angegebenen Teilnahmebedingungen einzulösen. Der Herausgeber übernimmt jedoch keine Haftung dafür, wenn ein Free-Golf-Voucher vom Inserenten nicht eingelöst wird oder nicht eingelöst werden kann. Dies gilt insbesondere bei Insolvenz oder Besitzerwechsel.
- Es haftet ausschließlich der Inserent (= Golfanlage bzw. Betreiber der Golfanlage) für evtl. Meinungsunterschiede und Schadensersatzansprüche.
- Der Herausgeber gibt sich große Mühe bei der Umsetzung der Inserate. Er haftet aber nicht für Satz-, Druck- oder Produktionsfehler. Die Daten für den LeisureBREAKS Guide for Free Golf wurden nach bestem Wissen erarbeitet. Der Herausgeber übernimmt keine Gewähr für deren Vollständigkeit und Richtigkeit. Alle Rechte, insbesondere das Recht der Vervielfältigung und Verbreitung sowie der Übersetzung vorbehalten. Kein Teil des Werkes darf in irgendeiner Form (durch Fotokopie, Mikrofilm oder ein anderes Verfahren) ohne schriftliche Genehmigung des Herausgebers reproduziert oder unter Verwendung elektronischer Systeme gespeichert, verarbeitet, vervielfältigt oder verbreitet werden.
- Die Bearbeitung der Anmeldung erfolgt mittels EDV. Mit Ihrer Unterschrift geben Sie Ihre Einwilligung, dass wir Sie kontaktieren und auch über weitere Aktionen informieren. Die Einwilligung kann jederzeit widerrufen werden.

Gültig bis 30.06.2024

Teilnahmebedingungen

- Free-Golf-Voucher können nur von mindestens zwei Personen genutzt werden. Es gibt keine Ermäßigung für Einzelspieler, außer dies ist explizit durch das Logo 30/1 im Eintrag des Clubs vermerkt. Die Voucher gelten nur für 18 Loch. Pro Golfanlage dürfen Sie maximal 2 Voucher einlösen.
- Free-Golf-Voucher können ausschließlich von Personen mit Green Fee-Berechtigung eingelöst werden. I. d. R. ist dazu ein Mindesthandicap (variiert nach Platz bzw. Anlage) sowie eine Mitgliedschaft bei einem Golfclub erforderlich.
- Bitte weisen Sie bei Ihrer Anmeldung darauf hin, dass Sie mit dem Guide for Free Golf spielen möchten und bringen Sie das Buch beim Einchecken am Golfplatz mit. Nur dann kann Ihnen das zweite, kostenfreie Green Fee oder der 30% Nachlass für Einzelspieler gewährt werden.
- Die beteiligten Golfanlagen gewähren Ihnen pro Voucher den Erlass des 2. Green Fees. Es können also pro Voucher jeweils 2 Personen für 1 Green Fee spielen (4 Personen benötigen 2 Voucher) oder eine Person mit 30% Nachlass. Bezahlt wird der normale Green Fee-Preis eines Erwachsenen am entsprechenden Spieltag.
- Bereits herausgetrennte bzw. lose Voucher sind nicht veräußerbar bzw. übertragbar; sie berechtigen insbesondere nicht zum Erlass des zweiten Green Fees. Zuwiderhandlungen werden zivilrechtlich verfolgt.
- Haben Sie bitte Verständnis, dass die Voucher bei Sonderveranstaltungen (Turniertagen, Tagen der offenen Tür oder sonstigen Promotion-Aktionen) nicht eingelöst werden können. Bitte erkundigen Sie sich vorab bei Ihrer Anmeldung bei den jeweiligen Golfanlagen. Die Barauszahlung des zweiten Green Fees ist nicht möglich.
- Es gelten die Teilnahme- und Spielbedingungen, die Hausordnung der angeschlossenen Golfclubs sowie die vor Ort ausgewiesenen aktuellen Green Fee-Preise.
- Das Kombinieren mit anderen Rabatten (z. B. Golf Fee Card etc.) oder gegenseitiges Einladen mit zwei oder mehreren Free-Golf-Voucher ist nicht möglich. Bei unterschiedlichen Green Fee-Gebühren (z. B. bei Ermäßigung von Jugendlichen) ist immer der günstigere Tarif kostenfrei.
- Alle Inserenten haben sich dem Herausgeber gegenüber verpflichtet, die Free-Golf-Voucher zu den jeweils angegebenen Teilnahmebedingungen einzulösen. Der Herausgeber übernimmt jedoch keine Haftung dafür, wenn ein Free-Golf-Voucher vom Inserenten nicht eingelöst wird oder nicht eingelöst werden kann. Dies gilt insbesondere bei Insolvenz oder Besitzerwechsel.
- Es haftet ausschließlich der Inserent (= Golfanlage bzw. Betreiber der Golfanlage) für evtl. Meinungsunterschiede und Schadensersatzansprüche.
- Der Herausgeber gibt sich große Mühe bei der Umsetzung der Inserate. Er haftet aber nicht für Satz-, Druck- oder Produktionsfehler. Die Daten für den LeisureBREAKS Guide for Free Golf wurden nach bestem Wissen erarbeitet. Der Herausgeber übernimmt keine Gewähr für deren Vollständigkeit und Richtigkeit. Alle Rechte, insbesondere das Recht der Vervielfältigung und Verbreitung sowie der Übersetzung vorbehalten. Kein Teil des Werkes darf in irgendeiner Form (durch Fotokopie, Mikrofilm oder ein anderes Verfahren) ohne schriftliche Genehmigung des Herausgebers reproduziert oder unter Verwendung elektronischer Systeme gespeichert, verarbeitet, vervielfältigt oder verbreitet werden.
- Die Bearbeitung der Anmeldung erfolgt mittels EDV. Mit Ihrer Unterschrift geben Sie Ihre Einwilligung, dass wir Sie kontaktieren und auch über weitere Aktionen informieren. Die Einwilligung kann jederzeit widerrufen werden.

Gültig bis 30.06.2024

29

20. Guide for Free Golf

LeisureBREAKS GmbH

Name, Vorname

Straße, Hausnummer

PLZ, Ort

Heimatclub | Handicap

E-Mail

Guide-Nummer

Mit der Anmeldung erkenne ich die umseitigen Teilnahmebedingungen an.

Datum

Unterschrift

30

20. Guide for Free Golf

LeisureBREAKS GmbH

Name, Vorname

Straße, Hausnummer

PLZ, Ort

Heimatclub | Handicap

E-Mail

Guide-Nummer

Mit der Anmeldung erkenne ich die umseitigen Teilnahmebedingungen an.

Datum

Unterschrift

31

20. Guide for Free Golf

LeisureBREAKS GmbH

Name, Vorname

Straße, Hausnummer

PLZ, Ort

Heimatclub | Handicap

E-Mail

Guide-Nummer

Mit der Anmeldung erkenne ich die umseitigen Teilnahmebedingungen an.

Datum

Unterschrift

32

20. Guide for Free Golf

LeisureBREAKS GmbH

Name, Vorname

Straße, Hausnummer

PLZ, Ort

Heimatclub | Handicap

E-Mail

Guide-Nummer

Mit der Anmeldung erkenne ich die umseitigen Teilnahmebedingungen an.

Datum

Unterschrift

Teilnahmebedingungen

- Free-Golf-Voucher können nur von mindestens zwei Personen genutzt werden. Es gibt keine Ermäßigung für Einzelspieler, außer dies ist explizit durch das Logo 30/1 im Eintrag des Clubs vermerkt. Die Voucher gelten nur für 18 Loch. Pro Golfanlage dürfen Sie maximal 2 Voucher einlösen.
- Free-Golf-Voucher können ausschließlich von Personen mit Green Fee-Berechtigung eingelöst werden. I. d. R. ist dazu ein Mindesthandicap (variiert nach Platz bzw. Anlage) sowie eine Mitgliedschaft bei einem Golfclub erforderlich.
- Bitte weisen Sie bei Ihrer Anmeldung darauf hin, dass Sie mit dem Guide for Free Golf spielen möchten und bringen Sie das Buch beim Einchecken am Golfplatz mit. Nur dann kann Ihnen das zweite, kostenfreie Green Fee oder der 30% Nachlass für Einzelspieler gewährt werden.
- Die beteiligten Golfanlagen gewähren Ihnen pro Voucher den Erlass des 2. Green Fees. Es können also pro Voucher jeweils 2 Personen für 1 Green Fee spielen (4 Personen benötigen 2 Voucher) oder eine Person mit 30% Nachlass. Bezahlt wird der normale Green Fee-Preis eines Erwachsenen am entsprechenden Spieltag.
- Bereits herausgetrennte bzw. lose Voucher sind nicht veräußerbar bzw. übertragbar; sie berechtigen insbesondere nicht zum Erlass des zweiten Green Fees. Zuwiderhandlungen werden zivilrechtlich verfolgt.
- Haben Sie bitte Verständnis, dass die Voucher bei Sonderveranstaltungen (Turniertagen, Tagen der offenen Tür oder sonstigen Promotion-Aktionen) nicht eingelöst werden können. Bitte erkundigen Sie sich vorab bei Ihrer Anmeldung bei den jeweiligen Golfanlagen. Die Barauszahlung des zweiten Green Fees ist nicht möglich.
- Es gelten die Teilnahme- und Spielbedingungen, die Hausordnung der angeschlossenen Golfclubs sowie die vor Ort ausgewiesenen aktuellen Green Fee-Preise.
- Das Kombinieren mit anderen Rabatten (z. B. Golf Fee Card etc.) oder gegenseitiges Einladen mit zwei oder mehreren Free-Golf-Voucher ist nicht möglich. Bei unterschiedlichen Green Fee-Gebühren (z. B. bei Ermäßigung von Jugendlichen) ist immer der günstigere Tarif kostenfrei.
- Alle Inserenten haben sich dem Herausgeber gegenüber verpflichtet, die Free-Golf-Voucher zu den jeweils angegebenen Teilnahmebedingungen einzulösen. Der Herausgeber übernimmt jedoch keine Haftung dafür, wenn ein Free-Golf-Voucher vom Inserenten nicht eingelöst wird oder nicht eingelöst werden kann. Dies gilt insbesondere bei Insolvenz oder Besitzerwechsel.
- Es haftet ausschließlich der Inserent (= Golfanlage bzw. Betreiber der Golfanlage) für evtl. Meinungsunterschiede und Schadensersatzansprüche.
- Der Herausgeber gibt sich große Mühe bei der Umsetzung der Inserate. Er haftet aber nicht für Satz-, Druck- oder Produktionsfehler. Die Daten für den LeisureBREAKS Guide for Free Golf wurden nach bestem Wissen erarbeitet. Der Herausgeber übernimmt keine Gewähr für deren Vollständigkeit und Richtigkeit. Alle Rechte, insbesondere das Recht der Vervielfältigung und Verbreitung sowie der Übersetzung vorbehalten. Kein Teil des Werkes darf in irgendeiner Form (durch Fotokopie, Mikrofilm oder ein anderes Verfahren) ohne schriftliche Genehmigung des Herausgebers reproduziert oder unter Verwendung elektronischer Systeme gespeichert, verarbeitet, vervielfältigt oder verbreitet werden.
- Die Bearbeitung der Anmeldung erfolgt mittels EDV. Mit Ihrer Unterschrift geben Sie Ihre Einwilligung, dass wir Sie kontaktieren und auch über weitere Aktionen informieren. Die Einwilligung kann jederzeit widerrufen werden.

Gültig bis 30.06.2024

Teilnahmebedingungen

- Free-Golf-Voucher können nur von mindestens zwei Personen genutzt werden. Es gibt keine Ermäßigung für Einzelspieler, außer dies ist explizit durch das Logo 30/1 im Eintrag des Clubs vermerkt. Die Voucher gelten nur für 18 Loch. Pro Golfanlage dürfen Sie maximal 2 Voucher einlösen.
- Free-Golf-Voucher können ausschließlich von Personen mit Green Fee-Berechtigung eingelöst werden. I. d. R. ist dazu ein Mindesthandicap (variiert nach Platz bzw. Anlage) sowie eine Mitgliedschaft bei einem Golfclub erforderlich.
- Bitte weisen Sie bei Ihrer Anmeldung darauf hin, dass Sie mit dem Guide for Free Golf spielen möchten und bringen Sie das Buch beim Einchecken am Golfplatz mit. Nur dann kann Ihnen das zweite, kostenfreie Green Fee oder der 30% Nachlass für Einzelspieler gewährt werden.
- Die beteiligten Golfanlagen gewähren Ihnen pro Voucher den Erlass des 2. Green Fees. Es können also pro Voucher jeweils 2 Personen für 1 Green Fee spielen (4 Personen benötigen 2 Voucher) oder eine Person mit 30% Nachlass. Bezahlt wird der normale Green Fee-Preis eines Erwachsenen am entsprechenden Spieltag.
- Bereits herausgetrennte bzw. lose Voucher sind nicht veräußerbar bzw. übertragbar; sie berechtigen insbesondere nicht zum Erlass des zweiten Green Fees. Zuwiderhandlungen werden zivilrechtlich verfolgt.
- Haben Sie bitte Verständnis, dass die Voucher bei Sonderveranstaltungen (Turniertagen, Tagen der offenen Tür oder sonstigen Promotion-Aktionen) nicht eingelöst werden können. Bitte erkundigen Sie sich vorab bei Ihrer Anmeldung bei den jeweiligen Golfanlagen. Die Barauszahlung des zweiten Green Fees ist nicht möglich.
- Es gelten die Teilnahme- und Spielbedingungen, die Hausordnung der angeschlossenen Golfclubs sowie die vor Ort ausgewiesenen aktuellen Green Fee-Preise.
- Das Kombinieren mit anderen Rabatten (z. B. Golf Fee Card etc.) oder gegenseitiges Einladen mit zwei oder mehreren Free-Golf-Voucher ist nicht möglich. Bei unterschiedlichen Green Fee-Gebühren (z. B. bei Ermäßigung von Jugendlichen) ist immer der günstigere Tarif kostenfrei.
- Alle Inserenten haben sich dem Herausgeber gegenüber verpflichtet, die Free-Golf-Voucher zu den jeweils angegebenen Teilnahmebedingungen einzulösen. Der Herausgeber übernimmt jedoch keine Haftung dafür, wenn ein Free-Golf-Voucher vom Inserenten nicht eingelöst wird oder nicht eingelöst werden kann. Dies gilt insbesondere bei Insolvenz oder Besitzerwechsel.
- Es haftet ausschließlich der Inserent (= Golfanlage bzw. Betreiber der Golfanlage) für evtl. Meinungsunterschiede und Schadensersatzansprüche.
- Der Herausgeber gibt sich große Mühe bei der Umsetzung der Inserate. Er haftet aber nicht für Satz-, Druck- oder Produktionsfehler. Die Daten für den LeisureBREAKS Guide for Free Golf wurden nach bestem Wissen erarbeitet. Der Herausgeber übernimmt keine Gewähr für deren Vollständigkeit und Richtigkeit. Alle Rechte, insbesondere das Recht der Vervielfältigung und Verbreitung sowie der Übersetzung vorbehalten. Kein Teil des Werkes darf in irgendeiner Form (durch Fotokopie, Mikrofilm oder ein anderes Verfahren) ohne schriftliche Genehmigung des Herausgebers reproduziert oder unter Verwendung elektronischer Systeme gespeichert, verarbeitet, vervielfältigt oder verbreitet werden.
- Die Bearbeitung der Anmeldung erfolgt mittels EDV. Mit Ihrer Unterschrift geben Sie Ihre Einwilligung, dass wir Sie kontaktieren und auch über weitere Aktionen informieren. Die Einwilligung kann jederzeit widerrufen werden.

Gültig bis 30.06.2024

Teilnahmebedingungen

- Free-Golf-Voucher können nur von mindestens zwei Personen genutzt werden. Es gibt keine Ermäßigung für Einzelspieler, außer dies ist explizit durch das Logo 30/1 im Eintrag des Clubs vermerkt. Die Voucher gelten nur für 18 Loch. Pro Golfanlage dürfen Sie maximal 2 Voucher einlösen.
- Free-Golf-Voucher können ausschließlich von Personen mit Green Fee-Berechtigung eingelöst werden. I. d. R. ist dazu ein Mindesthandicap (variiert nach Platz bzw. Anlage) sowie eine Mitgliedschaft bei einem Golfclub erforderlich.
- Bitte weisen Sie bei Ihrer Anmeldung darauf hin, dass Sie mit dem Guide for Free Golf spielen möchten und bringen Sie das Buch beim Einchecken am Golfplatz mit. Nur dann kann Ihnen das zweite, kostenfreie Green Fee oder der 30% Nachlass für Einzelspieler gewährt werden.
- Die beteiligten Golfanlagen gewähren Ihnen pro Voucher den Erlass des 2. Green Fees. Es können also pro Voucher jeweils 2 Personen für 1 Green Fee spielen (4 Personen benötigen 2 Voucher) oder eine Person mit 30% Nachlass. Bezahlt wird der normale Green Fee-Preis eines Erwachsenen am entsprechenden Spieltag.
- Bereits herausgetrennte bzw. lose Voucher sind nicht veräußerbar bzw. übertragbar; sie berechtigen insbesondere nicht zum Erlass des zweiten Green Fees. Zuwiderhandlungen werden zivilrechtlich verfolgt.
- Haben Sie bitte Verständnis, dass die Voucher bei Sonderveranstaltungen (Turniertagen, Tagen der offenen Tür oder sonstigen Promotion-Aktionen) nicht eingelöst werden können. Bitte erkundigen Sie sich vorab bei Ihrer Anmeldung bei den jeweiligen Golfanlagen. Die Barauszahlung des zweiten Green Fees ist nicht möglich.
- Es gelten die Teilnahme- und Spielbedingungen, die Hausordnung der angeschlossenen Golfclubs sowie die vor Ort ausgewiesenen aktuellen Green Fee-Preise.
- Das Kombinieren mit anderen Rabatten (z. B. Golf Fee Card etc.) oder gegenseitiges Einladen mit zwei oder mehreren Free-Golf-Voucher ist nicht möglich. Bei unterschiedlichen Green Fee-Gebühren (z. B. bei Ermäßigung von Jugendlichen) ist immer der günstigere Tarif kostenfrei.
- Alle Inserenten haben sich dem Herausgeber gegenüber verpflichtet, die Free-Golf-Voucher zu den jeweils angegebenen Teilnahmebedingungen einzulösen. Der Herausgeber übernimmt jedoch keine Haftung dafür, wenn ein Free-Golf-Voucher vom Inserenten nicht eingelöst wird oder nicht eingelöst werden kann. Dies gilt insbesondere bei Insolvenz oder Besitzerwechsel.
- Es haftet ausschließlich der Inserent (= Golfanlage bzw. Betreiber der Golfanlage) für evtl. Meinungsunterschiede und Schadensersatzansprüche.
- Der Herausgeber gibt sich große Mühe bei der Umsetzung der Inserate. Er haftet aber nicht für Satz-, Druck- oder Produktionsfehler. Die Daten für den LeisureBREAKS Guide for Free Golf wurden nach bestem Wissen erarbeitet. Der Herausgeber übernimmt keine Gewähr für deren Vollständigkeit und Richtigkeit. Alle Rechte, insbesondere das Recht der Vervielfältigung und Verbreitung sowie der Übersetzung vorbehalten. Kein Teil des Werkes darf in irgendeiner Form (durch Fotokopie, Mikrofilm oder ein anderes Verfahren) ohne schriftliche Genehmigung des Herausgebers reproduziert oder unter Verwendung elektronischer Systeme gespeichert, verarbeitet, vervielfältigt oder verbreitet werden.
- Die Bearbeitung der Anmeldung erfolgt mittels EDV. Mit Ihrer Unterschrift geben Sie Ihre Einwilligung, dass wir Sie kontaktieren und auch über weitere Aktionen informieren. Die Einwilligung kann jederzeit widerrufen werden.

Gültig bis 30.06.2024

Teilnahmebedingungen

- Free-Golf-Voucher können nur von mindestens zwei Personen genutzt werden. Es gibt keine Ermäßigung für Einzelspieler, außer dies ist explizit durch das Logo 30/1 im Eintrag des Clubs vermerkt. Die Voucher gelten nur für 18 Loch. Pro Golfanlage dürfen Sie maximal 2 Voucher einlösen.
- Free-Golf-Voucher können ausschließlich von Personen mit Green Fee-Berechtigung eingelöst werden. I. d. R. ist dazu ein Mindesthandicap (variiert nach Platz bzw. Anlage) sowie eine Mitgliedschaft bei einem Golfclub erforderlich.
- Bitte weisen Sie bei Ihrer Anmeldung darauf hin, dass Sie mit dem Guide for Free Golf spielen möchten und bringen Sie das Buch beim Einchecken am Golfplatz mit. Nur dann kann Ihnen das zweite, kostenfreie Green Fee oder der 30% Nachlass für Einzelspieler gewährt werden.
- Die beteiligten Golfanlagen gewähren Ihnen pro Voucher den Erlass des 2. Green Fees. Es können also pro Voucher jeweils 2 Personen für 1 Green Fee spielen (4 Personen benötigen 2 Voucher) oder eine Person mit 30% Nachlass. Bezahlt wird der normale Green Fee-Preis eines Erwachsenen am entsprechenden Spieltag.
- Bereits herausgetrennte bzw. lose Voucher sind nicht veräußerbar bzw. übertragbar; sie berechtigen insbesondere nicht zum Erlass des zweiten Green Fees. Zuwiderhandlungen werden zivilrechtlich verfolgt.
- Haben Sie bitte Verständnis, dass die Voucher bei Sonderveranstaltungen (Turniertagen, Tagen der offenen Tür oder sonstigen Promotion-Aktionen) nicht eingelöst werden können. Bitte erkundigen Sie sich vorab bei Ihrer Anmeldung bei den jeweiligen Golfanlagen. Die Barauszahlung des zweiten Green Fees ist nicht möglich.
- Es gelten die Teilnahme- und Spielbedingungen, die Hausordnung der angeschlossenen Golfclubs sowie die vor Ort ausgewiesenen aktuellen Green Fee-Preise.
- Das Kombinieren mit anderen Rabatten (z. B. Golf Fee Card etc.) oder gegenseitiges Einladen mit zwei oder mehreren Free-Golf-Voucher ist nicht möglich. Bei unterschiedlichen Green Fee-Gebühren (z. B. bei Ermäßigung von Jugendlichen) ist immer der günstigere Tarif kostenfrei.
- Alle Inserenten haben sich dem Herausgeber gegenüber verpflichtet, die Free-Golf-Voucher zu den jeweils angegebenen Teilnahmebedingungen einzulösen. Der Herausgeber übernimmt jedoch keine Haftung dafür, wenn ein Free-Golf-Voucher vom Inserenten nicht eingelöst wird oder nicht eingelöst werden kann. Dies gilt insbesondere bei Insolvenz oder Besitzerwechsel.
- Es haftet ausschließlich der Inserent (= Golfanlage bzw. Betreiber der Golfanlage) für evtl. Meinungsunterschiede und Schadensersatzansprüche.
- Der Herausgeber gibt sich große Mühe bei der Umsetzung der Inserate. Er haftet aber nicht für Satz-, Druck- oder Produktionsfehler. Die Daten für den LeisureBREAKS Guide for Free Golf wurden nach bestem Wissen erarbeitet. Der Herausgeber übernimmt keine Gewähr für deren Vollständigkeit und Richtigkeit. Alle Rechte, insbesondere das Recht der Vervielfältigung und Verbreitung sowie der Übersetzung vorbehalten. Kein Teil des Werkes darf in irgendeiner Form (durch Fotokopie, Mikrofilm oder ein anderes Verfahren) ohne schriftliche Genehmigung des Herausgebers reproduziert oder unter Verwendung elektronischer Systeme gespeichert, verarbeitet, vervielfältigt oder verbreitet werden.
- Die Bearbeitung der Anmeldung erfolgt mittels EDV. Mit Ihrer Unterschrift geben Sie Ihre Einwilligung, dass wir Sie kontaktieren und auch über weitere Aktionen informieren. Die Einwilligung kann jederzeit widerrufen werden.

Gültig bis 30.06.2024

33

20. Guide for Free Golf

LeisureBREAKS GmbH

Name, Vorname

Straße, Hausnummer

PLZ, Ort

Heimatclub | Handicap

E-Mail

Guide-Nummer

Mit der Anmeldung erkenne ich die umseitigen Teilnahmebedingungen an.

Datum

Unterschrift

34

20. Guide for Free Golf

LeisureBREAKS GmbH

Name, Vorname

Straße, Hausnummer

PLZ, Ort

Heimatclub | Handicap

E-Mail

Guide-Nummer

Mit der Anmeldung erkenne ich die umseitigen Teilnahmebedingungen an.

Datum

Unterschrift

35

20. Guide for Free Golf

LeisureBREAKS GmbH

Name, Vorname

Straße, Hausnummer

PLZ, Ort

Heimatclub | Handicap

E-Mail

Guide-Nummer

Mit der Anmeldung erkenne ich die umseitigen Teilnahmebedingungen an.

Datum

Unterschrift

36

20. Guide for Free Golf

LeisureBREAKS GmbH

Name, Vorname

Straße, Hausnummer

PLZ, Ort

Heimatclub | Handicap

E-Mail

Guide-Nummer

Mit der Anmeldung erkenne ich die umseitigen Teilnahmebedingungen an.

Datum

Unterschrift

Teilnahmebedingungen

- Free-Golf-Voucher können nur von mindestens zwei Personen genutzt werden. Es gibt keine Ermäßigung für Einzelspieler, außer dies ist explizit durch das Logo 30/1 im Eintrag des Clubs vermerkt. Die Voucher gelten nur für 18 Loch. Pro Golfanlage dürfen Sie maximal 2 Voucher einlösen.
- Free-Golf-Voucher können ausschließlich von Personen mit Green Fee-Berechtigung eingelöst werden. I. d. R. ist dazu ein Mindesthandicap (variiert nach Platz bzw. Anlage) sowie eine Mitgliedschaft bei einem Golfclub erforderlich.
- Bitte weisen Sie bei Ihrer Anmeldung darauf hin, dass Sie mit dem Guide for Free Golf spielen möchten und bringen Sie das Buch beim Einchecken am Golfplatz mit. Nur dann kann Ihnen das zweite, kostenfreie Green Fee oder der 30% Nachlass für Einzelspieler gewährt werden.
- Die beteiligten Golfanlagen gewähren Ihnen pro Voucher den Erlass des 2. Green Fees. Es können also pro Voucher jeweils 2 Personen für 1 Green Fee spielen (4 Personen benötigen 2 Voucher) oder eine Person mit 30% Nachlass. Bezahlt wird der normale Green Fee-Preis eines Erwachsenen am entsprechenden Spieltag.
- Bereits herausgetrennte bzw. lose Voucher sind nicht veräußerbar bzw. übertragbar; sie berechtigen insbesondere nicht zum Erlass des zweiten Green Fees. Zuwiderhandlungen werden zivilrechtlich verfolgt.
- Haben Sie bitte Verständnis, dass die Voucher bei Sonderveranstaltungen (Turniertagen, Tagen der offenen Tür oder sonstigen Promotion-Aktionen) nicht eingelöst werden können. Bitte erkundigen Sie sich vorab bei Ihrer Anmeldung bei den jeweiligen Golfanlagen. Die Barauszahlung des zweiten Green Fees ist nicht möglich.
- Es gelten die Teilnahme- und Spielbedingungen, die Hausordnung der angeschlossenen Golfclubs sowie die vor Ort ausgewiesenen aktuellen Green Fee-Preise.
- Das Kombinieren mit anderen Rabatten (z. B. Golf Fee Card etc.) oder gegenseitiges Einladen mit zwei oder mehreren Free-Golf-Voucher ist nicht möglich. Bei unterschiedlichen Green Fee-Gebühren (z. B. bei Ermäßigung von Jugendlichen) ist immer der günstigere Tarif kostenfrei.
- Alle Inserenten haben sich dem Herausgeber gegenüber verpflichtet, die Free-Golf-Voucher zu den jeweils angegebenen Teilnahmebedingungen einzulösen. Der Herausgeber übernimmt jedoch keine Haftung dafür, wenn ein Free-Golf-Voucher vom Inserenten nicht eingelöst wird oder nicht eingelöst werden kann. Dies gilt insbesondere bei Insolvenz oder Besitzerwechsel.
- Es haftet ausschließlich der Inserent (= Golfanlage bzw. Betreiber der Golfanlage) für evtl. Meinungsunterschiede und Schadensersatzansprüche.
- Der Herausgeber gibt sich große Mühe bei der Umsetzung der Inserate. Er haftet aber nicht für Satz-, Druck- oder Produktionsfehler. Die Daten für den LeisureBREAKS Guide for Free Golf wurden nach bestem Wissen erarbeitet. Der Herausgeber übernimmt keine Gewähr für deren Vollständigkeit und Richtigkeit. Alle Rechte, insbesondere das Recht der Vervielfältigung und Verbreitung sowie der Übersetzung vorbehalten. Kein Teil des Werkes darf in irgendeiner Form (durch Fotokopie, Mikrofilm oder ein anderes Verfahren) ohne schriftliche Genehmigung des Herausgebers reproduziert oder unter Verwendung elektronischer Systeme gespeichert, verarbeitet, vervielfältigt oder verbreitet werden.
- Die Bearbeitung der Anmeldung erfolgt mittels EDV. Mit Ihrer Unterschrift geben Sie Ihre Einwilligung, dass wir Sie kontaktieren und auch über weitere Aktionen informieren. Die Einwilligung kann jederzeit widerrufen werden.

Gültig bis 30.06.2024

Teilnahmebedingungen

- Free-Golf-Voucher können nur von mindestens zwei Personen genutzt werden. Es gibt keine Ermäßigung für Einzelspieler, außer dies ist explizit durch das Logo 30/1 im Eintrag des Clubs vermerkt. Die Voucher gelten nur für 18 Loch. Pro Golfanlage dürfen Sie maximal 2 Voucher einlösen.
- Free-Golf-Voucher können ausschließlich von Personen mit Green Fee-Berechtigung eingelöst werden. I. d. R. ist dazu ein Mindesthandicap (variiert nach Platz bzw. Anlage) sowie eine Mitgliedschaft bei einem Golfclub erforderlich.
- Bitte weisen Sie bei Ihrer Anmeldung darauf hin, dass Sie mit dem Guide for Free Golf spielen möchten und bringen Sie das Buch beim Einchecken am Golfplatz mit. Nur dann kann Ihnen das zweite, kostenfreie Green Fee oder der 30% Nachlass für Einzelspieler gewährt werden.
- Die beteiligten Golfanlagen gewähren Ihnen pro Voucher den Erlass des 2. Green Fees. Es können also pro Voucher jeweils 2 Personen für 1 Green Fee spielen (4 Personen benötigen 2 Voucher) oder eine Person mit 30% Nachlass. Bezahlt wird der normale Green Fee-Preis eines Erwachsenen am entsprechenden Spieltag.
- Bereits herausgetrennte bzw. lose Voucher sind nicht veräußerbar bzw. übertragbar; sie berechtigen insbesondere nicht zum Erlass des zweiten Green Fees. Zuwiderhandlungen werden zivilrechtlich verfolgt.
- Haben Sie bitte Verständnis, dass die Voucher bei Sonderveranstaltungen (Turniertagen, Tagen der offenen Tür oder sonstigen Promotion-Aktionen) nicht eingelöst werden können. Bitte erkundigen Sie sich vorab bei Ihrer Anmeldung bei den jeweiligen Golfanlagen. Die Barauszahlung des zweiten Green Fees ist nicht möglich.
- Es gelten die Teilnahme- und Spielbedingungen, die Hausordnung der angeschlossenen Golfclubs sowie die vor Ort ausgewiesenen aktuellen Green Fee-Preise.
- Das Kombinieren mit anderen Rabatten (z. B. Golf Fee Card etc.) oder gegenseitiges Einladen mit zwei oder mehreren Free-Golf-Voucher ist nicht möglich. Bei unterschiedlichen Green Fee-Gebühren (z. B. bei Ermäßigung von Jugendlichen) ist immer der günstigere Tarif kostenfrei.
- Alle Inserenten haben sich dem Herausgeber gegenüber verpflichtet, die Free-Golf-Voucher zu den jeweils angegebenen Teilnahmebedingungen einzulösen. Der Herausgeber übernimmt jedoch keine Haftung dafür, wenn ein Free-Golf-Voucher vom Inserenten nicht eingelöst wird oder nicht eingelöst werden kann. Dies gilt insbesondere bei Insolvenz oder Besitzerwechsel.
- Es haftet ausschließlich der Inserent (= Golfanlage bzw. Betreiber der Golfanlage) für evtl. Meinungsunterschiede und Schadensersatzansprüche.
- Der Herausgeber gibt sich große Mühe bei der Umsetzung der Inserate. Er haftet aber nicht für Satz-, Druck- oder Produktionsfehler. Die Daten für den LeisureBREAKS Guide for Free Golf wurden nach bestem Wissen erarbeitet. Der Herausgeber übernimmt keine Gewähr für deren Vollständigkeit und Richtigkeit. Alle Rechte, insbesondere das Recht der Vervielfältigung und Verbreitung sowie der Übersetzung vorbehalten. Kein Teil des Werkes darf in irgendeiner Form (durch Fotokopie, Mikrofilm oder ein anderes Verfahren) ohne schriftliche Genehmigung des Herausgebers reproduziert oder unter Verwendung elektronischer Systeme gespeichert, verarbeitet, vervielfältigt oder verbreitet werden.
- Die Bearbeitung der Anmeldung erfolgt mittels EDV. Mit Ihrer Unterschrift geben Sie Ihre Einwilligung, dass wir Sie kontaktieren und auch über weitere Aktionen informieren. Die Einwilligung kann jederzeit widerrufen werden.

Gültig bis 30.06.2024

Teilnahmebedingungen

- Free-Golf-Voucher können nur von mindestens zwei Personen genutzt werden. Es gibt keine Ermäßigung für Einzelspieler, außer dies ist explizit durch das Logo 30/1 im Eintrag des Clubs vermerkt. Die Voucher gelten nur für 18 Loch. Pro Golfanlage dürfen Sie maximal 2 Voucher einlösen.
- Free-Golf-Voucher können ausschließlich von Personen mit Green Fee-Berechtigung eingelöst werden. I. d. R. ist dazu ein Mindesthandicap (variiert nach Platz bzw. Anlage) sowie eine Mitgliedschaft bei einem Golfclub erforderlich.
- Bitte weisen Sie bei Ihrer Anmeldung darauf hin, dass Sie mit dem Guide for Free Golf spielen möchten und bringen Sie das Buch beim Einchecken am Golfplatz mit. Nur dann kann Ihnen das zweite, kostenfreie Green Fee oder der 30% Nachlass für Einzelspieler gewährt werden.
- Die beteiligten Golfanlagen gewähren Ihnen pro Voucher den Erlass des 2. Green Fees. Es können also pro Voucher jeweils 2 Personen für 1 Green Fee spielen (4 Personen benötigen 2 Voucher) oder eine Person mit 30% Nachlass. Bezahlt wird der normale Green Fee-Preis eines Erwachsenen am entsprechenden Spieltag.
- Bereits herausgetrennte bzw. lose Voucher sind nicht veräußerbar bzw. übertragbar; sie berechtigen insbesondere nicht zum Erlass des zweiten Green Fees. Zuwiderhandlungen werden zivilrechtlich verfolgt.
- Haben Sie bitte Verständnis, dass die Voucher bei Sonderveranstaltungen (Turniertagen, Tagen der offenen Tür oder sonstigen Promotion-Aktionen) nicht eingelöst werden können. Bitte erkundigen Sie sich vorab bei Ihrer Anmeldung bei den jeweiligen Golfanlagen. Die Barauszahlung des zweiten Green Fees ist nicht möglich.
- Es gelten die Teilnahme- und Spielbedingungen, die Hausordnung der angeschlossenen Golfclubs sowie die vor Ort ausgewiesenen aktuellen Green Fee-Preise.
- Das Kombinieren mit anderen Rabatten (z. B. Golf Fee Card etc.) oder gegenseitiges Einladen mit zwei oder mehreren Free-Golf-Voucher ist nicht möglich. Bei unterschiedlichen Green Fee-Gebühren (z. B. bei Ermäßigung von Jugendlichen) ist immer der günstigere Tarif kostenfrei.
- Alle Inserenten haben sich dem Herausgeber gegenüber verpflichtet, die Free-Golf-Voucher zu den jeweils angegebenen Teilnahmebedingungen einzulösen. Der Herausgeber übernimmt jedoch keine Haftung dafür, wenn ein Free-Golf-Voucher vom Inserenten nicht eingelöst wird oder nicht eingelöst werden kann. Dies gilt insbesondere bei Insolvenz oder Besitzerwechsel.
- Es haftet ausschließlich der Inserent (= Golfanlage bzw. Betreiber der Golfanlage) für evtl. Meinungsunterschiede und Schadensersatzansprüche.
- Der Herausgeber gibt sich große Mühe bei der Umsetzung der Inserate. Er haftet aber nicht für Satz-, Druck- oder Produktionsfehler. Die Daten für den LeisureBREAKS Guide for Free Golf wurden nach bestem Wissen erarbeitet. Der Herausgeber übernimmt keine Gewähr für deren Vollständigkeit und Richtigkeit. Alle Rechte, insbesondere das Recht der Vervielfältigung und Verbreitung sowie der Übersetzung vorbehalten. Kein Teil des Werkes darf in irgendeiner Form (durch Fotokopie, Mikrofilm oder ein anderes Verfahren) ohne schriftliche Genehmigung des Herausgebers reproduziert oder unter Verwendung elektronischer Systeme gespeichert, verarbeitet, vervielfältigt oder verbreitet werden.
- Die Bearbeitung der Anmeldung erfolgt mittels EDV. Mit Ihrer Unterschrift geben Sie Ihre Einwilligung, dass wir Sie kontaktieren und auch über weitere Aktionen informieren. Die Einwilligung kann jederzeit widerrufen werden.

Gültig bis 30.06.2024

Teilnahmebedingungen

- Free-Golf-Voucher können nur von mindestens zwei Personen genutzt werden. Es gibt keine Ermäßigung für Einzelspieler, außer dies ist explizit durch das Logo 30/1 im Eintrag des Clubs vermerkt. Die Voucher gelten nur für 18 Loch. Pro Golfanlage dürfen Sie maximal 2 Voucher einlösen.
- Free-Golf-Voucher können ausschließlich von Personen mit Green Fee-Berechtigung eingelöst werden. I. d. R. ist dazu ein Mindesthandicap (variiert nach Platz bzw. Anlage) sowie eine Mitgliedschaft bei einem Golfclub erforderlich.
- Bitte weisen Sie bei Ihrer Anmeldung darauf hin, dass Sie mit dem Guide for Free Golf spielen möchten und bringen Sie das Buch beim Einchecken am Golfplatz mit. Nur dann kann Ihnen das zweite, kostenfreie Green Fee oder der 30% Nachlass für Einzelspieler gewährt werden.
- Die beteiligten Golfanlagen gewähren Ihnen pro Voucher den Erlass des 2. Green Fees. Es können also pro Voucher jeweils 2 Personen für 1 Green Fee spielen (4 Personen benötigen 2 Voucher) oder eine Person mit 30% Nachlass. Bezahlt wird der normale Green Fee-Preis eines Erwachsenen am entsprechenden Spieltag.
- Bereits herausgetrennte bzw. lose Voucher sind nicht veräußerbar bzw. übertragbar; sie berechtigen insbesondere nicht zum Erlass des zweiten Green Fees. Zuwiderhandlungen werden zivilrechtlich verfolgt.
- Haben Sie bitte Verständnis, dass die Voucher bei Sonderveranstaltungen (Turniertagen, Tagen der offenen Tür oder sonstigen Promotion-Aktionen) nicht eingelöst werden können. Bitte erkundigen Sie sich vorab bei Ihrer Anmeldung bei den jeweiligen Golfanlagen. Die Barauszahlung des zweiten Green Fees ist nicht möglich.
- Es gelten die Teilnahme- und Spielbedingungen, die Hausordnung der angeschlossenen Golfclubs sowie die vor Ort ausgewiesenen aktuellen Green Fee-Preise.
- Das Kombinieren mit anderen Rabatten (z. B. Golf Fee Card etc.) oder gegenseitiges Einladen mit zwei oder mehreren Free-Golf-Voucher ist nicht möglich. Bei unterschiedlichen Green Fee-Gebühren (z. B. bei Ermäßigung von Jugendlichen) ist immer der günstigere Tarif kostenfrei.
- Alle Inserenten haben sich dem Herausgeber gegenüber verpflichtet, die Free-Golf-Voucher zu den jeweils angegebenen Teilnahmebedingungen einzulösen. Der Herausgeber übernimmt jedoch keine Haftung dafür, wenn ein Free-Golf-Voucher vom Inserenten nicht eingelöst wird oder nicht eingelöst werden kann. Dies gilt insbesondere bei Insolvenz oder Besitzerwechsel.
- Es haftet ausschließlich der Inserent (= Golfanlage bzw. Betreiber der Golfanlage) für evtl. Meinungsunterschiede und Schadensersatzansprüche.
- Der Herausgeber gibt sich große Mühe bei der Umsetzung der Inserate. Er haftet aber nicht für Satz-, Druck- oder Produktionsfehler. Die Daten für den LeisureBREAKS Guide for Free Golf wurden nach bestem Wissen erarbeitet. Der Herausgeber übernimmt keine Gewähr für deren Vollständigkeit und Richtigkeit. Alle Rechte, insbesondere das Recht der Vervielfältigung und Verbreitung sowie der Übersetzung vorbehalten. Kein Teil des Werkes darf in irgendeiner Form (durch Fotokopie, Mikrofilm oder ein anderes Verfahren) ohne schriftliche Genehmigung des Herausgebers reproduziert oder unter Verwendung elektronischer Systeme gespeichert, verarbeitet, vervielfältigt oder verbreitet werden.
- Die Bearbeitung der Anmeldung erfolgt mittels EDV. Mit Ihrer Unterschrift geben Sie Ihre Einwilligung, dass wir Sie kontaktieren und auch über weitere Aktionen informieren. Die Einwilligung kann jederzeit widerrufen werden.

Gültig bis 30.06.2024

37

20. Guide for Free Golf

LeisureBREAKS GmbH

Name, Vorname

Straße, Hausnummer

PLZ, Ort

Heimatclub

Handicap

E-Mail

Guide-Nummer

Mit der Anmeldung erkenne ich die umseitigen Teilnahmebedingungen an.

Datum

Unterschrift

38

20. Guide for Free Golf

LeisureBREAKS GmbH

Name, Vorname

Straße, Hausnummer

PLZ, Ort

Heimatclub

Handicap

E-Mail

Guide-Nummer

Mit der Anmeldung erkenne ich die umseitigen Teilnahmebedingungen an.

Datum

Unterschrift

39

20. Guide for Free Golf

LeisureBREAKS GmbH

Name, Vorname

Straße, Hausnummer

PLZ, Ort

Heimatclub

Handicap

E-Mail

Guide-Nummer

Mit der Anmeldung erkenne ich die umseitigen Teilnahmebedingungen an.

Datum

Unterschrift

40

20. Guide for Free Golf

LeisureBREAKS GmbH

Name, Vorname

Straße, Hausnummer

PLZ, Ort

Heimatclub

Handicap

E-Mail

Guide-Nummer

Mit der Anmeldung erkenne ich die umseitigen Teilnahmebedingungen an.

Datum

Unterschrift

Teilnahmebedingungen

- Free-Golf-Voucher können nur von mindestens zwei Personen genutzt werden. Es gibt keine Ermäßigung für Einzelspieler, außer dies ist explizit durch das Logo 30/1 im Eintrag des Clubs vermerkt. Die Voucher gelten nur für 18 Loch. Pro Golfanlage dürfen Sie maximal 2 Voucher einlösen.
- Free-Golf-Voucher können ausschließlich von Personen mit Green Fee-Berechtigung eingelöst werden. I. d. R. ist dazu ein Mindesthandicap (variiert nach Platz bzw. Anlage) sowie eine Mitgliedschaft bei einem Golfclub erforderlich.
- Bitte weisen Sie bei Ihrer Anmeldung darauf hin, dass Sie mit dem Guide for Free Golf spielen möchten und bringen Sie das Buch beim Einchecken am Golfplatz mit. Nur dann kann Ihnen das zweite, kostenfreie Green Fee oder der 30% Nachlass für Einzelspieler gewährt werden.
- Die beteiligten Golfanlagen gewähren Ihnen pro Voucher den Erlass des 2. Green Fees. Es können also pro Voucher jeweils 2 Personen für 1 Green Fee spielen (4 Personen benötigen 2 Voucher) oder eine Person mit 30% Nachlass. Bezahlt wird der normale Green Fee-Preis eines Erwachsenen am entsprechenden Spieltag.
- Bereits herausgetrennte bzw. lose Voucher sind nicht veräußerbar bzw. übertragbar; sie berechtigen insbesondere nicht zum Erlass des zweiten Green Fees. Zuwiderhandlungen werden zivilrechtlich verfolgt.
- Haben Sie bitte Verständnis, dass die Voucher bei Sonderveranstaltungen (Turniertagen, Tagen der offenen Tür oder sonstigen Promotion-Aktionen) nicht eingelöst werden können. Bitte erkundigen Sie sich vorab bei Ihrer Anmeldung bei den jeweiligen Golfanlagen. Die Barauszahlung des zweiten Green Fees ist nicht möglich.
- Es gelten die Teilnahme- und Spielbedingungen, die Hausordnung der angeschlossenen Golfclubs sowie die vor Ort ausgewiesenen aktuellen Green Fee-Preise.
- Das Kombinieren mit anderen Rabatten (z. B. Golf Fee Card etc.) oder gegenseitiges Einladen mit zwei oder mehreren Free-Golf-Voucher ist nicht möglich. Bei unterschiedlichen Green Fee-Gebühren (z. B. bei Ermäßigung von Jugendlichen) ist immer der günstigere Tarif kostenfrei.
- Alle Inserenten haben sich dem Herausgeber gegenüber verpflichtet, die Free-Golf-Voucher zu den jeweils angegebenen Teilnahmebedingungen einzulösen. Der Herausgeber übernimmt jedoch keine Haftung dafür, wenn ein Free-Golf-Voucher vom Inserenten nicht eingelöst wird oder nicht eingelöst werden kann. Dies gilt insbesondere bei Insolvenz oder Besitzerwechsel.
- Es haftet ausschließlich der Inserent (= Golfanlage bzw. Betreiber der Golfanlage) für evtl. Meinungsunterschiede und Schadensersatzansprüche.
- Der Herausgeber gibt sich große Mühe bei der Umsetzung der Inserate. Er haftet aber nicht für Satz-, Druck- oder Produktionsfehler. Die Daten für den LeisureBREAKS Guide for Free Golf wurden nach bestem Wissen erarbeitet. Der Herausgeber übernimmt keine Gewähr für deren Vollständigkeit und Richtigkeit. Alle Rechte, insbesondere das Recht der Vervielfältigung und Verbreitung sowie der Übersetzung vorbehalten. Kein Teil des Werkes darf in irgendeiner Form (durch Fotokopie, Mikrofilm oder ein anderes Verfahren) ohne schriftliche Genehmigung des Herausgebers reproduziert oder unter Verwendung elektronischer Systeme gespeichert, verarbeitet, vervielfältigt oder verbreitet werden.
- Die Bearbeitung der Anmeldung erfolgt mittels EDV. Mit Ihrer Unterschrift geben Sie Ihre Einwilligung, dass wir Sie kontaktieren und auch über weitere Aktionen informieren. Die Einwilligung kann jederzeit widerrufen werden.

Gültig bis 30.06.2024

Teilnahmebedingungen

- Free-Golf-Voucher können nur von mindestens zwei Personen genutzt werden. Es gibt keine Ermäßigung für Einzelspieler, außer dies ist explizit durch das Logo 30/1 im Eintrag des Clubs vermerkt. Die Voucher gelten nur für 18 Loch. Pro Golfanlage dürfen Sie maximal 2 Voucher einlösen.
- Free-Golf-Voucher können ausschließlich von Personen mit Green Fee-Berechtigung eingelöst werden. I. d. R. ist dazu ein Mindesthandicap (variiert nach Platz bzw. Anlage) sowie eine Mitgliedschaft bei einem Golfclub erforderlich.
- Bitte weisen Sie bei Ihrer Anmeldung darauf hin, dass Sie mit dem Guide for Free Golf spielen möchten und bringen Sie das Buch beim Einchecken am Golfplatz mit. Nur dann kann Ihnen das zweite, kostenfreie Green Fee oder der 30% Nachlass für Einzelspieler gewährt werden.
- Die beteiligten Golfanlagen gewähren Ihnen pro Voucher den Erlass des 2. Green Fees. Es können also pro Voucher jeweils 2 Personen für 1 Green Fee spielen (4 Personen benötigen 2 Voucher) oder eine Person mit 30% Nachlass. Bezahlt wird der normale Green Fee-Preis eines Erwachsenen am entsprechenden Spieltag.
- Bereits herausgetrennte bzw. lose Voucher sind nicht veräußerbar bzw. übertragbar; sie berechtigen insbesondere nicht zum Erlass des zweiten Green Fees. Zuwiderhandlungen werden zivilrechtlich verfolgt.
- Haben Sie bitte Verständnis, dass die Voucher bei Sonderveranstaltungen (Turniertagen, Tagen der offenen Tür oder sonstigen Promotion-Aktionen) nicht eingelöst werden können. Bitte erkundigen Sie sich vorab bei Ihrer Anmeldung bei den jeweiligen Golfanlagen. Die Barauszahlung des zweiten Green Fees ist nicht möglich.
- Es gelten die Teilnahme- und Spielbedingungen, die Hausordnung der angeschlossenen Golfclubs sowie die vor Ort ausgewiesenen aktuellen Green Fee-Preise.
- Das Kombinieren mit anderen Rabatten (z. B. Golf Fee Card etc.) oder gegenseitiges Einladen mit zwei oder mehreren Free-Golf-Voucher ist nicht möglich. Bei unterschiedlichen Green Fee-Gebühren (z. B. bei Ermäßigung von Jugendlichen) ist immer der günstigere Tarif kostenfrei.
- Alle Inserenten haben sich dem Herausgeber gegenüber verpflichtet, die Free-Golf-Voucher zu den jeweils angegebenen Teilnahmebedingungen einzulösen. Der Herausgeber übernimmt jedoch keine Haftung dafür, wenn ein Free-Golf-Voucher vom Inserenten nicht eingelöst wird oder nicht eingelöst werden kann. Dies gilt insbesondere bei Insolvenz oder Besitzerwechsel.
- Es haftet ausschließlich der Inserent (= Golfanlage bzw. Betreiber der Golfanlage) für evtl. Meinungsunterschiede und Schadensersatzansprüche.
- Der Herausgeber gibt sich große Mühe bei der Umsetzung der Inserate. Er haftet aber nicht für Satz-, Druck- oder Produktionsfehler. Die Daten für den LeisureBREAKS Guide for Free Golf wurden nach bestem Wissen erarbeitet. Der Herausgeber übernimmt keine Gewähr für deren Vollständigkeit und Richtigkeit. Alle Rechte, insbesondere das Recht der Vervielfältigung und Verbreitung sowie der Übersetzung vorbehalten. Kein Teil des Werkes darf in irgendeiner Form (durch Fotokopie, Mikrofilm oder ein anderes Verfahren) ohne schriftliche Genehmigung des Herausgebers reproduziert oder unter Verwendung elektronischer Systeme gespeichert, verarbeitet, vervielfältigt oder verbreitet werden.
- Die Bearbeitung der Anmeldung erfolgt mittels EDV. Mit Ihrer Unterschrift geben Sie Ihre Einwilligung, dass wir Sie kontaktieren und auch über weitere Aktionen informieren. Die Einwilligung kann jederzeit widerrufen werden.

Gültig bis 30.06.2024

Teilnahmebedingungen

- Free-Golf-Voucher können nur von mindestens zwei Personen genutzt werden. Es gibt keine Ermäßigung für Einzelspieler, außer dies ist explizit durch das Logo 30/1 im Eintrag des Clubs vermerkt. Die Voucher gelten nur für 18 Loch. Pro Golfanlage dürfen Sie maximal 2 Voucher einlösen.
- Free-Golf-Voucher können ausschließlich von Personen mit Green Fee-Berechtigung eingelöst werden. I. d. R. ist dazu ein Mindesthandicap (variiert nach Platz bzw. Anlage) sowie eine Mitgliedschaft bei einem Golfclub erforderlich.
- Bitte weisen Sie bei Ihrer Anmeldung darauf hin, dass Sie mit dem Guide for Free Golf spielen möchten und bringen Sie das Buch beim Einchecken am Golfplatz mit. Nur dann kann Ihnen das zweite, kostenfreie Green Fee oder der 30% Nachlass für Einzelspieler gewährt werden.
- Die beteiligten Golfanlagen gewähren Ihnen pro Voucher den Erlass des 2. Green Fees. Es können also pro Voucher jeweils 2 Personen für 1 Green Fee spielen (4 Personen benötigen 2 Voucher) oder eine Person mit 30% Nachlass. Bezahlt wird der normale Green Fee-Preis eines Erwachsenen am entsprechenden Spieltag.
- Bereits herausgetrennte bzw. lose Voucher sind nicht veräußerbar bzw. übertragbar; sie berechtigen insbesondere nicht zum Erlass des zweiten Green Fees. Zuwiderhandlungen werden zivilrechtlich verfolgt.
- Haben Sie bitte Verständnis, dass die Voucher bei Sonderveranstaltungen (Turniertagen, Tagen der offenen Tür oder sonstigen Promotion-Aktionen) nicht eingelöst werden können. Bitte erkundigen Sie sich vorab bei Ihrer Anmeldung bei den jeweiligen Golfanlagen. Die Barauszahlung des zweiten Green Fees ist nicht möglich.
- Es gelten die Teilnahme- und Spielbedingungen, die Hausordnung der angeschlossenen Golfclubs sowie die vor Ort ausgewiesenen aktuellen Green Fee-Preise.
- Das Kombinieren mit anderen Rabatten (z. B. Golf Fee Card etc.) oder gegenseitiges Einladen mit zwei oder mehreren Free-Golf-Voucher ist nicht möglich. Bei unterschiedlichen Green Fee-Gebühren (z. B. bei Ermäßigung von Jugendlichen) ist immer der günstigere Tarif kostenfrei.
- Alle Inserenten haben sich dem Herausgeber gegenüber verpflichtet, die Free-Golf-Voucher zu den jeweils angegebenen Teilnahmebedingungen einzulösen. Der Herausgeber übernimmt jedoch keine Haftung dafür, wenn ein Free-Golf-Voucher vom Inserenten nicht eingelöst wird oder nicht eingelöst werden kann. Dies gilt insbesondere bei Insolvenz oder Besitzerwechsel.
- Es haftet ausschließlich der Inserent (= Golfanlage bzw. Betreiber der Golfanlage) für evtl. Meinungsunterschiede und Schadensersatzansprüche.
- Der Herausgeber gibt sich große Mühe bei der Umsetzung der Inserate. Er haftet aber nicht für Satz-, Druck- oder Produktionsfehler. Die Daten für den LeisureBREAKS Guide for Free Golf wurden nach bestem Wissen erarbeitet. Der Herausgeber übernimmt keine Gewähr für deren Vollständigkeit und Richtigkeit. Alle Rechte, insbesondere das Recht der Vervielfältigung und Verbreitung sowie der Übersetzung vorbehalten. Kein Teil des Werkes darf in irgendeiner Form (durch Fotokopie, Mikrofilm oder ein anderes Verfahren) ohne schriftliche Genehmigung des Herausgebers reproduziert oder unter Verwendung elektronischer Systeme gespeichert, verarbeitet, vervielfältigt oder verbreitet werden.
- Die Bearbeitung der Anmeldung erfolgt mittels EDV. Mit Ihrer Unterschrift geben Sie Ihre Einwilligung, dass wir Sie kontaktieren und auch über weitere Aktionen informieren. Die Einwilligung kann jederzeit widerrufen werden.

Gültig bis 30.06.2024

Teilnahmebedingungen

- Free-Golf-Voucher können nur von mindestens zwei Personen genutzt werden. Es gibt keine Ermäßigung für Einzelspieler, außer dies ist explizit durch das Logo 30/1 im Eintrag des Clubs vermerkt. Die Voucher gelten nur für 18 Loch. Pro Golfanlage dürfen Sie maximal 2 Voucher einlösen.
- Free-Golf-Voucher können ausschließlich von Personen mit Green Fee-Berechtigung eingelöst werden. I. d. R. ist dazu ein Mindesthandicap (variiert nach Platz bzw. Anlage) sowie eine Mitgliedschaft bei einem Golfclub erforderlich.
- Bitte weisen Sie bei Ihrer Anmeldung darauf hin, dass Sie mit dem Guide for Free Golf spielen möchten und bringen Sie das Buch beim Einchecken am Golfplatz mit. Nur dann kann Ihnen das zweite, kostenfreie Green Fee oder der 30% Nachlass für Einzelspieler gewährt werden.
- Die beteiligten Golfanlagen gewähren Ihnen pro Voucher den Erlass des 2. Green Fees. Es können also pro Voucher jeweils 2 Personen für 1 Green Fee spielen (4 Personen benötigen 2 Voucher) oder eine Person mit 30% Nachlass. Bezahlt wird der normale Green Fee-Preis eines Erwachsenen am entsprechenden Spieltag.
- Bereits herausgetrennte bzw. lose Voucher sind nicht veräußerbar bzw. übertragbar; sie berechtigen insbesondere nicht zum Erlass des zweiten Green Fees. Zuwiderhandlungen werden zivilrechtlich verfolgt.
- Haben Sie bitte Verständnis, dass die Voucher bei Sonderveranstaltungen (Turniertagen, Tagen der offenen Tür oder sonstigen Promotion-Aktionen) nicht eingelöst werden können. Bitte erkundigen Sie sich vorab bei Ihrer Anmeldung bei den jeweiligen Golfanlagen. Die Barauszahlung des zweiten Green Fees ist nicht möglich.
- Es gelten die Teilnahme- und Spielbedingungen, die Hausordnung der angeschlossenen Golfclubs sowie die vor Ort ausgewiesenen aktuellen Green Fee-Preise.
- Das Kombinieren mit anderen Rabatten (z. B. Golf Fee Card etc.) oder gegenseitiges Einladen mit zwei oder mehreren Free-Golf-Voucher ist nicht möglich. Bei unterschiedlichen Green Fee-Gebühren (z. B. bei Ermäßigung von Jugendlichen) ist immer der günstigere Tarif kostenfrei.
- Alle Inserenten haben sich dem Herausgeber gegenüber verpflichtet, die Free-Golf-Voucher zu den jeweils angegebenen Teilnahmebedingungen einzulösen. Der Herausgeber übernimmt jedoch keine Haftung dafür, wenn ein Free-Golf-Voucher vom Inserenten nicht eingelöst wird oder nicht eingelöst werden kann. Dies gilt insbesondere bei Insolvenz oder Besitzerwechsel.
- Es haftet ausschließlich der Inserent (= Golfanlage bzw. Betreiber der Golfanlage) für evtl. Meinungsunterschiede und Schadensersatzansprüche.
- Der Herausgeber gibt sich große Mühe bei der Umsetzung der Inserate. Er haftet aber nicht für Satz-, Druck- oder Produktionsfehler. Die Daten für den LeisureBREAKS Guide for Free Golf wurden nach bestem Wissen erarbeitet. Der Herausgeber übernimmt keine Gewähr für deren Vollständigkeit und Richtigkeit. Alle Rechte, insbesondere das Recht der Vervielfältigung und Verbreitung sowie der Übersetzung vorbehalten. Kein Teil des Werkes darf in irgendeiner Form (durch Fotokopie, Mikrofilm oder ein anderes Verfahren) ohne schriftliche Genehmigung des Herausgebers reproduziert oder unter Verwendung elektronischer Systeme gespeichert, verarbeitet, vervielfältigt oder verbreitet werden.
- Die Bearbeitung der Anmeldung erfolgt mittels EDV. Mit Ihrer Unterschrift geben Sie Ihre Einwilligung, dass wir Sie kontaktieren und auch über weitere Aktionen informieren. Die Einwilligung kann jederzeit widerrufen werden.

Gültig bis 30.06.2024

41

20. Guide for Free Golf

LeisureBREAKS GmbH

Name, Vorname

Straße, Hausnummer

PLZ, Ort

Heimatclub | Handicap

E-Mail

Guide-Nummer

Mit der Anmeldung erkenne ich die umseitigen Teilnahmebedingungen an.

Datum

Unterschrift

42

20. Guide for Free Golf

LeisureBREAKS GmbH

Name, Vorname

Straße, Hausnummer

PLZ, Ort

Heimatclub | Handicap

E-Mail

Guide-Nummer

Mit der Anmeldung erkenne ich die umseitigen Teilnahmebedingungen an.

Datum

Unterschrift

43

20. Guide for Free Golf

LeisureBREAKS GmbH

Name, Vorname

Straße, Hausnummer

PLZ, Ort

Heimatclub | Handicap

E-Mail

Guide-Nummer

Mit der Anmeldung erkenne ich die umseitigen Teilnahmebedingungen an.

Datum

Unterschrift

44

20. Guide for Free Golf

LeisureBREAKS GmbH

Name, Vorname

Straße, Hausnummer

PLZ, Ort

Heimatclub | Handicap

E-Mail

Guide-Nummer

Mit der Anmeldung erkenne ich die umseitigen Teilnahmebedingungen an.

Datum

Unterschrift

Teilnahmebedingungen

- Free-Golf-Voucher können nur von mindestens zwei Personen genutzt werden. Es gibt keine Ermäßigung für Einzelspieler, außer dies ist explizit durch das Logo 30/1 im Eintrag des Clubs vermerkt. Die Voucher gelten nur für 18 Loch. Pro Golfanlage dürfen Sie maximal 2 Voucher einlösen.
- Free-Golf-Voucher können ausschließlich von Personen mit Green Fee-Berechtigung eingelöst werden. I. d. R. ist dazu ein Mindesthandicap (variiert nach Platz bzw. Anlage) sowie eine Mitgliedschaft bei einem Golfclub erforderlich.
- Bitte weisen Sie bei Ihrer Anmeldung darauf hin, dass Sie mit dem Guide for Free Golf spielen möchten und bringen Sie das Buch beim Einchecken am Golfplatz mit. Nur dann kann Ihnen das zweite, kostenfreie Green Fee oder der 30% Nachlass für Einzelspieler gewährt werden.
- Die beteiligten Golfanlagen gewähren Ihnen pro Voucher den Erlass des 2. Green Fees. Es können also pro Voucher jeweils 2 Personen für 1 Green Fee spielen (4 Personen benötigen 2 Voucher) oder eine Person mit 30% Nachlass. Bezahlt wird der normale Green Fee-Preis eines Erwachsenen am entsprechenden Spieltag.
- Bereits herausgetrennte bzw. lose Voucher sind nicht veräußerbar bzw. übertragbar; sie berechtigen insbesondere nicht zum Erlass des zweiten Green Fees. Zuwiderhandlungen werden zivilrechtlich verfolgt.
- Haben Sie bitte Verständnis, dass die Voucher bei Sonderveranstaltungen (Turniertagen, Tagen der offenen Tür oder sonstigen Promotion-Aktionen) nicht eingelöst werden können. Bitte erkundigen Sie sich vorab bei Ihrer Anmeldung bei den jeweiligen Golfanlagen. Die Barauszahlung des zweiten Green Fees ist nicht möglich.
- Es gelten die Teilnahme- und Spielbedingungen, die Hausordnung der angeschlossenen Golfclubs sowie die vor Ort ausgewiesenen aktuellen Green Fee-Preise.
- Das Kombinieren mit anderen Rabatten (z. B. Golf Fee Card etc.) oder gegenseitiges Einladen mit zwei oder mehreren Free-Golf-Voucher ist nicht möglich. Bei unterschiedlichen Green Fee-Gebühren (z. B. bei Ermäßigung von Jugendlichen) ist immer der günstigere Tarif kostenfrei.
- Alle Inserenten haben sich dem Herausgeber gegenüber verpflichtet, die Free-Golf-Voucher zu den jeweils angegebenen Teilnahmebedingungen einzulösen. Der Herausgeber übernimmt jedoch keine Haftung dafür, wenn ein Free-Golf-Voucher vom Inserenten nicht eingelöst wird oder nicht eingelöst werden kann. Dies gilt insbesondere bei Insolvenz oder Besitzerwechsel.
- Es haftet ausschließlich der Inserent (= Golfanlage bzw. Betreiber der Golfanlage) für evtl. Meinungsunterschiede und Schadensersatzansprüche.
- Der Herausgeber gibt sich große Mühe bei der Umsetzung der Inserate. Er haftet aber nicht für Satz-, Druck- oder Produktionsfehler. Die Daten für den LeisureBREAKS Guide for Free Golf wurden nach bestem Wissen erarbeitet. Der Herausgeber übernimmt keine Gewähr für deren Vollständigkeit und Richtigkeit. Alle Rechte, insbesondere das Recht der Vervielfältigung und Verbreitung sowie der Übersetzung vorbehalten. Kein Teil des Werkes darf in irgendeiner Form (durch Fotokopie, Mikrofilm oder ein anderes Verfahren) ohne schriftliche Genehmigung des Herausgebers reproduziert oder unter Verwendung elektronischer Systeme gespeichert, verarbeitet, vervielfältigt oder verbreitet werden.
- Die Bearbeitung der Anmeldung erfolgt mittels EDV. Mit Ihrer Unterschrift geben Sie Ihre Einwilligung, dass wir Sie kontaktieren und auch über weitere Aktionen informieren. Die Einwilligung kann jederzeit widerrufen werden.

Gültig bis 30.06.2024

Teilnahmebedingungen

- Free-Golf-Voucher können nur von mindestens zwei Personen genutzt werden. Es gibt keine Ermäßigung für Einzelspieler, außer dies ist explizit durch das Logo 30/1 im Eintrag des Clubs vermerkt. Die Voucher gelten nur für 18 Loch. Pro Golfanlage dürfen Sie maximal 2 Voucher einlösen.
- Free-Golf-Voucher können ausschließlich von Personen mit Green Fee-Berechtigung eingelöst werden. I. d. R. ist dazu ein Mindesthandicap (variiert nach Platz bzw. Anlage) sowie eine Mitgliedschaft bei einem Golfclub erforderlich.
- Bitte weisen Sie bei Ihrer Anmeldung darauf hin, dass Sie mit dem Guide for Free Golf spielen möchten und bringen Sie das Buch beim Einchecken am Golfplatz mit. Nur dann kann Ihnen das zweite, kostenfreie Green Fee oder der 30% Nachlass für Einzelspieler gewährt werden.
- Die beteiligten Golfanlagen gewähren Ihnen pro Voucher den Erlass des 2. Green Fees. Es können also pro Voucher jeweils 2 Personen für 1 Green Fee spielen (4 Personen benötigen 2 Voucher) oder eine Person mit 30% Nachlass. Bezahlt wird der normale Green Fee-Preis eines Erwachsenen am entsprechenden Spieltag.
- Bereits herausgetrennte bzw. lose Voucher sind nicht veräußerbar bzw. übertragbar; sie berechtigen insbesondere nicht zum Erlass des zweiten Green Fees. Zuwiderhandlungen werden zivilrechtlich verfolgt.
- Haben Sie bitte Verständnis, dass die Voucher bei Sonderveranstaltungen (Turniertagen, Tagen der offenen Tür oder sonstigen Promotion-Aktionen) nicht eingelöst werden können. Bitte erkundigen Sie sich vorab bei Ihrer Anmeldung bei den jeweiligen Golfanlagen. Die Barauszahlung des zweiten Green Fees ist nicht möglich.
- Es gelten die Teilnahme- und Spielbedingungen, die Hausordnung der angeschlossenen Golfclubs sowie die vor Ort ausgewiesenen aktuellen Green Fee-Preise.
- Das Kombinieren mit anderen Rabatten (z. B. Golf Fee Card etc.) oder gegenseitiges Einladen mit zwei oder mehreren Free-Golf-Voucher ist nicht möglich. Bei unterschiedlichen Green Fee-Gebühren (z. B. bei Ermäßigung von Jugendlichen) ist immer der günstigere Tarif kostenfrei.
- Alle Inserenten haben sich dem Herausgeber gegenüber verpflichtet, die Free-Golf-Voucher zu den jeweils angegebenen Teilnahmebedingungen einzulösen. Der Herausgeber übernimmt jedoch keine Haftung dafür, wenn ein Free-Golf-Voucher vom Inserenten nicht eingelöst wird oder nicht eingelöst werden kann. Dies gilt insbesondere bei Insolvenz oder Besitzerwechsel.
- Es haftet ausschließlich der Inserent (= Golfanlage bzw. Betreiber der Golfanlage) für evtl. Meinungsunterschiede und Schadensersatzansprüche.
- Der Herausgeber gibt sich große Mühe bei der Umsetzung der Inserate. Er haftet aber nicht für Satz-, Druck- oder Produktionsfehler. Die Daten für den LeisureBREAKS Guide for Free Golf wurden nach bestem Wissen erarbeitet. Der Herausgeber übernimmt keine Gewähr für deren Vollständigkeit und Richtigkeit. Alle Rechte, insbesondere das Recht der Vervielfältigung und Verbreitung sowie der Übersetzung vorbehalten. Kein Teil des Werkes darf in irgendeiner Form (durch Fotokopie, Mikrofilm oder ein anderes Verfahren) ohne schriftliche Genehmigung des Herausgebers reproduziert oder unter Verwendung elektronischer Systeme gespeichert, verarbeitet, vervielfältigt oder verbreitet werden.
- Die Bearbeitung der Anmeldung erfolgt mittels EDV. Mit Ihrer Unterschrift geben Sie Ihre Einwilligung, dass wir Sie kontaktieren und auch über weitere Aktionen informieren. Die Einwilligung kann jederzeit widerrufen werden.

Gültig bis 30.06.2024

Teilnahmebedingungen

- Free-Golf-Voucher können nur von mindestens zwei Personen genutzt werden. Es gibt keine Ermäßigung für Einzelspieler, außer dies ist explizit durch das Logo 30/1 im Eintrag des Clubs vermerkt. Die Voucher gelten nur für 18 Loch. Pro Golfanlage dürfen Sie maximal 2 Voucher einlösen.
- Free-Golf-Voucher können ausschließlich von Personen mit Green Fee-Berechtigung eingelöst werden. I. d. R. ist dazu ein Mindesthandicap (variiert nach Platz bzw. Anlage) sowie eine Mitgliedschaft bei einem Golfclub erforderlich.
- Bitte weisen Sie bei Ihrer Anmeldung darauf hin, dass Sie mit dem Guide for Free Golf spielen möchten und bringen Sie das Buch beim Einchecken am Golfplatz mit. Nur dann kann Ihnen das zweite, kostenfreie Green Fee oder der 30% Nachlass für Einzelspieler gewährt werden.
- Die beteiligten Golfanlagen gewähren Ihnen pro Voucher den Erlass des 2. Green Fees. Es können also pro Voucher jeweils 2 Personen für 1 Green Fee spielen (4 Personen benötigen 2 Voucher) oder eine Person mit 30% Nachlass. Bezahlt wird der normale Green Fee-Preis eines Erwachsenen am entsprechenden Spieltag.
- Bereits herausgetrennte bzw. lose Voucher sind nicht veräußerbar bzw. übertragbar; sie berechtigen insbesondere nicht zum Erlass des zweiten Green Fees. Zuwiderhandlungen werden zivilrechtlich verfolgt.
- Haben Sie bitte Verständnis, dass die Voucher bei Sonderveranstaltungen (Turniertagen, Tagen der offenen Tür oder sonstigen Promotion-Aktionen) nicht eingelöst werden können. Bitte erkundigen Sie sich vorab bei Ihrer Anmeldung bei den jeweiligen Golfanlagen. Die Barauszahlung des zweiten Green Fees ist nicht möglich.
- Es gelten die Teilnahme- und Spielbedingungen, die Hausordnung der angeschlossenen Golfclubs sowie die vor Ort ausgewiesenen aktuellen Green Fee-Preise.
- Das Kombinieren mit anderen Rabatten (z. B. Golf Fee Card etc.) oder gegenseitiges Einladen mit zwei oder mehreren Free-Golf-Voucher ist nicht möglich. Bei unterschiedlichen Green Fee-Gebühren (z. B. bei Ermäßigung von Jugendlichen) ist immer der günstigere Tarif kostenfrei.
- Alle Inserenten haben sich dem Herausgeber gegenüber verpflichtet, die Free-Golf-Voucher zu den jeweils angegebenen Teilnahmebedingungen einzulösen. Der Herausgeber übernimmt jedoch keine Haftung dafür, wenn ein Free-Golf-Voucher vom Inserenten nicht eingelöst wird oder nicht eingelöst werden kann. Dies gilt insbesondere bei Insolvenz oder Besitzerwechsel.
- Es haftet ausschließlich der Inserent (= Golfanlage bzw. Betreiber der Golfanlage) für evtl. Meinungsunterschiede und Schadensersatzansprüche.
- Der Herausgeber gibt sich große Mühe bei der Umsetzung der Inserate. Er haftet aber nicht für Satz-, Druck- oder Produktionsfehler. Die Daten für den LeisureBREAKS Guide for Free Golf wurden nach bestem Wissen erarbeitet. Der Herausgeber übernimmt keine Gewähr für deren Vollständigkeit und Richtigkeit. Alle Rechte, insbesondere das Recht der Vervielfältigung und Verbreitung sowie der Übersetzung vorbehalten. Kein Teil des Werkes darf in irgendeiner Form (durch Fotokopie, Mikrofilm oder ein anderes Verfahren) ohne schriftliche Genehmigung des Herausgebers reproduziert oder unter Verwendung elektronischer Systeme gespeichert, verarbeitet, vervielfältigt oder verbreitet werden.
- Die Bearbeitung der Anmeldung erfolgt mittels EDV. Mit Ihrer Unterschrift geben Sie Ihre Einwilligung, dass wir Sie kontaktieren und auch über weitere Aktionen informieren. Die Einwilligung kann jederzeit widerrufen werden.

Gültig bis 30.06.2024

Teilnahmebedingungen

- Free-Golf-Voucher können nur von mindestens zwei Personen genutzt werden. Es gibt keine Ermäßigung für Einzelspieler, außer dies ist explizit durch das Logo 30/1 im Eintrag des Clubs vermerkt. Die Voucher gelten nur für 18 Loch. Pro Golfanlage dürfen Sie maximal 2 Voucher einlösen.
- Free-Golf-Voucher können ausschließlich von Personen mit Green Fee-Berechtigung eingelöst werden. I. d. R. ist dazu ein Mindesthandicap (variiert nach Platz bzw. Anlage) sowie eine Mitgliedschaft bei einem Golfclub erforderlich.
- Bitte weisen Sie bei Ihrer Anmeldung darauf hin, dass Sie mit dem Guide for Free Golf spielen möchten und bringen Sie das Buch beim Einchecken am Golfplatz mit. Nur dann kann Ihnen das zweite, kostenfreie Green Fee oder der 30% Nachlass für Einzelspieler gewährt werden.
- Die beteiligten Golfanlagen gewähren Ihnen pro Voucher den Erlass des 2. Green Fees. Es können also pro Voucher jeweils 2 Personen für 1 Green Fee spielen (4 Personen benötigen 2 Voucher) oder eine Person mit 30% Nachlass. Bezahlt wird der normale Green Fee-Preis eines Erwachsenen am entsprechenden Spieltag.
- Bereits herausgetrennte bzw. lose Voucher sind nicht veräußerbar bzw. übertragbar; sie berechtigen insbesondere nicht zum Erlass des zweiten Green Fees. Zuwiderhandlungen werden zivilrechtlich verfolgt.
- Haben Sie bitte Verständnis, dass die Voucher bei Sonderveranstaltungen (Turniertagen, Tagen der offenen Tür oder sonstigen Promotion-Aktionen) nicht eingelöst werden können. Bitte erkundigen Sie sich vorab bei Ihrer Anmeldung bei den jeweiligen Golfanlagen. Die Barauszahlung des zweiten Green Fees ist nicht möglich.
- Es gelten die Teilnahme- und Spielbedingungen, die Hausordnung der angeschlossenen Golfclubs sowie die vor Ort ausgewiesenen aktuellen Green Fee-Preise.
- Das Kombinieren mit anderen Rabatten (z. B. Golf Fee Card etc.) oder gegenseitiges Einladen mit zwei oder mehreren Free-Golf-Voucher ist nicht möglich. Bei unterschiedlichen Green Fee-Gebühren (z. B. bei Ermäßigung von Jugendlichen) ist immer der günstigere Tarif kostenfrei.
- Alle Inserenten haben sich dem Herausgeber gegenüber verpflichtet, die Free-Golf-Voucher zu den jeweils angegebenen Teilnahmebedingungen einzulösen. Der Herausgeber übernimmt jedoch keine Haftung dafür, wenn ein Free-Golf-Voucher vom Inserenten nicht eingelöst wird oder nicht eingelöst werden kann. Dies gilt insbesondere bei Insolvenz oder Besitzerwechsel.
- Es haftet ausschließlich der Inserent (= Golfanlage bzw. Betreiber der Golfanlage) für evtl. Meinungsunterschiede und Schadensersatzansprüche.
- Der Herausgeber gibt sich große Mühe bei der Umsetzung der Inserate. Er haftet aber nicht für Satz-, Druck- oder Produktionsfehler. Die Daten für den LeisureBREAKS Guide for Free Golf wurden nach bestem Wissen erarbeitet. Der Herausgeber übernimmt keine Gewähr für deren Vollständigkeit und Richtigkeit. Alle Rechte, insbesondere das Recht der Vervielfältigung und Verbreitung sowie der Übersetzung vorbehalten. Kein Teil des Werkes darf in irgendeiner Form (durch Fotokopie, Mikrofilm oder ein anderes Verfahren) ohne schriftliche Genehmigung des Herausgebers reproduziert oder unter Verwendung elektronischer Systeme gespeichert, verarbeitet, vervielfältigt oder verbreitet werden.
- Die Bearbeitung der Anmeldung erfolgt mittels EDV. Mit Ihrer Unterschrift geben Sie Ihre Einwilligung, dass wir Sie kontaktieren und auch über weitere Aktionen informieren. Die Einwilligung kann jederzeit widerrufen werden.

Gültig bis 30.06.2024

45

20. Guide for Free Golf

LeisureBREAKS GmbH

Name, Vorname

Straße, Hausnummer

PLZ, Ort

Heimatclub | Handicap

E-Mail

Guide-Nummer

Mit der Anmeldung erkenne ich die umseitigen Teilnahmebedingungen an.

Datum

Unterschrift

46

20. Guide for Free Golf

LeisureBREAKS GmbH

Name, Vorname

Straße, Hausnummer

PLZ, Ort

Heimatclub | Handicap

E-Mail

Guide-Nummer

Mit der Anmeldung erkenne ich die umseitigen Teilnahmebedingungen an.

Datum

Unterschrift

47

20. Guide for Free Golf

LeisureBREAKS GmbH

Name, Vorname

Straße, Hausnummer

PLZ, Ort

Heimatclub | Handicap

E-Mail

Guide-Nummer

Mit der Anmeldung erkenne ich die umseitigen Teilnahmebedingungen an.

Datum

Unterschrift

48

20. Guide for Free Golf

LeisureBREAKS GmbH

Name, Vorname

Straße, Hausnummer

PLZ, Ort

Heimatclub | Handicap

E-Mail

Guide-Nummer

Mit der Anmeldung erkenne ich die umseitigen Teilnahmebedingungen an.

Datum

Unterschrift

Teilnahmebedingungen

- Free-Golf-Voucher können nur von mindestens zwei Personen genutzt werden. Es gibt keine Ermäßigung für Einzelspieler, außer dies ist explizit durch das Logo 30/1 im Eintrag des Clubs vermerkt. Die Voucher gelten nur für 18 Loch. Pro Golfanlage dürfen Sie maximal 2 Voucher einlösen.
- Free-Golf-Voucher können ausschließlich von Personen mit Green Fee-Berechtigung eingelöst werden. I. d. R. ist dazu ein Mindesthandicap (variiert nach Platz bzw. Anlage) sowie eine Mitgliedschaft bei einem Golfclub erforderlich.
- Bitte weisen Sie bei Ihrer Anmeldung darauf hin, dass Sie mit dem Guide for Free Golf spielen möchten und bringen Sie das Buch beim Einchecken am Golfplatz mit. Nur dann kann Ihnen das zweite, kostenfreie Green Fee oder der 30% Nachlass für Einzelspieler gewährt werden.
- Die beteiligten Golfanlagen gewähren Ihnen pro Voucher den Erlass des 2. Green Fees. Es können also pro Voucher jeweils 2 Personen für 1 Green Fee spielen (4 Personen benötigen 2 Voucher) oder eine Person mit 30% Nachlass. Bezahlt wird der normale Green Fee-Preis eines Erwachsenen am entsprechenden Spieltag.
- Bereits herausgetrennte bzw. lose Voucher sind nicht veräußerbar bzw. übertragbar; sie berechtigen insbesondere nicht zum Erlass des zweiten Green Fees. Zuwiderhandlungen werden zivilrechtlich verfolgt.
- Haben Sie bitte Verständnis, dass die Voucher bei Sonderveranstaltungen (Turniertagen, Tagen der offenen Tür oder sonstigen Promotion-Aktionen) nicht eingelöst werden können. Bitte erkundigen Sie sich vorab bei Ihrer Anmeldung bei den jeweiligen Golfanlagen. Die Barauszahlung des zweiten Green Fees ist nicht möglich.
- Es gelten die Teilnahme- und Spielbedingungen, die Hausordnung der angeschlossenen Golfclubs sowie die vor Ort ausgewiesenen aktuellen Green Fee-Preise.
- Das Kombinieren mit anderen Rabatten (z. B. Golf Fee Card etc.) oder gegenseitiges Einladen mit zwei oder mehreren Free-Golf-Voucher ist nicht möglich. Bei unterschiedlichen Green Fee-Gebühren (z. B. bei Ermäßigung von Jugendlichen) ist immer der günstigere Tarif kostenfrei.
- Alle Inserenten haben sich dem Herausgeber gegenüber verpflichtet, die Free-Golf-Voucher zu den jeweils angegebenen Teilnahmebedingungen einzulösen. Der Herausgeber übernimmt jedoch keine Haftung dafür, wenn ein Free-Golf-Voucher vom Inserenten nicht eingelöst wird oder nicht eingelöst werden kann. Dies gilt insbesondere bei Insolvenz oder Besitzerwechsel.
- Es haftet ausschließlich der Inserent (= Golfanlage bzw. Betreiber der Golfanlage) für evtl. Meinungsunterschiede und Schadensersatzansprüche.
- Der Herausgeber gibt sich große Mühe bei der Umsetzung der Inserate. Er haftet aber nicht für Satz-, Druck- oder Produktionsfehler. Die Daten für den LeisureBREAKS Guide for Free Golf wurden nach bestem Wissen erarbeitet. Der Herausgeber übernimmt keine Gewähr für deren Vollständigkeit und Richtigkeit. Alle Rechte, insbesondere das Recht der Vervielfältigung und Verbreitung sowie der Übersetzung vorbehalten. Kein Teil des Werkes darf in irgendeiner Form (durch Fotokopie, Mikrofilm oder ein anderes Verfahren) ohne schriftliche Genehmigung des Herausgebers reproduziert oder unter Verwendung elektronischer Systeme gespeichert, verarbeitet, vervielfältigt oder verbreitet werden.
- Die Bearbeitung der Anmeldung erfolgt mittels EDV. Mit Ihrer Unterschrift geben Sie Ihre Einwilligung, dass wir Sie kontaktieren und auch über weitere Aktionen informieren. Die Einwilligung kann jederzeit widerrufen werden.

Gültig bis 30.06.2024

Teilnahmebedingungen

- Free-Golf-Voucher können nur von mindestens zwei Personen genutzt werden. Es gibt keine Ermäßigung für Einzelspieler, außer dies ist explizit durch das Logo 30/1 im Eintrag des Clubs vermerkt. Die Voucher gelten nur für 18 Loch. Pro Golfanlage dürfen Sie maximal 2 Voucher einlösen.
- Free-Golf-Voucher können ausschließlich von Personen mit Green Fee-Berechtigung eingelöst werden. I. d. R. ist dazu ein Mindesthandicap (variiert nach Platz bzw. Anlage) sowie eine Mitgliedschaft bei einem Golfclub erforderlich.
- Bitte weisen Sie bei Ihrer Anmeldung darauf hin, dass Sie mit dem Guide for Free Golf spielen möchten und bringen Sie das Buch beim Einchecken am Golfplatz mit. Nur dann kann Ihnen das zweite, kostenfreie Green Fee oder der 30% Nachlass für Einzelspieler gewährt werden.
- Die beteiligten Golfanlagen gewähren Ihnen pro Voucher den Erlass des 2. Green Fees. Es können also pro Voucher jeweils 2 Personen für 1 Green Fee spielen (4 Personen benötigen 2 Voucher) oder eine Person mit 30% Nachlass. Bezahlt wird der normale Green Fee-Preis eines Erwachsenen am entsprechenden Spieltag.
- Bereits herausgetrennte bzw. lose Voucher sind nicht veräußerbar bzw. übertragbar; sie berechtigen insbesondere nicht zum Erlass des zweiten Green Fees. Zuwiderhandlungen werden zivilrechtlich verfolgt.
- Haben Sie bitte Verständnis, dass die Voucher bei Sonderveranstaltungen (Turniertagen, Tagen der offenen Tür oder sonstigen Promotion-Aktionen) nicht eingelöst werden können. Bitte erkundigen Sie sich vorab bei Ihrer Anmeldung bei den jeweiligen Golfanlagen. Die Barauszahlung des zweiten Green Fees ist nicht möglich.
- Es gelten die Teilnahme- und Spielbedingungen, die Hausordnung der angeschlossenen Golfclubs sowie die vor Ort ausgewiesenen aktuellen Green Fee-Preise.
- Das Kombinieren mit anderen Rabatten (z. B. Golf Fee Card etc.) oder gegenseitiges Einladen mit zwei oder mehreren Free-Golf-Voucher ist nicht möglich. Bei unterschiedlichen Green Fee-Gebühren (z. B. bei Ermäßigung von Jugendlichen) ist immer der günstigere Tarif kostenfrei.
- Alle Inserenten haben sich dem Herausgeber gegenüber verpflichtet, die Free-Golf-Voucher zu den jeweils angegebenen Teilnahmebedingungen einzulösen. Der Herausgeber übernimmt jedoch keine Haftung dafür, wenn ein Free-Golf-Voucher vom Inserenten nicht eingelöst wird oder nicht eingelöst werden kann. Dies gilt insbesondere bei Insolvenz oder Besitzerwechsel.
- Es haftet ausschließlich der Inserent (= Golfanlage bzw. Betreiber der Golfanlage) für evtl. Meinungsunterschiede und Schadensersatzansprüche.
- Der Herausgeber gibt sich große Mühe bei der Umsetzung der Inserate. Er haftet aber nicht für Satz-, Druck- oder Produktionsfehler. Die Daten für den LeisureBREAKS Guide for Free Golf wurden nach bestem Wissen erarbeitet. Der Herausgeber übernimmt keine Gewähr für deren Vollständigkeit und Richtigkeit. Alle Rechte, insbesondere das Recht der Vervielfältigung und Verbreitung sowie der Übersetzung vorbehalten. Kein Teil des Werkes darf in irgendeiner Form (durch Fotokopie, Mikrofilm oder ein anderes Verfahren) ohne schriftliche Genehmigung des Herausgebers reproduziert oder unter Verwendung elektronischer Systeme gespeichert, verarbeitet, vervielfältigt oder verbreitet werden.
- Die Bearbeitung der Anmeldung erfolgt mittels EDV. Mit Ihrer Unterschrift geben Sie Ihre Einwilligung, dass wir Sie kontaktieren und auch über weitere Aktionen informieren. Die Einwilligung kann jederzeit widerrufen werden.

Gültig bis 30.06.2024

Teilnahmebedingungen

- Free-Golf-Voucher können nur von mindestens zwei Personen genutzt werden. Es gibt keine Ermäßigung für Einzelspieler, außer dies ist explizit durch das Logo 30/1 im Eintrag des Clubs vermerkt. Die Voucher gelten nur für 18 Loch. Pro Golfanlage dürfen Sie maximal 2 Voucher einlösen.
- Free-Golf-Voucher können ausschließlich von Personen mit Green Fee-Berechtigung eingelöst werden. I. d. R. ist dazu ein Mindesthandicap (variiert nach Platz bzw. Anlage) sowie eine Mitgliedschaft bei einem Golfclub erforderlich.
- Bitte weisen Sie bei Ihrer Anmeldung darauf hin, dass Sie mit dem Guide for Free Golf spielen möchten und bringen Sie das Buch beim Einchecken am Golfplatz mit. Nur dann kann Ihnen das zweite, kostenfreie Green Fee oder der 30% Nachlass für Einzelspieler gewährt werden.
- Die beteiligten Golfanlagen gewähren Ihnen pro Voucher den Erlass des 2. Green Fees. Es können also pro Voucher jeweils 2 Personen für 1 Green Fee spielen (4 Personen benötigen 2 Voucher) oder eine Person mit 30% Nachlass. Bezahlt wird der normale Green Fee-Preis eines Erwachsenen am entsprechenden Spieltag.
- Bereits herausgetrennte bzw. lose Voucher sind nicht veräußerbar bzw. übertragbar; sie berechtigen insbesondere nicht zum Erlass des zweiten Green Fees. Zuwiderhandlungen werden zivilrechtlich verfolgt.
- Haben Sie bitte Verständnis, dass die Voucher bei Sonderveranstaltungen (Turniertagen, Tagen der offenen Tür oder sonstigen Promotion-Aktionen) nicht eingelöst werden können. Bitte erkundigen Sie sich vorab bei Ihrer Anmeldung bei den jeweiligen Golfanlagen. Die Barauszahlung des zweiten Green Fees ist nicht möglich.
- Es gelten die Teilnahme- und Spielbedingungen, die Hausordnung der angeschlossenen Golfclubs sowie die vor Ort ausgewiesenen aktuellen Green Fee-Preise.
- Das Kombinieren mit anderen Rabatten (z. B. Golf Fee Card etc.) oder gegenseitiges Einladen mit zwei oder mehreren Free-Golf-Voucher ist nicht möglich. Bei unterschiedlichen Green Fee-Gebühren (z. B. bei Ermäßigung von Jugendlichen) ist immer der günstigere Tarif kostenfrei.
- Alle Inserenten haben sich dem Herausgeber gegenüber verpflichtet, die Free-Golf-Voucher zu den jeweils angegebenen Teilnahmebedingungen einzulösen. Der Herausgeber übernimmt jedoch keine Haftung dafür, wenn ein Free-Golf-Voucher vom Inserenten nicht eingelöst wird oder nicht eingelöst werden kann. Dies gilt insbesondere bei Insolvenz oder Besitzerwechsel.
- Es haftet ausschließlich der Inserent (= Golfanlage bzw. Betreiber der Golfanlage) für evtl. Meinungsunterschiede und Schadensersatzansprüche.
- Der Herausgeber gibt sich große Mühe bei der Umsetzung der Inserate. Er haftet aber nicht für Satz-, Druck- oder Produktionsfehler. Die Daten für den LeisureBREAKS Guide for Free Golf wurden nach bestem Wissen erarbeitet. Der Herausgeber übernimmt keine Gewähr für deren Vollständigkeit und Richtigkeit. Alle Rechte, insbesondere das Recht der Vervielfältigung und Verbreitung sowie der Übersetzung vorbehalten. Kein Teil des Werkes darf in irgendeiner Form (durch Fotokopie, Mikrofilm oder ein anderes Verfahren) ohne schriftliche Genehmigung des Herausgebers reproduziert oder unter Verwendung elektronischer Systeme gespeichert, verarbeitet, vervielfältigt oder verbreitet werden.
- Die Bearbeitung der Anmeldung erfolgt mittels EDV. Mit Ihrer Unterschrift geben Sie Ihre Einwilligung, dass wir Sie kontaktieren und auch über weitere Aktionen informieren. Die Einwilligung kann jederzeit widerrufen werden.

Gültig bis 30.06.2024

Teilnahmebedingungen

- Free-Golf-Voucher können nur von mindestens zwei Personen genutzt werden. Es gibt keine Ermäßigung für Einzelspieler, außer dies ist explizit durch das Logo 30/1 im Eintrag des Clubs vermerkt. Die Voucher gelten nur für 18 Loch. Pro Golfanlage dürfen Sie maximal 2 Voucher einlösen.
- Free-Golf-Voucher können ausschließlich von Personen mit Green Fee-Berechtigung eingelöst werden. I. d. R. ist dazu ein Mindesthandicap (variiert nach Platz bzw. Anlage) sowie eine Mitgliedschaft bei einem Golfclub erforderlich.
- Bitte weisen Sie bei Ihrer Anmeldung darauf hin, dass Sie mit dem Guide for Free Golf spielen möchten und bringen Sie das Buch beim Einchecken am Golfplatz mit. Nur dann kann Ihnen das zweite, kostenfreie Green Fee oder der 30% Nachlass für Einzelspieler gewährt werden.
- Die beteiligten Golfanlagen gewähren Ihnen pro Voucher den Erlass des 2. Green Fees. Es können also pro Voucher jeweils 2 Personen für 1 Green Fee spielen (4 Personen benötigen 2 Voucher) oder eine Person mit 30% Nachlass. Bezahlt wird der normale Green Fee-Preis eines Erwachsenen am entsprechenden Spieltag.
- Bereits herausgetrennte bzw. lose Voucher sind nicht veräußerbar bzw. übertragbar; sie berechtigen insbesondere nicht zum Erlass des zweiten Green Fees. Zuwiderhandlungen werden zivilrechtlich verfolgt.
- Haben Sie bitte Verständnis, dass die Voucher bei Sonderveranstaltungen (Turniertagen, Tagen der offenen Tür oder sonstigen Promotion-Aktionen) nicht eingelöst werden können. Bitte erkundigen Sie sich vorab bei Ihrer Anmeldung bei den jeweiligen Golfanlagen. Die Barauszahlung des zweiten Green Fees ist nicht möglich.
- Es gelten die Teilnahme- und Spielbedingungen, die Hausordnung der angeschlossenen Golfclubs sowie die vor Ort ausgewiesenen aktuellen Green Fee-Preise.
- Das Kombinieren mit anderen Rabatten (z. B. Golf Fee Card etc.) oder gegenseitiges Einladen mit zwei oder mehreren Free-Golf-Voucher ist nicht möglich. Bei unterschiedlichen Green Fee-Gebühren (z. B. bei Ermäßigung von Jugendlichen) ist immer der günstigere Tarif kostenfrei.
- Alle Inserenten haben sich dem Herausgeber gegenüber verpflichtet, die Free-Golf-Voucher zu den jeweils angegebenen Teilnahmebedingungen einzulösen. Der Herausgeber übernimmt jedoch keine Haftung dafür, wenn ein Free-Golf-Voucher vom Inserenten nicht eingelöst wird oder nicht eingelöst werden kann. Dies gilt insbesondere bei Insolvenz oder Besitzerwechsel.
- Es haftet ausschließlich der Inserent (= Golfanlage bzw. Betreiber der Golfanlage) für evtl. Meinungsunterschiede und Schadensersatzansprüche.
- Der Herausgeber gibt sich große Mühe bei der Umsetzung der Inserate. Er haftet aber nicht für Satz-, Druck- oder Produktionsfehler. Die Daten für den LeisureBREAKS Guide for Free Golf wurden nach bestem Wissen erarbeitet. Der Herausgeber übernimmt keine Gewähr für deren Vollständigkeit und Richtigkeit. Alle Rechte, insbesondere das Recht der Vervielfältigung und Verbreitung sowie der Übersetzung vorbehalten. Kein Teil des Werkes darf in irgendeiner Form (durch Fotokopie, Mikrofilm oder ein anderes Verfahren) ohne schriftliche Genehmigung des Herausgebers reproduziert oder unter Verwendung elektronischer Systeme gespeichert, verarbeitet, vervielfältigt oder verbreitet werden.
- Die Bearbeitung der Anmeldung erfolgt mittels EDV. Mit Ihrer Unterschrift geben Sie Ihre Einwilligung, dass wir Sie kontaktieren und auch über weitere Aktionen informieren. Die Einwilligung kann jederzeit widerrufen werden.

Gültig bis 30.06.2024

49

20. Guide for Free Golf

LeisureBREAKS GmbH

Name, Vorname

Straße, Hausnummer

PLZ, Ort

Heimatclub

Handicap

E-Mail

Guide-Nummer

Mit der Anmeldung erkenne ich die umseitigen Teilnahmebedingungen an.

Datum

Unterschrift

50

20. Guide for Free Golf

LeisureBREAKS GmbH

Name, Vorname

Straße, Hausnummer

PLZ, Ort

Heimatclub

Handicap

E-Mail

Guide-Nummer

Mit der Anmeldung erkenne ich die umseitigen Teilnahmebedingungen an.

Datum

Unterschrift

51

20. Guide for Free Golf

LeisureBREAKS GmbH

Name, Vorname

Straße, Hausnummer

PLZ, Ort

Heimatclub

Handicap

E-Mail

Guide-Nummer

Mit der Anmeldung erkenne ich die umseitigen Teilnahmebedingungen an.

Datum

Unterschrift

52

20. Guide for Free Golf

LeisureBREAKS GmbH

Name, Vorname

Straße, Hausnummer

PLZ, Ort

Heimatclub

Handicap

E-Mail

Guide-Nummer

Mit der Anmeldung erkenne ich die umseitigen Teilnahmebedingungen an.

Datum

Unterschrift

Teilnahmebedingungen

- Free-Golf-Voucher können nur von mindestens zwei Personen genutzt werden. Es gibt keine Ermäßigung für Einzelspieler, außer dies ist explizit durch das Logo 30/1 im Eintrag des Clubs vermerkt. Die Voucher gelten nur für 18 Loch. Pro Golfanlage dürfen Sie maximal 2 Voucher einlösen.
- Free-Golf-Voucher können ausschließlich von Personen mit Green Fee-Berechtigung eingelöst werden. I. d. R. ist dazu ein Mindesthandicap (variiert nach Platz bzw. Anlage) sowie eine Mitgliedschaft bei einem Golfclub erforderlich.
- Bitte weisen Sie bei Ihrer Anmeldung darauf hin, dass Sie mit dem Guide for Free Golf spielen möchten und bringen Sie das Buch beim Einchecken am Golfplatz mit. Nur dann kann Ihnen das zweite, kostenfreie Green Fee oder der 30% Nachlass für Einzelspieler gewährt werden.
- Die beteiligten Golfanlagen gewähren Ihnen pro Voucher den Erlass des 2. Green Fees. Es können also pro Voucher jeweils 2 Personen für 1 Green Fee spielen (4 Personen benötigen 2 Voucher) oder eine Person mit 30% Nachlass. Bezahlt wird der normale Green Fee-Preis eines Erwachsenen am entsprechenden Spieltag.
- Bereits herausgetrennte bzw. lose Voucher sind nicht veräußerbar bzw. übertragbar; sie berechtigen insbesondere nicht zum Erlass des zweiten Green Fees. Zuwiderhandlungen werden zivilrechtlich verfolgt.
- Haben Sie bitte Verständnis, dass die Voucher bei Sonderveranstaltungen (Turniertagen, Tagen der offenen Tür oder sonstigen Promotion-Aktionen) nicht eingelöst werden können. Bitte erkundigen Sie sich vorab bei Ihrer Anmeldung bei den jeweiligen Golfanlagen. Die Barauszahlung des zweiten Green Fees ist nicht möglich.
- Es gelten die Teilnahme- und Spielbedingungen, die Hausordnung der angeschlossenen Golfclubs sowie die vor Ort ausgewiesenen aktuellen Green Fee-Preise.
- Das Kombinieren mit anderen Rabatten (z. B. Golf Fee Card etc.) oder gegenseitiges Einladen mit zwei oder mehreren Free-Golf-Voucher ist nicht möglich. Bei unterschiedlichen Green Fee-Gebühren (z. B. bei Ermäßigung von Jugendlichen) ist immer der günstigere Tarif kostenfrei.
- Alle Inserenten haben sich dem Herausgeber gegenüber verpflichtet, die Free-Golf-Voucher zu den jeweils angegebenen Teilnahmebedingungen einzulösen. Der Herausgeber übernimmt jedoch keine Haftung dafür, wenn ein Free-Golf-Voucher vom Inserenten nicht eingelöst wird oder nicht eingelöst werden kann. Dies gilt insbesondere bei Insolvenz oder Besitzerwechsel.
- Es haftet ausschließlich der Inserent (= Golfanlage bzw. Betreiber der Golfanlage) für evtl. Meinungsunterschiede und Schadensersatzansprüche.
- Der Herausgeber gibt sich große Mühe bei der Umsetzung der Inserate. Er haftet aber nicht für Satz-, Druck- oder Produktionsfehler. Die Daten für den LeisureBREAKS Guide for Free Golf wurden nach bestem Wissen erarbeitet. Der Herausgeber übernimmt keine Gewähr für deren Vollständigkeit und Richtigkeit.
- Die Bearbeitung der Anmeldung erfolgt mittels EDV. Mit Ihrer Unterschrift geben Sie Ihre Einwilligung, dass wir Sie kontaktieren und auch über weitere Aktionen informieren. Die Einwilligung kann jederzeit widerrufen werden.

Gültig bis 30.06.2024

Teilnahmebedingungen

- Free-Golf-Voucher können nur von mindestens zwei Personen genutzt werden. Es gibt keine Ermäßigung für Einzelspieler, außer dies ist explizit durch das Logo 30/1 im Eintrag des Clubs vermerkt. Die Voucher gelten nur für 18 Loch. Pro Golfanlage dürfen Sie maximal 2 Voucher einlösen.
- Free-Golf-Voucher können ausschließlich von Personen mit Green Fee-Berechtigung eingelöst werden. I. d. R. ist dazu ein Mindesthandicap (variiert nach Platz bzw. Anlage) sowie eine Mitgliedschaft bei einem Golfclub erforderlich.
- Bitte weisen Sie bei Ihrer Anmeldung darauf hin, dass Sie mit dem Guide for Free Golf spielen möchten und bringen Sie das Buch beim Einchecken am Golfplatz mit. Nur dann kann Ihnen das zweite, kostenfreie Green Fee oder der 30% Nachlass für Einzelspieler gewährt werden.
- Die beteiligten Golfanlagen gewähren Ihnen pro Voucher den Erlass des 2. Green Fees. Es können also pro Voucher jeweils 2 Personen für 1 Green Fee spielen (4 Personen benötigen 2 Voucher) oder eine Person mit 30% Nachlass. Bezahlt wird der normale Green Fee-Preis eines Erwachsenen am entsprechenden Spieltag.
- Bereits herausgetrennte bzw. lose Voucher sind nicht veräußerbar bzw. übertragbar; sie berechtigen insbesondere nicht zum Erlass des zweiten Green Fees. Zuwiderhandlungen werden zivilrechtlich verfolgt.
- Haben Sie bitte Verständnis, dass die Voucher bei Sonderveranstaltungen (Turniertagen, Tagen der offenen Tür oder sonstigen Promotion-Aktionen) nicht eingelöst werden können. Bitte erkundigen Sie sich vorab bei Ihrer Anmeldung bei den jeweiligen Golfanlagen. Die Barauszahlung des zweiten Green Fees ist nicht möglich.
- Es gelten die Teilnahme- und Spielbedingungen, die Hausordnung der angeschlossenen Golfclubs sowie die vor Ort ausgewiesenen aktuellen Green Fee-Preise.
- Das Kombinieren mit anderen Rabatten (z. B. Golf Fee Card etc.) oder gegenseitiges Einladen mit zwei oder mehreren Free-Golf-Voucher ist nicht möglich. Bei unterschiedlichen Green Fee-Gebühren (z. B. bei Ermäßigung von Jugendlichen) ist immer der günstigere Tarif kostenfrei.
- Alle Inserenten haben sich dem Herausgeber gegenüber verpflichtet, die Free-Golf-Voucher zu den jeweils angegebenen Teilnahmebedingungen einzulösen. Der Herausgeber übernimmt jedoch keine Haftung dafür, wenn ein Free-Golf-Voucher vom Inserenten nicht eingelöst wird oder nicht eingelöst werden kann. Dies gilt insbesondere bei Insolvenz oder Besitzerwechsel.
- Es haftet ausschließlich der Inserent (= Golfanlage bzw. Betreiber der Golfanlage) für evtl. Meinungsunterschiede und Schadensersatzansprüche.
- Der Herausgeber gibt sich große Mühe bei der Umsetzung der Inserate. Er haftet aber nicht für Satz-, Druck- oder Produktionsfehler. Die Daten für den LeisureBREAKS Guide for Free Golf wurden nach bestem Wissen erarbeitet. Der Herausgeber übernimmt keine Gewähr für deren Vollständigkeit und Richtigkeit. Alle Rechte, insbesondere das Recht der Vervielfältigung und Verbreitung sowie der Übersetzung vorbehalten. Kein Teil des Werkes darf in irgendeiner Form (durch Fotokopie, Mikrofilm oder ein anderes Verfahren) ohne schriftliche Genehmigung des Herausgebers reproduziert oder unter Verwendung elektronischer Systeme gespeichert, verarbeitet, vervielfältigt oder verbreitet werden.
- Die Bearbeitung der Anmeldung erfolgt mittels EDV. Mit Ihrer Unterschrift geben Sie Ihre Einwilligung, dass wir Sie kontaktieren und auch über weitere Aktionen informieren. Die Einwilligung kann jederzeit widerrufen werden.

Gültig bis 30.06.2024

Teilnahmebedingungen

- Free-Golf-Voucher können nur von mindestens zwei Personen genutzt werden. Es gibt keine Ermäßigung für Einzelspieler, außer dies ist explizit durch das Logo 30/1 im Eintrag des Clubs vermerkt. Die Voucher gelten nur für 18 Loch. Pro Golfanlage dürfen Sie maximal 2 Voucher einlösen.
- Free-Golf-Voucher können ausschließlich von Personen mit Green Fee-Berechtigung eingelöst werden. I. d. R. ist dazu ein Mindesthandicap (variiert nach Platz bzw. Anlage) sowie eine Mitgliedschaft bei einem Golfclub erforderlich.
- Bitte weisen Sie bei Ihrer Anmeldung darauf hin, dass Sie mit dem Guide for Free Golf spielen möchten und bringen Sie das Buch beim Einchecken am Golfplatz mit. Nur dann kann Ihnen das zweite, kostenfreie Green Fee oder der 30% Nachlass für Einzelspieler gewährt werden.
- Die beteiligten Golfanlagen gewähren Ihnen pro Voucher den Erlass des 2. Green Fees. Es können also pro Voucher jeweils 2 Personen für 1 Green Fee spielen (4 Personen benötigen 2 Voucher) oder eine Person mit 30% Nachlass. Bezahlt wird der normale Green Fee-Preis eines Erwachsenen am entsprechenden Spieltag.
- Bereits herausgetrennte bzw. lose Voucher sind nicht veräußerbar bzw. übertragbar; sie berechtigen insbesondere nicht zum Erlass des zweiten Green Fees. Zuwiderhandlungen werden zivilrechtlich verfolgt.
- Haben Sie bitte Verständnis, dass die Voucher bei Sonderveranstaltungen (Turniertagen, Tagen der offenen Tür oder sonstigen Promotion-Aktionen) nicht eingelöst werden können. Bitte erkundigen Sie sich vorab bei Ihrer Anmeldung bei den jeweiligen Golfanlagen. Die Barauszahlung des zweiten Green Fees ist nicht möglich.
- Es gelten die Teilnahme- und Spielbedingungen, die Hausordnung der angeschlossenen Golfclubs sowie die vor Ort ausgewiesenen aktuellen Green Fee-Preise.
- Das Kombinieren mit anderen Rabatten (z. B. Golf Fee Card etc.) oder gegenseitiges Einladen mit zwei oder mehreren Free-Golf-Voucher ist nicht möglich. Bei unterschiedlichen Green Fee-Gebühren (z. B. bei Ermäßigung von Jugendlichen) ist immer der günstigere Tarif kostenfrei.
- Alle Inserenten haben sich dem Herausgeber gegenüber verpflichtet, die Free-Golf-Voucher zu den jeweils angegebenen Teilnahmebedingungen einzulösen. Der Herausgeber übernimmt jedoch keine Haftung dafür, wenn ein Free-Golf-Voucher vom Inserenten nicht eingelöst wird oder nicht eingelöst werden kann. Dies gilt insbesondere bei Insolvenz oder Besitzerwechsel.
- Es haftet ausschließlich der Inserent (= Golfanlage bzw. Betreiber der Golfanlage) für evtl. Meinungsunterschiede und Schadensersatzansprüche.
- Der Herausgeber gibt sich große Mühe bei der Umsetzung der Inserate. Er haftet aber nicht für Satz-, Druck- oder Produktionsfehler. Die Daten für den LeisureBREAKS Guide for Free Golf wurden nach bestem Wissen erarbeitet. Der Herausgeber übernimmt keine Gewähr für deren Vollständigkeit und Richtigkeit. Alle Rechte, insbesondere das Recht der Vervielfältigung und Verbreitung sowie der Übersetzung vorbehalten. Kein Teil des Werkes darf in irgendeiner Form (durch Fotokopie, Mikrofilm oder ein anderes Verfahren) ohne schriftliche Genehmigung des Herausgebers reproduziert oder unter Verwendung elektronischer Systeme gespeichert, verarbeitet, vervielfältigt oder verbreitet werden.
- Die Bearbeitung der Anmeldung erfolgt mittels EDV. Mit Ihrer Unterschrift geben Sie Ihre Einwilligung, dass wir Sie kontaktieren und auch über weitere Aktionen informieren. Die Einwilligung kann jederzeit widerrufen werden.

Gültig bis 30.06.2024

Teilnahmebedingungen

- Free-Golf-Voucher können nur von mindestens zwei Personen genutzt werden. Es gibt keine Ermäßigung für Einzelspieler, außer dies ist explizit durch das Logo 30/1 im Eintrag des Clubs vermerkt. Die Voucher gelten nur für 18 Loch. Pro Golfanlage dürfen Sie maximal 2 Voucher einlösen.
- Free-Golf-Voucher können ausschließlich von Personen mit Green Fee-Berechtigung eingelöst werden. I. d. R. ist dazu ein Mindesthandicap (variiert nach Platz bzw. Anlage) sowie eine Mitgliedschaft bei einem Golfclub erforderlich.
- Bitte weisen Sie bei Ihrer Anmeldung darauf hin, dass Sie mit dem Guide for Free Golf spielen möchten und bringen Sie das Buch beim Einchecken am Golfplatz mit. Nur dann kann Ihnen das zweite, kostenfreie Green Fee oder der 30% Nachlass für Einzelspieler gewährt werden.
- Die beteiligten Golfanlagen gewähren Ihnen pro Voucher den Erlass des 2. Green Fees. Es können also pro Voucher jeweils 2 Personen für 1 Green Fee spielen (4 Personen benötigen 2 Voucher) oder eine Person mit 30% Nachlass. Bezahlt wird der normale Green Fee-Preis eines Erwachsenen am entsprechenden Spieltag.
- Bereits herausgetrennte bzw. lose Voucher sind nicht veräußerbar bzw. übertragbar; sie berechtigen insbesondere nicht zum Erlass des zweiten Green Fees. Zuwiderhandlungen werden zivilrechtlich verfolgt.
- Haben Sie bitte Verständnis, dass die Voucher bei Sonderveranstaltungen (Turniertagen, Tagen der offenen Tür oder sonstigen Promotion-Aktionen) nicht eingelöst werden können. Bitte erkundigen Sie sich vorab bei Ihrer Anmeldung bei den jeweiligen Golfanlagen. Die Barauszahlung des zweiten Green Fees ist nicht möglich.
- Es gelten die Teilnahme- und Spielbedingungen, die Hausordnung der angeschlossenen Golfclubs sowie die vor Ort ausgewiesenen aktuellen Green Fee-Preise.
- Das Kombinieren mit anderen Rabatten (z. B. Golf Fee Card etc.) oder gegenseitiges Einladen mit zwei oder mehreren Free-Golf-Voucher ist nicht möglich. Bei unterschiedlichen Green Fee-Gebühren (z. B. bei Ermäßigung von Jugendlichen) ist immer der günstigere Tarif kostenfrei.
- Alle Inserenten haben sich dem Herausgeber gegenüber verpflichtet, die Free-Golf-Voucher zu den jeweils angegebenen Teilnahmebedingungen einzulösen. Der Herausgeber übernimmt jedoch keine Haftung dafür, wenn ein Free-Golf-Voucher vom Inserenten nicht eingelöst wird oder nicht eingelöst werden kann. Dies gilt insbesondere bei Insolvenz oder Besitzerwechsel.
- Es haftet ausschließlich der Inserent (= Golfanlage bzw. Betreiber der Golfanlage) für evtl. Meinungsunterschiede und Schadensersatzansprüche.
- Der Herausgeber gibt sich große Mühe bei der Umsetzung der Inserate. Er haftet aber nicht für Satz-, Druck- oder Produktionsfehler. Die Daten für den LeisureBREAKS Guide for Free Golf wurden nach bestem Wissen erarbeitet. Der Herausgeber übernimmt keine Gewähr für deren Vollständigkeit und Richtigkeit. Alle Rechte, insbesondere das Recht der Vervielfältigung und Verbreitung sowie der Übersetzung vorbehalten. Kein Teil des Werkes darf in irgendeiner Form (durch Fotokopie, Mikrofilm oder ein anderes Verfahren) ohne schriftliche Genehmigung des Herausgebers reproduziert oder unter Verwendung elektronischer Systeme gespeichert, verarbeitet, vervielfältigt oder verbreitet werden.
- Die Bearbeitung der Anmeldung erfolgt mittels EDV. Mit Ihrer Unterschrift geben Sie Ihre Einwilligung, dass wir Sie kontaktieren und auch über weitere Aktionen informieren. Die Einwilligung kann jederzeit widerrufen werden.

Gültig bis 30.06.2024

53

20. Guide for Free Golf

LeisureBREAKS GmbH

Name, Vorname

Straße, Hausnummer

PLZ, Ort

Heimatclub | Handicap

E-Mail

Guide-Nummer

Mit der Anmeldung erkenne ich die umseitigen Teilnahmebedingungen an.

Datum

Unterschrift

54

20. Guide for Free Golf

LeisureBREAKS GmbH

Name, Vorname

Straße, Hausnummer

PLZ, Ort

Heimatclub | Handicap

E-Mail

Guide-Nummer

Mit der Anmeldung erkenne ich die umseitigen Teilnahmebedingungen an.

Datum

Unterschrift

55

20. Guide for Free Golf

LeisureBREAKS GmbH

Name, Vorname

Straße, Hausnummer

PLZ, Ort

Heimatclub | Handicap

E-Mail

Guide-Nummer

Mit der Anmeldung erkenne ich die umseitigen Teilnahmebedingungen an.

Datum

Unterschrift

56

20. Guide for Free Golf

LeisureBREAKS GmbH

Name, Vorname

Straße, Hausnummer

PLZ, Ort

Heimatclub | Handicap

E-Mail

Guide-Nummer

Mit der Anmeldung erkenne ich die umseitigen Teilnahmebedingungen an.

Datum

Unterschrift

Teilnahmebedingungen

- Free-Golf-Voucher können nur von mindestens zwei Personen genutzt werden. Es gibt keine Ermäßigung für Einzelspieler, außer dies ist explizit durch das Logo 30/1 im Eintrag des Clubs vermerkt. Die Voucher gelten nur für 18 Loch. Pro Golfanlage dürfen Sie maximal 2 Voucher einlösen.
- Free-Golf-Voucher können ausschließlich von Personen mit Green Fee-Berechtigung eingelöst werden. I. d. R. ist dazu ein Mindesthandicap (variiert nach Platz bzw. Anlage) sowie eine Mitgliedschaft bei einem Golfclub erforderlich.
- Bitte weisen Sie bei Ihrer Anmeldung darauf hin, dass Sie mit dem Guide for Free Golf spielen möchten und bringen Sie das Buch beim Einchecken am Golfplatz mit. Nur dann kann Ihnen das zweite, kostenfreie Green Fee oder der 30% Nachlass für Einzelspieler gewährt werden.
- Die beteiligten Golfanlagen gewähren Ihnen pro Voucher den Erlass des 2. Green Fees. Es können also pro Voucher jeweils 2 Personen für 1 Green Fee spielen (4 Personen benötigen 2 Voucher) oder eine Person mit 30% Nachlass. Bezahlt wird der normale Green Fee-Preis eines Erwachsenen am entsprechenden Spieltag.
- Bereits herausgetrennte bzw. lose Voucher sind nicht veräußerbar bzw. übertragbar; sie berechtigen insbesondere nicht zum Erlass des zweiten Green Fees. Zuwiderhandlungen werden zivilrechtlich verfolgt.
- Haben Sie bitte Verständnis, dass die Voucher bei Sonderveranstaltungen (Turniertagen, Tagen der offenen Tür oder sonstigen Promotion-Aktionen) nicht eingelöst werden können. Bitte erkundigen Sie sich vorab bei Ihrer Anmeldung bei den jeweiligen Golfanlagen. Die Barauszahlung des zweiten Green Fees ist nicht möglich.
- Es gelten die Teilnahme- und Spielbedingungen, die Hausordnung der angeschlossenen Golfclubs sowie die vor Ort ausgewiesenen aktuellen Green Fee-Preise.
- Das Kombinieren mit anderen Rabatten (z. B. Golf Fee Card etc.) oder gegenseitiges Einladen mit zwei oder mehreren Free-Golf-Voucher ist nicht möglich. Bei unterschiedlichen Green Fee-Gebühren (z. B. bei Ermäßigung von Jugendlichen) ist immer der günstigere Tarif kostenfrei.
- Alle Inserenten haben sich dem Herausgeber gegenüber verpflichtet, die Free-Golf-Voucher zu den jeweils angegebenen Teilnahmebedingungen einzulösen. Der Herausgeber übernimmt jedoch keine Haftung dafür, wenn ein Free-Golf-Voucher vom Inserenten nicht eingelöst wird oder nicht eingelöst werden kann. Dies gilt insbesondere bei Insolvenz oder Besitzerwechsel.
- Es haftet ausschließlich der Inserent (= Golfanlage bzw. Betreiber der Golfanlage) für evtl. Meinungsunterschiede und Schadensersatzansprüche.
- Der Herausgeber gibt sich große Mühe bei der Umsetzung der Inserate. Er haftet aber nicht für Satz-, Druck- oder Produktionsfehler. Die Daten für den LeisureBREAKS Guide for Free Golf wurden nach bestem Wissen erarbeitet. Der Herausgeber übernimmt keine Gewähr für deren Vollständigkeit und Richtigkeit. Alle Rechte, insbesondere das Recht der Vervielfältigung und Verbreitung sowie der Übersetzung vorbehalten. Kein Teil des Werkes darf in irgendeiner Form (durch Fotokopie, Mikrofilm oder ein anderes Verfahren) ohne schriftliche Genehmigung des Herausgebers reproduziert oder unter Verwendung elektronischer Systeme gespeichert, verarbeitet, vervielfältigt oder verbreitet werden.
- Die Bearbeitung der Anmeldung erfolgt mittels EDV. Mit Ihrer Unterschrift geben Sie Ihre Einwilligung, dass wir Sie kontaktieren und auch über weitere Aktionen informieren. Die Einwilligung kann jederzeit widerrufen werden.

Gültig bis 30.06.2024

Teilnahmebedingungen

- Free-Golf-Voucher können nur von mindestens zwei Personen genutzt werden. Es gibt keine Ermäßigung für Einzelspieler, außer dies ist explizit durch das Logo 30/1 im Eintrag des Clubs vermerkt. Die Voucher gelten nur für 18 Loch. Pro Golfanlage dürfen Sie maximal 2 Voucher einlösen.
- Free-Golf-Voucher können ausschließlich von Personen mit Green Fee-Berechtigung eingelöst werden. I. d. R. ist dazu ein Mindesthandicap (variiert nach Platz bzw. Anlage) sowie eine Mitgliedschaft bei einem Golfclub erforderlich.
- Bitte weisen Sie bei Ihrer Anmeldung darauf hin, dass Sie mit dem Guide for Free Golf spielen möchten und bringen Sie das Buch beim Einchecken am Golfplatz mit. Nur dann kann Ihnen das zweite, kostenfreie Green Fee oder der 30% Nachlass für Einzelspieler gewährt werden.
- Die beteiligten Golfanlagen gewähren Ihnen pro Voucher den Erlass des 2. Green Fees. Es können also pro Voucher jeweils 2 Personen für 1 Green Fee spielen (4 Personen benötigen 2 Voucher) oder eine Person mit 30% Nachlass. Bezahlt wird der normale Green Fee-Preis eines Erwachsenen am entsprechenden Spieltag.
- Bereits herausgetrennte bzw. lose Voucher sind nicht veräußerbar bzw. übertragbar; sie berechtigen insbesondere nicht zum Erlass des zweiten Green Fees. Zuwiderhandlungen werden zivilrechtlich verfolgt.
- Haben Sie bitte Verständnis, dass die Voucher bei Sonderveranstaltungen (Turniertagen, Tagen der offenen Tür oder sonstigen Promotion-Aktionen) nicht eingelöst werden können. Bitte erkundigen Sie sich vorab bei Ihrer Anmeldung bei den jeweiligen Golfanlagen. Die Barauszahlung des zweiten Green Fees ist nicht möglich.
- Es gelten die Teilnahme- und Spielbedingungen, die Hausordnung der angeschlossenen Golfclubs sowie die vor Ort ausgewiesenen aktuellen Green Fee-Preise.
- Das Kombinieren mit anderen Rabatten (z. B. Golf Fee Card etc.) oder gegenseitiges Einladen mit zwei oder mehreren Free-Golf-Voucher ist nicht möglich. Bei unterschiedlichen Green Fee-Gebühren (z. B. bei Ermäßigung von Jugendlichen) ist immer der günstigere Tarif kostenfrei.
- Alle Inserenten haben sich dem Herausgeber gegenüber verpflichtet, die Free-Golf-Voucher zu den jeweils angegebenen Teilnahmebedingungen einzulösen. Der Herausgeber übernimmt jedoch keine Haftung dafür, wenn ein Free-Golf-Voucher vom Inserenten nicht eingelöst wird oder nicht eingelöst werden kann. Dies gilt insbesondere bei Insolvenz oder Besitzerwechsel.
- Es haftet ausschließlich der Inserent (= Golfanlage bzw. Betreiber der Golfanlage) für evtl. Meinungsunterschiede und Schadensersatzansprüche.
- Der Herausgeber gibt sich große Mühe bei der Umsetzung der Inserate. Er haftet aber nicht für Satz-, Druck- oder Produktionsfehler. Die Daten für den LeisureBREAKS Guide for Free Golf wurden nach bestem Wissen erarbeitet. Der Herausgeber übernimmt keine Gewähr für deren Vollständigkeit und Richtigkeit. Alle Rechte, insbesondere das Recht der Vervielfältigung und Verbreitung sowie der Übersetzung vorbehalten. Kein Teil des Werkes darf in irgendeiner Form (durch Fotokopie, Mikrofilm oder ein anderes Verfahren) ohne schriftliche Genehmigung des Herausgebers reproduziert oder unter Verwendung elektronischer Systeme gespeichert, verarbeitet, vervielfältigt oder verbreitet werden.
- Die Bearbeitung der Anmeldung erfolgt mittels EDV. Mit Ihrer Unterschrift geben Sie Ihre Einwilligung, dass wir Sie kontaktieren und auch über weitere Aktionen informieren. Die Einwilligung kann jederzeit widerrufen werden.

Gültig bis 30.06.2024

Teilnahmebedingungen

- Free-Golf-Voucher können nur von mindestens zwei Personen genutzt werden. Es gibt keine Ermäßigung für Einzelspieler, außer dies ist explizit durch das Logo 30/1 im Eintrag des Clubs vermerkt. Die Voucher gelten nur für 18 Loch. Pro Golfanlage dürfen Sie maximal 2 Voucher einlösen.
- Free-Golf-Voucher können ausschließlich von Personen mit Green Fee-Berechtigung eingelöst werden. I. d. R. ist dazu ein Mindesthandicap (variiert nach Platz bzw. Anlage) sowie eine Mitgliedschaft bei einem Golfclub erforderlich.
- Bitte weisen Sie bei Ihrer Anmeldung darauf hin, dass Sie mit dem Guide for Free Golf spielen möchten und bringen Sie das Buch beim Einchecken am Golfplatz mit. Nur dann kann Ihnen das zweite, kostenfreie Green Fee oder der 30% Nachlass für Einzelspieler gewährt werden.
- Die beteiligten Golfanlagen gewähren Ihnen pro Voucher den Erlass des 2. Green Fees. Es können also pro Voucher jeweils 2 Personen für 1 Green Fee spielen (4 Personen benötigen 2 Voucher) oder eine Person mit 30% Nachlass. Bezahlt wird der normale Green Fee-Preis eines Erwachsenen am entsprechenden Spieltag.
- Bereits herausgetrennte bzw. lose Voucher sind nicht veräußerbar bzw. übertragbar; sie berechtigen insbesondere nicht zum Erlass des zweiten Green Fees. Zuwiderhandlungen werden zivilrechtlich verfolgt.
- Haben Sie bitte Verständnis, dass die Voucher bei Sonderveranstaltungen (Turniertagen, Tagen der offenen Tür oder sonstigen Promotion-Aktionen) nicht eingelöst werden können. Bitte erkundigen Sie sich vorab bei Ihrer Anmeldung bei den jeweiligen Golfanlagen. Die Barauszahlung des zweiten Green Fees ist nicht möglich.
- Es gelten die Teilnahme- und Spielbedingungen, die Hausordnung der angeschlossenen Golfclubs sowie die vor Ort ausgewiesenen aktuellen Green Fee-Preise.
- Das Kombinieren mit anderen Rabatten (z. B. Golf Fee Card etc.) oder gegenseitiges Einladen mit zwei oder mehreren Free-Golf-Voucher ist nicht möglich. Bei unterschiedlichen Green Fee-Gebühren (z. B. bei Ermäßigung von Jugendlichen) ist immer der günstigere Tarif kostenfrei.
- Alle Inserenten haben sich dem Herausgeber gegenüber verpflichtet, die Free-Golf-Voucher zu den jeweils angegebenen Teilnahmebedingungen einzulösen. Der Herausgeber übernimmt jedoch keine Haftung dafür, wenn ein Free-Golf-Voucher vom Inserenten nicht eingelöst wird oder nicht eingelöst werden kann. Dies gilt insbesondere bei Insolvenz oder Besitzerwechsel.
- Es haftet ausschließlich der Inserent (= Golfanlage bzw. Betreiber der Golfanlage) für evtl. Meinungsunterschiede und Schadensersatzansprüche.
- Der Herausgeber gibt sich große Mühe bei der Umsetzung der Inserate. Er haftet aber nicht für Satz-, Druck- oder Produktionsfehler. Die Daten für den LeisureBREAKS Guide for Free Golf wurden nach bestem Wissen erarbeitet. Der Herausgeber übernimmt keine Gewähr für deren Vollständigkeit und Richtigkeit. Alle Rechte, insbesondere das Recht der Vervielfältigung und Verbreitung sowie der Übersetzung vorbehalten. Kein Teil des Werkes darf in irgendeiner Form (durch Fotokopie, Mikrofilm oder ein anderes Verfahren) ohne schriftliche Genehmigung des Herausgebers reproduziert oder unter Verwendung elektronischer Systeme gespeichert, verarbeitet, vervielfältigt oder verbreitet werden.
- Die Bearbeitung der Anmeldung erfolgt mittels EDV. Mit Ihrer Unterschrift geben Sie Ihre Einwilligung, dass wir Sie kontaktieren und auch über weitere Aktionen informieren. Die Einwilligung kann jederzeit widerrufen werden.

Gültig bis 30.06.2024

Teilnahmebedingungen

- Free-Golf-Voucher können nur von mindestens zwei Personen genutzt werden. Es gibt keine Ermäßigung für Einzelspieler, außer dies ist explizit durch das Logo 30/1 im Eintrag des Clubs vermerkt. Die Voucher gelten nur für 18 Loch. Pro Golfanlage dürfen Sie maximal 2 Voucher einlösen.
- Free-Golf-Voucher können ausschließlich von Personen mit Green Fee-Berechtigung eingelöst werden. I. d. R. ist dazu ein Mindesthandicap (variiert nach Platz bzw. Anlage) sowie eine Mitgliedschaft bei einem Golfclub erforderlich.
- Bitte weisen Sie bei Ihrer Anmeldung darauf hin, dass Sie mit dem Guide for Free Golf spielen möchten und bringen Sie das Buch beim Einchecken am Golfplatz mit. Nur dann kann Ihnen das zweite, kostenfreie Green Fee oder der 30% Nachlass für Einzelspieler gewährt werden.
- Die beteiligten Golfanlagen gewähren Ihnen pro Voucher den Erlass des 2. Green Fees. Es können also pro Voucher jeweils 2 Personen für 1 Green Fee spielen (4 Personen benötigen 2 Voucher) oder eine Person mit 30% Nachlass. Bezahlt wird der normale Green Fee-Preis eines Erwachsenen am entsprechenden Spieltag.
- Bereits herausgetrennte bzw. lose Voucher sind nicht veräußerbar bzw. übertragbar; sie berechtigen insbesondere nicht zum Erlass des zweiten Green Fees. Zuwiderhandlungen werden zivilrechtlich verfolgt.
- Haben Sie bitte Verständnis, dass die Voucher bei Sonderveranstaltungen (Turniertagen, Tagen der offenen Tür oder sonstigen Promotion-Aktionen) nicht eingelöst werden können. Bitte erkundigen Sie sich vorab bei Ihrer Anmeldung bei den jeweiligen Golfanlagen. Die Barauszahlung des zweiten Green Fees ist nicht möglich.
- Es gelten die Teilnahme- und Spielbedingungen, die Hausordnung der angeschlossenen Golfclubs sowie die vor Ort ausgewiesenen aktuellen Green Fee-Preise.
- Das Kombinieren mit anderen Rabatten (z. B. Golf Fee Card etc.) oder gegenseitiges Einladen mit zwei oder mehreren Free-Golf-Voucher ist nicht möglich. Bei unterschiedlichen Green Fee-Gebühren (z. B. bei Ermäßigung von Jugendlichen) ist immer der günstigere Tarif kostenfrei.
- Alle Inserenten haben sich dem Herausgeber gegenüber verpflichtet, die Free-Golf-Voucher zu den jeweils angegebenen Teilnahmebedingungen einzulösen. Der Herausgeber übernimmt jedoch keine Haftung dafür, wenn ein Free-Golf-Voucher vom Inserenten nicht eingelöst wird oder nicht eingelöst werden kann. Dies gilt insbesondere bei Insolvenz oder Besitzerwechsel.
- Es haftet ausschließlich der Inserent (= Golfanlage bzw. Betreiber der Golfanlage) für evtl. Meinungsunterschiede und Schadensersatzansprüche.
- Der Herausgeber gibt sich große Mühe bei der Umsetzung der Inserate. Er haftet aber nicht für Satz-, Druck- oder Produktionsfehler. Die Daten für den LeisureBREAKS Guide for Free Golf wurden nach bestem Wissen erarbeitet. Der Herausgeber übernimmt keine Gewähr für deren Vollständigkeit und Richtigkeit. Alle Rechte, insbesondere das Recht der Vervielfältigung und Verbreitung sowie der Übersetzung vorbehalten. Kein Teil des Werkes darf in irgendeiner Form (durch Fotokopie, Mikrofilm oder ein anderes Verfahren) ohne schriftliche Genehmigung des Herausgebers reproduziert oder unter Verwendung elektronischer Systeme gespeichert, verarbeitet, vervielfältigt oder verbreitet werden.
- Die Bearbeitung der Anmeldung erfolgt mittels EDV. Mit Ihrer Unterschrift geben Sie Ihre Einwilligung, dass wir Sie kontaktieren und auch über weitere Aktionen informieren. Die Einwilligung kann jederzeit widerrufen werden.

Gültig bis 30.06.2024

57

20. Guide for Free Golf

LeisureBREAKS GmbH

Name, Vorname

Straße, Hausnummer

PLZ, Ort

Heimatclub

Handicap

E-Mail

Guide-Nummer

Mit der Anmeldung erkenne ich die umseitigen Teilnahmebedingungen an.

Datum

Unterschrift

58

20. Guide for Free Golf

LeisureBREAKS GmbH

Name, Vorname

Straße, Hausnummer

PLZ, Ort

Heimatclub

Handicap

E-Mail

Guide-Nummer

Mit der Anmeldung erkenne ich die umseitigen Teilnahmebedingungen an.

Datum

Unterschrift

59

20. Guide for Free Golf

LeisureBREAKS GmbH

Name, Vorname

Straße, Hausnummer

PLZ, Ort

Heimatclub

Handicap

E-Mail

Guide-Nummer

Mit der Anmeldung erkenne ich die umseitigen Teilnahmebedingungen an.

Datum

Unterschrift

60

20. Guide for Free Golf

LeisureBREAKS GmbH

Name, Vorname

Straße, Hausnummer

PLZ, Ort

Heimatclub

Handicap

E-Mail

Guide-Nummer

Mit der Anmeldung erkenne ich die umseitigen Teilnahmebedingungen an.

Datum

Unterschrift

Teilnahmebedingungen

- Free-Golf-Voucher können nur von mindestens zwei Personen genutzt werden. Es gibt keine Ermäßigung für Einzelspieler, außer dies ist explizit durch das Logo 30/1 im Eintrag des Clubs vermerkt. Die Voucher gelten nur für 18 Loch. Pro Golfanlage dürfen Sie maximal 2 Voucher einlösen.
- Free-Golf-Voucher können ausschließlich von Personen mit Green Fee-Berechtigung eingelöst werden. I. d. R. ist dazu ein Mindesthandicap (variiert nach Platz bzw. Anlage) sowie eine Mitgliedschaft bei einem Golfclub erforderlich.
- Bitte weisen Sie bei Ihrer Anmeldung darauf hin, dass Sie mit dem Guide for Free Golf spielen möchten und bringen Sie das Buch beim Einchecken am Golfplatz mit. Nur dann kann Ihnen das zweite, kostenfreie Green Fee oder der 30% Nachlass für Einzelspieler gewährt werden.
- Die beteiligten Golfanlagen gewähren Ihnen pro Voucher den Erlass des 2. Green Fees. Es können also pro Voucher jeweils 2 Personen für 1 Green Fee spielen (4 Personen benötigen 2 Voucher) oder eine Person mit 30% Nachlass. Bezahlt wird der normale Green Fee-Preis eines Erwachsenen am entsprechenden Spieltag.
- Bereits herausgetrennte bzw. lose Voucher sind nicht veräußerbar bzw. übertragbar; sie berechtigen insbesondere nicht zum Erlass des zweiten Green Fees. Zuwiderhandlungen werden zivilrechtlich verfolgt.
- Haben Sie bitte Verständnis, dass die Voucher bei Sonderveranstaltungen (Turniertagen, Tagen der offenen Tür oder sonstigen Promotion-Aktionen) nicht eingelöst werden können. Bitte erkundigen Sie sich vorab bei Ihrer Anmeldung bei den jeweiligen Golfanlagen. Die Barauszahlung des zweiten Green Fees ist nicht möglich.
- Es gelten die Teilnahme- und Spielbedingungen, die Hausordnung der angeschlossenen Golfclubs sowie die vor Ort ausgewiesenen aktuellen Green Fee-Preise.
- Das Kombinieren mit anderen Rabatten (z. B. Golf Fee Card etc.) oder gegenseitiges Einladen mit zwei oder mehreren Free-Golf-Voucher ist nicht möglich. Bei unterschiedlichen Green Fee-Gebühren (z. B. bei Ermäßigung von Jugendlichen) ist immer der günstigere Tarif kostenfrei.
- Alle Inserenten haben sich dem Herausgeber gegenüber verpflichtet, die Free-Golf-Voucher zu den jeweils angegebenen Teilnahmebedingungen einzulösen. Der Herausgeber übernimmt jedoch keine Haftung dafür, wenn ein Free-Golf-Voucher vom Inserenten nicht eingelöst wird oder nicht eingelöst werden kann. Dies gilt insbesondere bei Insolvenz oder Besitzerwechsel.
- Es haftet ausschließlich der Inserent (= Golfanlage bzw. Betreiber der Golfanlage) für evtl. Meinungsunterschiede und Schadensersatzansprüche.
- Der Herausgeber gibt sich große Mühe bei der Umsetzung der Inserate. Er haftet aber nicht für Satz-, Druck- oder Produktionsfehler. Die Daten für den LeisureBREAKS Guide for Free Golf wurden nach bestem Wissen erarbeitet. Der Herausgeber übernimmt keine Gewähr für deren Vollständigkeit und Richtigkeit. Alle Rechte, insbesondere das Recht der Vervielfältigung und Verbreitung sowie der Übersetzung vorbehalten. Kein Teil des Werkes darf in irgendeiner Form (durch Fotokopie, Mikrofilm oder ein anderes Verfahren) ohne schriftliche Genehmigung des Herausgebers reproduziert oder unter Verwendung elektronischer Systeme gespeichert, verarbeitet, vervielfältigt oder verbreitet werden.
- Die Bearbeitung der Anmeldung erfolgt mittels EDV. Mit Ihrer Unterschrift geben Sie Ihre Einwilligung, dass wir Sie kontaktieren und auch über weitere Aktionen informieren. Die Einwilligung kann jederzeit widerrufen werden.

Gültig bis 30.06.2024

Teilnahmebedingungen

- Free-Golf-Voucher können nur von mindestens zwei Personen genutzt werden. Es gibt keine Ermäßigung für Einzelspieler, außer dies ist explizit durch das Logo 30/1 im Eintrag des Clubs vermerkt. Die Voucher gelten nur für 18 Loch. Pro Golfanlage dürfen Sie maximal 2 Voucher einlösen.
- Free-Golf-Voucher können ausschließlich von Personen mit Green Fee-Berechtigung eingelöst werden. I. d. R. ist dazu ein Mindesthandicap (variiert nach Platz bzw. Anlage) sowie eine Mitgliedschaft bei einem Golfclub erforderlich.
- Bitte weisen Sie bei Ihrer Anmeldung darauf hin, dass Sie mit dem Guide for Free Golf spielen möchten und bringen Sie das Buch beim Einchecken am Golfplatz mit. Nur dann kann Ihnen das zweite, kostenfreie Green Fee oder der 30% Nachlass für Einzelspieler gewährt werden.
- Die beteiligten Golfanlagen gewähren Ihnen pro Voucher den Erlass des 2. Green Fees. Es können also pro Voucher jeweils 2 Personen für 1 Green Fee spielen (4 Personen benötigen 2 Voucher) oder eine Person mit 30% Nachlass. Bezahlt wird der normale Green Fee-Preis eines Erwachsenen am entsprechenden Spieltag.
- Bereits herausgetrennte bzw. lose Voucher sind nicht veräußerbar bzw. übertragbar; sie berechtigen insbesondere nicht zum Erlass des zweiten Green Fees. Zuwiderhandlungen werden zivilrechtlich verfolgt.
- Haben Sie bitte Verständnis, dass die Voucher bei Sonderveranstaltungen (Turniertagen, Tagen der offenen Tür oder sonstigen Promotion-Aktionen) nicht eingelöst werden können. Bitte erkundigen Sie sich vorab bei Ihrer Anmeldung bei den jeweiligen Golfanlagen. Die Barauszahlung des zweiten Green Fees ist nicht möglich.
- Es gelten die Teilnahme- und Spielbedingungen, die Hausordnung der angeschlossenen Golfclubs sowie die vor Ort ausgewiesenen aktuellen Green Fee-Preise.
- Das Kombinieren mit anderen Rabatten (z. B. Golf Fee Card etc.) oder gegenseitiges Einladen mit zwei oder mehreren Free-Golf-Voucher ist nicht möglich. Bei unterschiedlichen Green Fee-Gebühren (z. B. bei Ermäßigung von Jugendlichen) ist immer der günstigere Tarif kostenfrei.
- Alle Inserenten haben sich dem Herausgeber gegenüber verpflichtet, die Free-Golf-Voucher zu den jeweils angegebenen Teilnahmebedingungen einzulösen. Der Herausgeber übernimmt jedoch keine Haftung dafür, wenn ein Free-Golf-Voucher vom Inserenten nicht eingelöst wird oder nicht eingelöst werden kann. Dies gilt insbesondere bei Insolvenz oder Besitzerwechsel.
- Es haftet ausschließlich der Inserent (= Golfanlage bzw. Betreiber der Golfanlage) für evtl. Meinungsunterschiede und Schadensersatzansprüche.
- Der Herausgeber gibt sich große Mühe bei der Umsetzung der Inserate. Er haftet aber nicht für Satz-, Druck- oder Produktionsfehler. Die Daten für den LeisureBREAKS Guide for Free Golf wurden nach bestem Wissen erarbeitet. Der Herausgeber übernimmt keine Gewähr für deren Vollständigkeit und Richtigkeit. Alle Rechte, insbesondere das Recht der Vervielfältigung und Verbreitung sowie der Übersetzung vorbehalten. Kein Teil des Werkes darf in irgendeiner Form (durch Fotokopie, Mikrofilm oder ein anderes Verfahren) ohne schriftliche Genehmigung des Herausgebers reproduziert oder unter Verwendung elektronischer Systeme gespeichert, verarbeitet, vervielfältigt oder verbreitet werden.
- Die Bearbeitung der Anmeldung erfolgt mittels EDV. Mit Ihrer Unterschrift geben Sie Ihre Einwilligung, dass wir Sie kontaktieren und auch über weitere Aktionen informieren. Die Einwilligung kann jederzeit widerrufen werden.

Gültig bis 30.06.2024

Teilnahmebedingungen

- Free-Golf-Voucher können nur von mindestens zwei Personen genutzt werden. Es gibt keine Ermäßigung für Einzelspieler, außer dies ist explizit durch das Logo 30/1 im Eintrag des Clubs vermerkt. Die Voucher gelten nur für 18 Loch. Pro Golfanlage dürfen Sie maximal 2 Voucher einlösen.
- Free-Golf-Voucher können ausschließlich von Personen mit Green Fee-Berechtigung eingelöst werden. I. d. R. ist dazu ein Mindesthandicap (variiert nach Platz bzw. Anlage) sowie eine Mitgliedschaft bei einem Golfclub erforderlich.
- Bitte weisen Sie bei Ihrer Anmeldung darauf hin, dass Sie mit dem Guide for Free Golf spielen möchten und bringen Sie das Buch beim Einchecken am Golfplatz mit. Nur dann kann Ihnen das zweite, kostenfreie Green Fee oder der 30% Nachlass für Einzelspieler gewährt werden.
- Die beteiligten Golfanlagen gewähren Ihnen pro Voucher den Erlass des 2. Green Fees. Es können also pro Voucher jeweils 2 Personen für 1 Green Fee spielen (4 Personen benötigen 2 Voucher) oder eine Person mit 30% Nachlass. Bezahlt wird der normale Green Fee-Preis eines Erwachsenen am entsprechenden Spieltag.
- Bereits herausgetrennte bzw. lose Voucher sind nicht veräußerbar bzw. übertragbar; sie berechtigen insbesondere nicht zum Erlass des zweiten Green Fees. Zuwiderhandlungen werden zivilrechtlich verfolgt.
- Haben Sie bitte Verständnis, dass die Voucher bei Sonderveranstaltungen (Turniertagen, Tagen der offenen Tür oder sonstigen Promotion-Aktionen) nicht eingelöst werden können. Bitte erkundigen Sie sich vorab bei Ihrer Anmeldung bei den jeweiligen Golfanlagen. Die Barauszahlung des zweiten Green Fees ist nicht möglich.
- Es gelten die Teilnahme- und Spielbedingungen, die Hausordnung der angeschlossenen Golfclubs sowie die vor Ort ausgewiesenen aktuellen Green Fee-Preise.
- Das Kombinieren mit anderen Rabatten (z. B. Golf Fee Card etc.) oder gegenseitiges Einladen mit zwei oder mehreren Free-Golf-Voucher ist nicht möglich. Bei unterschiedlichen Green Fee-Gebühren (z. B. bei Ermäßigung von Jugendlichen) ist immer der günstigere Tarif kostenfrei.
- Alle Inserenten haben sich dem Herausgeber gegenüber verpflichtet, die Free-Golf-Voucher zu den jeweils angegebenen Teilnahmebedingungen einzulösen. Der Herausgeber übernimmt jedoch keine Haftung dafür, wenn ein Free-Golf-Voucher vom Inserenten nicht eingelöst wird oder nicht eingelöst werden kann. Dies gilt insbesondere bei Insolvenz oder Besitzerwechsel.
- Es haftet ausschließlich der Inserent (= Golfanlage bzw. Betreiber der Golfanlage) für evtl. Meinungsunterschiede und Schadensersatzansprüche.
- Der Herausgeber gibt sich große Mühe bei der Umsetzung der Inserate. Er haftet aber nicht für Satz-, Druck- oder Produktionsfehler. Die Daten für den LeisureBREAKS Guide for Free Golf wurden nach bestem Wissen erarbeitet. Der Herausgeber übernimmt keine Gewähr für deren Vollständigkeit und Richtigkeit. Alle Rechte, insbesondere das Recht der Vervielfältigung und Verbreitung sowie der Übersetzung vorbehalten. Kein Teil des Werkes darf in irgendeiner Form (durch Fotokopie, Mikrofilm oder ein anderes Verfahren) ohne schriftliche Genehmigung des Herausgebers reproduziert oder unter Verwendung elektronischer Systeme gespeichert, verarbeitet, vervielfältigt oder verbreitet werden.
- Die Bearbeitung der Anmeldung erfolgt mittels EDV. Mit Ihrer Unterschrift geben Sie Ihre Einwilligung, dass wir Sie kontaktieren und auch über weitere Aktionen informieren. Die Einwilligung kann jederzeit widerrufen werden.

Gültig bis 30.06.2024

Teilnahmebedingungen

- Free-Golf-Voucher können nur von mindestens zwei Personen genutzt werden. Es gibt keine Ermäßigung für Einzelspieler, außer dies ist explizit durch das Logo 30/1 im Eintrag des Clubs vermerkt. Die Voucher gelten nur für 18 Loch. Pro Golfanlage dürfen Sie maximal 2 Voucher einlösen.
- Free-Golf-Voucher können ausschließlich von Personen mit Green Fee-Berechtigung eingelöst werden. I. d. R. ist dazu ein Mindesthandicap (variiert nach Platz bzw. Anlage) sowie eine Mitgliedschaft bei einem Golfclub erforderlich.
- Bitte weisen Sie bei Ihrer Anmeldung darauf hin, dass Sie mit dem Guide for Free Golf spielen möchten und bringen Sie das Buch beim Einchecken am Golfplatz mit. Nur dann kann Ihnen das zweite, kostenfreie Green Fee oder der 30% Nachlass für Einzelspieler gewährt werden.
- Die beteiligten Golfanlagen gewähren Ihnen pro Voucher den Erlass des 2. Green Fees. Es können also pro Voucher jeweils 2 Personen für 1 Green Fee spielen (4 Personen benötigen 2 Voucher) oder eine Person mit 30% Nachlass. Bezahlt wird der normale Green Fee-Preis eines Erwachsenen am entsprechenden Spieltag.
- Bereits herausgetrennte bzw. lose Voucher sind nicht veräußerbar bzw. übertragbar; sie berechtigen insbesondere nicht zum Erlass des zweiten Green Fees. Zuwiderhandlungen werden zivilrechtlich verfolgt.
- Haben Sie bitte Verständnis, dass die Voucher bei Sonderveranstaltungen (Turniertagen, Tagen der offenen Tür oder sonstigen Promotion-Aktionen) nicht eingelöst werden können. Bitte erkundigen Sie sich vorab bei Ihrer Anmeldung bei den jeweiligen Golfanlagen. Die Barauszahlung des zweiten Green Fees ist nicht möglich.
- Es gelten die Teilnahme- und Spielbedingungen, die Hausordnung der angeschlossenen Golfclubs sowie die vor Ort ausgewiesenen aktuellen Green Fee-Preise.
- Das Kombinieren mit anderen Rabatten (z. B. Golf Fee Card etc.) oder gegenseitiges Einladen mit zwei oder mehreren Free-Golf-Voucher ist nicht möglich. Bei unterschiedlichen Green Fee-Gebühren (z. B. bei Ermäßigung von Jugendlichen) ist immer der günstigere Tarif kostenfrei.
- Alle Inserenten haben sich dem Herausgeber gegenüber verpflichtet, die Free-Golf-Voucher zu den jeweils angegebenen Teilnahmebedingungen einzulösen. Der Herausgeber übernimmt jedoch keine Haftung dafür, wenn ein Free-Golf-Voucher vom Inserenten nicht eingelöst wird oder nicht eingelöst werden kann. Dies gilt insbesondere bei Insolvenz oder Besitzerwechsel.
- Es haftet ausschließlich der Inserent (= Golfanlage bzw. Betreiber der Golfanlage) für evtl. Meinungsunterschiede und Schadensersatzansprüche.
- Der Herausgeber gibt sich große Mühe bei der Umsetzung der Inserate. Er haftet aber nicht für Satz-, Druck- oder Produktionsfehler. Die Daten für den LeisureBREAKS Guide for Free Golf wurden nach bestem Wissen erarbeitet. Der Herausgeber übernimmt keine Gewähr für deren Vollständigkeit und Richtigkeit. Alle Rechte, insbesondere das Recht der Vervielfältigung und Verbreitung sowie der Übersetzung vorbehalten. Kein Teil des Werkes darf in irgendeiner Form (durch Fotokopie, Mikrofilm oder ein anderes Verfahren) ohne schriftliche Genehmigung des Herausgebers reproduziert oder unter Verwendung elektronischer Systeme gespeichert, verarbeitet, vervielfältigt oder verbreitet werden.
- Die Bearbeitung der Anmeldung erfolgt mittels EDV. Mit Ihrer Unterschrift geben Sie Ihre Einwilligung, dass wir Sie kontaktieren und auch über weitere Aktionen informieren. Die Einwilligung kann jederzeit widerrufen werden.

Gültig bis 30.06.2024

61

20. Guide for Free Golf

LeisureBREAKS GmbH

Name, Vorname

Straße, Hausnummer

PLZ, Ort

Heimatclub | Handicap

E-Mail

Guide-Nummer

Mit der Anmeldung erkenne ich die umseitigen Teilnahmebedingungen an.

Datum

Unterschrift

62

20. Guide for Free Golf

LeisureBREAKS GmbH

Name, Vorname

Straße, Hausnummer

PLZ, Ort

Heimatclub | Handicap

E-Mail

Guide-Nummer

Mit der Anmeldung erkenne ich die umseitigen Teilnahmebedingungen an.

Datum

Unterschrift

63

20. Guide for Free Golf

LeisureBREAKS GmbH

Name, Vorname

Straße, Hausnummer

PLZ, Ort

Heimatclub | Handicap

E-Mail

Guide-Nummer

Mit der Anmeldung erkenne ich die umseitigen Teilnahmebedingungen an.

Datum

Unterschrift

64

20. Guide for Free Golf

LeisureBREAKS GmbH

Name, Vorname

Straße, Hausnummer

PLZ, Ort

Heimatclub | Handicap

E-Mail

Guide-Nummer

Mit der Anmeldung erkenne ich die umseitigen Teilnahmebedingungen an.

Datum

Unterschrift

Teilnahmebedingungen

- Free-Golf-Voucher können nur von mindestens zwei Personen genutzt werden. Es gibt keine Ermäßigung für Einzelspieler, außer dies ist explizit durch das Logo 30/1 im Eintrag des Clubs vermerkt. Die Voucher gelten nur für 18 Loch. Pro Golfanlage dürfen Sie maximal 2 Voucher einlösen.
- Free-Golf-Voucher können ausschließlich von Personen mit Green Fee-Berechtigung eingelöst werden. I. d. R. ist dazu ein Mindesthandicap (variiert nach Platz bzw. Anlage) sowie eine Mitgliedschaft bei einem Golfclub erforderlich.
- Bitte weisen Sie bei Ihrer Anmeldung darauf hin, dass Sie mit dem Guide for Free Golf spielen möchten und bringen Sie das Buch beim Einchecken am Golfplatz mit. Nur dann kann Ihnen das zweite, kostenfreie Green Fee oder der 30% Nachlass für Einzelspieler gewährt werden.
- Die beteiligten Golfanlagen gewähren Ihnen pro Voucher den Erlass des 2. Green Fees. Es können also pro Voucher jeweils 2 Personen für 1 Green Fee spielen (4 Personen benötigen 2 Voucher) oder eine Person mit 30% Nachlass. Bezahlt wird der normale Green Fee-Preis eines Erwachsenen am entsprechenden Spieltag.
- Bereits herausgetrennte bzw. lose Voucher sind nicht veräußerbar bzw. übertragbar; sie berechtigen insbesondere nicht zum Erlass des zweiten Green Fees. Zuwiderhandlungen werden zivilrechtlich verfolgt.
- Haben Sie bitte Verständnis, dass die Voucher bei Sonderveranstaltungen (Turniertagen, Tagen der offenen Tür oder sonstigen Promotion-Aktionen) nicht eingelöst werden können. Bitte erkundigen Sie sich vorab bei Ihrer Anmeldung bei den jeweiligen Golfanlagen. Die Barauszahlung des zweiten Green Fees ist nicht möglich.
- Es gelten die Teilnahme- und Spielbedingungen, die Hausordnung der angeschlossenen Golfclubs sowie die vor Ort ausgewiesenen aktuellen Green Fee-Preise.
- Das Kombinieren mit anderen Rabatten (z. B. Golf Fee Card etc.) oder gegenseitiges Einladen mit zwei oder mehreren Free-Golf-Voucher ist nicht möglich. Bei unterschiedlichen Green Fee-Gebühren (z. B. bei Ermäßigung von Jugendlichen) ist immer der günstigere Tarif kostenfrei.
- Alle Inserenten haben sich dem Herausgeber gegenüber verpflichtet, die Free-Golf-Voucher zu den jeweils angegebenen Teilnahmebedingungen einzulösen. Der Herausgeber übernimmt jedoch keine Haftung dafür, wenn ein Free-Golf-Voucher vom Inserenten nicht eingelöst wird oder nicht eingelöst werden kann. Dies gilt insbesondere bei Insolvenz oder Besitzerwechsel.
- Es haftet ausschließlich der Inserent (= Golfanlage bzw. Betreiber der Golfanlage) für evtl. Meinungsunterschiede und Schadensersatzansprüche.
- Der Herausgeber gibt sich große Mühe bei der Umsetzung der Inserate. Er haftet aber nicht für Satz-, Druck- oder Produktionsfehler. Die Daten für den LeisureBREAKS Guide for Free Golf wurden nach bestem Wissen erarbeitet. Der Herausgeber übernimmt keine Gewähr für deren Vollständigkeit und Richtigkeit. Alle Rechte, insbesondere das Recht der Vervielfältigung und Verbreitung sowie der Übersetzung vorbehalten. Kein Teil des Werkes darf in irgendeiner Form (durch Fotokopie, Mikrofilm oder ein anderes Verfahren) ohne schriftliche Genehmigung des Herausgebers reproduziert oder unter Verwendung elektronischer Systeme gespeichert, verarbeitet, vervielfältigt oder verbreitet werden.
- Die Bearbeitung der Anmeldung erfolgt mittels EDV. Mit Ihrer Unterschrift geben Sie Ihre Einwilligung, dass wir Sie kontaktieren und auch über weitere Aktionen informieren. Die Einwilligung kann jederzeit widerrufen werden.

Gültig bis 30.06.2024

Teilnahmebedingungen

- Free-Golf-Voucher können nur von mindestens zwei Personen genutzt werden. Es gibt keine Ermäßigung für Einzelspieler, außer dies ist explizit durch das Logo 30/1 im Eintrag des Clubs vermerkt. Die Voucher gelten nur für 18 Loch. Pro Golfanlage dürfen Sie maximal 2 Voucher einlösen.
- Free-Golf-Voucher können ausschließlich von Personen mit Green Fee-Berechtigung eingelöst werden. I. d. R. ist dazu ein Mindesthandicap (variiert nach Platz bzw. Anlage) sowie eine Mitgliedschaft bei einem Golfclub erforderlich.
- Bitte weisen Sie bei Ihrer Anmeldung darauf hin, dass Sie mit dem Guide for Free Golf spielen möchten und bringen Sie das Buch beim Einchecken am Golfplatz mit. Nur dann kann Ihnen das zweite, kostenfreie Green Fee oder der 30% Nachlass für Einzelspieler gewährt werden.
- Die beteiligten Golfanlagen gewähren Ihnen pro Voucher den Erlass des 2. Green Fees. Es können also pro Voucher jeweils 2 Personen für 1 Green Fee spielen (4 Personen benötigen 2 Voucher) oder eine Person mit 30% Nachlass. Bezahlt wird der normale Green Fee-Preis eines Erwachsenen am entsprechenden Spieltag.
- Bereits herausgetrennte bzw. lose Voucher sind nicht veräußerbar bzw. übertragbar; sie berechtigen insbesondere nicht zum Erlass des zweiten Green Fees. Zuwiderhandlungen werden zivilrechtlich verfolgt.
- Haben Sie bitte Verständnis, dass die Voucher bei Sonderveranstaltungen (Turniertagen, Tagen der offenen Tür oder sonstigen Promotion-Aktionen) nicht eingelöst werden können. Bitte erkundigen Sie sich vorab bei Ihrer Anmeldung bei den jeweiligen Golfanlagen. Die Barauszahlung des zweiten Green Fees ist nicht möglich.
- Es gelten die Teilnahme- und Spielbedingungen, die Hausordnung der angeschlossenen Golfclubs sowie die vor Ort ausgewiesenen aktuellen Green Fee-Preise.
- Das Kombinieren mit anderen Rabatten (z. B. Golf Fee Card etc.) oder gegenseitiges Einladen mit zwei oder mehreren Free-Golf-Voucher ist nicht möglich. Bei unterschiedlichen Green Fee-Gebühren (z. B. bei Ermäßigung von Jugendlichen) ist immer der günstigere Tarif kostenfrei.
- Alle Inserenten haben sich dem Herausgeber gegenüber verpflichtet, die Free-Golf-Voucher zu den jeweils angegebenen Teilnahmebedingungen einzulösen. Der Herausgeber übernimmt jedoch keine Haftung dafür, wenn ein Free-Golf-Voucher vom Inserenten nicht eingelöst wird oder nicht eingelöst werden kann. Dies gilt insbesondere bei Insolvenz oder Besitzerwechsel.
- Es haftet ausschließlich der Inserent (= Golfanlage bzw. Betreiber der Golfanlage) für evtl. Meinungsunterschiede und Schadensersatzansprüche.
- Der Herausgeber gibt sich große Mühe bei der Umsetzung der Inserate. Er haftet aber nicht für Satz-, Druck- oder Produktionsfehler. Die Daten für den LeisureBREAKS Guide for Free Golf wurden nach bestem Wissen erarbeitet. Der Herausgeber übernimmt keine Gewähr für deren Vollständigkeit und Richtigkeit. Alle Rechte, insbesondere das Recht der Vervielfältigung und Verbreitung sowie der Übersetzung vorbehalten. Kein Teil des Werkes darf in irgendeiner Form (durch Fotokopie, Mikrofilm oder ein anderes Verfahren) ohne schriftliche Genehmigung des Herausgebers reproduziert oder unter Verwendung elektronischer Systeme gespeichert, verarbeitet, vervielfältigt oder verbreitet werden.
- Die Bearbeitung der Anmeldung erfolgt mittels EDV. Mit Ihrer Unterschrift geben Sie Ihre Einwilligung, dass wir Sie kontaktieren und auch über weitere Aktionen informieren. Die Einwilligung kann jederzeit widerrufen werden.

Gültig bis 30.06.2024

Teilnahmebedingungen

- Free-Golf-Voucher können nur von mindestens zwei Personen genutzt werden. Es gibt keine Ermäßigung für Einzelspieler, außer dies ist explizit durch das Logo 30/1 im Eintrag des Clubs vermerkt. Die Voucher gelten nur für 18 Loch. Pro Golfanlage dürfen Sie maximal 2 Voucher einlösen.
- Free-Golf-Voucher können ausschließlich von Personen mit Green Fee-Berechtigung eingelöst werden. I. d. R. ist dazu ein Mindesthandicap (variiert nach Platz bzw. Anlage) sowie eine Mitgliedschaft bei einem Golfclub erforderlich.
- Bitte weisen Sie bei Ihrer Anmeldung darauf hin, dass Sie mit dem Guide for Free Golf spielen möchten und bringen Sie das Buch beim Einchecken am Golfplatz mit. Nur dann kann Ihnen das zweite, kostenfreie Green Fee oder der 30% Nachlass für Einzelspieler gewährt werden.
- Die beteiligten Golfanlagen gewähren Ihnen pro Voucher den Erlass des 2. Green Fees. Es können also pro Voucher jeweils 2 Personen für 1 Green Fee spielen (4 Personen benötigen 2 Voucher) oder eine Person mit 30% Nachlass. Bezahlt wird der normale Green Fee-Preis eines Erwachsenen am entsprechenden Spieltag.
- Bereits herausgetrennte bzw. lose Voucher sind nicht veräußerbar bzw. übertragbar; sie berechtigen insbesondere nicht zum Erlass des zweiten Green Fees. Zuwiderhandlungen werden zivilrechtlich verfolgt.
- Haben Sie bitte Verständnis, dass die Voucher bei Sonderveranstaltungen (Turniertagen, Tagen der offenen Tür oder sonstigen Promotion-Aktionen) nicht eingelöst werden können. Bitte erkundigen Sie sich vorab bei Ihrer Anmeldung bei den jeweiligen Golfanlagen. Die Barauszahlung des zweiten Green Fees ist nicht möglich.
- Es gelten die Teilnahme- und Spielbedingungen, die Hausordnung der angeschlossenen Golfclubs sowie die vor Ort ausgewiesenen aktuellen Green Fee-Preise.
- Das Kombinieren mit anderen Rabatten (z. B. Golf Fee Card etc.) oder gegenseitiges Einladen mit zwei oder mehreren Free-Golf-Voucher ist nicht möglich. Bei unterschiedlichen Green Fee-Gebühren (z. B. bei Ermäßigung von Jugendlichen) ist immer der günstigere Tarif kostenfrei.
- Alle Inserenten haben sich dem Herausgeber gegenüber verpflichtet, die Free-Golf-Voucher zu den jeweils angegebenen Teilnahmebedingungen einzulösen. Der Herausgeber übernimmt jedoch keine Haftung dafür, wenn ein Free-Golf-Voucher vom Inserenten nicht eingelöst wird oder nicht eingelöst werden kann. Dies gilt insbesondere bei Insolvenz oder Besitzerwechsel.
- Es haftet ausschließlich der Inserent (= Golfanlage bzw. Betreiber der Golfanlage) für evtl. Meinungsunterschiede und Schadensersatzansprüche.
- Der Herausgeber gibt sich große Mühe bei der Umsetzung der Inserate. Er haftet aber nicht für Satz-, Druck- oder Produktionsfehler. Die Daten für den LeisureBREAKS Guide for Free Golf wurden nach bestem Wissen erarbeitet. Der Herausgeber übernimmt keine Gewähr für deren Vollständigkeit und Richtigkeit. Alle Rechte, insbesondere das Recht der Vervielfältigung und Verbreitung sowie der Übersetzung vorbehalten. Kein Teil des Werkes darf in irgendeiner Form (durch Fotokopie, Mikrofilm oder ein anderes Verfahren) ohne schriftliche Genehmigung des Herausgebers reproduziert oder unter Verwendung elektronischer Systeme gespeichert, verarbeitet, vervielfältigt oder verbreitet werden.
- Die Bearbeitung der Anmeldung erfolgt mittels EDV. Mit Ihrer Unterschrift geben Sie Ihre Einwilligung, dass wir Sie kontaktieren und auch über weitere Aktionen informieren. Die Einwilligung kann jederzeit widerrufen werden.

Gültig bis 30.06.2024

Teilnahmebedingungen

- Free-Golf-Voucher können nur von mindestens zwei Personen genutzt werden. Es gibt keine Ermäßigung für Einzelspieler, außer dies ist explizit durch das Logo 30/1 im Eintrag des Clubs vermerkt. Die Voucher gelten nur für 18 Loch. Pro Golfanlage dürfen Sie maximal 2 Voucher einlösen.
- Free-Golf-Voucher können ausschließlich von Personen mit Green Fee-Berechtigung eingelöst werden. I. d. R. ist dazu ein Mindesthandicap (variiert nach Platz bzw. Anlage) sowie eine Mitgliedschaft bei einem Golfclub erforderlich.
- Bitte weisen Sie bei Ihrer Anmeldung darauf hin, dass Sie mit dem Guide for Free Golf spielen möchten und bringen Sie das Buch beim Einchecken am Golfplatz mit. Nur dann kann Ihnen das zweite, kostenfreie Green Fee oder der 30% Nachlass für Einzelspieler gewährt werden.
- Die beteiligten Golfanlagen gewähren Ihnen pro Voucher den Erlass des 2. Green Fees. Es können also pro Voucher jeweils 2 Personen für 1 Green Fee spielen (4 Personen benötigen 2 Voucher) oder eine Person mit 30% Nachlass. Bezahlt wird der normale Green Fee-Preis eines Erwachsenen am entsprechenden Spieltag.
- Bereits herausgetrennte bzw. lose Voucher sind nicht veräußerbar bzw. übertragbar; sie berechtigen insbesondere nicht zum Erlass des zweiten Green Fees. Zuwiderhandlungen werden zivilrechtlich verfolgt.
- Haben Sie bitte Verständnis, dass die Voucher bei Sonderveranstaltungen (Turniertagen, Tagen der offenen Tür oder sonstigen Promotion-Aktionen) nicht eingelöst werden können. Bitte erkundigen Sie sich vorab bei Ihrer Anmeldung bei den jeweiligen Golfanlagen. Die Barauszahlung des zweiten Green Fees ist nicht möglich.
- Es gelten die Teilnahme- und Spielbedingungen, die Hausordnung der angeschlossenen Golfclubs sowie die vor Ort ausgewiesenen aktuellen Green Fee-Preise.
- Das Kombinieren mit anderen Rabatten (z. B. Golf Fee Card etc.) oder gegenseitiges Einladen mit zwei oder mehreren Free-Golf-Voucher ist nicht möglich. Bei unterschiedlichen Green Fee-Gebühren (z. B. bei Ermäßigung von Jugendlichen) ist immer der günstigere Tarif kostenfrei.
- Alle Inserenten haben sich dem Herausgeber gegenüber verpflichtet, die Free-Golf-Voucher zu den jeweils angegebenen Teilnahmebedingungen einzulösen. Der Herausgeber übernimmt jedoch keine Haftung dafür, wenn ein Free-Golf-Voucher vom Inserenten nicht eingelöst wird oder nicht eingelöst werden kann. Dies gilt insbesondere bei Insolvenz oder Besitzerwechsel.
- Es haftet ausschließlich der Inserent (= Golfanlage bzw. Betreiber der Golfanlage) für evtl. Meinungsunterschiede und Schadensersatzansprüche.
- Der Herausgeber gibt sich große Mühe bei der Umsetzung der Inserate. Er haftet aber nicht für Satz-, Druck- oder Produktionsfehler. Die Daten für den LeisureBREAKS Guide for Free Golf wurden nach bestem Wissen erarbeitet. Der Herausgeber übernimmt keine Gewähr für deren Vollständigkeit und Richtigkeit. Alle Rechte, insbesondere das Recht der Vervielfältigung und Verbreitung sowie der Übersetzung vorbehalten. Kein Teil des Werkes darf in irgendeiner Form (durch Fotokopie, Mikrofilm oder ein anderes Verfahren) ohne schriftliche Genehmigung des Herausgebers reproduziert oder unter Verwendung elektronischer Systeme gespeichert, verarbeitet, vervielfältigt oder verbreitet werden.
- Die Bearbeitung der Anmeldung erfolgt mittels EDV. Mit Ihrer Unterschrift geben Sie Ihre Einwilligung, dass wir Sie kontaktieren und auch über weitere Aktionen informieren. Die Einwilligung kann jederzeit widerrufen werden.

Gültig bis 30.06.2024

65

20. Guide for Free Golf

LeisureBREAKS GmbH

Name, Vorname

Straße, Hausnummer

PLZ, Ort

Heimatclub | Handicap

E-Mail

Guide-Nummer

Mit der Anmeldung erkenne ich die umseitigen Teilnahmebedingungen an.

Datum

Unterschrift

66

20. Guide for Free Golf

LeisureBREAKS GmbH

Name, Vorname

Straße, Hausnummer

PLZ, Ort

Heimatclub | Handicap

E-Mail

Guide-Nummer

Mit der Anmeldung erkenne ich die umseitigen Teilnahmebedingungen an.

Datum

Unterschrift

67

20. Guide for Free Golf

LeisureBREAKS GmbH

Name, Vorname

Straße, Hausnummer

PLZ, Ort

Heimatclub | Handicap

E-Mail

Guide-Nummer

Mit der Anmeldung erkenne ich die umseitigen Teilnahmebedingungen an.

Datum

Unterschrift

68

20. Guide for Free Golf

LeisureBREAKS GmbH

Name, Vorname

Straße, Hausnummer

PLZ, Ort

Heimatclub | Handicap

E-Mail

Guide-Nummer

Mit der Anmeldung erkenne ich die umseitigen Teilnahmebedingungen an.

Datum

Unterschrift

Teilnahmebedingungen

- Free-Golf-Voucher können nur von mindestens zwei Personen genutzt werden. Es gibt keine Ermäßigung für Einzelspieler, außer dies ist explizit durch das Logo 30/1 im Eintrag des Clubs vermerkt. Die Voucher gelten nur für 18 Loch. Pro Golfanlage dürfen Sie maximal 2 Voucher einlösen.
- Free-Golf-Voucher können ausschließlich von Personen mit Green Fee-Berechtigung eingelöst werden. I. d. R. ist dazu ein Mindesthandicap (variiert nach Platz bzw. Anlage) sowie eine Mitgliedschaft bei einem Golfclub erforderlich.
- Bitte weisen Sie bei Ihrer Anmeldung darauf hin, dass Sie mit dem Guide for Free Golf spielen möchten und bringen Sie das Buch beim Einchecken am Golfplatz mit. Nur dann kann Ihnen das zweite, kostenfreie Green Fee oder der 30% Nachlass für Einzelspieler gewährt werden.
- Die beteiligten Golfanlagen gewähren Ihnen pro Voucher den Erlass des 2. Green Fees. Es können also pro Voucher jeweils 2 Personen für 1 Green Fee spielen (4 Personen benötigen 2 Voucher) oder eine Person mit 30% Nachlass. Bezahlt wird der normale Green Fee-Preis eines Erwachsenen am entsprechenden Spieltag.
- Bereits herausgetrennte bzw. lose Voucher sind nicht veräußerbar bzw. übertragbar; sie berechtigen insbesondere nicht zum Erlass des zweiten Green Fees. Zuwiderhandlungen werden zivilrechtlich verfolgt.
- Haben Sie bitte Verständnis, dass die Voucher bei Sonderveranstaltungen (Turniertagen, Tagen der offenen Tür oder sonstigen Promotion-Aktionen) nicht eingelöst werden können. Bitte erkundigen Sie sich vorab bei Ihrer Anmeldung bei den jeweiligen Golfanlagen. Die Barauszahlung des zweiten Green Fees ist nicht möglich.
- Es gelten die Teilnahme- und Spielbedingungen, die Hausordnung der angeschlossenen Golfclubs sowie die vor Ort ausgewiesenen aktuellen Green Fee-Preise.
- Das Kombinieren mit anderen Rabatten (z. B. Golf Fee Card etc.) oder gegenseitiges Einladen mit zwei oder mehreren Free-Golf-Voucher ist nicht möglich. Bei unterschiedlichen Green Fee-Gebühren (z. B. bei Ermäßigung von Jugendlichen) ist immer der günstigere Tarif kostenfrei.
- Alle Inserenten haben sich dem Herausgeber gegenüber verpflichtet, die Free-Golf-Voucher zu den jeweils angegebenen Teilnahmebedingungen einzulösen. Der Herausgeber übernimmt jedoch keine Haftung dafür, wenn ein Free-Golf-Voucher vom Inserenten nicht eingelöst wird oder nicht eingelöst werden kann. Dies gilt insbesondere bei Insolvenz oder Besitzerwechsel.
- Es haftet ausschließlich der Inserent (= Golfanlage bzw. Betreiber der Golfanlage) für evtl. Meinungsunterschiede und Schadensersatzansprüche.
- Der Herausgeber gibt sich große Mühe bei der Umsetzung der Inserate. Er haftet aber nicht für Satz-, Druck- oder Produktionsfehler. Die Daten für den LeisureBREAKS Guide for Free Golf wurden nach bestem Wissen erarbeitet. Der Herausgeber übernimmt keine Gewähr für deren Vollständigkeit und Richtigkeit. Alle Rechte, insbesondere das Recht der Vervielfältigung und Verbreitung sowie der Übersetzung vorbehalten. Kein Teil des Werkes darf in irgendeiner Form (durch Fotokopie, Mikrofilm oder ein anderes Verfahren) ohne schriftliche Genehmigung des Herausgebers reproduziert oder unter Verwendung elektronischer Systeme gespeichert, verarbeitet, vervielfältigt oder verbreitet werden.
- Die Bearbeitung der Anmeldung erfolgt mittels EDV. Mit Ihrer Unterschrift geben Sie Ihre Einwilligung, dass wir Sie kontaktieren und auch über weitere Aktionen informieren. Die Einwilligung kann jederzeit widerrufen werden.

Gültig bis 30.06.2024

Teilnahmebedingungen

- Free-Golf-Voucher können nur von mindestens zwei Personen genutzt werden. Es gibt keine Ermäßigung für Einzelspieler, außer dies ist explizit durch das Logo 30/1 im Eintrag des Clubs vermerkt. Die Voucher gelten nur für 18 Loch. Pro Golfanlage dürfen Sie maximal 2 Voucher einlösen.
- Free-Golf-Voucher können ausschließlich von Personen mit Green Fee-Berechtigung eingelöst werden. I. d. R. ist dazu ein Mindesthandicap (variiert nach Platz bzw. Anlage) sowie eine Mitgliedschaft bei einem Golfclub erforderlich.
- Bitte weisen Sie bei Ihrer Anmeldung darauf hin, dass Sie mit dem Guide for Free Golf spielen möchten und bringen Sie das Buch beim Einchecken am Golfplatz mit. Nur dann kann Ihnen das zweite, kostenfreie Green Fee oder der 30% Nachlass für Einzelspieler gewährt werden.
- Die beteiligten Golfanlagen gewähren Ihnen pro Voucher den Erlass des 2. Green Fees. Es können also pro Voucher jeweils 2 Personen für 1 Green Fee spielen (4 Personen benötigen 2 Voucher) oder eine Person mit 30% Nachlass. Bezahlt wird der normale Green Fee-Preis eines Erwachsenen am entsprechenden Spieltag.
- Bereits herausgetrennte bzw. lose Voucher sind nicht veräußerbar bzw. übertragbar; sie berechtigen insbesondere nicht zum Erlass des zweiten Green Fees. Zuwiderhandlungen werden zivilrechtlich verfolgt.
- Haben Sie bitte Verständnis, dass die Voucher bei Sonderveranstaltungen (Turniertagen, Tagen der offenen Tür oder sonstigen Promotion-Aktionen) nicht eingelöst werden können. Bitte erkundigen Sie sich vorab bei Ihrer Anmeldung bei den jeweiligen Golfanlagen. Die Barauszahlung des zweiten Green Fees ist nicht möglich.
- Es gelten die Teilnahme- und Spielbedingungen, die Hausordnung der angeschlossenen Golfclubs sowie die vor Ort ausgewiesenen aktuellen Green Fee-Preise.
- Das Kombinieren mit anderen Rabatten (z. B. Golf Fee Card etc.) oder gegenseitiges Einladen mit zwei oder mehreren Free-Golf-Voucher ist nicht möglich. Bei unterschiedlichen Green Fee-Gebühren (z. B. bei Ermäßigung von Jugendlichen) ist immer der günstigere Tarif kostenfrei.
- Alle Inserenten haben sich dem Herausgeber gegenüber verpflichtet, die Free-Golf-Voucher zu den jeweils angegebenen Teilnahmebedingungen einzulösen. Der Herausgeber übernimmt jedoch keine Haftung dafür, wenn ein Free-Golf-Voucher vom Inserenten nicht eingelöst wird oder nicht eingelöst werden kann. Dies gilt insbesondere bei Insolvenz oder Besitzerwechsel.
- Es haftet ausschließlich der Inserent (= Golfanlage bzw. Betreiber der Golfanlage) für evtl. Meinungsunterschiede und Schadensersatzansprüche.
- Der Herausgeber gibt sich große Mühe bei der Umsetzung der Inserate. Er haftet aber nicht für Satz-, Druck- oder Produktionsfehler. Die Daten für den LeisureBREAKS Guide for Free Golf wurden nach bestem Wissen erarbeitet. Der Herausgeber übernimmt keine Gewähr für deren Vollständigkeit und Richtigkeit. Alle Rechte, insbesondere das Recht der Vervielfältigung und Verbreitung sowie der Übersetzung vorbehalten. Kein Teil des Werkes darf in irgendeiner Form (durch Fotokopie, Mikrofilm oder ein anderes Verfahren) ohne schriftliche Genehmigung des Herausgebers reproduziert oder unter Verwendung elektronischer Systeme gespeichert, verarbeitet, vervielfältigt oder verbreitet werden.
- Die Bearbeitung der Anmeldung erfolgt mittels EDV. Mit Ihrer Unterschrift geben Sie Ihre Einwilligung, dass wir Sie kontaktieren und auch über weitere Aktionen informieren. Die Einwilligung kann jederzeit widerrufen werden.

Gültig bis 30.06.2024

Teilnahmebedingungen

- Free-Golf-Voucher können nur von mindestens zwei Personen genutzt werden. Es gibt keine Ermäßigung für Einzelspieler, außer dies ist explizit durch das Logo 30/1 im Eintrag des Clubs vermerkt. Die Voucher gelten nur für 18 Loch. Pro Golfanlage dürfen Sie maximal 2 Voucher einlösen.
- Free-Golf-Voucher können ausschließlich von Personen mit Green Fee-Berechtigung eingelöst werden. I. d. R. ist dazu ein Mindesthandicap (variiert nach Platz bzw. Anlage) sowie eine Mitgliedschaft bei einem Golfclub erforderlich.
- Bitte weisen Sie bei Ihrer Anmeldung darauf hin, dass Sie mit dem Guide for Free Golf spielen möchten und bringen Sie das Buch beim Einchecken am Golfplatz mit. Nur dann kann Ihnen das zweite, kostenfreie Green Fee oder der 30% Nachlass für Einzelspieler gewährt werden.
- Die beteiligten Golfanlagen gewähren Ihnen pro Voucher den Erlass des 2. Green Fees. Es können also pro Voucher jeweils 2 Personen für 1 Green Fee spielen (4 Personen benötigen 2 Voucher) oder eine Person mit 30% Nachlass. Bezahlt wird der normale Green Fee-Preis eines Erwachsenen am entsprechenden Spieltag.
- Bereits herausgetrennte bzw. lose Voucher sind nicht veräußerbar bzw. übertragbar; sie berechtigen insbesondere nicht zum Erlass des zweiten Green Fees. Zuwiderhandlungen werden zivilrechtlich verfolgt.
- Haben Sie bitte Verständnis, dass die Voucher bei Sonderveranstaltungen (Turniertagen, Tagen der offenen Tür oder sonstigen Promotion-Aktionen) nicht eingelöst werden können. Bitte erkundigen Sie sich vorab bei Ihrer Anmeldung bei den jeweiligen Golfanlagen. Die Barauszahlung des zweiten Green Fees ist nicht möglich.
- Es gelten die Teilnahme- und Spielbedingungen, die Hausordnung der angeschlossenen Golfclubs sowie die vor Ort ausgewiesenen aktuellen Green Fee-Preise.
- Das Kombinieren mit anderen Rabatten (z. B. Golf Fee Card etc.) oder gegenseitiges Einladen mit zwei oder mehreren Free-Golf-Voucher ist nicht möglich. Bei unterschiedlichen Green Fee-Gebühren (z. B. bei Ermäßigung von Jugendlichen) ist immer der günstigere Tarif kostenfrei.
- Alle Inserenten haben sich dem Herausgeber gegenüber verpflichtet, die Free-Golf-Voucher zu den jeweils angegebenen Teilnahmebedingungen einzulösen. Der Herausgeber übernimmt jedoch keine Haftung dafür, wenn ein Free-Golf-Voucher vom Inserenten nicht eingelöst wird oder nicht eingelöst werden kann. Dies gilt insbesondere bei Insolvenz oder Besitzerwechsel.
- Es haftet ausschließlich der Inserent (= Golfanlage bzw. Betreiber der Golfanlage) für evtl. Meinungsunterschiede und Schadensersatzansprüche.
- Der Herausgeber gibt sich große Mühe bei der Umsetzung der Inserate. Er haftet aber nicht für Satz-, Druck- oder Produktionsfehler. Die Daten für den LeisureBREAKS Guide for Free Golf wurden nach bestem Wissen erarbeitet. Der Herausgeber übernimmt keine Gewähr für deren Vollständigkeit und Richtigkeit. Alle Rechte, insbesondere das Recht der Vervielfältigung und Verbreitung sowie der Übersetzung vorbehalten. Kein Teil des Werkes darf in irgendeiner Form (durch Fotokopie, Mikrofilm oder ein anderes Verfahren) ohne schriftliche Genehmigung des Herausgebers reproduziert oder unter Verwendung elektronischer Systeme gespeichert, verarbeitet, vervielfältigt oder verbreitet werden.
- Die Bearbeitung der Anmeldung erfolgt mittels EDV. Mit Ihrer Unterschrift geben Sie Ihre Einwilligung, dass wir Sie kontaktieren und auch über weitere Aktionen informieren. Die Einwilligung kann jederzeit widerrufen werden.

Gültig bis 30.06.2024

Teilnahmebedingungen

- Free-Golf-Voucher können nur von mindestens zwei Personen genutzt werden. Es gibt keine Ermäßigung für Einzelspieler, außer dies ist explizit durch das Logo 30/1 im Eintrag des Clubs vermerkt. Die Voucher gelten nur für 18 Loch. Pro Golfanlage dürfen Sie maximal 2 Voucher einlösen.
- Free-Golf-Voucher können ausschließlich von Personen mit Green Fee-Berechtigung eingelöst werden. I. d. R. ist dazu ein Mindesthandicap (variiert nach Platz bzw. Anlage) sowie eine Mitgliedschaft bei einem Golfclub erforderlich.
- Bitte weisen Sie bei Ihrer Anmeldung darauf hin, dass Sie mit dem Guide for Free Golf spielen möchten und bringen Sie das Buch beim Einchecken am Golfplatz mit. Nur dann kann Ihnen das zweite, kostenfreie Green Fee oder der 30% Nachlass für Einzelspieler gewährt werden.
- Die beteiligten Golfanlagen gewähren Ihnen pro Voucher den Erlass des 2. Green Fees. Es können also pro Voucher jeweils 2 Personen für 1 Green Fee spielen (4 Personen benötigen 2 Voucher) oder eine Person mit 30% Nachlass. Bezahlt wird der normale Green Fee-Preis eines Erwachsenen am entsprechenden Spieltag.
- Bereits herausgetrennte bzw. lose Voucher sind nicht veräußerbar bzw. übertragbar; sie berechtigen insbesondere nicht zum Erlass des zweiten Green Fees. Zuwiderhandlungen werden zivilrechtlich verfolgt.
- Haben Sie bitte Verständnis, dass die Voucher bei Sonderveranstaltungen (Turniertagen, Tagen der offenen Tür oder sonstigen Promotion-Aktionen) nicht eingelöst werden können. Bitte erkundigen Sie sich vorab bei Ihrer Anmeldung bei den jeweiligen Golfanlagen. Die Barauszahlung des zweiten Green Fees ist nicht möglich.
- Es gelten die Teilnahme- und Spielbedingungen, die Hausordnung der angeschlossenen Golfclubs sowie die vor Ort ausgewiesenen aktuellen Green Fee-Preise.
- Das Kombinieren mit anderen Rabatten (z. B. Golf Fee Card etc.) oder gegenseitiges Einladen mit zwei oder mehreren Free-Golf-Voucher ist nicht möglich. Bei unterschiedlichen Green Fee-Gebühren (z. B. bei Ermäßigung von Jugendlichen) ist immer der günstigere Tarif kostenfrei.
- Alle Inserenten haben sich dem Herausgeber gegenüber verpflichtet, die Free-Golf-Voucher zu den jeweils angegebenen Teilnahmebedingungen einzulösen. Der Herausgeber übernimmt jedoch keine Haftung dafür, wenn ein Free-Golf-Voucher vom Inserenten nicht eingelöst wird oder nicht eingelöst werden kann. Dies gilt insbesondere bei Insolvenz oder Besitzerwechsel.
- Es haftet ausschließlich der Inserent (= Golfanlage bzw. Betreiber der Golfanlage) für evtl. Meinungsunterschiede und Schadensersatzansprüche.
- Der Herausgeber gibt sich große Mühe bei der Umsetzung der Inserate. Er haftet aber nicht für Satz-, Druck- oder Produktionsfehler. Die Daten für den LeisureBREAKS Guide for Free Golf wurden nach bestem Wissen erarbeitet. Der Herausgeber übernimmt keine Gewähr für deren Vollständigkeit und Richtigkeit. Alle Rechte, insbesondere das Recht der Vervielfältigung und Verbreitung sowie der Übersetzung vorbehalten. Kein Teil des Werkes darf in irgendeiner Form (durch Fotokopie, Mikrofilm oder ein anderes Verfahren) ohne schriftliche Genehmigung des Herausgebers reproduziert oder unter Verwendung elektronischer Systeme gespeichert, verarbeitet, vervielfältigt oder verbreitet werden.
- Die Bearbeitung der Anmeldung erfolgt mittels EDV. Mit Ihrer Unterschrift geben Sie Ihre Einwilligung, dass wir Sie kontaktieren und auch über weitere Aktionen informieren. Die Einwilligung kann jederzeit widerrufen werden.

Gültig bis 30.06.2024

69

20. Guide for Free Golf

LeisureBREAKS GmbH

Name, Vorname

Straße, Hausnummer

PLZ, Ort

Heimatclub

Handicap

E-Mail

Guide-Nummer

Mit der Anmeldung erkenne ich die umseitigen Teilnahmebedingungen an.

Datum

Unterschrift

70

20. Guide for Free Golf

LeisureBREAKS GmbH

Name, Vorname

Straße, Hausnummer

PLZ, Ort

Heimatclub

Handicap

E-Mail

Guide-Nummer

Mit der Anmeldung erkenne ich die umseitigen Teilnahmebedingungen an.

Datum

Unterschrift

71

20. Guide for Free Golf

LeisureBREAKS GmbH

Name, Vorname

Straße, Hausnummer

PLZ, Ort

Heimatclub

Handicap

E-Mail

Guide-Nummer

Mit der Anmeldung erkenne ich die umseitigen Teilnahmebedingungen an.

Datum

Unterschrift

72

20. Guide for Free Golf

LeisureBREAKS GmbH

Name, Vorname

Straße, Hausnummer

PLZ, Ort

Heimatclub

Handicap

E-Mail

Guide-Nummer

Mit der Anmeldung erkenne ich die umseitigen Teilnahmebedingungen an.

Datum

Unterschrift

Teilnahmebedingungen

- Free-Golf-Voucher können nur von mindestens zwei Personen genutzt werden. Es gibt keine Ermäßigung für Einzelspieler, außer dies ist explizit durch das Logo 30/1 im Eintrag des Clubs vermerkt. Die Voucher gelten nur für 18 Loch. Pro Golfanlage dürfen Sie maximal 2 Voucher einlösen.
- Free-Golf-Voucher können ausschließlich von Personen mit Green Fee-Berechtigung eingelöst werden. I. d. R. ist dazu ein Mindesthandicap (variiert nach Platz bzw. Anlage) sowie eine Mitgliedschaft bei einem Golfclub erforderlich.
- Bitte weisen Sie bei Ihrer Anmeldung darauf hin, dass Sie mit dem Guide for Free Golf spielen möchten und bringen Sie das Buch beim Einchecken am Golfplatz mit. Nur dann kann Ihnen das zweite, kostenfreie Green Fee oder der 30% Nachlass für Einzelspieler gewährt werden.
- Die beteiligten Golfanlagen gewähren Ihnen pro Voucher den Erlass des 2. Green Fees. Es können also pro Voucher jeweils 2 Personen für 1 Green Fee spielen (4 Personen benötigen 2 Voucher) oder eine Person mit 30% Nachlass. Bezahlt wird der normale Green Fee-Preis eines Erwachsenen am entsprechenden Spieltag.
- Bereits herausgetrennte bzw. lose Voucher sind nicht veräußerbar bzw. übertragbar; sie berechtigen insbesondere nicht zum Erlass des zweiten Green Fees. Zuwiderhandlungen werden zivilrechtlich verfolgt.
- Haben Sie bitte Verständnis, dass die Voucher bei Sonderveranstaltungen (Turniertagen, Tagen der offenen Tür oder sonstigen Promotion-Aktionen) nicht eingelöst werden können. Bitte erkundigen Sie sich vorab bei Ihrer Anmeldung bei den jeweiligen Golfanlagen. Die Barauszahlung des zweiten Green Fees ist nicht möglich.
- Es gelten die Teilnahme- und Spielbedingungen, die Hausordnung der angeschlossenen Golfclubs sowie die vor Ort ausgewiesenen aktuellen Green Fee-Preise.
- Das Kombinieren mit anderen Rabatten (z. B. Golf Fee Card etc.) oder gegenseitiges Einladen mit zwei oder mehreren Free-Golf-Voucher ist nicht möglich. Bei unterschiedlichen Green Fee-Gebühren (z. B. bei Ermäßigung von Jugendlichen) ist immer der günstigere Tarif kostenfrei.
- Alle Inserenten haben sich dem Herausgeber gegenüber verpflichtet, die Free-Golf-Voucher zu den jeweils angegebenen Teilnahmebedingungen einzulösen. Der Herausgeber übernimmt jedoch keine Haftung dafür, wenn ein Free-Golf-Voucher vom Inserenten nicht eingelöst wird oder nicht eingelöst werden kann. Dies gilt insbesondere bei Insolvenz oder Besitzerwechsel.
- Es haftet ausschließlich der Inserent (= Golfanlage bzw. Betreiber der Golfanlage) für evtl. Meinungsunterschiede und Schadensersatzansprüche.
- Der Herausgeber gibt sich große Mühe bei der Umsetzung der Inserate. Er haftet aber nicht für Satz-, Druck- oder Produktionsfehler. Die Daten für den LeisureBREAKS Guide for Free Golf wurden nach bestem Wissen erarbeitet. Der Herausgeber übernimmt keine Gewähr für deren Vollständigkeit und Richtigkeit. Alle Rechte, insbesondere das Recht der Vervielfältigung und Verbreitung sowie der Übersetzung vorbehalten. Kein Teil des Werkes darf in irgendeiner Form (durch Fotokopie, Mikrofilm oder ein anderes Verfahren) ohne schriftliche Genehmigung des Herausgebers reproduziert oder unter Verwendung elektronischer Systeme gespeichert, verarbeitet, vervielfältigt oder verbreitet werden.
- Die Bearbeitung der Anmeldung erfolgt mittels EDV. Mit Ihrer Unterschrift geben Sie Ihre Einwilligung, dass wir Sie kontaktieren und auch über weitere Aktionen informieren. Die Einwilligung kann jederzeit widerrufen werden.

Gültig bis 30.06.2024

Teilnahmebedingungen

- Free-Golf-Voucher können nur von mindestens zwei Personen genutzt werden. Es gibt keine Ermäßigung für Einzelspieler, außer dies ist explizit durch das Logo 30/1 im Eintrag des Clubs vermerkt. Die Voucher gelten nur für 18 Loch. Pro Golfanlage dürfen Sie maximal 2 Voucher einlösen.
- Free-Golf-Voucher können ausschließlich von Personen mit Green Fee-Berechtigung eingelöst werden. I. d. R. ist dazu ein Mindesthandicap (variiert nach Platz bzw. Anlage) sowie eine Mitgliedschaft bei einem Golfclub erforderlich.
- Bitte weisen Sie bei Ihrer Anmeldung darauf hin, dass Sie mit dem Guide for Free Golf spielen möchten und bringen Sie das Buch beim Einchecken am Golfplatz mit. Nur dann kann Ihnen das zweite, kostenfreie Green Fee oder der 30% Nachlass für Einzelspieler gewährt werden.
- Die beteiligten Golfanlagen gewähren Ihnen pro Voucher den Erlass des 2. Green Fees. Es können also pro Voucher jeweils 2 Personen für 1 Green Fee spielen (4 Personen benötigen 2 Voucher) oder eine Person mit 30% Nachlass. Bezahlt wird der normale Green Fee-Preis eines Erwachsenen am entsprechenden Spieltag.
- Bereits herausgetrennte bzw. lose Voucher sind nicht veräußerbar bzw. übertragbar; sie berechtigen insbesondere nicht zum Erlass des zweiten Green Fees. Zuwiderhandlungen werden zivilrechtlich verfolgt.
- Haben Sie bitte Verständnis, dass die Voucher bei Sonderveranstaltungen (Turniertagen, Tagen der offenen Tür oder sonstigen Promotion-Aktionen) nicht eingelöst werden können. Bitte erkundigen Sie sich vorab bei Ihrer Anmeldung bei den jeweiligen Golfanlagen. Die Barauszahlung des zweiten Green Fees ist nicht möglich.
- Es gelten die Teilnahme- und Spielbedingungen, die Hausordnung der angeschlossenen Golfclubs sowie die vor Ort ausgewiesenen aktuellen Green Fee-Preise.
- Das Kombinieren mit anderen Rabatten (z. B. Golf Fee Card etc.) oder gegenseitiges Einladen mit zwei oder mehreren Free-Golf-Voucher ist nicht möglich. Bei unterschiedlichen Green Fee-Gebühren (z. B. bei Ermäßigung von Jugendlichen) ist immer der günstigere Tarif kostenfrei.
- Alle Inserenten haben sich dem Herausgeber gegenüber verpflichtet, die Free-Golf-Voucher zu den jeweils angegebenen Teilnahmebedingungen einzulösen. Der Herausgeber übernimmt jedoch keine Haftung dafür, wenn ein Free-Golf-Voucher vom Inserenten nicht eingelöst wird oder nicht eingelöst werden kann. Dies gilt insbesondere bei Insolvenz oder Besitzerwechsel.
- Es haftet ausschließlich der Inserent (= Golfanlage bzw. Betreiber der Golfanlage) für evtl. Meinungsunterschiede und Schadensersatzansprüche.
- Der Herausgeber gibt sich große Mühe bei der Umsetzung der Inserate. Er haftet aber nicht für Satz-, Druck- oder Produktionsfehler. Die Daten für den LeisureBREAKS Guide for Free Golf wurden nach bestem Wissen erarbeitet. Der Herausgeber übernimmt keine Gewähr für deren Vollständigkeit und Richtigkeit. Alle Rechte, insbesondere das Recht der Vervielfältigung und Verbreitung sowie der Übersetzung vorbehalten. Kein Teil des Werkes darf in irgendeiner Form (durch Fotokopie, Mikrofilm oder ein anderes Verfahren) ohne schriftliche Genehmigung des Herausgebers reproduziert oder unter Verwendung elektronischer Systeme gespeichert, verarbeitet, vervielfältigt oder verbreitet werden.
- Die Bearbeitung der Anmeldung erfolgt mittels EDV. Mit Ihrer Unterschrift geben Sie Ihre Einwilligung, dass wir Sie kontaktieren und auch über weitere Aktionen informieren. Die Einwilligung kann jederzeit widerrufen werden.

Gültig bis 30.06.2024

Teilnahmebedingungen

- Free-Golf-Voucher können nur von mindestens zwei Personen genutzt werden. Es gibt keine Ermäßigung für Einzelspieler, außer dies ist explizit durch das Logo 30/1 im Eintrag des Clubs vermerkt. Die Voucher gelten nur für 18 Loch. Pro Golfanlage dürfen Sie maximal 2 Voucher einlösen.
- Free-Golf-Voucher können ausschließlich von Personen mit Green Fee-Berechtigung eingelöst werden. I. d. R. ist dazu ein Mindesthandicap (variiert nach Platz bzw. Anlage) sowie eine Mitgliedschaft bei einem Golfclub erforderlich.
- Bitte weisen Sie bei Ihrer Anmeldung darauf hin, dass Sie mit dem Guide for Free Golf spielen möchten und bringen Sie das Buch beim Einchecken am Golfplatz mit. Nur dann kann Ihnen das zweite, kostenfreie Green Fee oder der 30% Nachlass für Einzelspieler gewährt werden.
- Die beteiligten Golfanlagen gewähren Ihnen pro Voucher den Erlass des 2. Green Fees. Es können also pro Voucher jeweils 2 Personen für 1 Green Fee spielen (4 Personen benötigen 2 Voucher) oder eine Person mit 30% Nachlass. Bezahlt wird der normale Green Fee-Preis eines Erwachsenen am entsprechenden Spieltag.
- Bereits herausgetrennte bzw. lose Voucher sind nicht veräußerbar bzw. übertragbar; sie berechtigen insbesondere nicht zum Erlass des zweiten Green Fees. Zuwiderhandlungen werden zivilrechtlich verfolgt.
- Haben Sie bitte Verständnis, dass die Voucher bei Sonderveranstaltungen (Turniertagen, Tagen der offenen Tür oder sonstigen Promotion-Aktionen) nicht eingelöst werden können. Bitte erkundigen Sie sich vorab bei Ihrer Anmeldung bei den jeweiligen Golfanlagen. Die Barauszahlung des zweiten Green Fees ist nicht möglich.
- Es gelten die Teilnahme- und Spielbedingungen, die Hausordnung der angeschlossenen Golfclubs sowie die vor Ort ausgewiesenen aktuellen Green Fee-Preise.
- Das Kombinieren mit anderen Rabatten (z. B. Golf Fee Card etc.) oder gegenseitiges Einladen mit zwei oder mehreren Free-Golf-Voucher ist nicht möglich. Bei unterschiedlichen Green Fee-Gebühren (z. B. bei Ermäßigung von Jugendlichen) ist immer der günstigere Tarif kostenfrei.
- Alle Inserenten haben sich dem Herausgeber gegenüber verpflichtet, die Free-Golf-Voucher zu den jeweils angegebenen Teilnahmebedingungen einzulösen. Der Herausgeber übernimmt jedoch keine Haftung dafür, wenn ein Free-Golf-Voucher vom Inserenten nicht eingelöst wird oder nicht eingelöst werden kann. Dies gilt insbesondere bei Insolvenz oder Besitzerwechsel.
- Es haftet ausschließlich der Inserent (= Golfanlage bzw. Betreiber der Golfanlage) für evtl. Meinungsunterschiede und Schadensersatzansprüche.
- Der Herausgeber gibt sich große Mühe bei der Umsetzung der Inserate. Er haftet aber nicht für Satz-, Druck- oder Produktionsfehler. Die Daten für den LeisureBREAKS Guide for Free Golf wurden nach bestem Wissen erarbeitet. Der Herausgeber übernimmt keine Gewähr für deren Vollständigkeit und Richtigkeit. Alle Rechte, insbesondere das Recht der Vervielfältigung und Verbreitung sowie der Übersetzung vorbehalten. Kein Teil des Werkes darf in irgendeiner Form (durch Fotokopie, Mikrofilm oder ein anderes Verfahren) ohne schriftliche Genehmigung des Herausgebers reproduziert oder unter Verwendung elektronischer Systeme gespeichert, verarbeitet, vervielfältigt oder verbreitet werden.
- Die Bearbeitung der Anmeldung erfolgt mittels EDV. Mit Ihrer Unterschrift geben Sie Ihre Einwilligung, dass wir Sie kontaktieren und auch über weitere Aktionen informieren. Die Einwilligung kann jederzeit widerrufen werden.

Gültig bis 30.06.2024

Teilnahmebedingungen

- Free-Golf-Voucher können nur von mindestens zwei Personen genutzt werden. Es gibt keine Ermäßigung für Einzelspieler, außer dies ist explizit durch das Logo 30/1 im Eintrag des Clubs vermerkt. Die Voucher gelten nur für 18 Loch. Pro Golfanlage dürfen Sie maximal 2 Voucher einlösen.
- Free-Golf-Voucher können ausschließlich von Personen mit Green Fee-Berechtigung eingelöst werden. I. d. R. ist dazu ein Mindesthandicap (variiert nach Platz bzw. Anlage) sowie eine Mitgliedschaft bei einem Golfclub erforderlich.
- Bitte weisen Sie bei Ihrer Anmeldung darauf hin, dass Sie mit dem Guide for Free Golf spielen möchten und bringen Sie das Buch beim Einchecken am Golfplatz mit. Nur dann kann Ihnen das zweite, kostenfreie Green Fee oder der 30% Nachlass für Einzelspieler gewährt werden.
- Die beteiligten Golfanlagen gewähren Ihnen pro Voucher den Erlass des 2. Green Fees. Es können also pro Voucher jeweils 2 Personen für 1 Green Fee spielen (4 Personen benötigen 2 Voucher) oder eine Person mit 30% Nachlass. Bezahlt wird der normale Green Fee-Preis eines Erwachsenen am entsprechenden Spieltag.
- Bereits herausgetrennte bzw. lose Voucher sind nicht veräußerbar bzw. übertragbar; sie berechtigen insbesondere nicht zum Erlass des zweiten Green Fees. Zuwiderhandlungen werden zivilrechtlich verfolgt.
- Haben Sie bitte Verständnis, dass die Voucher bei Sonderveranstaltungen (Turniertagen, Tagen der offenen Tür oder sonstigen Promotion-Aktionen) nicht eingelöst werden können. Bitte erkundigen Sie sich vorab bei Ihrer Anmeldung bei den jeweiligen Golfanlagen. Die Barauszahlung des zweiten Green Fees ist nicht möglich.
- Es gelten die Teilnahme- und Spielbedingungen, die Hausordnung der angeschlossenen Golfclubs sowie die vor Ort ausgewiesenen aktuellen Green Fee-Preise.
- Das Kombinieren mit anderen Rabatten (z. B. Golf Fee Card etc.) oder gegenseitiges Einladen mit zwei oder mehreren Free-Golf-Voucher ist nicht möglich. Bei unterschiedlichen Green Fee-Gebühren (z. B. bei Ermäßigung von Jugendlichen) ist immer der günstigere Tarif kostenfrei.
- Alle Inserenten haben sich dem Herausgeber gegenüber verpflichtet, die Free-Golf-Voucher zu den jeweils angegebenen Teilnahmebedingungen einzulösen. Der Herausgeber übernimmt jedoch keine Haftung dafür, wenn ein Free-Golf-Voucher vom Inserenten nicht eingelöst wird oder nicht eingelöst werden kann. Dies gilt insbesondere bei Insolvenz oder Besitzerwechsel.
- Es haftet ausschließlich der Inserent (= Golfanlage bzw. Betreiber der Golfanlage) für evtl. Meinungsunterschiede und Schadensersatzansprüche.
- Der Herausgeber gibt sich große Mühe bei der Umsetzung der Inserate. Er haftet aber nicht für Satz-, Druck- oder Produktionsfehler. Die Daten für den LeisureBREAKS Guide for Free Golf wurden nach bestem Wissen erarbeitet. Der Herausgeber übernimmt keine Gewähr für deren Vollständigkeit und Richtigkeit. Alle Rechte, insbesondere das Recht der Vervielfältigung und Verbreitung sowie der Übersetzung vorbehalten. Kein Teil des Werkes darf in irgendeiner Form (durch Fotokopie, Mikrofilm oder ein anderes Verfahren) ohne schriftliche Genehmigung des Herausgebers reproduziert oder unter Verwendung elektronischer Systeme gespeichert, verarbeitet, vervielfältigt oder verbreitet werden.
- Die Bearbeitung der Anmeldung erfolgt mittels EDV. Mit Ihrer Unterschrift geben Sie Ihre Einwilligung, dass wir Sie kontaktieren und auch über weitere Aktionen informieren. Die Einwilligung kann jederzeit widerrufen werden.

Gültig bis 30.06.2024

73

20. Guide for Free Golf

LeisureBREAKS GmbH

Name, Vorname

Straße, Hausnummer

PLZ, Ort

Heimatclub

Handicap

E-Mail

Guide-Nummer

Mit der Anmeldung erkenne ich die umseitigen Teilnahmebedingungen an.

Datum

Unterschrift

74

20. Guide for Free Golf

LeisureBREAKS GmbH

Name, Vorname

Straße, Hausnummer

PLZ, Ort

Heimatclub

Handicap

E-Mail

Guide-Nummer

Mit der Anmeldung erkenne ich die umseitigen Teilnahmebedingungen an.

Datum

Unterschrift

75

20. Guide for Free Golf

LeisureBREAKS GmbH

Name, Vorname

Straße, Hausnummer

PLZ, Ort

Heimatclub

Handicap

E-Mail

Guide-Nummer

Mit der Anmeldung erkenne ich die umseitigen Teilnahmebedingungen an.

Datum

Unterschrift

76

20. Guide for Free Golf

LeisureBREAKS GmbH

Name, Vorname

Straße, Hausnummer

PLZ, Ort

Heimatclub

Handicap

E-Mail

Guide-Nummer

Mit der Anmeldung erkenne ich die umseitigen Teilnahmebedingungen an.

Datum

Unterschrift

Teilnahmebedingungen

- Free-Golf-Voucher können nur von mindestens zwei Personen genutzt werden. Es gibt keine Ermäßigung für Einzelspieler, außer dies ist explizit durch das Logo 30/1 im Eintrag des Clubs vermerkt. Die Voucher gelten nur für 18 Loch. Pro Golfanlage dürfen Sie maximal 2 Voucher einlösen.
- Free-Golf-Voucher können ausschließlich von Personen mit Green Fee-Berechtigung eingelöst werden. I. d. R. ist dazu ein Mindesthandicap (variiert nach Platz bzw. Anlage) sowie eine Mitgliedschaft bei einem Golfclub erforderlich.
- Bitte weisen Sie bei Ihrer Anmeldung darauf hin, dass Sie mit dem Guide for Free Golf spielen möchten und bringen Sie das Buch beim Einchecken am Golfplatz mit. Nur dann kann Ihnen das zweite, kostenfreie Green Fee oder der 30% Nachlass für Einzelspieler gewährt werden.
- Die beteiligten Golfanlagen gewähren Ihnen pro Voucher den Erlass des 2. Green Fees. Es können also pro Voucher jeweils 2 Personen für 1 Green Fee spielen (4 Personen benötigen 2 Voucher) oder eine Person mit 30% Nachlass. Bezahlt wird der normale Green Fee-Preis eines Erwachsenen am entsprechenden Spieltag.
- Bereits herausgetrennte bzw. lose Voucher sind nicht veräußerbar bzw. übertragbar; sie berechtigen insbesondere nicht zum Erlass des zweiten Green Fees. Zuwiderhandlungen werden zivilrechtlich verfolgt.
- Haben Sie bitte Verständnis, dass die Voucher bei Sonderveranstaltungen (Turniertagen, Tagen der offenen Tür oder sonstigen Promotion-Aktionen) nicht eingelöst werden können. Bitte erkundigen Sie sich vorab bei Ihrer Anmeldung bei den jeweiligen Golfanlagen. Die Barauszahlung des zweiten Green Fees ist nicht möglich.
- Es gelten die Teilnahme- und Spielbedingungen, die Hausordnung der angeschlossenen Golfclubs sowie die vor Ort ausgewiesenen aktuellen Green Fee-Preise.
- Das Kombinieren mit anderen Rabatten (z. B. Golf Fee Card etc.) oder gegenseitiges Einladen mit zwei oder mehreren Free-Golf-Voucher ist nicht möglich. Bei unterschiedlichen Green Fee-Gebühren (z. B. bei Ermäßigung von Jugendlichen) ist immer der günstigere Tarif kostenfrei.
- Alle Inserenten haben sich dem Herausgeber gegenüber verpflichtet, die Free-Golf-Voucher zu den jeweils angegebenen Teilnahmebedingungen einzulösen. Der Herausgeber übernimmt jedoch keine Haftung dafür, wenn ein Free-Golf-Voucher vom Inserenten nicht eingelöst wird oder nicht eingelöst werden kann. Dies gilt insbesondere bei Insolvenz oder Besitzerwechsel.
- Es haftet ausschließlich der Inserent (= Golfanlage bzw. Betreiber der Golfanlage) für evtl. Meinungsunterschiede und Schadensersatzansprüche.
- Der Herausgeber gibt sich große Mühe bei der Umsetzung der Inserate. Er haftet aber nicht für Satz-, Druck- oder Produktionsfehler. Die Daten für den LeisureBREAKS Guide for Free Golf wurden nach bestem Wissen erarbeitet. Der Herausgeber übernimmt keine Gewähr für deren Vollständigkeit und Richtigkeit. Alle Rechte, insbesondere das Recht der Vervielfältigung und Verbreitung sowie der Übersetzung vorbehalten. Kein Teil des Werkes darf in irgendeiner Form (durch Fotokopie, Mikrofilm oder ein anderes Verfahren) ohne schriftliche Genehmigung des Herausgebers reproduziert oder unter Verwendung elektronischer Systeme gespeichert, verarbeitet, vervielfältigt oder verbreitet werden.
- Die Bearbeitung der Anmeldung erfolgt mittels EDV. Mit Ihrer Unterschrift geben Sie Ihre Einwilligung, dass wir Sie kontaktieren und auch über weitere Aktionen informieren. Die Einwilligung kann jederzeit widerrufen werden.

Gültig bis 30.06.2024

Teilnahmebedingungen

- Free-Golf-Voucher können nur von mindestens zwei Personen genutzt werden. Es gibt keine Ermäßigung für Einzelspieler, außer dies ist explizit durch das Logo 30/1 im Eintrag des Clubs vermerkt. Die Voucher gelten nur für 18 Loch. Pro Golfanlage dürfen Sie maximal 2 Voucher einlösen.
- Free-Golf-Voucher können ausschließlich von Personen mit Green Fee-Berechtigung eingelöst werden. I. d. R. ist dazu ein Mindesthandicap (variiert nach Platz bzw. Anlage) sowie eine Mitgliedschaft bei einem Golfclub erforderlich.
- Bitte weisen Sie bei Ihrer Anmeldung darauf hin, dass Sie mit dem Guide for Free Golf spielen möchten und bringen Sie das Buch beim Einchecken am Golfplatz mit. Nur dann kann Ihnen das zweite, kostenfreie Green Fee oder der 30% Nachlass für Einzelspieler gewährt werden.
- Die beteiligten Golfanlagen gewähren Ihnen pro Voucher den Erlass des 2. Green Fees. Es können also pro Voucher jeweils 2 Personen für 1 Green Fee spielen (4 Personen benötigen 2 Voucher) oder eine Person mit 30% Nachlass. Bezahlt wird der normale Green Fee-Preis eines Erwachsenen am entsprechenden Spieltag.
- Bereits herausgetrennte bzw. lose Voucher sind nicht veräußerbar bzw. übertragbar; sie berechtigen insbesondere nicht zum Erlass des zweiten Green Fees. Zuwiderhandlungen werden zivilrechtlich verfolgt.
- Haben Sie bitte Verständnis, dass die Voucher bei Sonderveranstaltungen (Turniertagen, Tagen der offenen Tür oder sonstigen Promotion-Aktionen) nicht eingelöst werden können. Bitte erkundigen Sie sich vorab bei Ihrer Anmeldung bei den jeweiligen Golfanlagen. Die Barauszahlung des zweiten Green Fees ist nicht möglich.
- Es gelten die Teilnahme- und Spielbedingungen, die Hausordnung der angeschlossenen Golfclubs sowie die vor Ort ausgewiesenen aktuellen Green Fee-Preise.
- Das Kombinieren mit anderen Rabatten (z. B. Golf Fee Card etc.) oder gegenseitiges Einladen mit zwei oder mehreren Free-Golf-Voucher ist nicht möglich. Bei unterschiedlichen Green Fee-Gebühren (z. B. bei Ermäßigung von Jugendlichen) ist immer der günstigere Tarif kostenfrei.
- Alle Inserenten haben sich dem Herausgeber gegenüber verpflichtet, die Free-Golf-Voucher zu den jeweils angegebenen Teilnahmebedingungen einzulösen. Der Herausgeber übernimmt jedoch keine Haftung dafür, wenn ein Free-Golf-Voucher vom Inserenten nicht eingelöst wird oder nicht eingelöst werden kann. Dies gilt insbesondere bei Insolvenz oder Besitzerwechsel.
- Es haftet ausschließlich der Inserent (= Golfanlage bzw. Betreiber der Golfanlage) für evtl. Meinungsunterschiede und Schadensersatzansprüche.
- Der Herausgeber gibt sich große Mühe bei der Umsetzung der Inserate. Er haftet aber nicht für Satz-, Druck- oder Produktionsfehler. Die Daten für den LeisureBREAKS Guide for Free Golf wurden nach bestem Wissen erarbeitet. Der Herausgeber übernimmt keine Gewähr für deren Vollständigkeit und Richtigkeit. Alle Rechte, insbesondere das Recht der Vervielfältigung und Verbreitung sowie der Übersetzung vorbehalten. Kein Teil des Werkes darf in irgendeiner Form (durch Fotokopie, Mikrofilm oder ein anderes Verfahren) ohne schriftliche Genehmigung des Herausgebers reproduziert oder unter Verwendung elektronischer Systeme gespeichert, verarbeitet, vervielfältigt oder verbreitet werden.
- Die Bearbeitung der Anmeldung erfolgt mittels EDV. Mit Ihrer Unterschrift geben Sie Ihre Einwilligung, dass wir Sie kontaktieren und auch über weitere Aktionen informieren. Die Einwilligung kann jederzeit widerrufen werden.

Gültig bis 30.06.2024

Teilnahmebedingungen

- Free-Golf-Voucher können nur von mindestens zwei Personen genutzt werden. Es gibt keine Ermäßigung für Einzelspieler, außer dies ist explizit durch das Logo 30/1 im Eintrag des Clubs vermerkt. Die Voucher gelten nur für 18 Loch. Pro Golfanlage dürfen Sie maximal 2 Voucher einlösen.
- Free-Golf-Voucher können ausschließlich von Personen mit Green Fee-Berechtigung eingelöst werden. I. d. R. ist dazu ein Mindesthandicap (variiert nach Platz bzw. Anlage) sowie eine Mitgliedschaft bei einem Golfclub erforderlich.
- Bitte weisen Sie bei Ihrer Anmeldung darauf hin, dass Sie mit dem Guide for Free Golf spielen möchten und bringen Sie das Buch beim Einchecken am Golfplatz mit. Nur dann kann Ihnen das zweite, kostenfreie Green Fee oder der 30% Nachlass für Einzelspieler gewährt werden.
- Die beteiligten Golfanlagen gewähren Ihnen pro Voucher den Erlass des 2. Green Fees. Es können also pro Voucher jeweils 2 Personen für 1 Green Fee spielen (4 Personen benötigen 2 Voucher) oder eine Person mit 30% Nachlass. Bezahlt wird der normale Green Fee-Preis eines Erwachsenen am entsprechenden Spieltag.
- Bereits herausgetrennte bzw. lose Voucher sind nicht veräußerbar bzw. übertragbar; sie berechtigen insbesondere nicht zum Erlass des zweiten Green Fees. Zuwiderhandlungen werden zivilrechtlich verfolgt.
- Haben Sie bitte Verständnis, dass die Voucher bei Sonderveranstaltungen (Turniertagen, Tagen der offenen Tür oder sonstigen Promotion-Aktionen) nicht eingelöst werden können. Bitte erkundigen Sie sich vorab bei Ihrer Anmeldung bei den jeweiligen Golfanlagen. Die Barauszahlung des zweiten Green Fees ist nicht möglich.
- Es gelten die Teilnahme- und Spielbedingungen, die Hausordnung der angeschlossenen Golfclubs sowie die vor Ort ausgewiesenen aktuellen Green Fee-Preise.
- Das Kombinieren mit anderen Rabatten (z. B. Golf Fee Card etc.) oder gegenseitiges Einladen mit zwei oder mehreren Free-Golf-Voucher ist nicht möglich. Bei unterschiedlichen Green Fee-Gebühren (z. B. bei Ermäßigung von Jugendlichen) ist immer der günstigere Tarif kostenfrei.
- Alle Inserenten haben sich dem Herausgeber gegenüber verpflichtet, die Free-Golf-Voucher zu den jeweils angegebenen Teilnahmebedingungen einzulösen. Der Herausgeber übernimmt jedoch keine Haftung dafür, wenn ein Free-Golf-Voucher vom Inserenten nicht eingelöst wird oder nicht eingelöst werden kann. Dies gilt insbesondere bei Insolvenz oder Besitzerwechsel.
- Es haftet ausschließlich der Inserent (= Golfanlage bzw. Betreiber der Golfanlage) für evtl. Meinungsunterschiede und Schadensersatzansprüche.
- Der Herausgeber gibt sich große Mühe bei der Umsetzung der Inserate. Er haftet aber nicht für Satz-, Druck- oder Produktionsfehler. Die Daten für den LeisureBREAKS Guide for Free Golf wurden nach bestem Wissen erarbeitet. Der Herausgeber übernimmt keine Gewähr für deren Vollständigkeit und Richtigkeit. Alle Rechte, insbesondere das Recht der Vervielfältigung und Verbreitung sowie der Übersetzung vorbehalten. Kein Teil des Werkes darf in irgendeiner Form (durch Fotokopie, Mikrofilm oder ein anderes Verfahren) ohne schriftliche Genehmigung des Herausgebers reproduziert oder unter Verwendung elektronischer Systeme gespeichert, verarbeitet, vervielfältigt oder verbreitet werden.
- Die Bearbeitung der Anmeldung erfolgt mittels EDV. Mit Ihrer Unterschrift geben Sie Ihre Einwilligung, dass wir Sie kontaktieren und auch über weitere Aktionen informieren. Die Einwilligung kann jederzeit widerrufen werden.

Gültig bis 30.06.2024

Teilnahmebedingungen

- Free-Golf-Voucher können nur von mindestens zwei Personen genutzt werden. Es gibt keine Ermäßigung für Einzelspieler, außer dies ist explizit durch das Logo 30/1 im Eintrag des Clubs vermerkt. Die Voucher gelten nur für 18 Loch. Pro Golfanlage dürfen Sie maximal 2 Voucher einlösen.
- Free-Golf-Voucher können ausschließlich von Personen mit Green Fee-Berechtigung eingelöst werden. I. d. R. ist dazu ein Mindesthandicap (variiert nach Platz bzw. Anlage) sowie eine Mitgliedschaft bei einem Golfclub erforderlich.
- Bitte weisen Sie bei Ihrer Anmeldung darauf hin, dass Sie mit dem Guide for Free Golf spielen möchten und bringen Sie das Buch beim Einchecken am Golfplatz mit. Nur dann kann Ihnen das zweite, kostenfreie Green Fee oder der 30% Nachlass für Einzelspieler gewährt werden.
- Die beteiligten Golfanlagen gewähren Ihnen pro Voucher den Erlass des 2. Green Fees. Es können also pro Voucher jeweils 2 Personen für 1 Green Fee spielen (4 Personen benötigen 2 Voucher) oder eine Person mit 30% Nachlass. Bezahlt wird der normale Green Fee-Preis eines Erwachsenen am entsprechenden Spieltag.
- Bereits herausgetrennte bzw. lose Voucher sind nicht veräußerbar bzw. übertragbar; sie berechtigen insbesondere nicht zum Erlass des zweiten Green Fees. Zuwiderhandlungen werden zivilrechtlich verfolgt.
- Haben Sie bitte Verständnis, dass die Voucher bei Sonderveranstaltungen (Turniertagen, Tagen der offenen Tür oder sonstigen Promotion-Aktionen) nicht eingelöst werden können. Bitte erkundigen Sie sich vorab bei Ihrer Anmeldung bei den jeweiligen Golfanlagen. Die Barauszahlung des zweiten Green Fees ist nicht möglich.
- Es gelten die Teilnahme- und Spielbedingungen, die Hausordnung der angeschlossenen Golfclubs sowie die vor Ort ausgewiesenen aktuellen Green Fee-Preise.
- Das Kombinieren mit anderen Rabatten (z. B. Golf Fee Card etc.) oder gegenseitiges Einladen mit zwei oder mehreren Free-Golf-Voucher ist nicht möglich. Bei unterschiedlichen Green Fee-Gebühren (z. B. bei Ermäßigung von Jugendlichen) ist immer der günstigere Tarif kostenfrei.
- Alle Inserenten haben sich dem Herausgeber gegenüber verpflichtet, die Free-Golf-Voucher zu den jeweils angegebenen Teilnahmebedingungen einzulösen. Der Herausgeber übernimmt jedoch keine Haftung dafür, wenn ein Free-Golf-Voucher vom Inserenten nicht eingelöst wird oder nicht eingelöst werden kann. Dies gilt insbesondere bei Insolvenz oder Besitzerwechsel.
- Es haftet ausschließlich der Inserent (= Golfanlage bzw. Betreiber der Golfanlage) für evtl. Meinungsunterschiede und Schadensersatzansprüche.
- Der Herausgeber gibt sich große Mühe bei der Umsetzung der Inserate. Er haftet aber nicht für Satz-, Druck- oder Produktionsfehler. Die Daten für den LeisureBREAKS Guide for Free Golf wurden nach bestem Wissen erarbeitet. Der Herausgeber übernimmt keine Gewähr für deren Vollständigkeit und Richtigkeit. Alle Rechte, insbesondere das Recht der Vervielfältigung und Verbreitung sowie der Übersetzung vorbehalten. Kein Teil des Werkes darf in irgendeiner Form (durch Fotokopie, Mikrofilm oder ein anderes Verfahren) ohne schriftliche Genehmigung des Herausgebers reproduziert oder unter Verwendung elektronischer Systeme gespeichert, verarbeitet, vervielfältigt oder verbreitet werden.
- Die Bearbeitung der Anmeldung erfolgt mittels EDV. Mit Ihrer Unterschrift geben Sie Ihre Einwilligung, dass wir Sie kontaktieren und auch über weitere Aktionen informieren. Die Einwilligung kann jederzeit widerrufen werden.

Gültig bis 30.06.2024

77

20. Guide for Free Golf

LeisureBREAKS GmbH

Name, Vorname

Straße, Hausnummer

PLZ, Ort

Heimatclub

Handicap

E-Mail

Guide-Nummer

Mit der Anmeldung erkenne ich die umseitigen Teilnahmebedingungen an.

Datum

Unterschrift

78

20. Guide for Free Golf

LeisureBREAKS GmbH

Name, Vorname

Straße, Hausnummer

PLZ, Ort

Heimatclub

Handicap

E-Mail

Guide-Nummer

Mit der Anmeldung erkenne ich die umseitigen Teilnahmebedingungen an.

Datum

Unterschrift

79

20. Guide for Free Golf

LeisureBREAKS GmbH

Name, Vorname

Straße, Hausnummer

PLZ, Ort

Heimatclub

Handicap

E-Mail

Guide-Nummer

Mit der Anmeldung erkenne ich die umseitigen Teilnahmebedingungen an.

Datum

Unterschrift

80

20. Guide for Free Golf

LeisureBREAKS GmbH

Name, Vorname

Straße, Hausnummer

PLZ, Ort

Heimatclub

Handicap

E-Mail

Guide-Nummer

Mit der Anmeldung erkenne ich die umseitigen Teilnahmebedingungen an.

Datum

Unterschrift

Teilnahmebedingungen

- Free-Golf-Voucher können nur von mindestens zwei Personen genutzt werden. Es gibt keine Ermäßigung für Einzelspieler, außer dies ist explizit durch das Logo 30/1 im Eintrag des Clubs vermerkt. Die Voucher gelten nur für 18 Loch. Pro Golfanlage dürfen Sie maximal 2 Voucher einlösen.
- Free-Golf-Voucher können ausschließlich von Personen mit Green Fee-Berechtigung eingelöst werden. I. d. R. ist dazu ein Mindesthandicap (variiert nach Platz bzw. Anlage) sowie eine Mitgliedschaft bei einem Golfclub erforderlich.
- Bitte weisen Sie bei Ihrer Anmeldung darauf hin, dass Sie mit dem Guide for Free Golf spielen möchten und bringen Sie das Buch beim Einchecken am Golfplatz mit. Nur dann kann Ihnen das zweite, kostenfreie Green Fee oder der 30% Nachlass für Einzelspieler gewährt werden.
- Die beteiligten Golfanlagen gewähren Ihnen pro Voucher den Erlass des 2. Green Fees. Es können also pro Voucher jeweils 2 Personen für 1 Green Fee spielen (4 Personen benötigen 2 Voucher) oder eine Person mit 30% Nachlass. Bezahlt wird der normale Green Fee-Preis eines Erwachsenen am entsprechenden Spieltag.
- Bereits herausgetrennte bzw. lose Voucher sind nicht veräußerbar bzw. übertragbar; sie berechtigen insbesondere nicht zum Erlass des zweiten Green Fees. Zuwiderhandlungen werden zivilrechtlich verfolgt.
- Haben Sie bitte Verständnis, dass die Voucher bei Sonderveranstaltungen (Turniertagen, Tagen der offenen Tür oder sonstigen Promotion-Aktionen) nicht eingelöst werden können. Bitte erkundigen Sie sich vorab bei Ihrer Anmeldung bei den jeweiligen Golfanlagen. Die Barauszahlung des zweiten Green Fees ist nicht möglich.
- Es gelten die Teilnahme- und Spielbedingungen, die Hausordnung der angeschlossenen Golfclubs sowie die vor Ort ausgewiesenen aktuellen Green Fee-Preise.
- Das Kombinieren mit anderen Rabatten (z. B. Golf Fee Card etc.) oder gegenseitiges Einladen mit zwei oder mehreren Free-Golf-Voucher ist nicht möglich. Bei unterschiedlichen Green Fee-Gebühren (z. B. bei Ermäßigung von Jugendlichen) ist immer der günstigere Tarif kostenfrei.
- Alle Inserenten haben sich dem Herausgeber gegenüber verpflichtet, die Free-Golf-Voucher zu den jeweils angegebenen Teilnahmebedingungen einzulösen. Der Herausgeber übernimmt jedoch keine Haftung dafür, wenn ein Free-Golf-Voucher vom Inserenten nicht eingelöst wird oder nicht eingelöst werden kann. Dies gilt insbesondere bei Insolvenz oder Besitzerwechsel.
- Es haftet ausschließlich der Inserent (= Golfanlage bzw. Betreiber der Golfanlage) für evtl. Meinungsunterschiede und Schadensersatzansprüche.
- Der Herausgeber gibt sich große Mühe bei der Umsetzung der Inserate. Er haftet aber nicht für Satz-, Druck- oder Produktionsfehler. Die Daten für den LeisureBREAKS Guide for Free Golf wurden nach bestem Wissen erarbeitet. Der Herausgeber übernimmt keine Gewähr für deren Vollständigkeit und Richtigkeit. Alle Rechte, insbesondere das Recht der Vervielfältigung und Verbreitung sowie der Übersetzung vorbehalten. Kein Teil des Werkes darf in irgendeiner Form (durch Fotokopie, Mikrofilm oder ein anderes Verfahren) ohne schriftliche Genehmigung des Herausgebers reproduziert oder unter Verwendung elektronischer Systeme gespeichert, verarbeitet, vervielfältigt oder verbreitet werden.
- Die Bearbeitung der Anmeldung erfolgt mittels EDV. Mit Ihrer Unterschrift geben Sie Ihre Einwilligung, dass wir Sie kontaktieren und auch über weitere Aktionen informieren. Die Einwilligung kann jederzeit widerrufen werden.

Gültig bis 30.06.2024

Teilnahmebedingungen

- Free-Golf-Voucher können nur von mindestens zwei Personen genutzt werden. Es gibt keine Ermäßigung für Einzelspieler, außer dies ist explizit durch das Logo 30/1 im Eintrag des Clubs vermerkt. Die Voucher gelten nur für 18 Loch. Pro Golfanlage dürfen Sie maximal 2 Voucher einlösen.
- Free-Golf-Voucher können ausschließlich von Personen mit Green Fee-Berechtigung eingelöst werden. I. d. R. ist dazu ein Mindesthandicap (variiert nach Platz bzw. Anlage) sowie eine Mitgliedschaft bei einem Golfclub erforderlich.
- Bitte weisen Sie bei Ihrer Anmeldung darauf hin, dass Sie mit dem Guide for Free Golf spielen möchten und bringen Sie das Buch beim Einchecken am Golfplatz mit. Nur dann kann Ihnen das zweite, kostenfreie Green Fee oder der 30% Nachlass für Einzelspieler gewährt werden.
- Die beteiligten Golfanlagen gewähren Ihnen pro Voucher den Erlass des 2. Green Fees. Es können also pro Voucher jeweils 2 Personen für 1 Green Fee spielen (4 Personen benötigen 2 Voucher) oder eine Person mit 30% Nachlass. Bezahlt wird der normale Green Fee-Preis eines Erwachsenen am entsprechenden Spieltag.
- Bereits herausgetrennte bzw. lose Voucher sind nicht veräußerbar bzw. übertragbar; sie berechtigen insbesondere nicht zum Erlass des zweiten Green Fees. Zuwiderhandlungen werden zivilrechtlich verfolgt.
- Haben Sie bitte Verständnis, dass die Voucher bei Sonderveranstaltungen (Turniertagen, Tagen der offenen Tür oder sonstigen Promotion-Aktionen) nicht eingelöst werden können. Bitte erkundigen Sie sich vorab bei Ihrer Anmeldung bei den jeweiligen Golfanlagen. Die Barauszahlung des zweiten Green Fees ist nicht möglich.
- Es gelten die Teilnahme- und Spielbedingungen, die Hausordnung der angeschlossenen Golfclubs sowie die vor Ort ausgewiesenen aktuellen Green Fee-Preise.
- Das Kombinieren mit anderen Rabatten (z. B. Golf Fee Card etc.) oder gegenseitiges Einladen mit zwei oder mehreren Free-Golf-Voucher ist nicht möglich. Bei unterschiedlichen Green Fee-Gebühren (z. B. bei Ermäßigung von Jugendlichen) ist immer der günstigere Tarif kostenfrei.
- Alle Inserenten haben sich dem Herausgeber gegenüber verpflichtet, die Free-Golf-Voucher zu den jeweils angegebenen Teilnahmebedingungen einzulösen. Der Herausgeber übernimmt jedoch keine Haftung dafür, wenn ein Free-Golf-Voucher vom Inserenten nicht eingelöst wird oder nicht eingelöst werden kann. Dies gilt insbesondere bei Insolvenz oder Besitzerwechsel.
- Es haftet ausschließlich der Inserent (= Golfanlage bzw. Betreiber der Golfanlage) für evtl. Meinungsunterschiede und Schadensersatzansprüche.
- Der Herausgeber gibt sich große Mühe bei der Umsetzung der Inserate. Er haftet aber nicht für Satz-, Druck- oder Produktionsfehler. Die Daten für den LeisureBREAKS Guide for Free Golf wurden nach bestem Wissen erarbeitet. Der Herausgeber übernimmt keine Gewähr für deren Vollständigkeit und Richtigkeit. Alle Rechte, insbesondere das Recht der Vervielfältigung und Verbreitung sowie der Übersetzung vorbehalten. Kein Teil des Werkes darf in irgendeiner Form (durch Fotokopie, Mikrofilm oder ein anderes Verfahren) ohne schriftliche Genehmigung des Herausgebers reproduziert oder unter Verwendung elektronischer Systeme gespeichert, verarbeitet, vervielfältigt oder verbreitet werden.
- Die Bearbeitung der Anmeldung erfolgt mittels EDV. Mit Ihrer Unterschrift geben Sie Ihre Einwilligung, dass wir Sie kontaktieren und auch über weitere Aktionen informieren. Die Einwilligung kann jederzeit widerrufen werden.

Gültig bis 30.06.2024

Teilnahmebedingungen

- Free-Golf-Voucher können nur von mindestens zwei Personen genutzt werden. Es gibt keine Ermäßigung für Einzelspieler, außer dies ist explizit durch das Logo 30/1 im Eintrag des Clubs vermerkt. Die Voucher gelten nur für 18 Loch. Pro Golfanlage dürfen Sie maximal 2 Voucher einlösen.
- Free-Golf-Voucher können ausschließlich von Personen mit Green Fee-Berechtigung eingelöst werden. I. d. R. ist dazu ein Mindesthandicap (variiert nach Platz bzw. Anlage) sowie eine Mitgliedschaft bei einem Golfclub erforderlich.
- Bitte weisen Sie bei Ihrer Anmeldung darauf hin, dass Sie mit dem Guide for Free Golf spielen möchten und bringen Sie das Buch beim Einchecken am Golfplatz mit. Nur dann kann Ihnen das zweite, kostenfreie Green Fee oder der 30% Nachlass für Einzelspieler gewährt werden.
- Die beteiligten Golfanlagen gewähren Ihnen pro Voucher den Erlass des 2. Green Fees. Es können also pro Voucher jeweils 2 Personen für 1 Green Fee spielen (4 Personen benötigen 2 Voucher) oder eine Person mit 30% Nachlass. Bezahlt wird der normale Green Fee-Preis eines Erwachsenen am entsprechenden Spieltag.
- Bereits herausgetrennte bzw. lose Voucher sind nicht veräußerbar bzw. übertragbar; sie berechtigen insbesondere nicht zum Erlass des zweiten Green Fees. Zuwiderhandlungen werden zivilrechtlich verfolgt.
- Haben Sie bitte Verständnis, dass die Voucher bei Sonderveranstaltungen (Turniertagen, Tagen der offenen Tür oder sonstigen Promotion-Aktionen) nicht eingelöst werden können. Bitte erkundigen Sie sich vorab bei Ihrer Anmeldung bei den jeweiligen Golfanlagen. Die Barauszahlung des zweiten Green Fees ist nicht möglich.
- Es gelten die Teilnahme- und Spielbedingungen, die Hausordnung der angeschlossenen Golfclubs sowie die vor Ort ausgewiesenen aktuellen Green Fee-Preise.
- Das Kombinieren mit anderen Rabatten (z. B. Golf Fee Card etc.) oder gegenseitiges Einladen mit zwei oder mehreren Free-Golf-Voucher ist nicht möglich. Bei unterschiedlichen Green Fee-Gebühren (z. B. bei Ermäßigung von Jugendlichen) ist immer der günstigere Tarif kostenfrei.
- Alle Inserenten haben sich dem Herausgeber gegenüber verpflichtet, die Free-Golf-Voucher zu den jeweils angegebenen Teilnahmebedingungen einzulösen. Der Herausgeber übernimmt jedoch keine Haftung dafür, wenn ein Free-Golf-Voucher vom Inserenten nicht eingelöst wird oder nicht eingelöst werden kann. Dies gilt insbesondere bei Insolvenz oder Besitzerwechsel.
- Es haftet ausschließlich der Inserent (= Golfanlage bzw. Betreiber der Golfanlage) für evtl. Meinungsunterschiede und Schadensersatzansprüche.
- Der Herausgeber gibt sich große Mühe bei der Umsetzung der Inserate. Er haftet aber nicht für Satz-, Druck- oder Produktionsfehler. Die Daten für den LeisureBREAKS Guide for Free Golf wurden nach bestem Wissen erarbeitet. Der Herausgeber übernimmt keine Gewähr für deren Vollständigkeit und Richtigkeit. Alle Rechte, insbesondere das Recht der Vervielfältigung und Verbreitung sowie der Übersetzung vorbehalten. Kein Teil des Werkes darf in irgendeiner Form (durch Fotokopie, Mikrofilm oder ein anderes Verfahren) ohne schriftliche Genehmigung des Herausgebers reproduziert oder unter Verwendung elektronischer Systeme gespeichert, verarbeitet, vervielfältigt oder verbreitet werden.
- Die Bearbeitung der Anmeldung erfolgt mittels EDV. Mit Ihrer Unterschrift geben Sie Ihre Einwilligung, dass wir Sie kontaktieren und auch über weitere Aktionen informieren. Die Einwilligung kann jederzeit widerrufen werden.

Gültig bis 30.06.2024

Teilnahmebedingungen

- Free-Golf-Voucher können nur von mindestens zwei Personen genutzt werden. Es gibt keine Ermäßigung für Einzelspieler, außer dies ist explizit durch das Logo 30/1 im Eintrag des Clubs vermerkt. Die Voucher gelten nur für 18 Loch. Pro Golfanlage dürfen Sie maximal 2 Voucher einlösen.
- Free-Golf-Voucher können ausschließlich von Personen mit Green Fee-Berechtigung eingelöst werden. I. d. R. ist dazu ein Mindesthandicap (variiert nach Platz bzw. Anlage) sowie eine Mitgliedschaft bei einem Golfclub erforderlich.
- Bitte weisen Sie bei Ihrer Anmeldung darauf hin, dass Sie mit dem Guide for Free Golf spielen möchten und bringen Sie das Buch beim Einchecken am Golfplatz mit. Nur dann kann Ihnen das zweite, kostenfreie Green Fee oder der 30% Nachlass für Einzelspieler gewährt werden.
- Die beteiligten Golfanlagen gewähren Ihnen pro Voucher den Erlass des 2. Green Fees. Es können also pro Voucher jeweils 2 Personen für 1 Green Fee spielen (4 Personen benötigen 2 Voucher) oder eine Person mit 30% Nachlass. Bezahlt wird der normale Green Fee-Preis eines Erwachsenen am entsprechenden Spieltag.
- Bereits herausgetrennte bzw. lose Voucher sind nicht veräußerbar bzw. übertragbar; sie berechtigen insbesondere nicht zum Erlass des zweiten Green Fees. Zuwiderhandlungen werden zivilrechtlich verfolgt.
- Haben Sie bitte Verständnis, dass die Voucher bei Sonderveranstaltungen (Turniertagen, Tagen der offenen Tür oder sonstigen Promotion-Aktionen) nicht eingelöst werden können. Bitte erkundigen Sie sich vorab bei Ihrer Anmeldung bei den jeweiligen Golfanlagen. Die Barauszahlung des zweiten Green Fees ist nicht möglich.
- Es gelten die Teilnahme- und Spielbedingungen, die Hausordnung der angeschlossenen Golfclubs sowie die vor Ort ausgewiesenen aktuellen Green Fee-Preise.
- Das Kombinieren mit anderen Rabatten (z. B. Golf Fee Card etc.) oder gegenseitiges Einladen mit zwei oder mehreren Free-Golf-Voucher ist nicht möglich. Bei unterschiedlichen Green Fee-Gebühren (z. B. bei Ermäßigung von Jugendlichen) ist immer der günstigere Tarif kostenfrei.
- Alle Inserenten haben sich dem Herausgeber gegenüber verpflichtet, die Free-Golf-Voucher zu den jeweils angegebenen Teilnahmebedingungen einzulösen. Der Herausgeber übernimmt jedoch keine Haftung dafür, wenn ein Free-Golf-Voucher vom Inserenten nicht eingelöst wird oder nicht eingelöst werden kann. Dies gilt insbesondere bei Insolvenz oder Besitzerwechsel.
- Es haftet ausschließlich der Inserent (= Golfanlage bzw. Betreiber der Golfanlage) für evtl. Meinungsunterschiede und Schadensersatzansprüche.
- Der Herausgeber gibt sich große Mühe bei der Umsetzung der Inserate. Er haftet aber nicht für Satz-, Druck- oder Produktionsfehler. Die Daten für den LeisureBREAKS Guide for Free Golf wurden nach bestem Wissen erarbeitet. Der Herausgeber übernimmt keine Gewähr für deren Vollständigkeit und Richtigkeit. Alle Rechte, insbesondere das Recht der Vervielfältigung und Verbreitung sowie der Übersetzung vorbehalten. Kein Teil des Werkes darf in irgendeiner Form (durch Fotokopie, Mikrofilm oder ein anderes Verfahren) ohne schriftliche Genehmigung des Herausgebers reproduziert oder unter Verwendung elektronischer Systeme gespeichert, verarbeitet, vervielfältigt oder verbreitet werden.
- Die Bearbeitung der Anmeldung erfolgt mittels EDV. Mit Ihrer Unterschrift geben Sie Ihre Einwilligung, dass wir Sie kontaktieren und auch über weitere Aktionen informieren. Die Einwilligung kann jederzeit widerrufen werden.

Gültig bis 30.06.2024

Register